9.90

Emilio Gentile

Qu'est-ce que le fascisme ?

Histoire et interprétation

Traduit de l'italien
par Pierre-Emmanuel Dauzat

Ouvrage traduit avec le concours
du Centre national du livre

Gallimard

La traduction française de l'ouvrage d'Emilio Gentile, origi-nellement paru sous le titre *Fascismo. Storia e interpretazione*, est publiée en accord avec les Éditions Giuseppe Laterza & Figli Spa., Rome-Bari.

Emilio Gentile, historien du fascisme de réputation internationale, enseigne l'histoire contemporaine à l'Université La
Sapienza, à Rome.

Le fascisme a-t-il existé ?

Peut-être le fascisme n'a-t-il jamais existé.
Anonyme du XXIe siècle

Étrange et singulière histoire que celle du fascisme. Près de quatre-vingt-dix ans après son apparition dans l'histoire et un demi-siècle après sa disparition comme protagoniste de l'actualité politique, le fascisme semble être encore un objet un peu mystérieux, qui se dérobe à tout essai de définition historique claire et rationnelle, nonobstant les dizaines de milliers de livres, d'articles et de débats qui ont été et continuent d'être consacrés à ce mouvement politique du XXe siècle.

Étrange et singulière est aussi l'histoire des interprétations du fascisme. En fait, celles-ci oscillent entre des visions tellement opposées et irréductibles qu'elle fait juger parfois vain l'espoir de pouvoir jamais parvenir à en définir la nature en des termes qui soient largement partagés. « À la fin du XXe siècle, écrivait en 1995 Stanley G. Payne, un des plus grands spécialistes du phénomène fasciste, *fascisme* reste probablement le plus vague des mots politiques qui importent le plus[1]. »

Mussolini et le Parti fasciste conquirent le pouvoir avec la « marche sur Rome », le 28 octobre 1922 : depuis quatre-vingts ans, donc, on continue de discuter avec animation de questions concernant la nature du fascisme et son sens dans l'histoire contemporaine : fut-il un mouvement autonome ou l'instrument d'autres forces ? Eut-il une idéologie et une culture ? Fut-il moderne ou antimoderne, révolutionnaire ou réactionnaire, autoritaire ou totalitaire ? On ne s'accorde pas même sur la place du fascisme dans le temps et dans l'espace : on discute encore pour savoir où et quand il est né ; s'il a été un fait spécifiquement italien ou universel ; s'il faut parler de « fascisme », c'est-à-dire d'un phénomène unique avec de nombreuses variantes, comme autant de branches d'un même arbre, ou au contraire de « fascismes », comme d'arbres différents partageant des caractéristiques communes ; s'il y a eu une « époque du fascisme », chronologiquement définie, ou s'il existe un « fascisme éternel », dont on pourrait retrouver les traces en remontant jusqu'à Caïn et qui continue de menacer la vie des hommes, tel un danger imminent et bien réel.

Autour du fascisme, au fond, s'est formée une sorte de « question homérique », pour employer cette expression par laquelle on a pris l'habitude de définir l'« ensemble des problèmes qui touchent à l'existence historique d'un poète du nom d'Homère ». De fait, il en va pour le fascisme comme pour le poète grec : non seulement les avis sont très partagés sur le lieu et la date de sa naissance, mais d'aucuns mettent aussi en doute son existence même. Ainsi ceux qui affirment que le fascisme n'a pas été un mouvement politique autonome, avec son idéologie, sa culture, son système politique, comme le libéralisme ou le communisme, mais n'a été qu'un *épiphénomène*, c'est-à-dire la sécrétion contingente et extrême d'autres phénomènes, tels que la réaction antiprolétarienne de la bourgeoisie, la maladie morale de la conscience européenne, la dégénérescence pathologique de la société de masse, l'explosion des défauts séculaires de peuples encore immatures pour la démocratie libérale. En conséquence, le fascisme, suivant cette façon de voir, serait une négativité historique totale, donc dépourvu de toute réalité propre autonome et spécifique passible d'une définition conceptuelle. Un spécialiste a proposé de mettre au ban de la communauté scientifique le concept de «fascisme» parce qu'il n'aurait aucun sens précis correspondant à un phénomène historique véritable. Suivant le même raisonnement, d'autres chercheurs ont prôné une mesure analogue pour le concept de «totalitarisme».

L'accouplement du totalitarisme et du fascisme dans une demande conjointe de mise au ban de la communauté des chercheurs n'est pas fortuite. De fait, historiquement, le concept de «totalitarisme» est né au lendemain de la «marche sur Rome» en symbiose avec le fascisme et en référence à lui, quand les antifascistes inventèrent les mots «totalitaire» et «totalitarisme» afin de définir la vocation dictatoriale et absolutiste du Parti fasciste ainsi que le système de domination terroriste et démagogique que le fascisme avait mis en pratique, juste après la conquête du pouvoir, pour affirmer sa domination sans partage. Dans cette acception, le mot «totalitarisme» a été ensuite employé par les antifascistes, avant même qu'il ne le soit par leurs adversaires, pour définir le régime fasciste. Contre cette interprétation, sur la base des théories successives du totalitarisme, que certains politologues échafaudèrent sur le modèle exclusif du nazisme et du stalinisme, d'aucuns ont tranché péremptoirement : le totalitarisme fasciste n'a jamais existé. Et de manière plus radicale encore, d'autres ont affirmé que, historiquement, aucun totalitarisme n'a jamais existé. On ne saurait exclure, si cette tendance devait se répandre, que dans un proche avenir quelque historien ou politologue révisionniste, postmoderniste ou déconstructionniste vienne nous expliquer que le fascisme non plus n'a jamais existé.

L'hypothèse ici avancée n'est paradoxale qu'en apparence. Dans le cas du fascisme italien, elle semble déjà en passe de se concrétiser. Depuis un certain temps, en effet, on observe à son propos une tendance à la «défascisation» rétroactive : elle consiste à dépouiller le fascisme des attributs qui lui étaient propres et qui en ont caractérisé l'individualité historique. La «défascisation» du fascisme se manifeste sous diverses formes : en niant par exemple qu'ait jamais existé une idéologie fasciste, une culture fasciste, une classe dirigeante fasciste, une adhésion des masses au fascisme, un totalitarisme fasciste et même un régime fasciste. Ainsi un chercheur a-t-il affirmé que le régime de Mussolini ne fut pas vraiment fasciste, mais «semi-fasciste». De cette tendance à «défasciser» le fascisme émerge une représentation légèrement indulgente, voire bienveillante, de l'expérience fasciste : une aventure plus comique que tragique, une sorte de farce histrionique de simulation collective, récitée vingt années durant par les Italiens, sous une dictature personnelle, franchement autoritaire, mais qui au fond n'aurait pas fait grand mal à l'Italie, jusqu'au jour où elle fut dévoyée par l'Allemagne nazie, qui lui inocula le racisme et l'antisémitisme et l'entraîna sur la voie de la perdition.

La forme la plus répandue de «défascisation» du fascisme se manifeste par la réduction du fascisme au *mussolinisme*, c'est-à-dire aux vicissitudes politiques du *duce*. Cette réduction s'accompagne d'une propension à «vider» le fascisme des fascistes eux-mêmes, en prétendant que la plupart de ceux qui eurent leur carte du Parti fasciste, qui se déclarèrent publiquement fascistes, occupèrent des postes de pouvoir et de prestige dans les institutions politiques, culturelles et économiques du régime, n'étaient pas *vraiment* fascistes, pas plus que ne l'était la grande masse des Italiens qui se pressaient sur les places pour acclamer le *duce* et ses prouesses. Suivant cette tendance, il n'y aurait jamais eu *vraiment* de fascistes, pas même Giuseppe Bottai, Dino Grandi, Luigi Federzoni ou Alberto De Stefani, c'est-à-dire des personnages qui se retrouvèrent au faîte du régime fasciste du début jusqu'à la fin, et qui professèrent toujours publiquement leur foi dans le fascisme et son *duce*. Ces protagonistes du régime fasciste, avec les rangs bien garnis des techniciens, des intellectuels et des jeunes universitaires qui professèrent également leur foi dans le fascisme et le *duce* et participèrent activement à la vie et à la politique du régime, sont souvent décrits comme des «dissidents», des «insoumis», des «critiques», des «libéraux», voire carrément des adversaires intimes du fascisme.

L'auteur de ce livre ne partage pas les interprétations qui nient au phénomène fasciste une individualité propre et considère que la tendance à la «défascisation» du fascisme, dans toute la diversité de ses manifestations, est une falsification de la réalité historique. Dans son travail historiographique, il a entendu restituer au fascisme son individualité en le représentant, sans diabolisation ni indulgence, tel qu'il a été historiquement: un phénomène politique moderne, nationaliste, révolutionnaire, totalitaire, raciste et impérialiste, décidé à détruire la civilisation démocratique et libérale, se proposant comme une solution de rechange radicale aux principes de liberté et d'égalité réalisés dans le processus historique d'affirmation des droits de l'homme et du citoyen, qui a commencé avec les Lumières et les révolutions démocratiques de la fin du XVIIIᵉ siècle.

Le livre comprend deux parties bien distinctes, mais complémentaires. La première est une introduction à l'histoire et aux interprétations du fascisme. Le premier chapitre esquisse un profil historique précis du fascisme italien de 1919 à 1945, tandis que le deuxième propose une synthèse des principales interprétations du phénomène fasciste élaborées au cours du XXᵉ siècle — en entendant par «phénomène fasciste» l'ensemble des mouvements et des régimes, apparus après l'affirmation du fascisme en Italie, qui ont été de temps à autre qualifiés de «fascistes». Le but de ces deux premiers chapitres est de fournir au lecteur non spécialiste un ensemble d'informations essentielles sur l'histoire et les interprétations d'un phénomène historique, qui est toujours au cœur de polémiques, de recherches et de débats, et qui semble périodiquement resurgir dans notre actualité tel un spectre menaçant, sous des habits neufs, voire des déguisements. Dans le troisième chapitre, qui conclut la première partie, l'auteur propose, à titre d'orientation, une définition du fascisme autour de trois dimensions : l'organisation, la culture et les institutions.

La seconde partie rassemble, comme les tableaux d'une exposition classés dans l'ordre chronologique, les principaux essais dans lesquels l'auteur a jeté les bases de son interprétation du fascisme. En parcourant la table des matières, le lecteur constatera aisément que les questions traitées dans ces chapitres concernent des thèmes et des problèmes qui sont fondamentaux pour définir la nature et la signification du fascisme. Le chapitre 4, par lequel commence la seconde partie, se penche sur l'idéologie fasciste, en reconnaît l'existence, en décrit les caractères originaux en tant que conception de l'État totalitaire, tandis que le chapitre 5 explique en quel sens il est légitime de définir historiquement le fascisme comme un phénomène révolutionnaire : il en précise les singularités au regard des autres phénomènes révolutionnaires. Les chapitres 6, 7 et 8 traitent du mythe de Mussolini et des rapports entre le *duce* et le fascisme, le parti et le régime, pour montrer en quoi la réduction du fascisme au « mussolinisme » n'est pas fondée. Ces chapitres examinent en outre les aspects organisationnels et institutionnels du régime fasciste ; plus particulièrement, y est analysé le rôle du parti fasciste dans l'origine et la mise en œuvre de l'expérience totalitaire. Parmi les caractéristiques originales et essentielles du totalitarisme, que l'on rencontre dès les origines du fascisme italien, il y a la religion politique : le chapitre 9 est précisément consacré à l'analyse de l'univers des mythes, des rites et des symboles de la religion fasciste, le fascisme italien y étant analysé comme une des principales manifestations du phénomène moderne de la *sacralisation de la politique*. Moderne est également le mythe de l'«homme nouveau», qui, comme le démontre le chapitre 10, occupa une place centrale dans la politique totalitaire. Le chapitre 11 est consacré au problème des liens entre le fascisme et la modernité, ainsi qu'à l'analyse du fascisme comme *modernisme politique*, qui prétend opposer à la modernité rationaliste, libérale et démocratique une *modernité antagoniste*, nationaliste et totalitaire, fondée sur la militarisation et la sacralisation de la politique, mais aussi sur la totale subordination de l'individu à l'État. Les thèmes abordés dans les chapitres précédents sont ici traités et réélaborés dans une interprétation d'ensemble du phénomène fasciste, que l'on peut synthétiser dans cette définition concise :

Le fascisme est un phénomène politique moderne, nationaliste et révolutionnaire, antilibéral et antimarxiste, organisé en parti-milice (partito milizia), *avec une conception totalitaire de la politique et de l'État, avec une idéologie activiste et antithéorique, avec des fondements mythiques, virilistes et antihédonistes, sacralisée comme une religion laïque, qui affirme le primat absolu de la nation, entendue comme une communauté organique ethniquement homogène, hiérarchiquement organisée en un État corporatiste, avec une vocation belliqueuse à la politique de grandeur, de puissance et de conquête, visant à la création d'un ordre nouveau et d'une civilisation nouvelle.*

Les éléments constitutifs de cette définition viennent avant tout de l'expérience historique du fascisme italien. Le phénomène fasciste est entré pour la première fois dans l'histoire avec l'accession au pouvoir du parti fasciste, qui a donné vie à un régime de parti unique, dominé par la figure du chef, visant à la réalisation d'une expérience totalitaire définie suivant les principes, les valeurs, les mythes et les objectifs de sa culture politique. À ce titre, le fascisme italien est devenu un modèle pour les autres mouvements nationalistes révolutionnaires et antidémocratiques, à commencer par le national-socialisme, qui marchèrent sur ses traces et utilisèrent son expérience de parti et de régime pour créer, chacun suivant ses particularités nationalistes et idéologiques propres, un État nouveau, un ordre nouveau et un homme nouveau.

L'auteur considère le fascisme comme la *voie italienne du totalitarisme*, où, par « totalitarisme », il entend définir, comme l'explique la première partie du livre, non seulement une forme nouvelle de régime politique, apparue pour la première fois au lendemain de la Grande Guerre, mais aussi un processus idéologique, culturel, organisationnel et institutionnel complexe, qui trouva dans le fascisme italien une de ses premières manifestations originales.

On a pu dire que l'assassinat de Matteotti a rendu possible les deux millions de morts d'Auschwitz, les six millions de Juifs exterminés. Le lien peut paraître outrancier. En tout état de cause, il est historique-

ment certain que ce n'est pas la révolution bolchevique qui ouvrit en Europe occidentale la voie au
totalitarisme que devait suivre le national-socialisme,
mais bien la «marche sur Rome», l'instauration du
régime fasciste et le début d'une expérience inédite
de domination politique; tout cela est le fruit d'une
dynamique autonome, inscrite dans la nature même
du fascisme et se produisit alors même que Mussolini
affirmait publiquement, à la fin de 1921, que parler encore de «péril bolchevique» en Italie était une
sottise.

Telles sont les prémisses sur lesquelles se fonde
l'interprétation du fascisme que l'auteur expose dans
ces pages, entremêlant, suivant sa méthode historiographique, récit historique et analyse théorique. Le
lecteur qui désire connaître pour quelles raisons, sur
la foi de quels documents et par quels raisonnements
l'auteur en est arrivé à formuler son interprétation,
devra avoir la patience de lire le reste du volume. Si,
l'ayant lu, il a trouvé dans ce livre un instrument
utile pour mieux connaître et comprendre l'histoire
et la nature du fascisme, il confortera l'auteur dans
son espoir qu'il ne s'est pas épuisé en vain à étudier
ce phénomène trente années durant d'une vie qui a
franchi depuis quelque temps déjà le cap du demi-
siècle.

Avril 2002

PREMIÈRE PARTIE

À LA RECHERCHE
D'UNE INDIVIDUALITÉ
HISTORIQUE

CHAPITRE PREMIER

Le fascisme : profil historique

LES ORIGINES

Le fascisme trouve ses origines dans le processus de crise et de transformation de la société et de l'État engagé en Italie dans les dernières décennies du XIXe siècle, avec l'amorce de l'industrialisation et de la modernisation accompagnées de phénomènes de mobilisation sociale, qui impliquèrent le prolétariat et les classes moyennes et donnèrent une forte impulsion à la politisation des masses à la veille de la Grande Guerre. Le fascisme naît au lendemain de la Première Guerre mondiale, mais certaines raisons politiques et culturelles qui contribuèrent à sa formation sont déjà présentes dans les mouvements radicaux de droite et de gauche, tels que le nationalisme, le syndicalisme révolutionnaire, le futurisme, apparus avant le fascisme. Quoique animés d'idéologies diverses et opposées, ces mouvements avaient en commun un même sentiment tragique et activiste de la vie, une vision de la modernité comme explosion d'énergie humaine et de conflits de forces collectives, organisées en classes ou en nations, et l'attente d'un tournant historique imminent, qui marquerait la fin de la société bourgeoise libérale et le début d'une époque nouvelle. Sur un plan proprement politique, ces mouvements radicaux et révolutionnaires partageaient le mythe de la volonté de puissance, l'aversion pour l'égalitarisme et l'humanitarisme; le mépris du parlementarisme; l'exaltation des minorités actives; une vision de la politique conçue comme une activité pour organiser et modeler la conscience des masses; le culte de la jeunesse comme nouvelle aristocratie dirigeante; l'apologie de la violence, de l'action directe, de la guerre et de la révolution.

Dans la formation du fascisme, entre aussi l'héritage, plus ou moins illégitime, de thèmes, d'idéaux et de mythes issus de la contestation des méthodes de l'homme politique libéral G. Giolitti par des groupes intellectuels tels que la revue *La Voce*, qui fut l'expression la plus influente du nouveau radicalisme national — expression par laquelle on entend désigner l'ensemble des idées et des états d'âme, qui, de la tradition mazzinienne, dérivait la vision du Risorgimento comme «révolution inachevée» faute d'avoir réalisé, avec l'unification nationale, l'unification morale et la nationalisation des masses.

Sociologiquement, l'antigiolittisme fut un phénomène de génération, une révolte de jeunes appartenant surtout à la petite bourgeoisie et qui voulaient abattre l'ordre établi à la faveur d'une guerre ou d'une révolution, tout en envisageant la régénérescence morale et culturelle des Italiens dans un État plus moderne et efficace, fondé sur un plus haut degré d'intégration entre gouvernants et gouvernés. À ces jeunes, se joignirent les intellectuels nationalistes,

partisans d'une réaction antisocialiste et antidémocratique, qui avaient déjà élaboré un projet de transformation autoritaire de l'État pour organiser la
collectivité en forces disciplinées sous la direction de
la bourgeoisie productive afin de mettre en œuvre
une politique de puissance et d'expansion impérialiste.

C'est dans cet esprit de révolte hétérogène contre
l'ordre établi que trouve son origine l'interventionnisme des intellectuels antigiolittistes : ils virent dans
la guerre l'occasion révolutionnaire de réaliser leurs
mythes et leurs ambitions tout en s'identifiant avec la
« volonté générale » de la nation. L'interventionnisme
et l'expérience de la guerre favorisèrent, dans le mythe
de l'*italianisme*, c'est-à-dire la foi dans un nouveau
primat de l'Italie, la fusion du radicalisme de droite
et du radicalisme de gauche, préparant ainsi le terrain à la nouvelle synthèse fasciste. Toutefois, s'il est
vrai que la culture antigiolittiste et les mouvements
radicaux de droite et de gauche existant en Italie avant
la guerre contribuèrent à la formation du fascisme, il
n'est pas juste, historiquement, de les définir comme
des formes de « protofascisme » ou carrément de fascisme idéologique, préexistant à la naissance du fascisme comme mouvement politique, parce que dans
le cadre de ces mouvements se formèrent aussi maints
futurs protagonistes de l'antifascisme. Et, pour ce qui
est encore des prétendues anticipations du fascisme,
tout aussi fragile, historiquement, paraît la thèse
suivant laquelle la classe dirigeante et la bourgeoisie étaient dès avant la guerre décidées à s'engager
sur la voie de la réaction antiprolétarienne et de
l'autoritarisme.

Les conditions de la naissance et du succès du fascisme furent réunies par la guerre mondiale et par les bouleversements économiques, sociaux, politiques, culturels et moraux que la guerre provoqua et qui accélérèrent violemment la transformation de la société et la crise de l'État libéral, suscitant, tant à droite qu'à gauche, de nouvelles forces antilibérales et antiparlementaires, qui avaient tiré de nouveaux modèles d'organisation et de lutte politique de l'expérience de la guerre et de la révolution bolchevique. Ces forces nouvelles furent les principaux artisans de la décadence finale du régime parlementaire.

L'expérience de la guerre, l'exaspération nationaliste face au mythe de la «victoire mutilée», l'enthousiasme des masses ouvrières et rurales pour la révolution bolchevique provoquèrent la radicalisation et la brutalisation de la lutte politique, qui se solda alors par d'authentiques explosions de guerre civile, emportant le cadre institutionnel traditionnel et créant une crise profonde du pouvoir, de l'autorité et de la légitimité. Nonobstant les propositions de rénovation, la classe dirigeante libérale fut incapable de faire front à l'irruption des masses dans la vie politique, à une crise économique gravissime et aux tensions sociales dans les «deux années rouges» (1919-1920), quand déferla une vague de conflits de classe sans précédent dans l'histoire du pays, largement conduits par un parti socialiste maximaliste à l'enseigne d'une révolution imminente pour instaurer également en Italie, par la violence, la dictature du prolétariat promise par les nouveaux statuts que le parti avait adoptés en 1919.

L'État libéral, qui avait surmonté avec succès l'épreuve de la guerre, ne devait cependant pas résister aux tensions et aux conflits de la nouvelle politique de masse. De 1919 à 1922, la succession rapide de gouvernements faibles, sans base solide au parlement ni dans le pays, nourrit la méfiance envers l'État libéral jusque dans les rangs de la bourgeoisie et des classes moyennes, qui l'avaient jusque-là soutenu, les rendant ainsi disponibles pour de nouvelles politiques autoritaires contre la menace d'une révolution socialiste. Les élections de novembre 1919, après l'adoption de la proportionnelle, marquèrent la fin de l'hégémonie parlementaire du libéralisme et le succès du parti socialiste et du parti populaire, totalement étrangers à la tradition du Risorgimento à laquelle s'identifiait la classe dirigeante libérale. Contre l'État libéral, devaient également croiser le fer de nouveaux mouvements politiques qui se réclamaient de l'interventionnisme et du mythe de l'expérience de la guerre, tels le syndicalisme national, le parti futuriste, *l'arditismo*, le *fiumanesimo* : tous se considéraient comme des avant-gardes de la « révolution italienne », qui auraient réalisé l'intégration des masses dans l'État et la nationalisation des classes en portant au pouvoir la nouvelle « aristocratie du *combattentismo* ». C'est dans le cadre de ces mouvements que surgit en 1919, à l'initiative de Benito Mussolini, les *Fasci di combattimento* (ou Faisceaux de combat).

MUSSOLINI

Mussolini avait alors trente-six ans. Il était né à Predappio, en Romagne, en 1883, d'une famille d'ori-

gine paysanne. Son père était forgeron, sa mère ins-
titutrice. Le jeune Mussolini avait obtenu sa licence
de maître et avait été quelques mois instituteur, tout
en se consacrant à la lutte politique comme militant
socialiste. Autodidacte, mélangeant les idées de Marx,
Nietzsche, Blanqui, Sorel et Pareto, il s'était forgé une
conception propre du socialisme révolutionnaire :
idéaliste, volontariste, violemment antibourgeoise et
antiréformiste, tout en assimilant, de la culture propagée par les revues *Il Leonardo* et *La Voce*, le mythe
d'une régénérescence spirituelle confiée à une nouvelle aristocratie de jeunes. En juillet 1912, à vingt-
neuf ans seulement, lors du congrès socialiste de
Reggio d'Émilie, Mussolini s'affirma sur la scène
nationale comme un des chefs de file du nouveau courant révolutionnaire qui prit la tête du parti. Nommé
directeur d'*Avanti!*, il fut de 1912 à 1914 la figure
la plus populaire du socialisme italien. Admiré des
jeunes révolutionnaires, aimé des masses, également
respecté par les intellectuels démocrates hostiles au
giolittisme, Mussolini fut le guide effectif du parti,
auquel il donna une énergique impulsion révolutionnaire, incitant le prolétariat à mener une lutte intransigeante et violente contre l'État bourgeois. Animé
d'une forte ambition, avide de pouvoir et de domination, doué d'une personnalité qui paraissait déjà originale et fascinante, Mussolini avait tout pour faire
un homme politique de masse et savait susciter émotions et passions par son style concis et violent de
journaliste et d'orateur terriblement efficace.

Antinationaliste, antimilitariste, internationaliste,
quand se déclencha le conflit européen, Mussolini se
déclara tout de suite partisan de la neutralité absolue.

Quelques mois plus tard, cependant, dans le courant de l'automne 1914, il se convertit à l'interventionnisme, considérant que la guerre était nécessaire pour abattre le militarisme et l'autoritarisme des Empires centraux et créer les conditions d'une révolution sociale. Mussolini avait imaginé pouvoir rallier à l'intervention un fort contingent du parti socialiste; en réalité, peu de socialistes seulement le suivirent lorsque, en novembre, il lança son propre journal, *Il Popolo d'Italia*, pour plaider la nécessité de l'intervention italienne dans la guerre contre l'Autriche. Aussi fut-il expulsé du parti et condamné comme «traître» aux masses socialistes. L'expérience de la guerre, à laquelle il participa de 1915 à 1917, date à laquelle il fut démobilisé à la suite de blessures consécutives à l'explosion accidentelle d'un mortier, fut décisive dans sa conversion du socialisme marxiste et internationaliste à un nationalisme révolutionnaire éclectique, qui affirmait le primat de la nation sur les classes et combattait les partisans d'une révolution socialiste en soutenant la vitalité du capitalisme productif et la nécessité d'une collaboration de classes pour accroître la richesse et la puissance de la nation. La guerre terminée, Mussolini, avec son journal, devint le principal défenseur d'une révolution nationale qui porterait au pouvoir une nouvelle classe dirigeante formée de combattants. Après avoir en vain tenté de prendre la tête de l'interventionnisme hétérogène de gauche, en l'unifiant sous la bannière de la Constituante, il lança, au début de mars 1919, un appel aux anciens combattants pour donner vie aux *Fasci di combattimento*. Ainsi naquit le mouvement fasciste.

LE FASCISME «DIX-NEUVIÉMISTE[1]»

Le mot même de «fascisme» venait du symbole romain du faisceau de licteur en vogue après les révolutions américaine et française. Dans la gauche italienne, on se servait communément du mot *fascio* pour définir une association sans la structure d'un parti. Quant au mot «fasciste», il fut employé probablement pour la première fois à la fin du XIXe siècle à propos des mouvements paysans des *Fasci* siciliens. On le retrouve encore en décembre 1918, avant la naissance du fascisme mussolinien, dans un article de Piero Gobetti consacré au «Faisceau» parlementaire, le regroupement de députés et de sénateurs antigiolittistes formé au lendemain de la défaite de Caporetto. L'expression «mouvement fasciste» apparaît en avril 1915 dans *Il Popolo d'Italia* pour définir une association de type nouveau, l'*antipartito*, formé de militants politiques libres d'esprit qui refusaient les liens doctrinaires et organisationnels d'un parti. C'est dans cette même optique que furent créés les *Fasci di combattimento*.

À la réunion de fondation des *Fasci di combattimento*, qui se tint à Milan le 23 mars 1919, dans un palais de la piazza San Sepolcro (d'où l'appellation ultérieure, dans la rhétorique fasciste, de «sansépolcristes»), participèrent une centaine de personnes, en quasi-totalité des militants de la gauche interventionniste: ex-socialistes, républicains, syndicalistes, *arditi* et futuristes. De la gauche révolutionnaire venaient également les dirigeants du nouveau mouvement, en grande partie des jeunes et des tout jeunes issus des rangs de la petite bourgeoisie. Le premier secrétaire des Faisceaux de combat fut Attilio Longoni, lombard, ex-syndicaliste révolutionnaire, remplacé en août 1919 par le Toscan Umberto Pasella, lui aussi ex-syndicaliste révolutionnaire et organisateur de profession. Pasella fut l'artisan de la première organisation fasciste et conserva les fonctions de secrétaire général jusqu'à la fin de 1921, lorsque le mouvement se transforma en parti.

Le mouvement fasciste vit donc le jour sous la forme d'un *antiparti* afin de mobiliser les anciens combattants hors des partis traditionnels. Le fascisme «dix-neuviémiste», ainsi qu'on devait l'appeler, se voulait pragmatique et antidogmatique, anticlérical et républicain; il proposait des réformes institutionnelles, économiques et sociales très radicales. Les fascistes méprisaient le parlement et la mentalité libérale, exaltaient l'activisme des minorités, pratiquaient la violence et la politique de la rue pour soutenir les revendications territoriales de l'Italie et pour combattre le bolchevisme et le parti socialiste. Tout au long de 1919 et une bonne partie de l'année suivante, cependant, le fascisme resta un mouvement négligeable malgré l'activisme et la campagne de soutien à l'aventure de Fiume, lancée en septembre 1919, quand Gabriele D'Annunzio occupa la ville pour revendiquer son annexion à l'Italie. Lors de leur premier congrès national (Florence, 9-10 octobre 1919), les Faisceaux comptaient quelques centaines de membres, éparpillés à travers l'Italie du Nord, avec de très rares membres en Italie centrale et dans le Sud. La défaite aux élections de novembre 1919 confirma l'insuccès du mouvement : à la fin de l'année, dans l'Italie entière, on comptait 37 *Fasci* pour huit cents adhérents.

Après sa déroute électorale, le fascisme amorça un changement de cap, consacré lors du congrès national de Milan (24-25 mai 1920), abandonnant le programme radical de 1919 pour se présenter, au prix d'une conversion à droite, comme une organisation politique de la bourgeoisie productive et des classes moyennes qui ne se reconnaissaient pas dans les partis traditionnels ni dans l'État libéral. Le tournant à droite provoqua une rupture avec les futuristes, avec les *arditi* et avec D'Annunzio, que Giolitti contraignit par la force à mettre fin à l'aventure de Fiume à la fin de 1920 (« Noël sanglant »), après que le traité de Rapallo entre l'Italie et la Yougoslavie (12 novembre) eut reconnu à la cité adriatique le statut de « territoire libre ».

UN MAXIMALISME
DE CLASSES MOYENNES :
LE « SQUADRISME »
ET LA NAISSANCE DU PARTI FASCISTE

Les succès du fascisme ne commencèrent qu'à la fin de 1920, après l'occupation des usines et les élections administratives de l'automne, qui marquèrent l'amorce du déclin du parti socialiste tout en poussant la bourgeoisie et les classes moyennes, convaincues de ne plus être défendues par le gouvernement, à organiser des formes d'autodéfense pour réaffirmer les droits de la propriété et le primat de l'idéologie nationale contre le «danger bolchevique», qui semblait alors encore bien réel.

Le fascisme se porta aussitôt à l'avant-garde de la réaction bourgeoise antiprolétarienne avec ses groupes de combat armés, organisés militairement (le *squadrisme*), qui, en l'espace de quelques mois, détruisirent une bonne partie des organisations prolétariennes dans les provinces de la Valle Padana, où le parti socialiste et les ligues rouges s'étaient liés pour exercer un contrôle quasi total sur la vie politique et économique, employant souvent des méthodes vexatoires et intolérantes contre les classes bourgeoises et parfois même contre les travailleurs. Pour cette raison, l'offensive antiprolétarienne du squadrisme, conduite au nom de la défense de la nation et de la propriété, reçut un accueil favorable de tous les partis antisocialistes, qui y virent une «saine réaction» contre les violences maximalistes. Cela permit au fascisme de soigner sa réputation de défenseur de la bourgeoisie productive et des classes moyennes, s'arrogeant le monopole du patriotisme avec des mentalités et des méthodes de type maximaliste : intégrisme idéologique, sectarisme et intransigeance violente.

Après 1920, le mouvement fasciste connut un essor rapide : le nombre de ses adhérents passa de 20 165 en décembre 1920 à 187 588 en mai 1921, pour dépasser les 200 000 deux mois plus tard. Ce nouveau fascisme de masse était très différent du fascisme «dix-neuviémiste» : il s'agissait d'un agrégat de divers «fascismes provinciaux», surtout concentrés dans les zones rurales de la Valle Padana (Padanie) et en Toscane, peu représenté dans le Sud hormis certaines régions des Pouilles et de la Sicile ; qui plus est, il était soutenu et financé par la bourgeoisie agraire, tandis que la bourgeoisie industrielle se montra initialement plus hésitante. La classe ouvrière demeura en grande partie réfractaire à la propagande fasciste, qui parvint au contraire à séduire un nombre important de travailleurs agricoles aspirant à la propriété.

Sociologiquement, ce nouveau fascisme était l'expression de la mobilisation des classes moyennes, en grande partie novices sur la scène politique. Celles-ci constituaient une masse sociale en augmentation : entre 1901 et 1921, elles étaient passées de 51,2 à 53,3 % de la population active, tandis que la [haute] bourgeoisie était restée à 1,7 % et que la classe ouvrière avait diminué de 47,1 à 45 %. La progression des classes moyennes s'était produite surtout dans le Nord (10 %), contre 7,1 % au centre et 2 % dans le Sud. La plus forte contribution à cette croissance était le fait de la masse des nouveaux propriétaires terriens : 32,4 % en 1921 contre 18,3 en 1911. La croissance des classes moyennes rurales avait surtout touché la Lombardie (de 18,29 à 26,54 %), l'Émilie (de 13,33 à 20,26 %) et la Vénétie (de 22,59 à 29,53 %), c'est-à-dire les régions où le fascisme devint un mouvement de masse. Sur les quelque 150 000 membres des Faisceaux de combat, suivant les chiffres du secrétariat à la fin de 1921, il y avait 24,3 % de travailleurs agricoles, 15,5 % d'ouvriers de l'industrie, 14,6 % de salariés du public ou du privé, 13 % d'étudiants, 11,9 % de propriétaires terriens et de petits agriculteurs, 9,2 % de commerçants, 6,6 % de professions libérales, 2,8 % d'industriels et 1 %, respectivement, d'enseignants et de travailleurs de la mer. C'est aussi des classes moyennes que venait la grande majorité des dirigeants des Faisceaux et des chefs du squadrisme : fonctionnaires démobilisés, cadres syndicaux, journalistes, professions libérales, employés, artisans, commerçants, étudiants et intellectuels. Et c'est surtout l'adhésion des classes moyennes qui transforma le fascisme en un mouvement de masse fort d'un dynamisme et d'ambitions politiques qui le poussèrent au-delà de sa fonction contingente d'instrument de la réaction antiprolétarienne. Le squadrisme fut donc un *maximalisme de classes moyennes* ; à ce titre, il fut la véritable origine du fascisme en tant que force organisée et dominatrice de la vie politique, délibérément tournée vers la conquête du pouvoir.

Fort de sa rapide ascension, le fascisme participa aux élections de mai 1921 dans le cadre des Blocs nationaux patronnés par Giolitti et, à l'issue d'une campagne électorale entachée de violences, conquit trente-cinq sièges. Le vieil homme d'État avait cru pouvoir mettre fin au squadrisme en favorisant l'entrée des fascistes au parlement. Après son succès électoral, cependant, Mussolini reprit aussitôt sa liberté d'action, déclarant que le fascisme était un mouvement fondamentalement républicain. Giolitti abandonna définitivement le pouvoir, tandis que les squadristes continuaient leurs actions violentes contre les socialistes, les communistes, les républicains et les populistes.

Le gouvernement Bonomi (4 juillet 1921-26 février 1922) tenta de mettre fin aux violences politiques en favorisant un «pacte de pacification» entre fascistes, socialistes et dirigeants de la CGL[2], souscrit le 3 août

1921. Avec l'acceptation du pacte, qui s'était heurté à l'opposition de nombreux représentants du squadrisme, Mussolini cherchait à installer le fascisme dans la vie politique parlementaire, à faire valoir son autorité de chef sur les fascismes de province et à contenir les violences squadristes. La poursuite de ces violences, parfois avec des épisodes affreusement cruels, commençait en fait à susciter même la réprobation d'une partie de l'opinion publique bourgeoise qui, jugeant la fonction de la «saine réaction» épuisée après le déclin du parti socialiste, réclamait maintenant le retour à la normale sous le règne de la loi. En outre, Mussolini cherchait à transformer le mouvement en parti, ce «parti du travail» pour classes moyennes auquel il avait pensé dès la fin de la guerre. Dans leur grande majorité, cependant, les chefs des «fascismes provinciaux» comme Piero Marsich, Dino Grandi, Italo Balbo ou Roberto Farinacci contestèrent vivement la prétention de Mussolini à se faire reconnaître comme le chef d'un mouvement qui ne s'était développé et affirmé, en tant que mouvement de masse, que grâce à leur action et indépendamment de l'initiative du fondateur des Faisceaux de combat.

La crise fut un des moments les plus difficiles de l'histoire du fascisme, mais elle fut finalement surmontée grâce à un compromis, au congrès de Rome (7-10 novembre 1921), où fut décidée la transformation du mouvement en parti. Mussolini parvint à faire accepter définitivement son rôle de *duce*, même si, en tout état de cause, il ne s'agissait pas d'une fonction officiellement prédominante dans l'organisation du nouveau parti. Les chefs de province, quant à eux, obtinrent l'abandon du pacte de pacification et la valorisation du squadrisme dans le Parti national fasciste (PNF) qui, avec ses nouveaux statuts, fit des groupes de combat une partie intégrante de son organisation et de sa méthode de lutte. Michele Bianchi fut élu au poste de secrétaire général du PNF. Calabrais, ex-socialiste et syndicaliste révolutionnaire, avec un long passé d'agitateur et d'organisateur, interventionniste et combattant, Bianchi avait participé à la fondation des Faisceaux et guida le nouveau parti à la conquête du pouvoir.

LE PARTI-MILICE
À LA CONQUÊTE DU POUVOIR

Le parti fasciste tira du squadrisme son organisation, son idéologie, sa mentalité, son style de comportement et de combat. La culture politique du parti fasciste rejetait le rationalisme et concevait le militantisme comme un dévouement total, fondé sur le culte de la patrie, un sens communautaire de la camaraderie, l'éthique du combat et le principe de la hiérarchie. Plus encore qu'élaborée sous la forme d'une théorie écrite, l'idéologie fasciste reçut une expression esthétique, de manière suggestive et efficace, à travers les rites et les symboles d'un nouveau style politique, présentant les caractères d'une religion laïque exclusive, intégriste et intolérante, qui avait pour dogme fondamental le primat de la nation. Tout en condamnant la société bourgeoise pour son matérialisme et son individualisme, les fascistes se présentaient en défenseurs de la propriété privée, exaltaient

le rôle dirigeant de la bourgeoisie productive, soute-
naient la fonction historique du capitalisme et la
nécessité de la collaboration de classe *(corporatisme)*
afin d'intensifier la production *(productivisme)* en vue
d'une politique extérieure de puissance et d'expansion. En matière de politique extérieure, le parti
fasciste n'avait pas de programme précis, avec des
objectifs clairement définis, même s'il réclamait la
révision du traité de Versailles afin de compenser la
«victoire mutilée», mais le mythe de l'empire, exprimé
dans le culte de la romanité, fut dès le début présent dans l'idéologie du parti fasciste. Le fascisme se
considérait comme la milice de la nation et, pour
cette raison, revendiquait sa supériorité sur les autres
partis. Le mythe de la jeunesse, qui fut typique du
fascisme dès les origines, conférait à la violence du
squadrisme et à son aversion viscérale pour la démocratie libérale l'aspect d'une révolte de génération
et d'une opposition anthropologique entre «types
humains» incompatibles. Les fascistes haïssaient leurs
adversaires de gauche, socialistes et communistes,
les tenant pour des êtres humains de nature presque
bestiale, uniquement avides de sang et de destruction, tandis qu'ils méprisaient les bourgeois libéraux
comme des politiciens décrépits, timorés, sans idéal
d'héroïsme ni de grandeur, dégénérés et corrompus
par les pratiques du compromis et du clientélisme.
Le *jeunisme* fasciste était un reflet de la jeunesse de
ses dirigeants: l'âge moyen de la direction nationale
du PNF était de 32 ans, contre une moyenne de 45
pour les dirigeants du parti socialiste, de 37 pour ceux
du parti populaire et de 36 pour les communistes.
Tout cela, concrètement, servait à légitimer la

suprématie que le parti fasciste imposa par la violence dans de nombreuses régions d'Italie septentrionale et méridionale, sous les applaudissements de la bourgeoisie nationaliste et la tolérance, dictée par la sympathie ou la faiblesse, des autorités politiques et militaires, qui voyaient dans les fascistes les défenseurs de la patrie et de l'ordre. En 1922, avec plus de 200 000 membres, une milice armée, des associations de femmes et de jeunes et flanqué de syndicats qui comptaient un demi-million d'adhérents, le PNF était la plus forte organisation politique du pays et s'apprêtait à conquérir le pouvoir, alors que tous les autres partis étaient en crise, victimes de leurs divisions internes et des assauts continus qu'ils subissaient de la part du squadrisme. Le PNF exerçait ainsi un pouvoir incontesté, opérant comme un véritable « anti-État » dans l'État. Les fascistes proclamaient au grand jour leur volonté de devenir la nouvelle classe dirigeante parce qu'ils se considéraient comme la nouvelle aristocratie formée de jeunes qui avaient conquis dans les tranchées le droit de commander. Au printemps de 1922, alors que les rênes du pays étaient confiés au gouvernement faible de Luigi Facta (26 février-31 octobre 1922), le fascisme reprit l'offensive militaire pour étendre sa domination à d'autres zones du pays et multiplia les attaques contre les gauches et le Parti populaire, défiant l'État libéral en mobilisant la rue contre le gouvernement, notamment avec l'occupation de Bolzano et de Trente (1er-3 octobre). Le parti fasciste ne dissimulait pas son aversion pour la démocratie et l'État libéral. La démocratie, déclara Mussolini en août 1922, avait épuisé sa mission. Le siècle de la démocratie était révolu et les idéologies démocratiques avaient été liquidées. Se préparant à la conquête du pouvoir, le parti fasciste se proposait non seulement de défendre le socle économique et social capitaliste, mais aussi d'accomplir une révolution politique pour conquérir le monopole du pouvoir. À la veille de la «marche sur Rome», Mussolini déclara publiquement que l'État fasciste n'accorderait aucune liberté à ses adversaires.

VERS L'ÉTAT TOTALITAIRE

L'idée d'une «marche sur Rome» mûrit après l'échec de la «grève légalitaire» proclamée début août par l'Alliance du travail afin de protester contre le fascisme. Le PNF réagit par de violentes représailles, détruisant ce qu'il subsistait des organisations ouvrières. Apparurent alors clairement l'impuissance de l'État libéral et l'incapacité des partis antifascistes, déchirés par leurs rivalités, à trouver un accord pour donner vie à un gouvernement capable de rétablir l'autorité de l'État.

Les partis antifascistes, les hommes politiques libéraux, l'opinion publique, les institutions et les forces économiques sous-évaluaient encore la force du fascisme et sa volonté de conquête du pouvoir, y voyant un mouvement voué à s'essouffler à brève échéance, faute d'une capacité autonome d'existence, ou à se faire absorber par l'ancien système. Convaincus de cela, la classe dirigeante, le monde des affaires et les institutions traditionnelles jugèrent nécessaire, pour résoudre le problème du fascisme, d'impliquer le PNF dans les responsabilités gouvernementales, non pas en lui cédant le pouvoir, mais en l'associant à une coalition présidée par un représentant de la vieille classe politique. Mussolini se montra disposé à un compromis afin d'empêcher la formation d'une majorité parlementaire antifasciste, mais aussi pour éviter d'éventuels coups de tête des fascistes révolutionnaires. À la veille de la «marche sur Rome», lors d'un rassemblement du PNF à Naples (24 octobre 1922), le *duce* proclama que le fascisme respectait la monarchie et l'armée, reconnaissait la valeur de la religion catholique, entendait mettre en œuvre une politique de libre-échange favorable au capital privé et enfin restaurer l'ordre et la discipline dans le pays.

Le PNF appliqua ainsi, avec succès, une tactique nouvelle et originale de conquête révolutionnaire du pouvoir, mêlant action terroriste, manœuvre politique et activité parlementaire. La «marche sur Rome» fut employée comme une arme de pression et de chantage sur le gouvernement et sur le roi pour l'amener à céder le pouvoir au fascisme. L'insurrection fasciste, déclenchée dans de nombreuses villes d'Italie septentrionale et centrale avec l'occupation des bâtiments officiels, des postes et des gares ferroviaires, aurait certainement échoué face à une intervention de l'armée régulière, mais son efficacité vint de ce qu'elle sema la confusion aux sommets de l'État pendant que Mussolini négociait son accession au pouvoir avec les représentants du régime libéral et du monde des affaires. De cette façon, la mobilisation fasciste obtint le maximum de résultats avec un minimum de risques parce qu'elle réussit, surtout par la décision de Michele Bianchi, à faire capoter l'hypothèse d'un gouvernement Salandra et Giolitti, souhaité par la monarchie, les industriels et les fascistes modérés eux-mêmes, et, finalement, à faire triompher la solution d'un gouvernement Mussolini après le refus du roi de décréter l'état de siège pour briser l'insurrection squadriste.

Le 31 octobre, Mussolini formait le nouveau gouvernement où siégeaient, à côté des fascistes, des représentants des libéraux, des populistes, des démocrates et des nationalistes. Le gouvernement obtint, avec une large majorité, la confiance de la Chambre et du Sénat, qui accordèrent aussi les pleins pouvoirs au président du conseil pour accomplir des réformes fiscales et administratives. Toutefois, l'approbation du parlement ne pouvait dissimuler la gravité de ce qui s'était passé. Pour la première fois dans l'histoire des démocraties libérales européennes et de l'État italien, le gouvernement était confié au chef d'un parti armé, qui était modestement représenté au parlement, qui rejetait les valeurs de la démocratie libérale et proclamait sa volonté révolutionnaire de transformer l'État en un sens antidémocratique. Dans cette perspective, on peut considérer la «marche sur Rome» comme le premier pas vers la destruction de l'État libéral et l'instauration de l'État totalitaire, même si la construction du nouvel État ne suivit pas un schéma institutionnel clairement défini dès le début.

Par sa nature même, le parti fasciste était incompatible avec le régime parlementaire; toute son action, après l'arrivée de Mussolini au gouvernement, fut consacrée à la conquête du monopole du pouvoir en utilisant aussi bien l'arme terroriste que les réformes parlementaires. Se rendant compte de la situation, dès 1923 certains antifascistes mirent pour la pre-

mière fois en circulation des expressions comme la
«dictature totale» du parti, l'«esprit totalitaire»,
l'«État-parti», par lesquelles ils entendaient définir
la vocation dictatoriale du parti fasciste, la méthode
terroriste pour imposer sa forme privilégiée de parti
dominant et son ambition de convertir tous les Italiens à son idéologie présentée comme une nouvelle
«religion politique», suivant la terminologie intro-
duite dans les premiers temps du gouvernement
mussolinien.

La conquête du monopole du pouvoir se fit en plusieurs temps, lesquels coïncidèrent avec l'expansion
de la suprématie fasciste dans le pays. Dans une première phase, Mussolini mit en œuvre une politique de
coalition avec les partis disposés à collaborer ; parallèlement, il fit tout pour les désagréger en intégrant au
PNF l'Association nationaliste (février 1923). Contre
les partis antifascistes, soumis aux violences continues
des squadristes, Mussolini se servit aussi de moyens
de répression légaux pour faire obstacle à leurs activités. La même combinaison de politique terroriste
et d'intervention gouvernementale fut adoptée pour
prendre en peu de temps le contrôle des administrations locales. Sitôt après la «marche sur Rome»,
Mussolini entreprit d'implanter le fascisme dans les
régions méridionales, où il était quasiment absent, en
tirant surtout profit des préfets, tandis que de nouveaux *Fasci* surgissaient dans le Sud avec la conversion rapide de vieux notables locaux et l'adhésion de
nouveaux militants de la petite et moyenne bourgeoisie en quête de pouvoir et de places.

Entre 1923 et 1924, le PNF dut affronter une crise
extrêmement grave provoquée par l'afflux de milliers

de nouveaux adhérents sur le char du vainqueur ainsi que par les rivalités d'intérêts et d'ambitions dans la course à l'abordage des responsabilités publiques. Mais la crise prit aussi un caractère politique avec la prolifération de Faisceaux dissidents et de Faisceaux autonomes, et surtout avec l'affrontement entre les fascistes «révisionnistes», partisans d'une démilitarisation du PNF, et les fascistes «intégristes», qui célébraient le rôle du squadrisme et voulaient une «seconde vague» révolutionnaire pour la conquête totale du pouvoir et la construction de l'État fasciste.

Parvenu au pouvoir, Mussolini décida de priver le PNF de toute autonomie en le plaçant sous sa coupe. En décembre 1922, il mit en place un nouvel organe suprême du parti, le Grand Conseil, dont il était lui-même président, et auquel siégeaient les dirigeants du parti et les fascistes membres du gouvernement. En pratique, ce nouvel organe n'assuma pas seulement la direction du parti, mais devint aussi un «gouvernement fantôme», où furent élaborées les lois qui ouvrirent la voie à la démolition de la démocratie parlementaire. La première d'entre elles fut l'institution de la Milice volontaire pour la Sécurité nationale (14 janvier 1923), qui encadra légalement le squadrisme en le plaçant sous le commandement du chef du gouvernement. Ces mesures ne suffirent ni à discipliner le parti ni à freiner l'illégalisme des chefs squadristes (les *ras*, les «caïds», comme les appelaient les antifascistes), qui continuaient de faire la loi en province, imposant leur volonté même aux représentants du gouvernement.

Mussolini conservait une position ambiguë entre une politique de terreur et une politique de normalisation, secondant ou freinant les violences squadristes au gré des circonstances. Même s'il n'était pas insensible aux mythes de la révolution fasciste, il visait à consolider son pouvoir essentiellement à travers un compromis avec les institutions traditionnelles, telles que l'Église et le monde économique, qui formaient le front hétérogène des appuis de son gouvernement. Afin d'obtenir une majorité parlementaire plus large et plus sûre, il fit adopter une réforme électorale, connue sous le nom de loi Acerbo : approuvée par la Chambre en juillet 1923, elle donnait une prime majoritaire à la liste arrivée en tête. Les élections, qui se déroulèrent le 6 avril 1924 dans un climat d'intimidations et de violences, donnèrent une forte majorité au gouvernement, mais l'assassinat du député socialiste Giacomo Matteotti, la vague d'émotion que suscita ce crime à travers le pays et le boycott des travaux de la Chambre par la majorité des parlementaires antifascistes («l'Aventin[3]») portèrent un grave coup à la politique de coalition et firent vaciller le gouvernement. Mussolini réussit tant bien que mal à éviter la chute parce que les oppositions antifascistes ne surent exploiter politiquement la situation et, surtout, parce que la monarchie et ses soutiens lui confirmèrent leur confiance, tout en la subordonnant, de façon toujours plus pressante, à la réalisation d'une vraie normalisation et d'une liquidation de l'illégalisme fasciste. Reste que la crise Matteotti donna aussi un regain de vigueur à l'initiative des fascistes intégristes, c'est-à-dire aux chefs du squadrisme, qui, à la fin de 1924, imposèrent au *duce* le virage qui mit fin au régime libéral.

Avec le discours que Mussolini prononça à la

Chambre le 3 janvier 1925, le fascisme inaugura une nouvelle étape de consolidation et d'accroissement de son pouvoir. La gestion de la politique intérieure fut confiée à un ex-nationaliste, Luigi Federzoni, qui organisa la répression contre les partis antifascistes et favorisa la politique mussolinienne d'endiguement de l'extrémisme fasciste, même si, dans cette nouvelle phase de consolidation et d'expansion du pouvoir fasciste, Mussolini eut encore besoin de s'appuyer sur les chefs du squadrisme. En février, le secrétariat du PNF fut confié à Roberto Farinacci, le chef de file du fascisme intégriste, qui parvint en quelques mois à rétablir l'unité et la discipline à l'intérieur du parti et fut le premier partisan de l'élimination des oppositions politiques pour instaurer le pouvoir totalitaire du parti fasciste. Farinacci entendait préserver l'autonomie du parti vis-à-vis du gouvernement, plaçant le secrétaire du PNF, en tant que «chef du parti», sur le même plan que Mussolini en sa qualité de «chef du gouvernement», créant ainsi une dyarchie inacceptable pour le *duce*. De fait, un peu plus d'un an après, au début de 1926, alors qu'il avait déjà concentré le pouvoir exécutif entre ses mains, Mussolini limogea Farinacci et le remplaça par Augusto Turati, chef squadriste lombard, lui aussi représentant du fascisme intégriste, mais plus enclin à suivre la ligne politique mussolinienne. Turati demeura en fonction jusqu'en octobre 1930 et joua un rôle décisif dans la réorganisation du parti, avec une épuration massive des éléments corrompus et rebelles, qui facilita l'intégration du PNF dans le nouveau régime.

LE RÉGIME FASCISTE

La transformation du système politique italien en un nouveau régime de parti unique se fit à travers une sorte de «révolution légale», c'est-à-dire avec l'approbation, par un parlement que dominaient les fascistes, d'un ensemble organique de lois autoritaires — en grande partie élaborées par le juriste Alfredo Rocco, l'architecte de l'État fasciste — qui permirent de détruire le régime parlementaire tout en gardant apparemment intacte la façade de la monarchie constitutionnelle fondée sur la Constitution de 1848. Avec les lois du 24 décembre 1925 et du 31 janvier 1926, furent affirmées la suprématie du pouvoir exécutif et la subordination des ministres et du parlement à l'autorité du chef du gouvernement, nommé par le roi et devant lui seul responsable de l'orientation politique du gouvernement. Même l'organisation de l'administration locale fut transformée suivant le principe autoritaire par la loi du 4 février 1926, qui plaça à la tête de la commune le *podestà*, le maire, nommé par décret royal et strictement subordonné au préfet, dont la loi du 3 avril 1926 accrut fortement les pouvoirs. La loi du 26 novembre 1925 sur la discipline des organisations abolit la liberté d'association : à la fin de 1926, tous les partis, sauf le PNF, furent mis pratiquement hors la loi, tandis qu'à l'initiative du secrétaire du PNF la Chambre prononça la déchéance des députés de l'opposition «aventinienne» et du parti communiste (9 novembre). De nombreux antifascistes se réfugièrent à l'étranger, où ils réorganisèrent la lutte contre le nouveau régime en liaison avec des groupes qui continuèrent à opérer en Italie, cherchant à maintenir en vie un semblant d'opposition clandestine. La presse fut fascisée, les journaux d'opposition furent supprimés ou changèrent de propriétaire et s'alignèrent sur les directives fascistes. Plus aucune forme de critique du gouvernement, de l'État et de leurs représentants ne fut autorisée après la loi du 25 novembre 1926, qui rétablit la peine de mort pour les crimes contre «la sécurité de l'État» et institua un Tribunal spécial, formé de responsables de la Milice et des Forces armées, pour juger les crimes contre l'État et le régime. Entre 1928 et 1932, ce tribunal infligea neuf condamnations à mort pour crimes politiques, dont cinq contre des nationalistes slaves accusés de terrorisme, puis aucune jusqu'en 1941. Entre 1928 et 1943, le tribunal jugea en outre 5 319 accusés, dont 5 155 furent condamnés à un total de 27 735 années de prison — parmi lesquels sept furent condamnés aux travaux forcés à vie. Entre 1926 et 1943, environ 15 000 Italiens furent envoyés «en relégation», c'est-à-dire condamnés à perdre leur travail et leur domicile parce que contraints à vivre loin de leur lieu de vie habituel. Entre 1922 et 1943, la police ouvrit 114 000 nouveaux dossiers de «subversifs» (il y en avait 40 000 à l'époque libérale), concernant en particulier les antifascistes militants, leur famille et les opposants potentiels. La police écrasa les activités clandestines des groupes antifascistes, les rendant quasiment impossibles après le début des années 1930 grâce à l'action préventive d'un appareil coercitif efficace qui s'appuyait sur la police traditionnelle et une nouvelle organisation de police secrète, l'OVRA[4], agissant en Italie et à l'étranger parmi les réfugiés antifascistes.

La démolition du système parlementaire continua avec la réforme de la représentation politique (17 mai 1928), qui institua le collège national unique et confia au Grand Conseil le soin de choisir les candidats à la Chambre dans les listes proposées par les syndicats fascistes et d'autres organismes afin de constituer une liste de députés désignés, que les électeurs étaient appelés à approuver ou à rejeter en bloc. Le Grand Conseil lui-même devint l'organe constitutionnel suprême du nouveau régime (9 décembre 1928), avec d'importantes compétences en matière constitution-nelle, dont la faculté de tenir à jour une liste de suc-cesseurs au poste de chef de gouvernement (qui semble pourtant n'avoir jamais été préparée) et, fait plus significatif encore, la prérogative d'intervenir dans la succession au trône. Cette disposition, qui affaiblissait gravement la monarchie, suscita les pro-testations du roi, mais celles-ci n'eurent aucun effet.

La consécration constitutionnelle du Grand Conseil définit aussi le rôle du PNF dans le régime fasciste. À compter de la fin de 1926, le PNF était devenu de fait le parti unique du régime fasciste. Fort de son pres-tige de «*duce* du fascisme» et tirant profit des pou-voirs de l'État, Mussolini parvint à mettre fin à l'anarchie des *ras* et à bloquer les ambitions des inté-gristes comme Farinacci. Les nouveaux statuts du parti (8 octobre 1926) abolirent la démocratie interne et placèrent définitivement le PNF sous les ordres du *duce*. Pour autant, cela ne mit pas fin aux tensions et conflits entre le parti et l'État, qui continuèrent tout au long du régime, spécialement au niveau provin-

cial, entre préfet et secrétaire fédéral, pas plus que
le parti ne se trouva confiné dans une position passive et inerte. De fait, après 1926, sous la houlette de
Turati (1926-1930), de Giovanni Giuriati (1930-1931)
et surtout d'Achille Starace (1931-1939), le parti
accrut sa sphère de contrôle et le champ de ses prérogatives en assumant une position privilégiée dans
le régime et l'organisation des masses, sans jamais
renoncer à l'idée d'acquérir un pouvoir croissant et
efficace en tant que continuateur de la révolution fasciste face aux autres institutions de l'État traditionnel.

Au début des années 1930, l'architecture politico-
institutionnelle du nouveau régime était achevée dans
ses structures fondamentales. Si la stabilité du régime
trouvait ses origines dans le compromis passé entre
le fascisme et les institutions traditionnelles, elle repo-
sait surtout sur un appareil policier efficace et l'acquiescement croissant que rencontrait le fascisme
en Italie et à l'extérieur. La consolidation du régime
fasciste trouva son couronnement, en 1929, dans la
« conciliation » avec l'Église et les premières élections plébiscitaires. À compter de cette année-là, la
Chambre fut intégralement fasciste, tandis que la
masse des sénateurs à vie se fascisa progressivement,
hormis une minorité, toujours plus exiguë, de sénateurs antifascistes. Mussolini affirma définitivement
son pouvoir en tant qu'unique guide effectif de l'État,
jouant un rôle incontesté d'arbitre et de médiateur
entre les forces nouvelles et anciennes qui coexistaient, non sans tensions et oppositions, au sein du
régime. Toutefois, dans l'entreprise de démolition de
l'État libéral et de construction de l'État totalitaire,
le fascisme ne rencontra aucune opposition sérieuse

du côté des institutions traditionnelles. La monarchie, les forces économiques, la majorité des intellectuels et de l'opinion publique bourgeoise acceptèrent la démolition du régime libéral sans protestations ni regrets, et, à en juger d'après les avantages évidents que leur donnait le régime fasciste, s'habituèrent à vivre dans le nouveau régime qui imposait ordres et disciplines dans la société et le monde du travail.

Avec la suppression de la liberté d'association, les syndicats antifascistes furent eux aussi dissous, tandis que les organisations fascistes étaient subordonnées au contrôle de l'État. La loi du 3 avril 1926 sur la discipline sociale interdit la grève et le lock-out tout en instituant une Magistrature du travail pour trancher les différends entre travailleurs et patrons. Les seules organisations reconnues restèrent, en fait, les syndicats fascistes. Constituée en 1922, la Confédération des syndicats fascistes était une organisation puissante conduite par Edmondo Rossoni, qui avait l'ambitieux projet de réaliser un syndicalisme intégral en plaçant travailleurs et employeurs sous la coupe de sa confédération. Mussolini contraria cependant son dessein en imposant la «dislocation» de la confédération, qui fut alors subdivisée en diverses fédérations (27 novembre 1928). L'affaiblissement du syndicalisme fasciste, au profit du patronat, ne fut que partiellement compensé par la politique et l'aide sociales du régime (contrats collectifs, allocations de chômage, assurances sociales, organisation du temps libre à travers l'Opera nazionale dopolavoro — Office national des loisirs). La loi syndicale fut présentée comme une première étape vers la mise en place d'un système corporatiste en vue de l'organisation unitaire des forces productives suivant les principes définis par la Charte du travail (21 avril 1927). En 1926, fut créé un ministère des Corporations; en 1930, fut ensuite institué le Conseil national des corporations, en tant qu'organe constitutionnel de l'État, mais les corporations elles-mêmes ne virent le jour qu'en 1934. Dans les années 1930, le corporatisme allait être célébré comme la réponse originale du fascisme à la crise du système capitaliste, par opposition au communisme. En réalité, cependant, le système corporatiste ne fut qu'un appareil bureaucratique nouveau peu fonctionnel, bien incapable de réaliser concrètement la collaboration paritaire des travailleurs et du patronat et, *a fortiori*, de donner vie à une nouvelle économie. Sur le plan économique, après le libre-échangisme de premières années de gouvernement, le fascisme adopta une politique protectionniste, accroissant toujours plus, surtout après la crise économique de 1929, le contrôle public des finances et de l'industrie avec des initiatives telles que la création de l'Institut mobilier italien (1931) et de l'Institut pour la reconstruction industrielle (1933), qui augmentèrent l'intervention de l'État dans l'économie, mais hors du système corporatiste.

ORGANISER, MOBILISER, FORMER

En 1932, le régime fasciste célébra sa première décennie au pouvoir en accordant une large amnistie aux prisonniers politiques. Ainsi entendait-il montrer sa solidité et sa sécurité. Dans le même temps, s'intensifia la fascisation des Italiens à travers leur enrégimentement sous la coupe du parti. Le fascisme créa une machine de propagande efficace, utilisant la presse, la radio et le cinéma et l'employa pour valoriser de manière spectaculaire les succès du régime, comme la «bataille du grain» et la mise en valeur de la campagne du Pont, tout en maintenant les masses dans un état de mobilisation émotionnelle permanente à travers des rites et des cérémonies collectives.

Amorcée dès 1923, l'organisation de la propagande fut placée sous le contrôle du sous-secrétariat à la presse et à la propagande (1934), transformé ensuite en ministère (1935) avant d'être baptisé ministère de la Culture populaire, ou Minculpop (mai 1937). Les périodiques des nombreuses organisations du parti ou affiliées à celui-ci furent appelés à jouer un rôle très important dans la propagande totalitaire. Par sa politique culturelle, le fascisme s'efforça de diffuser son idéologie *via* l'orchestration prudente de thèmes et d'interprétations du passé ou du présent, avec des formes de représentation diversifiées, pas toujours idéologiquement explicites, afin d'éviter les effets contre-productifs d'un excès de propagande politique dans une masse déjà exposée à la pédagogie totalitaire incessante des autres institutions du régime, et tout particulièrement de la liturgie politique. Ces considérations valent pour toutes les formes d'organisation et d'expression culturelle du régime fasciste, qui, en ce domaine, conserva toujours une attitude éclectique, renonçant à imposer, spécialement dans le champ des manifestations littéraires et esthétiques, un «art officiel». De cette façon, le régime obtint l'adhésion de larges secteurs de la culture et des arts. Dans la consolidation du régime et le renforcement du consensus, devait ainsi jouer un rôle décisif l'adhésion de nombreux intellectuels influents issus du nationalisme libéral, comme le philosophe Giovanni Gentile et l'historien Gioacchino Volpe, qui voyaient dans le fascisme la réalisation de la Révolution nationale du Risorgimento, tandis que les intellectuels plus jeunes, fascistes de toujours, comme Giuseppe Bottai, considéraient le fascisme comme l'avant-courrier d'une «cité nouvelle». L'organisation et la mobilisation de la culture, avec un mécénat de l'État aussi généreux que voyant, à travers la réalisation d'initiatives telles que la grande entreprise éditoriale de l'Encyclopédie italienne, l'institution de l'Académie d'Italie et l'Institut culturel fasciste, rattaché au PNF, devinrent partie intégrante de la politique totalitaire du régime, qui put ainsi s'assurer la collaboration d'une masse considérable d'intellectuels et d'artistes : qu'ils fussent convaincus ou consentants, subventionnés par le généreux mécénat de l'État, ils s'appliquèrent à propager les idées et les mythes du fascisme, à célébrer les succès du régime et à exalter la gloire du *duce*.

Le mythe de Mussolini fut le principal facteur du consensus que manifesta la majorité des Italiens envers le régime, surtout dans les années 1929 à 1936. Le rôle charismatique du *duce* bénéficia d'une exaltation continue à travers l'adoption d'un système de croyance, de mythes, de rites et de symboles, qui constitua une nouvelle forme de religion politique et devint une partie essentielle et intégrante de l'État fasciste et de la politique de masse du parti unique. Les fréquentes rencontres du *duce* avec les masses devinrent le moment fort de l'organisation du consensus, quand, avec la préparation d'une mise en scène soignée, se réalisait la fusion émotionnelle du chef avec la foule, comme communion mystique symbolique de la nation avec elle-même par le truchement de son interprète suprême.

À travers l'organisation et la mobilisation permanente des masses, le fascisme visait à la transformation du caractère des Italiens pour créer un «Italien nouveau», lequel devait conformer toute la conduite de sa vie au dogme «croire, obéir, combattre».

Pour l'éducation totalitaire des nouvelles générations, le fascisme tira profit aussi bien de l'école que du parti. En 1923, le gouvernement Mussolini approuva une réforme scolaire conçue par le ministre de l'Instruction publique, Giovanni Gentile, et fondée sur le primat de la culture humaniste, en tant que pensée critique et autonome, et sur des critères fortement sélectifs. En réalité, la réforme n'avait rien de proprement fasciste, étant l'aboutissement d'un long débat auquel avaient participé, depuis des décennies, des pédagogues et des philosophes d'orientation diverse. La réforme Gentile eut tôt fait d'être modifiée par les ministres suivants, avec des retouches continuelles qui accentuèrent la fonction politique de l'école dans le cadre d'une pédagogie totalitaire, coïncidant avec les fins du parti et de l'État fasciste. En 1928, fut décidée l'introduction du manuel officiel unique pour les écoles élémentaires et la fascisation des manuels du secondaire. La conduite des élèves fut militarisée avec l'adoption de rites et symboles dans la vie scolaire. Le corps enseignant fut soumis au contrôle du parti, moyennant l'adhésion obligatoire au PNF, et le serment de fidélité au régime, qui fut imposé, entre

1929 et 1931, aux enseignants de toutes catégories et de tous niveaux. Enfin, le régime lança une nouvelle réforme de l'enseignement scolaire, suivant les principes exposés dans la Charte de l'école (15 février 1939) élaborée par Giuseppe Bottai, ministre de l'Éducation nationale, qui s'inspirait de conceptions pédagogiques plus modernes associant formation humaniste et formation scientifique, faisant aussi place à l'école au travail manuel, mais qui par-dessus tout confirmait la fonction politique totalitaire de scolarité. La nouvelle réforme établissait un lien organique entre l'école et le parti, à travers l'obligation d'aller à l'école et de faire partie des Jeunesses fascistes et des Groupes universitaires fascistes.

En même temps qu'à l'école, et ce dès les premières années du régime, la fascisation des Italiens et des Italiennes de six à dix-huit ans fut confiée à l'Opera nazionale Balilla, puis, à partir de 1937, à la Gioventù italiana del Littorio, qui fusionna toutes les organisations de la jeunesse fasciste sous l'égide du PNF. Les jeunes universitaires, organisés en groupes universitaires fascistes, étaient les plus impliqués dans la mobilisation idéologique, grâce aussi à une certaine liberté de débat qui leur était concédée pour discuter de thèmes et de problèmes du fascisme dans la presse universitaire et dans les concours culturels «Littoriali», créés en 1934. C'est principalement parmi ces jeunes que le régime entendait sélectionner la nouvelle classe dirigeante. Dans le champ de l'éducation des jeunes, le fascisme se montra intransigeant et intégriste, surtout à l'égard de la plus redoutable des organisations concurrentes, l'Action catholique. Tout en valorisant le catholicisme comme instrument d'organisation du consensus, le fascisme voulut être une religion laïque de la nation et de l'État, réclamant des citoyens un dévouement total. Aussi le régime ne devait-il pas hésiter, comme en 1931 et en 1938, à entrer en conflit avec l'Église — qui, pour sa part, accusait le fascisme de prêcher une religiosité statolâtrique et païenne — pour revendiquer le monopole de l'éducation de la jeunesse conformément à sa vision de la vie.

Dans le cadre de l'organisation et de la mobilisation des masses, une fonction importante fut attribuée aux Faisceaux féminins. Affichant son exaltation de la virilité et son antiféminisme, le fascisme réserva aux seuls hommes l'activité politique dirigeante, confirmant la femme en général dans son rôle traditionnel d'épouse, de mère et d'éducatrice, subordonnée à l'homme. Dans le même temps, cependant, et de façon contradictoire, la politique du fascisme imposait une diversification du rôle de la femme dans la famille et dans l'organisation de l'État totalitaire. À la femme, en tant qu'épouse et mère, était confiée la mission de produire des enfants pour la patrie et de les élever dans leurs premières années ; en tant qu'éducatrice fasciste et militante du parti, il lui appartenait de contribuer à l'éducation de l'«homme nouveau», s'engageant ainsi hors de la famille, dans le cadre des organisations du parti, et assumant en conséquence un rôle qui était loin d'être secondaire dans la vie publique du régime. À travers le parti, devait ainsi émerger, à côté du modèle traditionnel de la femme reine de la maison et ange du foyer, celui d'une «femme nouvelle» qui participait activement à la vie du parti, quoique dans les limites de la fonction d'as-

sistance et de sa vocation pédagogique. Le modèle
même d'épouse et de mère devait subir dans le fascisme une transformation substantielle par rapport
au modèle traditionnel d'inspiration catholique, la
fonction de la maternité étant désormais subordonnée à la production d'enfants uniquement destinés à
servir le régime.

L'ACCÉLÉRATION TOTALITAIRE

Dans les années 1930, le régime fasciste prit les
caractères d'une dictature totalitaire, fondée sur le
duce, le parti unique et tout son réseau d'organisations
pour l'encadrement et la mobilisation des masses.
Entre 1936 et 1939, fort du succès de la conquête de
l'Éthiopie (3 octobre 1935-5 mai 1936) et de la fondation de l'empire (9 mai 1936), qui marqua le point
culminant de l'approbation par la majorité des Italiens
du régime du *duce*, le fascisme accéléra le processus
totalitaire pour acquérir plus de pouvoir et d'autonomie à l'égard des institutions traditionnelles. Les
moments forts de cette nouvelle phase de construction de l'État totalitaire furent l'institution du ministère de la Culture populaire (27 mai 1937); la création
des Jeunesses fascistes (Giuventù italiana del Littorio, 27 octobre 1937); le renforcement des prérogatives et des fonctions du Parti fasciste; et, pour finir,
l'abolition de la Chambre des députés, remplacée
par la Chambre des faisceaux et des corporations
(19 janvier 1939). L'institution de la charge de premier maréchal de l'empire (30 mars 1938), conférée
aussi bien à Mussolini qu'au roi, fut le symptôme de

la volonté du fascisme d'abaisser ultérieurement la fonction de la monarchie. Simultanément, le régime reprit les thèmes populistes («aller vers le peuple») avec de nouvelles mesures de politique sociale en faveur des travailleurs et avec la relance de l'activité et du rôle des syndicats (reconnaissance des délégués d'entreprise, supprimés en 1929), accompagnée de l'orchestration d'une campagne antibourgeoise et de nouvelles initiatives pour la réforme des usages (abolition du «vous» — *lei* — et de la poignée de main).

Dans la phase d'accélération totalitaire, entre février et novembre 1938 furent également adoptées des mesures antisémites, dont l'apogée fut la promulgation des lois contre les Juifs (17 novembre 1938) — comme partie intégrante de la législation raciste élaborée après la conquête de l'Éthiopie. Le racisme n'était pas étranger à la culture politique fasciste, qui avait dès le début porté un intérêt particulier à la «défense de la santé de la race» dans le cadre d'un projet général de *révolution anthropologique* pour régénérer le caractère des Italiens et créer une nouvelle race de dominateurs et de conquérants. Jusqu'en 1938, au contraire, l'antisémitisme n'avait pas été une composante de l'idéologie fasciste, même s'il y avait des fascistes antisémites, tout comme il y avait des Juifs parmi les premiers fascistes, parmi les militants du PNF ainsi que dans la classe politique et intellectuelle du régime. Au début des années 1930, Mussolini avait publiquement dénigré les théories racistes et l'antisémitisme. Toutefois, avec l'intensification de la politique raciste, l'attitude envers l'antisémitisme commença également à changer. Si l'alliance avec l'Allemagne nazie eut certainement une influence sur cette muta-

tion, les facteurs décisifs furent cependant la conviction de Mussolini que le judaïsme international jouait
un rôle actif dans l'antifascisme et surtout son désir
d'accélérer le rythme d'exécution de l'expérience totalitaire pour créer une race italienne ethniquement
homogène. Ainsi la législation contre les Juifs devait-
elle s'insérer dans le racisme fasciste comme un choix
d'une parfaite cohérence, pour des raisons idéologiques et politiques, avec la logique totalitaire du
régime. À compter de 1938, l'Italie devint officiellement un État antisémite : les quelque 50 000 Juifs italiens furent victimes de discrimination et mis au ban
d'institutions étatiques, de l'école et de la vie publique.
Et même si l'antisémitisme fasciste ne produisit pas
les résultats les plus horribles de l'antisémitisme nazi,
la discrimination fut d'une certaine façon la prémisse
de la persécution plus implacable mise en œuvre plus
tard dans la « République sociale ».

L'intensification du processus totalitaire suscita
l'enthousiasme des militants du PNF, et surtout des
jeunes, qui étaient déçus par la bureaucratisation du
régime et voulaient une reprise de la révolution fasciste dans un sens plus radical sur un plan tant social
que politique. Mais l'accélération totalitaire suscita
aussi des résistances et des craintes notables dans
les institutions traditionnelles, dans le monde économique, dans le monde catholique, au sein de la grande
bourgeoisie et des classes moyennes elles-mêmes, qui
supportaient mal l'enrégimentement toujours plus
obsessionnel de la vie publique et privée, mais aussi
de plus en plus alarmés par les initiatives belliqueuses
du fascisme, nonobstant les flambées d'orgueil patrio-

tique suscitées par les succès du *duce* sur la scène internationale.

Jusqu'en 1934, la politique extérieure fasciste avait certes été animée d'ambitieux projets révisionnistes concernant le traité de Versailles et n'avait pas dédaigné les démonstrations de force, comme en 1923 avec l'occupation temporaire de Corfou; au fond, cependant, elle s'était pourtant efforcée de conquérir plus de prestige et d'influence dans le champ international par des moyens pacifiques, affectant un réalisme sans préjugé, cherchant à faire valoir le «poids déterminant» de l'Italie dans la politique européenne, participant à l'activité de la Société des Nations et agissant en accord, alternativement, avec la France et l'Angleterre.

Dès ses origines, le fascisme avait professé une vocation impérialiste, même s'il l'entendit d'abord vaguement au sens d'expansion économique et spirituelle unie au mythe populiste de la *grande proletaria*. À compter de la fin des années 1920, cette vocation impériale déboucha sur un expansionnisme politique et économique dans les Balkans et sur des conquêtes coloniales en Afrique, avec l'ambition majeure d'affirmer l'hégémonie italienne en Méditerranée *(Mare nostrum)* afin de s'ouvrir la route des océans. Aux projets d'expansion impérialiste vint s'ajouter le mythe, proprement fasciste, de la «civilisation nouvelle», conçue comme une expansion du modèle totalitaire fasciste à travers la réorganisation de l'Europe et des colonies dans un «ordre nouveau» de *communautés impériales*, fondé sur la prédominance de «peuples jeunes» comme l'Italie et l'Allemagne. La «communauté impériale» à laquelle aspirait le fascisme eût rassemblé les possessions coloniales ainsi qu'un agrégat de nations européennes réputées inférieures, qui eussent conservé leur forme étatique tout en étant hiérarchiquement subordonnées à la nation italienne, en tant que partie intégrante de son espace vital.

L'ambitieux projet d'une «civilisation nouvelle» fut conforté, au cours des années 1930, par la transformation du fascisme en phénomène international des suites de la propagation de mouvements et de régimes avec des aspects semblables et voisins du fascisme italien, dont on ne citera ici que les plus importants: le nazisme hitlérien en Allemagne, les Croix de Feu de François de la Rocque et le Parti populaire français de Jacques Doriot en France, le rexisme (du Christ Roi) de Léon Degrelle en Belgique, la Phalange de José Antonio Primo de Rivera en Espagne, l'Union fasciste d'Oswald Mosley en Grande-Bretagne, les Croix fléchées de Ferenc Szálasi en Hongrie, la Garde de fer de Corneliu Codreanu en Roumanie et le parti des Oustachis (rebelles) d'Ante Pavelić en Croatie.

Presque tous apparus après l'arrivée du fascisme au pouvoir, ces mouvements avaient des idéologies et des objectifs qui ne coïncidaient pas avec ceux du mouvement italien, mais ils lui ressemblaient par la conception mystique et militariste de la politique, par l'activisme révolutionnaire antidémocratique, antilibéral et antimarxiste, par le culte de la nation et de la race comme valeur absolue, par le recours à des rites et à des symboles comme expression fondamentale de son identité. La prolifération de ces mouvements, dont la majeure partie ne réussit cependant à conquérir le pouvoir et à donner vie à un bon régime, amena Mussolini à déclarer, au début des années 1930 qu'au xxᵉ siècle l'Europe serait fasciste ou fascisée. Dans le même temps, la propagation de gouvernements dictatoriaux dans la quasi-totalité des pays d'Europe méridionale et orientale — dont certains adoptèrent, sur le modèle fasciste, des formes rituelles et symboliques dans la représentation politique, et des structures de type corporative dans l'organisation de l'économie et de la société — paraissait confirmer la prétention du régime fasciste qui se voulait l'avant-courrier d'une transformation radicale des valeurs et des institutions politiques, qui auraient anéanti le régime parlementaire et les idéaux libéraux et démocratiques issus de la Révolution française. En 1933, la conquête du pouvoir par Hitler (30 janvier), qui admirait sincèrement Mussolini comme un maître, confirma dans le fascisme italien la conviction qu'approchait désormais l'heure d'un tournant décisif, d'un changement radical de civilisation et donc d'un inévitable affrontement entre les démocraties européennes, vieilles et décadentes, et les nations jeunes et vigoureuses régénérées et revigorées par les régimes fascistes ou fascisants.

Dans ce climat, Mussolini mûrit la décision de se tailler un empire colonial, lançant une guerre d'agression contre l'Éthiopie (octobre 1935-mai 1936), avec l'opposition de la Société des Nations, qui vota des « sanctions » contre l'Italie. Menée en utilisant massivement les moyens de guerre modernes, y compris les gaz, et en recourant à une répression implacable

afin de briser toute résistance, même après la fin
de la guerre, la conquête de l'empire s'accompagna
d'une propagande efficacement orchestrée par le parti
et marqua l'apogée du soutien de la grande majorité
des Italiens au fascisme et au *duce*, lequel couronna
son apothéose le 9 mai 1936 en annonçant depuis le
balcon du palazzo Venezia aux millions d'Italiens
rassemblés sur les places d'Italie la renaissance de
l'empire «sur les collines fatidiques de Rome».

DE L'APOTHÉOSE À LA RUINE

La guerre d'Éthiopie ne mit pas définitivement
fin à la recherche de bonnes relations avec les démocraties et, surtout, avec l'Angleterre (Gentlemen's
Agreement, janvier 1937; Accords de Pâques, avril
1938). Toutefois, le changement de la situation internationale dans la seconde moitié des années 1930,
aggravée par le révisionnisme hitlérien et la guerre
civile espagnole (1936-1939), exposa le fascisme à la
tentation de nouvelles entreprises belliqueuses que
Mussolini, désormais prisonnier de son mythe de
l'infaillibilité du *duce*, leurré par la vision de la «civilisation nouvelle» et pressé par le dynamisme prédominant de l'Allemagne nazie ne sut éviter.

L'accession du nazisme au pouvoir n'avait pas suscité la sympathie immédiate de Mussolini, qui voyait
dans Hitler un fou exalté et s'inquiétait du revan-
chisme germanique. Quand l'assassinat du chance-
lier Dollfuss confirma la tentative de coup d'État
nazi en Autriche (25 juillet 1934), Mussolini réagit en
envoyant des troupes au col du Brenner. Après la

conquête de l'Éthiopie, en revanche, Mussolini se rapprocha de l'Allemagne hitlérienne («Axe Rome-Berlin», 24 octobre 1936), quittant la Société des Nations (11 décembre 1937) et s'engageant dans une nouvelle aventure militaire en participant à la guerre civile espagnole au côté du général Franco (1936-1939). En 1938, il approuva l'annexion de l'Autriche au Reich (l'Anschluss, le 12 mars). L'enthousiasme avec lequel les Italiens accueillirent Mussolini comme le «sauveur de la paix» après les accords de Munich (29 septembre 1938) qui sanctionnèrent la cession de la région des Sudètes de la Tchécoslovaquie à l'Allemagne mit bien en évidence l'inquiétude croissante suscitée par les dangers de guerre au sien de l'opinion publique. Cela n'empêcha pas Mussolini de confirmer l'alliance avec l'Allemagne, signée le 22 mai 1939 («Pacte d'Acier») et de lier définitivement le destin de l'Italie et du régime au sort de l'impérialisme nazi. Le 7 avril, l'Italie envahissait l'Albanie, qui fut annexée avec l'union personnelle des deux couronnes.

Nonobstant les hésitations de la période de «non-belligérance» après le début des hostilités en Europe (1er septembre 1939), Mussolini entraîna le pays dans la guerre le 10 juin 1940, imaginant une conclusion rapide avec la victoire de l'Axe. L'échec de la stratégie mussolinienne d'une «guerre parallèle», déjà révélée lors de la catastrophique campagne de Grèce en octobre 1940, rendit l'Italie définitivement tributaire des initiatives et des décisions de son allié nazi. En mai 1941, l'Italie perdait définitivement l'empire d'Éthiopie, tandis que le mois suivant, avec l'entrée en guerre de l'Allemagne contre l'Union soviétique,

Mussolini décidait de participer en envoyant un Corps expéditionnaire italien (CSIR).

Les défaites militaires essuyées par l'Italie au cours du conflit, la perte de la Libye (23 janvier 1943) et, pour finir, l'invasion de la Sicile par les Alliés (10 juillet 1943) scellèrent la fin du régime fasciste, déjà en pleine crise du fait de la désaffection de la grande majorité des Italiens et de la décision de la monarchie, des forces économiques et de l'Église de chercher une issue à la guerre en liquidant Mussolini. Dans les années de guerre, la succession désordonnée des secrétaires aux rênes du PNF — Ettore Muti (31 octobre 1939-30 octobre 1940), Adelchi Serena (30 octobre 1940-26 décembre 1941), Aldo Vidussoni (26 décembre 1941-19 avril 1943), Carlo Scorza (19 avril-25 juillet 1943) — contribua à aggraver la déchéance du fascisme. C'est tout le régime qui s'écroula au lendemain du 25 juillet 1943, quand le *duce*, désavoué par la majorité des hiérarques du Grand Conseil, fut destitué par le roi et arrêté.

LA RÉPUBLIQUE SOCIALE

Le nouvel État fasciste — rebaptisé République sociale italienne ou, plus communément, République de Salò (13 septembre 1943-25 avril 1945) — voulu par Hitler une fois Mussolini libéré de sa prison fut une ultime tentative pour redonner vie au fascisme en le ramenant à ses origines républicaines. La naissance de la République fasciste, après la reddition sans condition de l'Italie aux alliés anglo-américains (8 septembre) et la fuite du roi dans le Sud, provoqua l'effondrement de l'État unitaire et le début d'une guerre civile entre les Italiens partisans de la République sociale, organisés en diverses formations armées (Armée républicaine, Garde nationale républicaine, Brigades noires, X Mas) et les Italiens organisés dans les formations partisanes de la Résistance et dans l'Armée monarchique reconstituée avec le Royaume du Sud.

Gouverné par un *duce* que l'on jugeait politiquement mort mais qui n'avait pas renoncé à son rôle de chef et d'arbitre, l'État fasciste républicain n'était qu'un amas de forces et d'institutions rivales, sur un plan politique aussi bien que militaire, et subordonné à un puissant allié qui se conduisait en protecteur et gouvernait directement de vastes portions du Nord-Est italien. Au nombre des partisans de la république sociale, figuraient des anciens et des nouveaux fascistes, animés de motivations différentes : simple patriotisme, fidélité personnelle à Mussolini ou conviction idéologique. S'y rallièrent également des intellectuels, des fonctionnaires et des militaires qui n'avaient pas été des militants fascistes et qui ne croyaient pas non plus à une résurrection du fascisme, mais qui éprouvèrent le besoin de réagir, par sens patriotique, à la « trahison » du 8 septembre et au soudain changement d'alliance. Les organisations militaires de la République sociale virent aussi affluer des jeunes et des adolescents des deux sexes, animés de sentiments analogues : élevés dans la pédagogie totalitaire, enflammés par le mythe du fascisme républicain et mus par un patriotisme républicain, ils entendaient racheter l'« honneur de la patrie ». Dans le fascisme de Salò, on vit aussi resurgir et s'imposer les groupes les plus intransigeants et les plus violents du fascisme totalitaire, réorganisés dans le Parti fasciste républicain dirigé par Alessandro Pavolini ; ainsi furent repris et développés les thèmes antibourgeois et socialisants, qui affleuraient déjà dans les dernières années du régime, pour donner au fascisme républicain un caractère révolutionnaire anticapitaliste, tout en exaltant les aspects irrationnels et mystiques typiques de la religion politique fasciste tels que le défi à la mort, l'éthique du sacrifice, le sens de l'honneur, l'esprit guerrier et le culte de la violence. Le fascisme républicain reprit aussi en l'exacerbant la législation antisémite et la persécution des Juifs : de 1943 à 1945, plus de 7 000 Juifs furent déportés du territoire de la République sociale ; parmi eux, 610 seulement devaient réchapper aux camps d'extermination.

L'effondrement définitif du fascisme se produisit avec la victoire des Alliés et des forces de Résistance, qui achevèrent la libération de l'Italie le 25 avril 1945. Le 28 avril, des partisans capturaient Mussolini et le fusillaient.

Après la fin de la guerre, le mythe du fascisme républicain, mêlé à l'exaltation nostalgique de l'expérience fasciste, fut dans une large mesure la matrice de divers mouvements néofascistes, qui se constituèrent et se développèrent avec des fortunes diverses dans l'Italie républicaine.

CHAPITRE 2

Le phénomène fasciste :
le conflit des interprétations

LA QUESTION DU FASCISME

Qu'on le considère comme un mouvement et un régime italiens ou comme un phénomène international, le fascisme, disparu depuis plus d'un demi-siècle en tant que protagoniste de la vie politique en Europe, reste l'un des phénomènes les plus étudiés et les plus controversés de l'histoire contemporaine. La question du fascisme, c'est-à-dire l'ensemble des problèmes et des interprétations que ce phénomène a suscités, a désormais derrière elle une longue tradition, amorcée quand le mouvement fondé par Benito Mussolini conquit le pouvoir et donna vie à un nouveau type de régime politique à parti unique. Depuis lors, études, recherches et débats sur le fascisme n'ont cessé de se multiplier, surtout dans le dernier quart du xxᵉ siècle, et tout particulièrement en Italie et en Allemagne. Dans ces deux pays, en fait, la mémoire de l'expérience totalitaire fait encore peser sur le sentiment de l'identité nationale, quoique avec une intensité diverse, le problème éthico-politique de la responsabilité politique envers un «passé qui ne veut

pas passer[1]», suscitant des polémiques hors même
du champ scientifique. Mais le problème du fascisme
ne se limite pas au cas italien ou allemand : dans
l'entre-deux-guerres, en fait, des mouvements qui se
réclamaient directement du fascisme ou du nazisme,
ou qui leur ressemblaient par le nationalisme radical, l'antilibéralisme, l'antibolchevisme, l'organisation
paramilitaire, l'activisme et le style politique, surgirent et se propagèrent dans de nombreux pays européens, représentant partout une menace, potentielle
ou effective, pour les régimes démocratiques. La
réflexion sur la vulnérabilité de la démocratie parlementaire dans la société moderne de masse est partie intégrante de la question du fascisme et n'a fait
que lui donner plus d'importance pour les spécialistes contemporains. Comme peu de phénomènes de
notre temps, le fascisme a été étudié par des historiens,
des sociologues, des politologues, des philosophes et
des psychologues, animés du besoin de comprendre
pour quelles raisons, dans des pays déjà marqués par
la modernisation et la démocratisation, virent le jour
et s'affirmèrent des mouvements tels que le fascisme
et le nazisme, qui réclamaient le monopole du pouvoir politique et le contrôle total des masses, entraî-
nant la société dans la spirale d'un régime totalitaire
qui subordonnait l'individu et la collectivité au parti
unique au nom de mythes nationalistes et racistes de
puissance et d'expansion.

En l'espace d'un demi-siècle et plus, ont été avancées des définitions et des théories du phénomène
fasciste nombreuses et contradictoires. Si l'on reprend
l'histoire de ces interprétations, on constate un élargissement progressif du fascisme, de sa dimension

italienne et européenne originelle vers une dimension mondiale. Le fascisme a fini par prendre l'aspect d'une entité universelle et métahistorique, qui se serait manifestée et pourrait se manifester partout, au-delà des limites propres au «fascisme historique» de l'entre-deux-guerres. Après 1945, par exemple, ont été qualifiés de «fascistes» le régime de Juan Perón en Argentine, la république présidentielle de Charles de Gaulle en France, les régimes à parti unique du tiers-monde, la dictature des colonels en Grèce, la présidence de Richard Nixon aux États-Unis, les régimes militaires de l'Amérique latine, mais aussi les démocraties bourgeoises et mêmes les régimes communistes. On a parlé, en fait, de «fascisme rouge» à propos de la gauche extraparlementaire et de groupes terroristes communistes, et d'involution «fasciste» du régime communiste chinois à l'occasion du massacre de la place Tienanmen à Pékin, les 3-4 juin 1989. Dernièrement a été forgée une nouvelle catégorie de fascisme — le «fascisme moyen-oriental» — pour définir le régime de Saddam Hussein en Iraq. Dans le langage politique courant, le mot «fascisme» est universellement employé en un sens péjoratif comme synonyme de droite, de contre-révolution, de réaction, de conservatisme, d'autoritarisme, de corporatisme, de nationalisme, de racisme et d'impérialisme. Par un processus continu d'inflation sémantique, le concept de fascisme a servi à tort et à travers dans le combat politique, dans l'historiographie et les sciences sociales au point de devenir une appellation toujours plus générique.

INTERPRÉTATIONS
DU PHÉNOMÈNE FASCISTE

Initialement, dans les années 1920, on vit surtout dans le fascisme une expression typique de l'histoire et du caractère des Italiens. La culture fasciste, à cette époque, insistait sur l'*italianité* du fascisme en tant que résurgence de la « lignée » amorcée avec l'interventionnisme et la guerre. Jusque dans le camp fasciste, prévalait la tendance à considérer le fascisme comme un phénomène italien, comme une révolte antiprolétarienne et anticapitaliste de la petite bourgeoisie humaniste, imprégnée de nationalisme et de rhétorique romaniste[2], ou carrément comme une « autobiographie de la nation[3] », c'est-à-dire comme la manifestation et le produit de lacunes historiques et morales séculaires typiques de la société, de la classe dirigeante et du peuple italien.

L'idée d'une spécificité italienne du fascisme se retrouvait même dans les interprétations étrangères. Dans les années 1930, cependant, avec la prolifération en Europe de mouvements et de régimes autoritaires nationalistes, et surtout après l'arrivée du nazisme au pouvoir, le fascisme fut perçu toujours plus, par ses sympathisants aussi bien que par ses adversaires, comme un phénomène international. La propagande fasciste elle-même se mit à exalter l'« universalité » du fascisme, prophétisant le proche avènement d'une Europe fasciste et fascisée. La guerre civile espagnole, l'alliance entre l'Italie, l'Allemagne et le Japon dans la Seconde Guerre mondiale, le caractère idéologique même de cette guerre envisagée comme un conflit entre fascisme et antifascisme renforcèrent définitivement la conviction qu'on pouvait tenir le fascisme pour un phénomène international unique. Cette conviction fut le dénominateur commun des interprétations élaborées par les mouvements antifascistes entre les années 1930 et 1950.

La culture marxiste et le mouvement communiste furent les premiers à attribuer au fascisme, dès les années 1920, une dimension internationale, l'identifiant à la réaction de la bourgeoisie qui, pour faire front à l'avancée du prolétariat, se servait de bandes armées de petits bourgeois déclassés. La Troisième Internationale sanctionna la codification de l'interprétation du fascisme comme «dictature terroriste du grand capital». Pour les marxistes, toute société capitaliste était structurellement prédisposée au fascisme, tandis que les communistes définissaient comme fasciste tout mouvement ou régime anticommuniste, y compris, à une période déterminée, les partis socialistes et sociaux-démocrates (théorie du «social-fascisme»). Des chercheurs marxistes ont apporté une correction partielle à cette vision du rapport entre capitalisme et fascisme en excluant un lien de causalité nécessaire entre capitalisme et fascisme pour constater qu'en réalité, dans la majeure partie des pays capitalistes comme les États-Unis, l'Angleterre et la France, sans considérer des pays de moindre importance tels que la Belgique et la Hollande, le régime démocratique surmonta de graves crises politiques et économiques, comme celle de 1929, sans céder aux séductions du fascisme, pourtant bien présentes[4]. D'autres chercheurs de même tendance ont partiellement modifié la définition du fascisme comme agent du capitalisme, reconsidérant le rapport entre régime fasciste et capitalisme comme une «alliance[5]», dans laquelle le fascisme conserve un certain degré d'autonomie, visant à faire prévaloir le «primat du politique» jusque dans la sphère de l'économie[6].

L'interprétation marxiste a été contestée par la culture libérale, qui a attribué la genèse et l'affirmation du fascisme à une «maladie morale», qui se serait déclarée après la Première Guerre mondiale, mais qui couvait dès les dernières décennies du XIXe siècle avec le déclin progressif de la conscience européenne, le retour de la société à la barbarie et l'irrationalisme culturel[7]. L'affaiblissement de la foi dans la liberté, l'exaltation impérialiste, le déploiement de la volonté de puissance et de la soif de pouvoir, l'activisme politique et le culte de la violence, soutenus par de nouveaux instruments de l'industrie et de la technique sont autant de facteurs qui après le bouleversement révolutionnaire de la guerre mondiale, selon Gerhard Ritter, favorisèrent le triomphe du «visage démoniaque du pouvoir[8]» avec les tyrannies de nouveaux surhommes qui fondaient leur pouvoir sur la démagogie, sur la terreur et sur l'«intronisation de la pensée mythique», suivant la définition d'Ernst Cassirer[9]. Et en tant que «maladie morale», affirma Benedetto Croce, le fascisme a été un «mal contemporain [...] disséminé à travers le monde entier[10]».

La vision du fascisme comme phénomène de pathologie historique, mais projeté sur une dimension pluriséculaire et «métapolitique[11]», a été aussi à la base des interprétations d'orientation démocratique radicale. Autrement dit, on a vu alors dans le fascisme et le nazisme le produit de processus historiques et sociaux typiques de pays comme l'Italie et l'Allemagne, tardivement parvenus à l'unification nationale, conservant dans leurs structures politiques, sociales et culturelles une tradition d'autoritarisme séculaire et ayant des racines profondes jusque dans le «caractère» des deux peuples, qui n'avaient pas assimilé les institutions et les valeurs de la conscience moderne libérale [12]. Tout en accentuant la spécificité des traditions historiques nationales, jusqu'à laisser transparaître un préjugé tendant vers le racisme, cette interprétation conduisait elle aussi à théoriser l'«universalité» du phénomène fasciste comme réaction à la modernité identifiée avec le système politique et économique des démocraties occidentales.

Bien qu'opposées par leurs catégories culturelles et leurs principes idéologiques, ces interprétations s'accordaient, au fond, à résoudre le problème du fascisme à l'identification des causes et des conditions qui l'avaient engendré (la réaction bourgeoise, la maladie morale, la résistance à la modernité), jugeant le fascisme en soi, en tant que mouvement politique, comme une aberration sur le chemin de l'histoire vers la modernité, conçue comme progrès de la rationalité et de la liberté. L'irrationalisme, aspect essentiel et important du fascisme, finissait donc par devenir une raison de «diaboliser» le fascisme et par le représenter comme une «négativité historique».

L'insistance sur la nature pathologique du fascisme est surtout présente dans les essais d'interprétation psychologique. On a vu dans le fascisme une manifestation de la «personnalité autoritaire[13]», une réaction agressive de masses sexuellement réprimées[14], une «fuite de la liberté» d'une petite bourgeoisie traumatisée par des processus d'atomisation et d'aliénation de la société de masse et cherchant la sécurité et un sentiment d'appartenance à l'ordre communautaire d'un nouvel autoritarisme[15]. Une autre perspective analytique, plus encline à prendre en considération les aspects du fascisme comme idéologie, mouvement et régime, est celle des chercheurs qui ont inscrit le problème du fascisme dans le phénomène de la société de masse moderne[16] — y voyant une nouvelle forme de radicalisme nationaliste, foncièrement différent de la droite traditionnelle et animé d'un dynamisme autonome[17]. D'autres spécialistes ont rapproché le fascisme du communisme, les réunissant sous la catégorie du «totalitarisme», autrement dit d'un nouveau système de domination politique, fondé sur le parti unique, une idéologie intégriste, le terrorisme, la mobilisation démagogique des masses, le culte idolâtrique du «chef» et la volonté de contrôle total, matériel et spirituel, de la société[18]. En un sens plus générique et plus universalisant, les sciences sociales ont utilisé le concept de fascisme pour définir des idéologies, des mouvements et des régimes politiques associés à des stades bien déterminés de l'industrialisation, de la modernisation, de la mobilisation sociale[19], tandis que d'autres chercheurs, tout en partageant la vision du fascisme comme phénomène international, ont mis en relief l'unicité de la constellation des situations et des facteurs qui permirent au fascisme, «dernier venu» des mouvements politiques européens après la Première

Guerre mondiale, de jouer sur la scène politique de l'entre-deux-guerres un rôle de protagoniste avec une physionomie idéologique, sociale et organisationnelle propre[20]. À travers ces interprétations, les sciences sociales ont contribué à placer le problème du fascisme dans une perspective proprement scientifique, aidant ainsi à dépasser les interprétations plus immédiatement conditionnées par des présupposés et des fins de nature idéologique et politique.

«FASCISME» ET «FASCISMES»
DANS L'HISTORIOGRAPHIE

Le problème de la définition du fascisme, comme phénomène italien et international, dans le champ historiographique a été formulé clairement par Angelo Tasca en 1938 :

> [...] *Définir le fascisme, c'est avant tout en écrire l'histoire* [...]. Une théorie du fascisme ne pourrait donc sortir que de l'étude de toutes les formes de fascisme, latentes ou ouvertes, bridées ou triomphantes. Car il y a plusieurs fascismes, dont chacune recèle des tendances multiples, parfois contradictoires, et qui peuvent évoluer jusqu'à changer certains de leurs traits essentiels. Définir le fascisme signifie le surprendre dans cette évolution, c'est saisir, dans un pays donné et à une époque donnée, sa «différence spécifique». [...] Cette méthode plus prudente et moins ambitieuse nous permettra peut-être d'indiquer un certain nombre de caractères communs, pouvant être intégrés dans une définition générale du fascisme[21].

La validité et l'utilité scientifique de l'approche historiciste indiquée par Angelo Tasca ont été confirmées par les résultats d'une nouvelle historiographie du fascisme, amorcée dans les années 1960, qui a abordé l'étude du phénomène sur la base d'une recherche historique concrète, réfutant les généralisations interprétatives, les visions diabolisantes et les explications monocausales. C'est à cette époque que remontent les premiers essais d'analyse novateurs du phénomène fasciste attachés aux noms d'historiens tels que George L. Mosse, Ernst Nolte, Eugen Weber, Renzo de Felice, qui donnèrent une impulsion à des recherches nouvelles et à de nouveaux débats, inaugurant une période très profitable pour l'élargissement des connaissances des différents fascismes aussi bien que pour l'approfondissement de l'analyse théorique hors des schémas traditionnels[22]. Et ce sont ces deux grandes lignes qu'ont suivi jusqu'à aujourd'hui les études du phénomène fasciste: l'une, qui vise à repérer et à définir les éléments conceptuels constitutifs du «fascisme générique», entendu comme «type idéal» au sens de Max Weber; l'autre, plus proprement historiographique, qui cherche à approfondir la connaissance des différents mouvements et régimes, communément réunis sous la rubrique du «fascisme générique», donnant plus de relief à leurs particularités nationales, idéologiques, sociales, culturelles, mais aussi à la diversité des méthodes, des fins et des résultats concrètement obtenus par les divers «fascismes».

Dans le débat historiographique contemporain, le phénomène fasciste se présente comme une constellation de mouvements et de régimes, au centre desquels se distinguent avant tout les «fascismes paradigmatiques» (fascisme et nazisme) entourés d'une myriade de «fascismes» mineurs et encadrés par diverses formations considérées comme des anticipations, des imitations ou des dérivations illégitimes des «fascismes paradigmatiques» (baptisées «protofascisme», «parafascisme», «pseudofascisme», mouvements et régimes «fascistoïdes», etc.). Mais la recherche historique des «variétés de fascisme» dans toute leur singularité, étudiées dans leurs contextes nationaux, et mettant en lumière les différences substantielles qui existaient entre elles, a rendu plus compliquée l'élaboration d'une théorie générale. Un des principaux obstacles tient à la difficulté d'identifier un plan de comparaison unique compte tenu des divers degrés de formation et d'affirmation des «fascismes».

Une analyse comparative ne peut pas ne pas tenir compte, par exemple, de la différence entre des mouvements qui n'accédèrent pas au pouvoir et des mouvements qui se transformèrent en régimes, concrétisant et développant leur politique au niveau des structures étatiques. Les mouvements de Mussolini et de Hitler sont en effet les seuls qui aient réussi à conquérir directement le pouvoir en donnant vie à un nouveau régime politique, fondé sur le parti unique, et qui se prêtent donc à une analyse comparative en tant que formes achevées de *mouvements-régimes*. La quasi-totalité des autres «fascismes» furent des *mouvements sans régime*, au sens où ils en restèrent au stade de la mobilisation et ne réussirent pas à conquérir le pouvoir ; aussi est-il impossible de faire des conjectures sur leur évolution au plan des structures étatiques — lesquelles sont un élément important pour la définition du fascisme. Certains mouvements «fascistes» participèrent au pouvoir avec d'autres forces, comme dans le cas des Heimwehren

en Autriche, mais l'expérience fut de courte durée.
Les aspirations révolutionnaires d'autres mouvements
«fascistes» furent brisées par des gouvernements
autoritaires, comme ce fut le cas des nationaux-syn-
dicalistes de Rolão Preto au Portugal d'Antonio de
Oliveira Salazar, ou de la Garde de fer de Cor-
nelius Z. Codreanu dans la Roumanie du roi Carol.
Dans d'autres cas encore, comme la Phalange dans
l'Espagne de Francisco Franco, le mouvement se
trouva réduit à soutenir un régime militaire autoritaire, qui le confina dans une position subalterne et
marginale.

Les «fascismes» se différencièrent en outre par la
diversité des traditions historiques, des contextes
nationaux et des vicissitudes politiques, mais aussi
par les différents niveaux de développement économique, de modernisation et de mobilisation sociale
des divers pays. D'où la nécessité, pour les historiens,
d'introduire dans la constellation du phénomène fasciste de nouvelles spécifications comme, par exemple,
l'«austrofascisme», les «fascismes ibériques», le «fascisme méditerranéen» et le «fascisme balkanique».

Le problème des différences ne se limite pas uniquement à l'aire géographique et au niveau de développement, mais investit aussi la nature même de
ces mouvements, c'est-à-dire la formation sociale, la
culture politique et la conception de l'État national.
Des différences notables émergent aussi de l'analyse
sociologique : tandis qu'en Europe centrale et occidentale les mouvements «fascistes» recrutèrent surtout
dans les classes moyennes, la composante populaire,
paysanne ou ouvrière, fut beaucoup plus importante
en Europe orientale. Au niveau idéologique, l'antisé-

mitisme fut fondamental dans le nazisme et dans les mouvements «fascistes» d'Europe orientale, alors qu'il demeura marginal dans le fascisme italien, qui ne s'y rallia qu'en 1938, tout comme était différente la conception de la communauté nationale : biologico-raciale dans le nazisme, idéaliste et volontariste dans le fascisme, mystico-chrétienne dans le mouvement de la Garde de fer. Le nationalisme fut un élément de différenciation décisif entre les divers «fascismes», même s'il y eut des tentatives pour donner vie à une «internationale fasciste» dans les années 1930 et, surtout, au cours de la Seconde Guerre mondiale, avec des expériences concrètes de collaboration entre militants des divers «fascismes» dans l'utopie de l'«Ordre Nouveau», essentiellement entendu dans sa version nazie. Mais il faut aussi noter que de nombreux mouvements réputés fascistes refusaient cette étiquette, revendiquant leur diversité et leur originalité tant vis-à-vis de Hitler que de Mussolini.

Si la construction d'une théorie générale du fascisme dans l'historiographie se révèle compliquée au niveau du *mouvement*, il ne paraît pas plus simple de l'élaborer au niveau du *régime*. Le régime de Mussolini comme celui de Hitler, on l'a dit, se différencient substantiellement d'autres régimes autoritaires tels que la régence de Miklós Horthy en Hongrie, la dictature de Primo de Rivera en Espagne, l'Estado Novo de Salazar au Portugal et, encore en Espagne, la dictature franquiste. Même s'ils présentaient certaines caractéristiques fascistes, ces derniers furent des «régimes sans mouvement[23]», en ce sens qu'ils n'étaient pas le fruit de mouvements de masse, qu'ils ne se fondaient pas sur le parti unique et qu'ils n'avaient pas pour principaux objectifs la mobilisation et l'organisation totalitaire des masses. Dans une catégorie bien particulière se situent ensuite les régimes collaborationnistes sous occupation, apparus sous l'égide de l'Axe, comme le régime de Vichy en France, le gouvernement Quisling en Norvège ou la dictature d'Ante Pavelić en Croatie. Histoire de rendre plus problématique encore la définition du fascisme comme phénomène international, sont aussi apparues des différences substantielles entre les deux «fascismes paradigmatiques». L'idéologie *völkisch* et le racisme antisémite, qui trouvèrent leur apogée avec la «solution finale» et l'extermination des Juifs, sont des composantes fondamentales du nazisme et en déterminent clairement l'unicité par rapport aux autres «fascismes» au point de rendre très discutable, sur un plan historique, l'identification entre nazisme et fascisme aussi bien que la définition du nazisme comme «fascisme allemand[24]». De manière analogue, de divers côtés ont été formulés des doutes sur la validité historiographique du concept de totalitarisme comme catégorie unifiant des expériences historiques, politiques et idéologiques substantiellement différentes telles que le fascisme, le nazisme et le communisme[25]; de la même façon, a été mise en doute la nature totalitaire du régime fasciste italien[26].

La thèse d'un fascisme international, comprenant une grande partie de mouvements nationalistes et de régimes autoritaires apparus en Europe après la Première Guerre mondiale, a été défendue par des historiens qui posent au fondement de l'unité du phénomène sa nature de classe, c'est-à-dire de réaction bourgeoise, liée de façon structurelle et fonctionnelle au système capitaliste : à ce titre, le fascisme serait un danger toujours présent dans les pays capitalistes[27]. D'autres chercheurs n'excluent pas la possibilité d'une théorie générale du fascisme comme ensemble de divers «fascismes», mais fondent surtout cette théorie sur la reconnaissance de la nouveauté et de l'originalité du phénomène fasciste comme idéologie et mouvement politique, tout à la fois conservateur et révolutionnaire, dont la nature ne s'explique pas seulement en fonction de la réaction bourgeoise et de la domination de classe, mais doit être resituée dans l'histoire du nationalisme apparu au cours du processus de crise et de transformation de la société et de l'État amorcé avec la Révolution française et poursuivi avec les changements radicaux produits dans la société et dans la culture européenne de l'industrialisation et de la modernisation.

LE DÉBAT ITALIEN
SUR LE FASCISME ITALIEN

Dans l'historiographie italienne, après 1945, a long-temps prévalu une tendance qui n'a pas encore été entièrement dépassée et qui consiste à interpréter le fascisme en termes généraux, sur la base de perspectives idéologiques et politiques, plutôt qu'à en connaître la réalité et à fonder les interprétations sur des recherches concrètes et approfondies. Jusqu'aux années 1960, les études sur le fascisme se limitèrent essentiellement à la période des origines et s'inscrivirent dans le champ des interprétations traditionnelles, dans sa version libérale[28] ou au contraire radicale et marxiste[29].

Une nouvelle perspective de recherche s'est affirmée à partir des années 1960 avec les nombreux travaux sur le fascisme italien poursuivis par des chercheurs d'orientation idéologique et culturelle diverse, mais d'accord pour réfuter les interprétations qui procèdent par généralisations et se veulent définitives, alors qu'elles préjugent de l'issue en ayant tendance à chercher confirmation de leurs présupposés théoriques. Les études de Renzo De Felice représentent la contribution la plus importante de la nouvelle historiographie, y compris par sa présence dans le débat international[30]. Certaines de ses thèses ont suscité des discussions, voire de vives polémiques, occupant une place centrale dans l'historiographie italienne. Je pense, en particulier, à la distinction entre un «fascisme mouvement», expression des classes moyennes émergentes animées d'idéaux de rénovation et de la volonté de s'affirmer comme force sociale autonome entre la bourgeoisie et le prolétariat, et un «fascisme-régime», conservateur et traditionaliste, issu du compromis entre Mussolini, les institutions et les classes dominantes de l'ancien régime; au relief donné au caractère de masse du fascisme et au problème du consensus dans le régime; à l'inscription du fascisme dans le courant du «totalitarisme de gauche» né du jacobinisme; à la différenciation accentuée entre fascisme et nazisme, pour les matrices et les composantes culturelles et idéologiques, pour le degré de «nationalisation des masses», pour le rôle du «chef» et du parti dans la liturgie et dans le système politique, mais aussi pour les présupposés, les orientations et les objectifs de la politique extérieure[31].

Ces thèses ont été diversement contestées, surtout par ceux qui, dans le sillage de l'interprétation marxiste traditionnelle, réduisent le fascisme à un épiphénomène, une «forme contingente» du pouvoir bourgeois, en insistant sur la continuité de fond entre régime libéral et régime fasciste[32]. Plus sensibles, au contraire, aux exigences de la nouvelle historiographie sont les historiens marxistes qui, tout en adhérant à la perspective de la continuité, en termes de domination de classe, entre libéralisme et fascisme voient toutefois dans le régime fasciste un phénomène nouveau par rapport au régime libéral, en tant que «régime réactionnaire de masse[33]», selon la définition de Palmiro Togliatti, et tendanciellement totalitaire, fondé sur un appareil policier, mais aussi sur l'organisation du consensus[34].

Les recherches des dernières décennies ont démontré, de façon convaincante, que les rapports entre capitalisme et fascisme se fondaient sur un accord qui ne se caractérisait pas par une identité de propos et de fins et qui eut parfois à souffrir de méfiance réciproque et de tensions croissantes[35], parce que le fascisme, comme Carlo Rosselli[36], Gaetano Salvemini[37] et Angelo Tasca en avaient eu l'intuition à la fin des années 1930, visait à affirmer le primat du politique pour se rendre autonome, dans ses choix et ses décisions, des forces économiques et traditionnelles qui l'avaient soutenu dans la consolidation de son pouvoir. Sans perdre de vue les nombreux aspects de continuité, au niveau social, institutionnel et culturel, avec la période libérale, l'expérience du fascisme marqua en fait une fracture profonde dans l'histoire de l'État unitaire. Le fascisme, en réalité, arrêta le processus de développement accompli, malgré des retards, des difficultés et des résistances, au fil d'un demi-siècle de libéralisme et engagea une expérience inédite de «césarisme totalitaire» qui trouva ses origines dans la conquête du monopole du pouvoir par le parti fasciste, un «parti-milice[38]», voué par sa nature même à la destruction du système parlementaire et à la construction d'un État totalitaire, même si celle-ci se fit progressivement, compte tenu de la situation de compromis entre fascisme et institutions traditionnelles jusqu'à ce que la défaite militaire dans la Seconde Guerre mondiale y mette un terme définitif.

ORIENTATIONS NOUVELLES DANS L'HISTORIOGRAPHIE CONTEMPORAINE

Des aspects et problèmes très importants du phénomène fasciste, considéré comme une expérience italienne et comme un phénomène international, doivent encore être étudiés et approfondis, mais, en l'état actuel des connaissances, certaines bases paraissent désormais définitivement acquises par la majeure partie des spécialistes.

Si les interprétations restent divergentes quant aux causes, à la nature et à la fonction du fascisme, l'historiographie contemporaine semble dominée par la tendance à voir dans le fascisme non pas un épiphénomène de la réaction de classes, un agrégat de négations ou un reflux d'arriérations séculaires contre la modernité, mais un mouvement politique, social et culturel qui s'inscrit dans les processus politiques et sociaux engagés en Europe par la Révolution française, dans les conflits et les tensions de la société de masse moderne, et dans la violente accélération du processus de mobilisation sociale et de modernisation produit dans la société européenne par la Première Guerre mondiale[39].

De l'historiographie et des interprétations du dernier quart de siècle, a émergé une nouvelle vision du fascisme comme phénomène politique doué d'une individualité historique spécifique, qu'on ne saurait considérer uniquement comme une manifestation pathologique de vices propres à des peuples particuliers, ni comme une simple involution autoritaire du conservatisme et du libéralisme ou encore tout simplement comme une réaction antimarxiste. Un des points d'appui de la nouvelle historiographie est désormais que la vraie matrice du fascisme fut la Première Guerre mondiale, avec la crise sociale, économique et politique qu'elle produisit dans la société européenne, même si on peut retrouver les traces de certains éléments qui contribuèrent à la formation et au développement du fascisme, surtout au niveau de la culture et du style politique, dans des traditions politiques préexistantes : dans le nationalisme jacobin, dans les mythes et les liturgies laïques des mouvements de masse du XIXᵉ siècle, dans le néoromantisme, dans l'irrationalisme des diverses «philosophies de la vie», dans l'activisme et l'antiparlementarisme des nouveaux mouvements révolutionnaires antilibéraux de droite et de gauche qui opéraient en Europe et en Italie à la veille de la guerre. Le fascisme hérita de ces traditions, mais les fondit avec les mythes, les expériences et les états d'âme engendrés par la guerre, produisant une synthèse nouvelle que des millions d'hommes et de femmes jugèrent acceptable et enthousiasmante pour faire front aux conflits de la modernité. Le fascisme fut une forme nouvelle et inédite de nationalisme révolutionnaire, apparu après la Grande Guerre, et qui tenait son identité première non pas d'une idéologie préconstituée, mais de l'*expérience vécue* de la guerre et de sa transformation comme réalisation mystique de la communauté nationale, représentée par la *camaraderie du front*. Le fascisme naquit de la volonté de perpétuer l'expérience de la guerre sublimée comme forme nouvelle et inédite de *mysticisme nationaliste,* en l'institutionnalisant à travers la militarisation et la sacralisation de la politique, par la création d'un État nouveau à travers un mouvement politique qui revendiquait pour lui seul, en tant qu'incarnation vivante de la nation, le monopole du pouvoir pour conduire la collectivité nationale vers des conquêtes et une grandeur nouvelles. Ces caractéristiques sont les traits fondamentaux du phénomène fasciste dans sa première concrétisation historique, représentée par le fascisme italien, mais on les rencontre aussi dans d'autres mouvements nationalistes et révolutionnaires apparus après la Grande Guerre ; au-delà des différences, même profondes, de contenus idéologiques et d'objectifs, ils avaient en commun le mysticisme nationaliste, le dynamisme révolutionnaire, l'intégrisme idéologique fondé sur le mythe de la nation conçue comme une communauté organique soudée, qui devait être unie et homogène, en état de mobilisation permanente pour affirmer sa grandeur, sa puissance et son prestige dans le monde.

L'Europe de l'entre-deux-guerres grouillait de mouvements qui partageaient ou imitaient des conceptions, des institutions, des motivations et des attitudes propres au fascisme italien, rejetaient le rationalisme, l'égalitarisme et la conception progressiste des idéologies démocratiques et socialistes, méprisaient l'individualisme de la société libérale bourgeoise et la modération de la démocratie parlementaire, exaltaient le culte du «chef» et le rôle des minorités actives capables de mobiliser et de façonner les masses. Par-delà les différences même substantielles qui les distinguaient, ces mouvements, dans leur ensemble, formèrent un phénomène nouveau, une «révolution bourgeoise antibourgeoise», suivant l'expression marquante de G. L. Mosse, l'historien qui a le plus contribué à renouveler la perception et l'interprétation du phénomène fasciste dans les années 1960 et 1970[40]. Ce phénomène caractérisa la vie politique européenne entre les deux guerres mondiales et trouva des partisans et des imitateurs sur d'autres continents, en se présentant comme une «troisième voie» nationaliste, totalitaire et corporatiste entre le capitalisme et le communisme. Cette recherche de la «troisième voie» se fit partout dans la perspective de la création d'un ordre nouveau et d'une cité nouvelle fondés sur la militarisation et la sacralisation de la politique, sur l'organisation et la mobilisation des masses intégrées à travers l'État totalitaire, dans la communauté organique d'une nation idéologiquement et ethniquement homogène. En ce sens, on peut parler théoriquement d'un phénomène fasciste, constitué de divers mouvements et régimes apparus en Europe entre les deux guerres mondiales : des mouvements et des régimes possédant des caractéristiques communes dérivant de la situation historique particulière où ils virent le jour et se développèrent et de l'exceptionnelle constellation de facteurs qui les produisirent et qui influèrent de façon décisive sur la nature et sur le destin du phénomène fasciste, mais aussi sur la possibilité même de sa durée dans le temps, hors du contexte de *mobilisation permanente pour la guerre*, qui fut la raison principale et essentielle de sa naissance, de son existence et de sa vocation. La singularité historique du phénomène fasciste est aussi déterminée par la variété et la diversité des mouvements qui la composent mais qui ne procèdent pas d'une matrice historique ni idéologique unique comme ce fut le cas pour les mouvements et les régimes qui se sont réclamés du marxisme et du léninisme, sans être pour autant identiques ni même d'accord dans la poursuite de leur objectif commun — la révolution prolétarienne mondiale.

Avec l'historiographie nouvelle, qui s'est affirmée dans les dernières années du siècle dernier, l'image d'un phénomène fasciste universel unique et indifférencié est entrée définitivement en crise. En fait, les nouvelles recherches tendant à approfondir la réalité spécifique des phénomènes dits fascistes, en les examinant dans leurs contextes nationaux pour analyser, à côté de leurs ressemblances, des différences qui furent parfois même substantielles, sans retomber dans une image exclusivement italienne du fascisme et sans renoncer pour autant à la perspective de parvenir à une définition conceptuellement unitaire du phénomène fasciste. Le progrès de l'historiographie sur le fascisme, au cours des dernières décennies, avec le débat qui l'a accompagné a modifié en profondeur les interprétations et les représentations traditionnelles du phénomène fasciste, et tout spécialement du fascisme italien, sans pour autant atténuer la gravité de l'expérience tragique pour l'histoire humaine. Bien au contraire, il en ressort précisément des aspects inédits ou ignorés qui rehaussent sa dimension tragique.

À partir de la fin des années 1970, on a en outre assisté à une reprise des efforts théoriques pour élaborer une définition générale du phénomène fasciste qui corresponde mieux au degré de connaissance et de conscience atteint par la nouvelle historiographie. Dans les essais plus récents pour élaborer une théorie générale du fascisme, on observe aux moins deux grandes orientations : l'une, qui privilégie la dimension idéologique comme dénominateur minimum commun pour définir une théorie générale du fascisme ; l'autre, qui propose au contraire une définition typologique multidimensionnelle, incluant même les aspects organisationnels et institutionnels. George Mosse, le principal interprète du phénomène fasciste comme phénomène culturel, a été le précurseur des « définitions unidimensionnelles » :

> Le fascisme, explique-t-il, fut partout une « attitude face à la vie », fondée sur une mystique nationale qui pouvait changer d'une nation à l'autre. Il s'agissait également d'une révolution qui s'efforçait de trouver une « Troisième Voie » entre le marxisme et le capitalisme, mais qui cherchait

toutefois à échapper à un changement économique et social concret en se repliant sur l'idéologie[41].

Robert Griffin, historien des idées, a fait à ce courant de réflexion une contribution notable et influente avec une solide analyse critique des principales interprétations du fascisme, soutenue par une connaissance approfondie des résultats de la nouvelle historiographie. Cela l'a conduit à proposer une définition concise du «fascisme générique», en la condensant en une seule phrase: «Le fascisme est un genre d'idéologie politique dont le noyau mythique, dans ses diverses permutations, est une forme palingénésique d'ultranationalisme populiste[42]. »

De la même orientation relève la définition du «fascisme générique» qu'a proposée le politologue Roger Eatwell, qui a repris et réélaboré les résultats de l'historiographie nouvelle, en les filtrant à travers la méthodologie propre à la science politique:

> Le fascisme est une idéologie qui a cherché à déterminer une renaissance sociale sur la base d'une troisième voie radicale de type holiste et national, même si en pratique il a tendu à souligner le style, spécialement l'action et le chef charismatique, plus que les programmes détaillés, et s'est lancé dans une diabolisation manichéenne de ses ennemis[43].

D'autres essais de définition générale du fascisme, issus de la nouvelle historiographie, ont au contraire proposé des définitions plus complexes, comprenant, outre la dimension idéologique, la dimension pratique du style de vie[44], de l'organisation et des institutions. À ce courant appartiennent les définitions élaborées par le politologue Juan L. Linz et par l'historien Stanley G. Payne. Linz a proposé une «définition typologique multidimensionnelle» du fascisme :

> Un mouvement ultranationaliste, souvent pan-nationaliste, antiparlementaire, antilibéral, anticommuniste, populiste et donc antiprolétarien, partiellement anticapitaliste et antibourgeois, anticlérical ou tout au moins non clérical, qui a pour objectif une intégration sociale et nationale à travers un parti unique et une représentation corporative, même s'il ne leur accorde pas toujours une importance égale ; avec un style et une rhétorique propres, il s'appuie sur un encadrement d'activistes prêts à l'action violente, en l'associant à la participation électorale, mêlant tactique légale et tactique de la violence pour obtenir le pouvoir avec des objectifs totalitaires[45].

La définition typologique de Payne s'articule en trois sections, qui renvoient à l'idéologie et aux champs du fascisme, à ses principaux mouvements antagonistes («les "anti" du fascisme»), au style et à l'organisation, mais en se limitant à la phase du mouvement et du parti, régime exclu. En voici donc sa version condensée :

> Une forme d'ultranationalisme révolutionnaire pour la renaissance nationale, qui repose sur une philosophie fondamentalement vitaliste, et structurée sur un élitisme extrême, sur la mobilisation des masses et sur le *Führerprinzip*. Il a une attitude positive à l'égard de la violence comme fin et comme moyen et a tendance à donner un caractère normatif à la guerre et/ou aux vertus militaires[46].

Enfin, c'est toujours dans ce même courant que s'inscrit la définition du fascisme articulée en dix points, que j'ai élaborée à la fin des années 1980. C'est elle que je présenterai dans le chapitre suivant tout en expliquant pourquoi l'orientation typologique des « définitions pluridimensionnelles » est plus apte à fournir un guide utile pour poursuivre la recherche dans des champs nouveaux et inexplorés du phénomène fasciste aussi bien qu'en vue d'une réélaboration théorique des nouveaux résultats que l'historiographie a ainsi obtenus.

Les progrès accomplis depuis un quart de siècle dans l'analyse du phénomène fasciste, que ce soit dans le champ des connaissances historiques ou sur le plan du débat théorique, ont donc été décisifs et ont permis de poser sur des bases nouvelles, dans un esprit plus ouvert et exempt de préjugés, la question du fascisme, même si on est loin d'en être arrivé au stade des solutions définitives — pour autant que celles-ci aient un sens dans l'étude et l'interprétation historique du passé.

CHAPITRE 3

Le fascisme :
éléments d'une définition

Les événements historiques changent l'historiographie. Ainsi, même s'agissant de la question du fascisme, les événements de la fin du siècle dernier, et la coïncidence même de ces événements avec la fin d'un siècle et d'un millénaire, ont contribué à donner un nouvel élan à la recherche et à la réflexion. La fin de l'empire soviétique et le déclin rapide du communisme dans le monde ont fait tomber de nombreux préjugés anciens et ont libéré le champ de la recherche et du débat de maints tabous et fétiches. Avant tout, cela a renouvelé la réflexion sur le problème du totalitarisme, qui dans les années 1980 paraissait relégué parmi les résidus de la guerre froide, mais qui est devenu un thème central de l'historiographie actuelle du fascisme, grâce aussi aux recherches et élaborations théoriques que je poursuis depuis trois décennies. De la même façon, après l'extinction de l'empire soviétique, a retrouvé droit de cité la comparaison entre communisme et fascisme dans l'analyse comparative, encore considérée comme une provocation scandaleuse voici quelques années. C'est indubitablement un progrès, même s'il s'accompagne, comme chaque type de progrès, d'effets et de tendances négatives telles que la tendance à substituer au traditionnel «paradigme antifasciste» un nouveau «paradigme anticommuniste», qui idéologise, dans une autre version, la comparaison fascisme/ bolchevisme en faisant du premier une variante du second ou inversement. Dans ce sillage, avec des arguments fondés sur des analogies superficielles et des comparaisons simplistes, ont été proposées des interprétations du fascisme comme hérésie du marxisme, communisme imparfait, frère ennemi du léninisme et du stalinisme, et autres parentés idéologiques ; bref, on a fait remonter son arbre généalogique jusqu'au jacobinisme, qui aurait été le terreau de tous les totalitarismes, conçus comme les branches d'un arbre unique plongeant ses racines dans la Révolution française. De pareilles tendances, comme celle de la «défascisation» du fascisme, n'aident aucunement à comprendre le fascisme, le communisme et le xxe siècle.

Les événements historiques modifient aussi la perception du passé. Ainsi, se trouver au début d'un nouveau siècle, qui est aussi le commencement d'un nouveau millénaire, place l'historien du fascisme dans une perspective extraordinaire, parce qu'une telle coïncidence le porte naturellement à lier l'interprétation du fascisme à l'interprétation du xxe siècle comme une époque douée d'une individualité propre et d'un sens spécifique dans le cadre de l'histoire humaine. Ce travail d'interprétation du xxe siècle est à peine commencé et, en toute probabilité, influencera très certainement aussi l'interprétation du fascisme. Mais celle-ci, à son tour, et d'autres phénomènes qui ont largement occupé l'histoire du xxᵉ siècle influenceront aussi l'interprétation du sens de cette époque. Il y a donc, entre l'interprétation du xxᵉ siècle et celle du fascisme, une sorte de conditionnement réciproque et circulaire, d'où peut surgir une vertigineuse spirale de thèmes et de problèmes qu'il ne sera certainement pas facile de maîtriser.

Les historiens qui observent le xxᵉ siècle depuis la position privilégiée de sa fin ne peuvent se soustraire à la tentation de lui attribuer un sens unitaire. Chercher à inscrire les phénomènes du xxᵉ siècle dans une vision historique unitaire, au sein de laquelle comprendre aussi le fascisme reconstruit comme individualité historique, est une tâche assez difficile, ne serait-ce qu'en raison du caractère objectivement exceptionnel de ce siècle.

Le xxᵉ siècle se présente comme le «siècle des deux réalités», comme s'il se composait de deux histoires différentes et opposées, faites de deux espèces d'êtres humains anthropologiquement opposés. Il a été, en fait, un siècle monstrueux, au sens étymologique du terme. Ce fut l'époque de conquête humaine la plus prodigieuse dans le champ de la science et de la technique, pour l'amélioration des conditions matérielles d'existence, pour l'accroissement de l'émancipation individuelle ou collective, pour le développement de la rationalité, de la tolérance, de la liberté et de la dignité humaine. Dans le même temps, ce fut aussi l'époque la plus horrible par l'importance et la cruauté des guerres et des exterminations, par le déchaînement d'une volonté de puissance inhumaine plus que surhumaine, par l'invention de nouveaux systèmes démesurés de domination et d'anéantissement de la liberté et de la dignité des êtres humains soumis aux assauts de l'irrationalisme, de l'intégrisme et du fanatisme.

Interpréter de façon unitaire le «siècle des deux réalités», indissociables comme les deux faces d'une même médaille, est pour l'historien un redoutable défi. Nous nous trouvons face à un champ illimité de problèmes qui touchent inévitablement à l'interprétation des vicissitudes de ce siècle mais aussi, au-delà, au caractère de la modernité, au sens de l'histoire et à la signification de l'existence humaine.

LE SIÈCLE DU FASCISME?

Il y a déjà diverses propositions visant à définir l'histoire du xxᵉ siècle d'une formule unique. Chacune dérive du choix du phénomène qui, par sa durée, son extension et ses effets sur le sort de l'humanité, a le plus caractérisé le siècle. On a défini le xxᵉ comme le siècle des idéologies, le siècle des extrémismes, le siècle du totalitarisme, le siècle du communisme ou le siècle de la démocratie. Le fascisme lui-même pourrait aspirer à imprimer la marque de son nom sur la définition historique de ce siècle. Si nous considérons la dislocation géographique de tous les mouvements et régimes qualifiés de fascistes dans l'entre-deux-guerres et dans la seconde moitié du siècle passé, aucun phénomène politique de celui-ci ne saurait être jugé plus universel que le fascisme.

Sa vitalité protéiforme aurait même contaminé le bolchevisme, *via* le stalinisme, puis les autres régimes communistes. C'est la théorie du «fascisme rouge». À l'aube du XXIᵉ siècle, il se trouve des chercheurs pour soutenir que, si le communisme issu de la révolution bolchevique paraît désormais éteint, le fascisme est au contraire en train de resurgir, avec un regain de brutalité, sous la forme de mouvements xénophobes, fondamentalistes et racistes en Occident comme en Orient, ainsi que dans diverses formes de nationalisme communiste ou postcommuniste de l'ex-empire soviétique. Serait-il donc légitime de définir le XXᵉ comme le «siècle du fascisme»? Devrions-nous admettre que Mussolini avait raison quand il prophétisa que le XXᵉ serait le siècle du fascisme?

Examinons la prétendue universalité protéiforme du fascisme au XXᵉ siècle. La comparaison avec l'expérience communiste peut être utile. L'universalité du communisme a été historiquement effective, tandis que l'universalité du fascisme est historiquement très incertaine. L'universalité du communisme était inscrite dans sa nature même de mouvement internationaliste. Elle s'est concrètement réalisée, après la révolution bolchevique, avec l'institution de la Troisième Internationale, dont dérivaient, en tant que membres d'un mouvement mondial unique, les partis communistes des différents pays, au sein desquels militaient des hommes et des femmes de toutes les nations et de toutes les races. Les différences nationales, les contrastes, les scissions et même les conflits armés entre les communismes nationaux n'effacent pas l'unité génétique et idéologique qui trouve son fondement dans le marxisme-léninisme et son élan initial dans la révolution bolchevique.

Le fascisme n'a jamais eu ce type d'universalité. Il ne l'a eu ni du point de vue idéologique ni du point de vue politique. Dans le fascisme, comme phénomène supranational, il n'y avait ni matrice unique ni unité idéologique, ni même une dynamique commune. Ce n'est pas un hasard s'il y eut un Komintern mais jamais de Fascintern. Même si le fascisme trouva des partisans et des imitateurs dans toutes les parties du monde, même s'il aspirait à dépasser le nationalisme traditionnel dans la communauté impériale de la Nouvelle Civilisation fasciste ou de l'Ordre Nouveau nazi, je ne crois pas qu'on puisse y voir un phénomène à vocation universelle. La matrice nationaliste ou raciste conditionna de manière décisive la nature du fascisme et son développement, pour en faire un phénomène foncièrement différent d'un mouvement authentiquement internationaliste par ses origines et sa vocation.

FASCISME ET COMMUNISME

De ce point de vue, même la prétendue affinité génétique entre fascisme et communisme est dénuée de fondement historique. Tout comme me paraissent sans fondement historique les définitions du fascisme comme hérésie du marxisme ou variante de la révision marxiste. Génétiquement, historiquement et culturellement, l'antithèse entre fascisme, socialisme ou communisme est totale, et à ce titre exista, pour le fascisme comme pour le communisme, une hostilité consciente et déclarée irréductible entre ennemis mortels.

Certes, il y eut dans le fascisme une importante composante idéologique, qui voulait donner un contenu social plus radical et antibourgeois à la politique de l'État totalitaire, mais sans remettre en cause les structures de ce système politique, sans imaginer une société sans classes et sans État de travailleurs libres et émancipés. Considérer aussi ce fascisme social, le prétendu «fascisme de gauche», souvent confus et brouillon, comme une hérésie du marxisme pour en faire carrément le nœud d'une définition générale du fascisme me paraît relever de la mutilation et de la distorsion de la réalité historique. Dans le fascisme, le rôle des militants issus du socialisme révolutionnaire fut certainement important dans la formation de l'idéologie, de l'organisation et de la praxis fasciste. Mais encore faut-il préciser clairement que ces militants, quand ils donnèrent leur vie ou adhérèrent au fascisme, avaient déjà répudié les fondements essentiels et toute l'idéologie du marxisme et du socialisme : la lutte des classes, le primat révolutionnaire du prolétariat, l'émancipation totale de l'humanité dans l'égalité et dans la liberté, la fin d'une société divisée en classes, l'extinction de l'État et l'internationalisme. Dans le christianisme, un hérétique n'est pas celui qui répudie ou nie le Christ et l'Évangile, mais un croyant qui continue de professer sa foi dans le Christ et estime être un croyant plus sincère et plus vrai que le clerc et les théologiens d'Église ; en revanche, s'il nie l'existence du Christ ou de Dieu le Père, s'il répudie la morale chrétienne, s'il n'a pas la foi dans la communauté des saints et dans l'avènement du royaume de

Dieu, il n'est plus un hérétique chrétien ni même un chrétien. De même, pour ce qui est du marxisme et du socialisme révolutionnaire et internationaliste, les fascistes qui venaient de la gauche révolutionnaire, comme Mussolini lui-même, n'étaient pas des hérétiques mais de véritables «athées» en ce sens qu'ils niaient radicalement et intégralement toutes les idées du marxisme et du socialisme égalitaire internationaliste.

Le fondement nationaliste du fascisme est indiscutable, tandis que son socialisme demeure équivoque, si l'on ne se donne pas la peine de préciser que ce socialisme n'était pas égalitaire, ni voué à la lutte des classes ni internationaliste, et ne visait pas non plus l'abolition des classes ni l'émancipation des êtres humains dans un monde de liberté totale. Les ressemblances entre fascisme et bolchevisme touchent à l'organisation du régime de parti unique; toutefois, la question, en l'occurrence, ne concerne pas l'universalité du fascisme ni la parenté génétique entre fascisme et bolchevisme, mais plutôt l'universalité du système du pouvoir totalitaire au XXe siècle. Ce qui serait une autre histoire, également plus compliquée.

LES RISQUES DU «FASCISME GÉNÉRIQUE»

Il me semble donc que la présence du fascisme au XXe siècle doit être redimensionnée, tout au moins pour ce qui est de sa réalité historique. Cela apparaîtra clairement si nous réfléchissons aux conséquences d'un usage inflationniste de la catégorie du «fascisme générique». Sous cette catégorie, on tend souvent à cataloguer non seulement les mouvements, les régimes et les personnes qui, dans l'entre-deux-guerres et par la suite, se déclarèrent fascistes, mais aussi tous ceux que les chercheurs qualifient de «fascistes» conformément à leur définition du «fascisme générique» quand bien même ils ne se proclamaient pas tels ou niaient l'être. On a même parlé de gens qui auraient été fascistes sans le savoir, d'un fascisme pour ainsi dire «objectif». Il n'est pas possible ici de s'interroger sur les mérites des applications concrètes de cette méthode, mais il faut se demander quelle conséquence pourrait avoir une semblable méthode d'identification théorique appliquée à la classification des autres mouvements politiques. Paradoxalement, conformément à une théorie du «bolchevisme générique», on pourrait qualifier de «bolcheviks qui s'ignorent» les militants de la gauche démocrate chrétienne ou de la gauche socialiste, légitimant ainsi rétroactivement la thèse suivant laquelle tous les antifascistes pouvaient être traités de «bolcheviks objectifs». En un sens moins paradoxal, la théorie du «fascisme générique» pourrait corroborer la théorie communiste du «social-fascisme» des partis socialistes ou la théorie gramscienne du «semi-fascisme» de l'opposition antifasciste de l'Aventin, en tant que variantes d'un «fascisme objectif» qui fait abstraction des professions idéologiques des protagonistes.

La recherche théorique sur le «fascisme générique» est restée une singularité dans les études sur les mouvements politiques du xxᵉ siècle. À ma connaissance, les concepts de «jacobinisme générique», de «libéralisme générique», de «socialisme générique» et de «bolchevisme générique» n'ont pas cours. Cette singularité devrait peut-être faire réfléchir plus à fond sur l'utilisation de cette catégorie comme instrument d'analyse théorique pour l'interprétation de la réalité historique. La fonction d'une définition, au sens premier du terme, est de circonscrire, de limiter, de fixer des frontières. Dans les définitions du «fascisme générique», au contraire, les confins historiques du fascisme deviennent souvent évanescents. Suivant les définitions du «fascisme générique» avancées, nous nous trouvons face à une sorte de fascisme «élastique», qui ne cesse de s'étendre ou de se rétrécir dans le temps et dans l'espace : tantôt, elle s'étend à toute la planète, tantôt elle se limite à une partie de l'Europe ; tantôt, elle couvre deux siècles, de l'époque du jacobinisme et de De Maistre à nos jours, tantôt elle se réduit à l'entre-deux-guerres. Cette élasticité excessive, avec les distinctions continues inévitablement introduites dans l'application du concept de «fascisme générique» pour l'adapter aux expériences historiques les plus diverses, devrait inspirer une grande prudence dans l'élaboration de théories générales du fascisme pour éviter les risques de glisser à nouveau vers des interprétations unilatérales qui réduisent la complexité du fascisme à des représentations unidimensionnelles.

PAS SEULEMENT L'IDÉOLOGIE

La reconnaissance au fascisme d'une idéologie et d'une culture propres est l'un des acquis les plus importants de la nouvelle historiographie et a contribué de façon décisive à l'approfondissement de la compréhension du fascisme et, plus généralement, du «siècle des idéologies». Toutefois, il me semble que ce progrès même est gros de sérieux risques; ceux-ci sautent aux yeux dans la tendance actuelle à assigner un primat exclusif à l'idéologie dans la définition du fascisme ou à considérer l'idéologie comme la dimension dans laquelle est contenue l'essence d'un fascisme «à l'état pur». Ce qui a conduit à exclure de la définition d'un modèle général du fascisme aussi bien la *dimension organisationnelle*, qui concerne le mouvement et le parti dans sa composante sociale, dans sa structure associative et dans son style de comportement, que sa *dimension institutionnelle*, concernant l'ensemble des institutions qui constituent la structure originelle propre au système politique créé par le fascisme après la conquête du pouvoir. Ces deux dimensions, qui avec la *dimension idéologique*, constituent des attributs indissociables de la réalité historique du fascisme, sont au contraire considérées par certains théoriciens du fascisme «générique», défini en termes exclusivement idéologiques, presque comme des lieux de dégradation de l'essence du fascisme, qui perdrait son intégrité dans l'inévitable inachèvement de la réalité pratique — à moins qu'elles ne passent pour des éléments accessoires, non essentiels dans la définition d'un modèle théorique. Mais plus grave encore est le risque que la tendance à privilégier la dimension idéologique dans l'interprétation du «fascisme générique» nous amène à une vision du fascisme à sens unique, postulant la place centrale de l'idéologie.

Pour ma part, j'ai commencé à étudier le problème du fascisme en restituant à son individualité historique sa dimension idéologique. J'ai écrit plusieurs livres sur l'idéologie et la culture fasciste, et on ne saurait donc me reprocher d'ignorer ou de sous-évaluer l'importance de l'idéologie dans le fascisme. Toutefois, je ne crois pas que, dans l'élaboration d'une théorie générale du fascisme, le primat de l'idéologie soit plus plausible et convaincant que celui de l'économie ou des structures sociales. Je ne crois pas qu'il soit possible d'élaborer une théorie générale du fascisme en dissociant l'idéologie de l'histoire, le mythe de l'organisation, la culture de l'institution. De cette dissociation résultent, entre autres choses, de multiples équivoques quant à la nature du fascisme, en particulier concernant l'irrationalisme, c'est-à-dire le primat de la pensée mythique dans son idéologie et sa culture. En fait, reconnaître la nature irrationaliste et mythique de la culture fasciste ne signifie pas nier au fascisme toute rationalité dans sa culture aussi bien que dans tout ce que le fascisme a été comme organisation et comme institution. Après tout, il ne faut pas perdre de vue que l'irrationalité de la culture fasciste et ses mythes furent politiquement efficaces parce que conjugués avec la rationalité de l'organisation et de l'institution. Sans celle-ci, s'il n'avait été parti et régime, s'il n'était devenu l'idéologie d'un État moderne, le fascisme serait resté probablement aux marges de la culture politique, confiné dans les champs du snobisme intellectuel ou du sectarisme marginal. Le lien entre mythe et organisation, entre irrationalité et rationalité, est un élément indissoluble du fascisme ; à ce titre, aucune élaboration théorique ne saurait en faire abstraction.

OÙ ET QUAND EST NÉ LE FASCISME ?

Quelle que soit la méthode par laquelle on en vient à formuler une définition générale du fascisme, un « type idéal » au sens de Max Weber, cette définition doit être avant tout cohérente avec l'histoire et ne pas chercher à adapter l'histoire à la théorie pour en confirmer la cohérence. La formation d'un « type idéal », a écrit Max Weber, doit procéder « progressivement en partant de ses éléments singuliers tirés de la réalité historique », pour les réélaborer conceptuellement en liens génétiques concrets, lesquels « ont toujours et inévitablement une tonalité spécifiquement individuelle [1] ». Aussi une définition générale du fascisme qui ne veut pas se couper de l'histoire doit nécessairement commencer par le situer dans le temps et dans l'espace. Établir quand et où est né et s'est affirmé pour la première fois le fascisme est un point de départ obligatoire, tant pour l'interprétation du fascisme italien que pour la recherche des éléments constitutifs fondamentaux d'une théorie du phénomène fasciste, qui lie sa validité à une confrontation permanente avec la recherche historique.

Pour ce qui concerne le lieu et la période des origines, un élément me paraît certain et irréfutable : le fascisme est apparu en Italie après la Première Guerre mondiale comme un nouveau mouvement politique et social, nationaliste et moderniste, révolutionnaire et totalitaire, mystique et palingénésique, organisé en un nouveau type de régime fondé sur le parti unique, un appareil policier répressif, le culte du chef ainsi que l'organisation, le contrôle et la mobilisation permanente de la société en fonction de l'État.

La nouveauté du fascisme italien au xxᵉ siècle est un autre élément qui devrait être acquis et irréfutable dans la mesure où il a été :

a. le premier mouvement nationaliste révolutionnaire, organisé en un *parti-milice*, qui ait conquis le monopole du pouvoir politique, ait détruit la démocratie parlementaire pour construire un État nouveau et régénérer la nation ;

b. le premier parti qui ait porté la pensée mythique au pouvoir et ait institutionnalisé la sacralisation de la politique, à travers les dogmes, les mythes, les rites, les symboles et les commandements d'une religion politique exclusive et intégriste, imposée comme foi collective ;

c. le premier régime politique qui, du fait des caractéristiques évoquées à l'instant, ait été qualifié dès le début de «totalitaire» alors que c'est seulement ensuite que cette définition a été étendue par analogie au bolchevisme et au nazisme.

Ces trois caractéristiques, à mon sens, sont les éléments fondamentaux pour définir la nouveauté et l'identité du fascisme italien et sont les bases sur lesquelles construire un modèle général. En fait, de l'expérience de ce nouveau mouvement-régime s'inspirèrent d'autres mouvements et régimes apparus en Europe dans l'entre-deux-guerres. Et c'est seulement après l'avènement du fascisme en Italie qu'a commencé à se poser la *question du fascisme*, autrement dit l'ensemble des interprétations qui ont été données de ce phénomène au cours des huit dernières

décennies. Les principales interprétations du fascisme
— réaction bourgeoise, crise morale, expression de
caractéristiques nationales particulières, révolution
des classes moyennes, système totalitaire — sont
apparues pour la première fois en Italie dans les
années 1920 et furent par la suite élaborées et appli-
quées à d'autres mouvements et régimes, qui avaient
des caractéristiques semblables au fascisme italien.
Il en va de même pour le concept de totalitarisme.

LE FASCISME
COMME EXPÉRIENCE TOTALITAIRE

Le concept de « totalitarisme » constitue un des éléments essentiels de mon interprétation du fascisme
en tant qu'expérience italienne ou phénomène international. Il renvoie non seulement au système politique du fascisme, mais aussi à son organisation et
à sa culture. Il existe de nombreuses définitions et
théories du totalitarisme, principalement élaborées
par les politologues. D'aucuns nient que le fascisme
ait été un régime totalitaire, réservant cette définition uniquement au régime nazi et au régime communiste. D'autres considèrent que même ces régimes
ne sauraient être qualifiés de totalitaires, parce que ni
le nazisme ni le communisme (pas même à l'époque
de Staline) n'ont réalisé un totalitarisme accompli et
parfait. Il y a enfin des chercheurs qui nient que le
concept de totalitarisme ait la moindre validité historique, parce qu'ils pensent que n'a jamais existé un
phénomène historique présentant les caractéristiques
que lui attribuent les théoriciens du totalitarisme[2].

Après la Seconde Guerre mondiale, le mot «totali-tarisme» devait faire partie de l'arsenal de propagande de la guerre froide et fut donc discrédité comme instrument d'analyse politique et historique. Toutefois, l'abus et le mésusage d'un concept ne sont pas un argument convaincant pour le mettre au ban de l'historiographie. Le concept de «totalitarisme» fait partie intégrante de l'histoire du xxe siècle et, à ce titre, il ne saurait être exclu de son interprétation ni, à plus forte raison, d'une définition du fascisme, où le concept lui-même trouve ses origines. À mon sens, éliminer le totalitarisme de la définition du fascisme équivaudrait à éliminer le racisme et l'antisémitisme de la définition du nazisme ou le marxisme et le communisme de la définition du bolchevisme. Le fascisme a été historiquement le seul des régimes de parti unique du xxe siècle à s'être auto-défini comme État totalitaire: il se référait ainsi à sa conception de la politique et à son régime d'un type nouveau, fondé sur la concentration du pouvoir entre les mains du parti et de son *duce*, et sur l'organisation méticuleuse des masses, dans l'idée de fasciser la société à travers le contrôle du parti sur tous les aspects de la vie individuelle et collective afin de créer une nouvelle race de conquérants et de dominateurs.

L'emploi que certains politologues et historiens ont fait du concept de «totalitarisme», en en limitant l'application au stalinisme et au nazisme — pour des raisons qui révèlent souvent, pour peu qu'on y regarde de près, une grave méconnaissance de l'histoire du fascisme et de sa nature en tant que parti et régime — a fait oublier que le concept de «totalitarisme» est né avec le fascisme et de celui-ci. Et le cas de Hannah

Arendt démontre bien la méconnaissance de la réalité historique du fascisme qui se trouve, au fond, à l'origine, de son exclusion de la catégorie du totalitarisme. Dans son livre sur les origines du totalitarisme, publié en 1951, elle affirmait péremptoirement que, jusqu'en 1938, le fascisme ne fut pas un «gouvernement totalitaire, mais simplement une dictature nationaliste ordinaire» issue de la crise d'une démocratie de partis[3]. Ce jugement a ensuite été repris par d'autres politologues et historiens du fascisme comme Alberto Aquarone et Renzo De Felice, et a depuis lors été considéré comme une vérité indiscutable. En réalité, le jugement de H. Arendt sur le fascisme se fondait sur une maigre connaissance de ce qu'avait été le fascisme ainsi qu'en témoigne le manque de données historiques concrètes dans sa réflexion sur le fascisme et la totale absence de références bibliographiques aux travaux historiques sur le fascisme et sur le totalitarisme fasciste alors disponibles, fût-ce en langue anglaise comme les écrits de Luigi Sturzo, pour ne citer que lui. Les seules sources sur lesquelles Arendt fonda un jugement aussi compromettant quant à la nature non totalitaire de la dictature fasciste étaient une publication de propagande en langue anglaise, d'une centaine de pages, éditée par la Confédération fasciste des industriels, un livret rassemblant quatre discours de Mussolini sur l'État corporatif traduits en anglais et une brève considération que Franz Neumann, dans son ouvrage par ailleurs précieux sur le nazisme, *Béhémoth*, consacrait au rapport entre État et parti dans le système fasciste, formulant à son tour un jugement exclusivement fondé sur une affirmation mussolinienne !

Tout cela n'a pas empêché ni n'empêche que le jugement de Hannah Arendt sur le fascisme italien soit repris aveuglément, aujourd'hui encore, par tous les politologues et les historiens qui, à sa suite, considèrent que le fascisme ne fut pas totalitaire, évitant toute confrontation sérieuse avec le progrès des connaissances historiques et les nouvelles réflexions sur le totalitarisme fasciste qui en dérivent. Devant de semblables positions, il me semble que la meilleure voie pour connaître et définir les phénomènes historiques, mais aussi pour construire des modèles théoriques, consiste à suivre l'histoire dans son devenir concret pour tirer d'elle, et d'elle seule, les matériaux avec lesquels construire des «types idéaux», qui servent de lignes directrices pour la recherche et pour organiser conceptuellement ses résultats, mais aussi à des fins d'analyse comparative.

Historiquement, on le sait, les mots «totalitaire» et «totalitarisme» ont été inventés et employés par les intellectuels et hommes politiques antifascistes entre 1923 et 1925, c'est-à-dire dès avant la naissance du régime à parti unique afin de définir l'idéologie, la politique et les méthodes de lutte du parti fasciste qui, par sa nature même de parti animé d'une vocation dictatoriale explicite, voulait conquérir le monopole du pouvoir politique et imposer son idéologie comme une nouvelle religion laïque, tout en niant le droit d'exister à tout autre parti et idéologie incompatible avec sa conception intégriste de la politique. Cette poignée d'antifascistes, qui à bon droit peuvent être considérés comme les fondateurs du concept de totalitarisme, avaient bien perçu la nature, la logique et les objectifs du parti fasciste avant même son accession au pouvoir. Dans un article non signé, mais probablement de Luigi Salvatorelli, et publié dans le journal antifasciste *La Stampa* du 18 juillet 1922, la vocation dictatoriale du parti fasciste était bien en évidence :

> Le fascisme est un mouvement qui tend par tous les moyens à s'emparer de l'État et de toute la vie nationale afin d'établir sa dictature absolue et unique. Le moyen essentiel pour y réussir est, dans le programme et dans l'esprit des chefs et des partisans, la suppression complète de toutes les libertés constitutionnelles publiques et privées, c'est-à-dire la destruction de la Constitution et de toute l'œuvre libérale du Risorgimento italien. Une fois la dictature établie en sorte qu'aucune institution ne puisse exister, aucun acte ne puisse être accompli, ni aucune parole prononcée hors d'un dévouement et d'une obéissance sans réserve au fascisme, il serait alors disposé à suspendre l'usage de la violence par manque d'objectif, se réservant toujours d'y recourir au premier signe de regain de résistance [4].

Quelques mois après la «marche sur Rome», en avril 1923, Salvatorelli observait que le fascisme entendait instaurer «sa dictature totale de parti», qu'il voulait la «dictature de parti et le "parti unique"», c'est-à-dire la suppression de tous les partis, la fin de la vie politique telle qu'on la conçoit depuis cent ans en Europe [5]». À la même époque, le libéral antifasciste Giovanni Amendola — qui fut probablement l'inventeur du mot «totalitaire» (appliqué dans un premier temps au nouveau système électoral introduit par le gouvernement de Mussolini avec la «loi Acerbo») — attirait l'attention sur la prétention du fascisme à être une religion intégriste et intolérante :

Le fascisme ne visait pas tant à gouverner l'Italie qu'à monopoliser le contrôle des consciences italiennes. Il ne lui suffit pas de posséder le pouvoir : il veut posséder la conscience privée de tous les citoyens, il veut la «conversion» des Italiens. [...] Le fascisme a les prétentions d'une religion, les ambitions suprêmes et les intransigeances inhumaines d'une croisade religieuse. Il ne promet pas la félicité à qui refuse de se convertir, ni n'accorde le salut à qui ne se laisse pas baptiser[6].

Et en octobre de la même année Amendola affirma que la caractéristique essentielle du mouvement fasciste était «l'"esprit totalitaire", lequel ne permet pas à l'avenir d'avoir des aubes qui ne soient saluées du geste romain», et qui avait déclenché en Italie une «singulière "guerre de religion"» pour imposer son idéologie comme une foi obligatoire pour tous les Italiens[7]. Au début de 1925, avant le discours de Mussolini du 3 janvier, le socialiste Lelio Basso écrivait :

Ce n'est pas moi, marxiste, qui nierai à l'État sa tâche de tuteur, de défenseur des intérêts des classes dominantes ; mais l'État fasciste assume également une autre tâche, il «ne se défend pas, mais attaque !» Autrement dit, l'État fasciste ne se limite pas à sauvegarder l'ordre établi avec un système juridique adapté à la nécessité, et permettant aux forces contraires de préparer le terrain à une nouvelle forme de coexistence sociale ; il représente le peuple tout entier, exclut qu'il puisse exister un mouvement contraire à lui ou d'une manière ou d'une autre différent, et si quelqu'un se manifeste timidement, essaie de le détruire irrémédiablement. Quand nous en sommes arrivés à ce stade, quand tous les organes constitutionnels, la Couronne, le parlement, la magistrature, qui dans la théorie traditionnelle incarnent les trois pouvoirs, et les forces armées, qui en accomplissent la volonté, deviennent les instruments

d'un seul parti, lequel se fait l'interprète de la volonté unanime, du totalitarisme indistinct et à ce titre exclut tout
progrès ultérieur, nous pouvons affirmer que la crise de
l'État a touché son point extrême et qu'elle doit se résoudre
ou se précipiter[8].

Après 1925, les fascistes eux-mêmes utilisèrent le
mot «totalitaire» en lui imprimant une inflexion particulière afin de définir leur conception de la politique et de l'État, fondée sur la concentration du
pouvoir dans les mains du parti et de son *duce* et sur
le projet de fascisation de la société. Et celle-ci passait par l'expansion du contrôle du parti sur tous les
aspects de la vie collective, visant à accomplir, suivant la formule de Mussolini, une «refonte du caractère» des Italiens afin de créer une nouvelle race de
conquérants et de dominateurs. Dans les années suivantes, les antifascistes utilisèrent le concept d'État
ou de régime totalitaire afin de définir les nouveaux
régimes à parti unique. Luigi Sturzo, le fondateur du
parti populaire que le fascisme contraignit à quitter
l'Italie en 1924, écrivait en 1926 que le fascisme
avançait sur la voie «"du totalitarisme et de l'absolu-
tisme" [...], expérimentant un système qui, tout en
laissant subsister des formes extérieures de représentation populaire [...], augmente de telle façon les
pouvoirs du gouvernement que celui-ci devient le
véritable arbitre et domine tous les autres pouvoirs
étatiques[9]». À compter de la fin des années 1920,
ce furent surtout les démocrates antifascistes qui
employèrent le concept d'État totalitaire pour définir
les nouveaux régimes de parti unique apparus en
Russie, en Italie et en Allemagne.

Ma définition du fascisme comme totalitarisme dérive de ces premières intuitions et de l'analyse de la réalité historique concrète du fascisme italien, à travers la recherche, la réflexion et la confrontation avec d'autres expériences de régimes politiques à parti unique créés par des mouvements révolutionnaires dans l'entre-deux-guerres, puis après la Seconde Guerre mondiale.

Par «totalitarisme», j'entends donc définir

une expérience de domination politique, mise en œuvre par un mouvement révolutionnaire, organisée en un parti militairement discipliné, avec une conception intégriste de la politique, qui aspire au monopole du pouvoir et qui, après l'avoir conquis, par des voies légales ou extralégales, détruit ou transforme le régime préexistant et construit un État nouveau, fondé sur le régime de parti unique, avec pour objectif principal de réaliser la conquête de la société, c'est-à-dire la subordination, l'intégration et l'homogénéisation des gouvernés sur la base du principe du caractère intégralement politique de la vie, tant individuelle que collective, interprétée suivant les catégories, les mythes et les valeurs d'une idéologie palingénésique, sacralisée sous la forme d'une religion politique, avec pour ambition de façonner l'individu et les masses à travers une révolution anthropologique pour régénérer l'être humain et créer un homme nouveau, voué corps et âme à la réalisation de projets révolutionnaires et impérialistes du parti totalitaire dans le but de créer une civilisation nouvelle à caractère supranational.

Aux origines de l'expérience totalitaire, dans un double rôle de promoteur et d'artisan, se trouve un parti révolutionnaire, qui juge irrévocable le monopole du pouvoir, n'admet pas que puissent exister d'autres partis et d'autres idéologies, et conçoit l'État comme un moyen de réaliser ses projets de domination et de régénérescence. Le présupposé fondamental du régime totalitaire est un mouvement révolutionnaire de masse, avec une idéologie intégriste et une vocation à la conquête du monopole du pouvoir politique. Le régime totalitaire est un système politique fondé sur la symbiose entre l'État et le parti et sur un ensemble de potentats institutionnels, gouvernés par les principaux tenants d'une nouvelle aristocratie de commandement, choisis par le chef du parti qui domine de son autorité charismatique toute la structure du régime. Le système politique totalitaire fonctionne comme un laboratoire où s'expérimente une *révolution anthropologique* pour la création d'un nouveau type d'être humain.

Suivant cette définition, ce qui caractérise le totalitarisme, c'est son dynamisme intrinsèque, qui s'exprime dans l'exigence d'une *révolution permanente*, d'une *expansion continue du pouvoir politique* et d'une constante *intensification du contrôle et de l'intervention sur la société*, pour la subordonner au parti unique à travers un réseau toujours plus vaste et ramifié d'organisations et d'intégrations. L'État totalitaire est donc un laboratoire politique condamné à l'expérimentation continue pour accomplir sa révolution anthropologique à l'égard de la société. En définissant le totalitarisme comme une *expérience*, plutôt qu'un *régime*, j'entends souligner l'interconnexion de ses éléments constitutifs fondamentaux et mettre en relief le caractère dynamique du totalitarisme comme *processus continu*, qu'on ne saurait tenir pour achevé à aucun stade particulier de sa réalisation.

Le totalitarisme fasciste est une expérience qui s'est progressivement réalisée dans la culture politique, dans les institutions et dans le style de vie du régime fasciste, à travers un rapport complexe entre idéologie, parti et régime. Et c'est une expérience qui non seulement mêla la politique intérieure, les institutions, la société, la culture, mais aussi influença la conduite et les objectifs de la politique extérieure.

L'histoire de l'expérience totalitaire fasciste est une histoire de tensions, de résistances et de conflits continus, dans les institutions, dans la société, dans la conscience collective et à l'intérieur du fascisme même. L'expérience totalitaire rencontra certainement autour de sa réalisation de nombreux obstacles au sein de la société, dans l'ancien appareil d'État, dans l'Église ; mais les recherches plus récentes, et en particulier celles que j'ai poursuivies sur le parti et sur le régime fasciste, démontrent qu'à la veille de la Seconde Guerre mondiale l'État fasciste était certainement beaucoup plus totalitaire qu'il ne l'était à la fin des années 1920. Les institutions traditionnelles s'en rendirent compte après avoir longtemps cru que le fascisme se contenterait d'un pouvoir autoritaire garanti par leur consentement, par le régime policier, le mythe du *duce* et l'obéissance des Italiens. Au nombre des déçus du fascisme, qui s'alarmèrent vivement de la réalité de l'État totalitaire, figurait par exemple le cardinal Milano Schuster, qui, au début de 1939, dans un discours à la conférence épiscopale de Lombardie, dénonçait l'échec de la conciliation entre le régime et l'Église et la dangereuse expansion de la «religion fasciste»:

> Entre nous, l'Église catholique se trouve aujourd'hui, non pas tant devant un nouvel État fasciste — puisque celui-ci existait déjà l'année du Concordat — que devant un système philosophico-religieux dominant qui, bien qu'il ne le dise pas expressément, nie implicitement le Credo apostolique, la transcendance spirituelle de la religion, les droits de la famille chrétienne et de l'individu [...]. Face à un Credo apostolique et à une Église catholique d'origine divine, nous avons donc un credo fasciste et un État totalitaire qui, précisément avec le credo hégélien, revendique pour lui les attributs divins.
> Sur le plan religieux, le Concordat s'est évaporé[10].

Aucune opposition ne menaçait sérieusement à l'intérieur du pays la stabilité et le fonctionnement du laboratoire totalitaire, même si l'on s'en tient à la fable d'une monarchie qui, face au fascisme, aurait «agi constamment comme frein et contrepoids aux poussées illibérales» du fascisme[11]. En réalité, dans la «dyarchie» entre le *duce* et le roi, que Mussolini, après la fin du régime fasciste, invoquait pour atténuer les responsabilités du dictateur, le pouvoir effectif était entre les mains du *duce*, tandis que le roi, tout en restant formellement chef de l'État, ne sut ni ne réussit jamais à prévenir ni à freiner le démantèlement de l'ordre constitutionnel fondée sur la constitution de 1848 *(Statuto Albertino)*. Victor-Emmanuel III ne s'opposa pas même aux formes les plus aberrantes de la révolution anthropologique comme l'antisémitisme et le racisme. L'acquiescement passif, même s'il ne fut pas toujours exempt de réticence et d'aversion, des institutions traditionnelles face au pouvoir de Mussolini et au développement de l'expérience totalitaire, fut la note dominante des rapports entre le fascisme et la monarchie. Quand, après la fin de la Seconde Guerre mondiale, le roi fut invité à exposer les initiatives de la monarchie pour freiner la marche du totalitarisme fasciste, le seul exemple d'opposition efficace qu'il cita fut d'avoir réussi à retarder d'un an, de 1923 à 1924, la promulgation d'un décret qui limitait la liberté de la presse. Le roi lui-même confessa son impuissance face au fascisme : « À cette époque, déclara-t-il, il n'était pas possible de contrecarrer le chef du gouvernement[12]. »

L'expérience totalitaire fasciste se déroula sur des rythmes et des tempos, avec des méthodes différents de ceux des autres expériences totalitaires, et s'acheva, comme celles-ci, par un échec désastreux. Assurément, le fascisme ne parvint pas à réaliser ses ambitions totalitaires et se laissa emporter par la Seconde Guerre mondiale. Il faut cependant rappeler que l'expérience totalitaire fasciste fut détruite par la défaite militaire, non pas par la résistance de la monarchie et des autres institutions traditionnelles, lesquelles n'entrèrent en action que lorsque le Grand Conseil, déclarant sa défiance à l'égard d'un *duce* désormais politiquement moribond, provoqua l'effondrement du régime.

L'expérience totalitaire mise en œuvre par le parti fasciste et son chef fut différente des expériences totalitaires communiste et nazie, mais cela ne diminue en rien sa signification historique pour la compréhension du phénomène totalitaire au xxᵉ siècle. On peut certes donner raison à ceux qui considèrent que

le fascisme ne réalisa pas un «totalitarisme parfait».
Il n'en faut pas moins observer que l'étude toujours
plus approfondie des régimes réputés «complètement» ou «parfaitement» totalitaires a révélé qu'il y
eut des résistances et des obstacles, et qu'il y eut de
notables contrastes entre les ambitions et les résultats. Dans tous les régimes totalitaires, le monopole
du pouvoir politique n'a jamais été monolithique; la
conquête de la société n'a jamais été totale; la révolution anthropologique n'a jamais produit un nouveau
type d'être humain correspondant au modèle imaginé; la religion politique n'a jamais transformé la
collectivité en une communauté de croyants. Constater qu'il n'y a eu historiquement aucune expérience
totalitaire qui puisse être qualifiée de «parfaite» ou
d'«achevée» ne revient toutefois pas à affirmer que
le totalitarisme n'a jamais existé. Les laboratoires totalitaires ont été effectivement construits et sont entrés
en action dans le but de créer un nouveau type d'être
humain; et, pour chercher à atteindre cet objectif, ont
partout impliqué, conditionné, transformé, déformé
ou anéanti l'existence de millions d'êtres humains.
Et l'État fasciste fut l'un de ces laboratoires.

ÉLÉMENTS
POUR UNE DÉFINITION DU FASCISME

Sur la base des considérations développées dans
les pages qui précèdent, nous pouvons entreprendre
d'identifier les éléments essentiels pour une définition du fascisme, qui puisse servir aussi de point de
référence à une analyse comparative [13]. La définition

que je propose se fonde sur la corrélation entre la *dimension organisationnelle*, qui concerne la composition sociale, la structure associative, le style de vie et les méthodes de lutte du parti ; la *dimension culturelle*, qui renvoie à la façon de concevoir l'homme, les masses et la politique, c'est-à-dire à l'idéologie et à son système de principes, de valeurs et de fins ; et la *dimension institutionnelle*, qui concerne l'ensemble des structures et des relations qui constituent le régime fasciste dans ses aspects particuliers :

a. Dimension organisationnelle

1. *Un mouvement de masse, avec une agrégation inter-classes, mais où prévalent, dans les cadres dirigeants comme dans la masse des militants, des jeunes essentiellement issus des classes moyennes, en grande partie nouvelles venues à l'activité politique, organisées dans la forme originale et inédite du «parti-milice», qui fonde son identité non pas sur la hiérarchie sociale et l'origine de classe, mais sur le sens de la camaraderie ; s'estime investi d'une mission de régénérescence sociale, se considère dans un état de guerre contre les adversaires politiques et cherche à acquérir le monopole du pouvoir politique, en employant la terreur, la tactique parlementaire et le compromis avec les groupes dirigeants, pour créer un régime nouveau tout en détruisant la démocratie parlementaire.*

b. Dimension culturelle

2. *Une culture fondée sur la pensée mythique et sur le sentiment tragique et activiste de la vie, conçue comme manifestation de la volonté de puissance, sur le mythe de la jeunesse comme artifice de l'histoire,*

sur la militarisation de la politique comme modèle de vie et d'organisation collective.

3. *Une idéologie à caractère anti-idéologique et pragmatique, qui se proclame antimatérialiste, anti-individualiste, antilibérale, antidémocratique, antimarxiste, fondamentalement populiste et anticapitaliste, exprimée esthétiquement plus que théoriquement, à travers un nouveau style politique et à travers les mythes, les rites et les symboles d'une religion laïque, instituée en fonction du processus d'acculturation, de socialisation et d'intégration fidéiste des masses par la création d'un « homme nouveau ».*

4. *Une conception totalitaire du primat de la politique, comme expérience intégrale et révolution continue, afin de réaliser, à travers l'État totalitaire, la fusion de l'individu et des masses dans l'unité organique et mystique de la nation, comme communauté ethnique et morale, adoptant des mesures de discrimination et de persécution contre ceux que l'on juge hors de cette communauté, parce que ennemis du régime ou parce que appartenant à des races réputées inférieures ou, d'une manière ou d'une autre, dangereuses pour l'intégrité de la nation.*

5. *Une éthique civile fondée sur la subordination absolue du citoyen à l'État, sur le dévouement total de l'individu à la communauté nationale, sur la discipline, la virilité, la camaraderie, l'esprit guerrier.*

c. **Dimension institutionnelle**

6. *Un appareil de police, qui prévient, contrôle et réprime, y compris en recourant à la terreur organisée, toute forme de dissension et d'opposition.*

7. *Un parti unique, qui a pour fonction d'assurer, à*

*travers sa milice, la défense armée du régime, entendu
comme l'ensemble des nouvelles institutions publiques
créées par le mouvement révolutionnaire; de veiller à
la sélection des nouveaux cadres dirigeants et à la formation de l'«aristocratie du commandement»; d'organiser les masses dans l'État totalitaire, en les engageant
dans un processus pédagogique de mobilisation permanente, émotionnelle et fidéiste; d'œuvrer à l'intérieur
du régime comme organe de la «révolution continue»
pour l'actualisation permanente du mythe de l'État
totalitaire dans les institutions, la société, la mentalité
et les mœurs.*

*8. Un système politique, fondé sur la symbiose entre
le parti et l'État, organisé selon une hiérarchie de fonctions, nommée d'en haut et coiffée par la figure du
«chef», investi d'une sacralité charismatique, qui
commande, dirige et coordonne les activités du parti,
du régime et de l'État, et agit comme arbitre suprême et
indiscuté dans les conflits entre potentats du régime.*

*9. Une organisation corporative de l'économie, qui
supprime les libertés syndicales, élargit la sphère d'intervention de l'État et vise à réaliser, suivant des principes technocratiques et solidaristes, la collaboration
des classes productives sous le contrôle du régime,
pour parvenir à ses fins de puissance, mais en préservant la propriété privée et la division des classes.*

*10. Une politique extérieure inspirée par la recherche
de la puissance et de la grandeur nationale, avec des
objectifs d'expansion impérialiste et en vue de la création d'une nouvelle civilisation.*

CADRES D'INTERPRÉTATION

Quelques considérations
sur l'idéologie du fascisme

A-T-IL EXISTÉ
UNE IDÉOLOGIE DU FASCISME?

Les opinions sont partagées sur l'existence ou non d'une idéologie du fascisme. Devant cet aspect du phénomène fasciste, les chercheurs se sont souvent enlisés dans des lieux communs ou ont évité la question, affirmant que le fascisme n'eut pas d'idéologie propre «mais, plutôt, en reçut et s'en attribua plusieurs[1]». On a écrit que, quand on veut définir «ce qu'a été l'idéologie du fascisme, on se rend compte qu'elle n'a jamais existé ou que, de temps à autre, a été improvisée une superstructure idéologique sous la poussée de l'action[2]». Cette opinion est très répandue et a bénéficié, jusque-là, d'un consensus général. Le fascisme, a-t-on dit, ne fut pas le résultat d'une doctrine, il n'en n'eut d'ailleurs pas en propre, mais, de son aveu même, fut seulement action. Les idées que le fascisme revendiqua afin de justifier ses actes, aux diverses étapes de son histoire, appartenaient à d'autres mouvements politiques. L'idéologie du fascisme fut un monceau d'idées diverses; elle ne fut ni cohérente ni organique ; improvisée au gré des opportunités et des contingences, elle n'eut aucune vitalité. Les efforts déployés par des fascistes pour élaborer une idéologie propre apparaissent comme un catéchisme de dogmes et de formules tapageuses dénuées de sens. Régime d'ânes ou instrument de la réaction, le fascisme ne pouvait exprimer quelque pensée que ce soit ni élaborer une idéologie ; il se contenta de la reprendre du nationalisme, dont il devint le bras séculier. Quant à l'adhésion de l'idéalisme gentilien au fascisme, ce fut une erreur, une illusion ou de l'opportunisme[3].

Les jugements exposés à l'instant ne correspondent qu'en partie à la réalité. Leur grande limite, commune à tous, est de vouloir soumettre la fascisme à l'épreuve d'un concept *géométrique* d'idéologie. Si nous appliquions un concept semblable à d'autres mouvements politiques de notre temps, il en est peu qui résisteraient. Le concept d'idéologie est passible de diverses définitions, mais il ne fait pas de doute que l'idéologie n'a rien d'un théorème géométrique, qu'elle n'a pas à satisfaire au principe de non-contradiction pas plus qu'elle ne doit être nécessairement originale[4]. L'idéologie n'est pas seulement une élaboration logique et rationnelle, comme un système philosophique ou une théorie scientifique. Dans toute idéologie entre une part d'émotion, une part mythique, une part normative, une part logique ; toute idéologie a une fonction pratique, non pas théorique ; elle propose des modèles de comportement, plutôt qu'elle ne suggère des méthodes de connaissance. Au demeurant, un concept rigidement logique d'idéologie est mal adapté pour comprendre l'ensemble des idées et des mythes d'un phénomène politique tel que le fascisme, lequel réfute explicitement le rationalisme et toute forme d'intellectualisme, pour en appeler plutôt à cette faculté de l'esprit qui, dans une certaine mentalité et dans une certaine culture de l'époque, passait pour plus créatrice, plus authentique, plus saine et plus humaine. Si, devant la recherche historique, l'idéologie fasciste paraît peu logique et peu systématique, cela ne signifie pas que le fascisme n'ait pas eu son idéologie, différente des autres — préexistantes, contemporaines ou ultérieures. Comme si l'on disait d'une personne qui ne pense pas comme un philosophe systématique qu'elle n'a donc pas une vision du monde, si grossière et élémentaire soit-elle, qui régule, stimule et justifie son comportement. Ce n'est pas dans des traités spéciaux qu'il faut chercher l'idéologie fasciste : les pesants volumes de doctrine fasciste sont peu utiles pour qui étudie cette idéologie. Il convient plutôt d'examiner toutes les formes d'expression qui manifestent une conception de la vie et de la société, un idéal de comportement et un ensemble de valeurs qui furent typiques du ou des groupes qualifiés de fascistes[5]. Peut-être considérée comme idéologie, selon Jean Baechler, «toute proposition ou tout ensemble de propositions, plus ou moins cohérentes et systématisées, permettant de porter des jugements de valeur sur un ordre social (ou secteur quelconque de l'ordre social), de guider l'action et de définir les amis et les ennemis[6]». Il est en outre nécessaire de considérer quelle conception les fascistes avaient de l'idéologie et de sa fonction parce que, ainsi que l'a observé Nolte, il est «très douteux qu'"idéologie", dans le champ fasciste, désigne exactement ce que la critique de l'idéologie, au XIXe siècle, entendait par ce concept[7] ». Selon Michael Ledeen, non seulement il a existé une idéologie fasciste, si ambiguë et peu rigide soit-elle, mais cette idéologie a été l'une des raisons du succès que le fascisme a rencontré en Italie et en Europe, surtout dans les générations des années 1930[8].

Quand on aborde un thème aussi controversé, le premier élément dont il faille tenir compte est que le *fascisme eut comme principe de son idéologie la critique des idéologies :* autrement dit, il fit siennes, comme conception politique, les conclusions de ce courant de la pensée critique contemporaine qui, à partir de Marx, et passant par Sorel et Pareto, avait mis en relief la valeur pratique et instrumentale des conceptions politiques, des idéologies. L'*anti-idéologie*, typique du fascisme, est commune à d'autres idéologies de cette «époque de transition», et c'est un thème que le fascisme adopta tout d'abord dans la lutte contre des conceptions politiques déterminées d'origine positiviste et historiciste, des conceptions en crise après la Première Guerre mondiale parce que incapables d'apporter une réponse aux problèmes nés de nouvelles situations sociales.

Pour le fascisme, l'idéologie était une *idée-force*, avec des fins essentiellement pratiques, synthèse d'action et objet de foi :

> Nous ne croyons pas [...] qu'existe un problème des idéologies : autrement dit un problème qui consisterait à savoir dans laquelle d'entre elles — des idéologies connues — trônerait la vérité [...]. Lutter pour une idéologie ne serait donc lutter que pour un simple semblant ? Sans nul

doute, si on se donne la peine de la considérer dans sa valeur psychologico-historique unique et efficace.

La vérité de l'idéologie réside dans sa capacité de mettre en branle nos capacités idéelles et actives. Sa vérité est absolue dans la mesure où, vivant en nous, elle suffit à épuiser toutes ces capacités[9].

Est-il permis de parler d'idéologie fasciste et d'en tenter une reconstruction historique ? « On ne peut nier — affirmait Togliatti en 1928[10] — qu'il existe une idéologie du fascisme », une idéologie qui, à défaut d'être organique et cohérente, était cependant très efficace et obtenait succès et approbation. Togliatti perçut bien les principales caractéristiques de cette idéologie, à savoir la conception de l'État et sa matrice petite-bourgeoise. D'autres considérations sporadiques mises à part, certains chercheurs de diverses disciplines, dans un passé plus récent, se sont occupé de l'idéologie fasciste. Quand bien même ils ne sont pas d'accord pour définir les caractères et les contenus de cette idéologie ou s'ils ont répété d'anciens lieux communs, ils ont cependant engagé une étude plus approfondie de la question[11]. Nier l'existence d'une idéologie fasciste *positive*, c'est-à-dire qui exprimait un projet de transformation de la société suivant des principes propres et n'était pas simplement un ensemble de négations polémiques, risque de faire perdre de vue les raisons du succès que le fascisme a rencontré dans des pays européens comme la France, où il demeura quasiment inexistant en tant que force politique tout en ayant une résonance culturelle notable. Si l'on exclut l'existence d'une idéologie du fascisme, on ne comprend pas pourquoi des hommes aux qualités intellectuelles remarquables en subirent la fascination[12], au point d'en suivre avec cohérence le destin, d'y reconnaître leur engagement d'intellectuels et l'avenir de la civilisation européenne, et de mettre en jeu leur dignité et leur existence. L'opportunisme ou la mauvaise foi, l'illusion ou l'ignorance ne suffisent pas à expliquer l'adhésion au fascisme de la part d'hommes de culture comme Drieu la Rochelle, Brasillach, Céline, pour ne citer que trois écrivains français célèbres. Sans une idéologie positive, le fascisme ne leur serait pas apparu comme une *révolution spirituelle* contre les dégénérescences du matérialisme capitaliste et communiste, et d'où devait naître un homme nouveau, renouvelé dans son corps comme dans son esprit. Pour un Drieu la Rochelle, le fascisme était «le mouvement politique qui va le plus franchement, le plus radicalement dans le sens de la grande révolution des mœurs, dans le sens de la restauration du corps — santé, dignité, plénitude, héroïsme — dans le sens de la défense de l'homme contre la grande ville et contre la machine [13]». On ne saurait oublier que les désastres du fascisme en Europe furent aussi la conséquence d'une conception de la vie et des rapports humains née, comme l'écrit Tarmo Kunnas, d'une «perversion de l'esprit».

L'HOMME NOUVEAU FASCISTE

Dans son roman de 1939, Robert Brasillach écrivait:

> [...] Nous avons pu voir, depuis vingt ans, naître un type humain nouveau, aussi différencié, aussi surprenant que le héros cartésien, que l'âme sensible et encyclopédiste du

dix-huitième siècle, que le «patriote» jacobin [:] nous avons vu naître l'homme fasciste.

C'est cela qu'il faut savoir, avant de tenter l'analyse des doctrines sociales, politiques, morales, esthétiques, qui s'élaborent et qui s'incarnent un peu partout. Un exemplaire est né, et comme la science distingue l'*homo faber* et l'*homo sapiens*, peut-être faudrait-il offrir aux classificateurs et aux amateurs de petites étiquettes cet *uomo fascista* né en Italie, sans doute, mais qui peut réclamer, lui aussi, la désignation universelle de l'entomologie latine[14].

La conception d'un homme nouveau, qui occupa une telle place dans le débat idéologique de divers mouvements fascistes, fut le fruit le plus remarquable qui ait mûri après la crise de la culture bourgeoise traditionnelle, laquelle avait son modèle idéal dans l'homme cartésien, optimiste, rationaliste, confiant dans la Vérité et dans ses instruments logiques pour la comprendre et la décrire de façon claire et distincte, assuré de son destin dans un monde régi par la Raison et par les lois naturelles de la Providence, toujours tourné vers le progrès, vers l'accroissement et le développement continu des richesses et de la civilisation. La crise de cette culture, les assauts lancés de divers côtés et avec des mobiles divers contre l'idée d'une Vérité objective, intangible et définie avaient préparé le terrain à la naissance de l'idéologie fasciste. En tant qu'idéologie, en fait, le fascisme surgit de la crise de l'historicisme, c'est-à-dire d'une conception du monde fondée sur la foi dans l'Histoire, comme développement d'un processus rationnel suivant la dialectique de l'Esprit et de la Matière, voué à la réalisation du Bien sur la terre. L'identité hégélienne du réel et du rationnel avait été le solide fondement de l'idéologie bourgeoise libérale en même temps que le ressort spéculatif de la révolution communiste.

Tout l'ensemble d'idées, de mythes, de sentiments et d'actions qui dérivaient de cette identité — rationalisme, optimisme, confiance dans la bonté de la nature humaine et dans le progrès, la certitude dans la rationalité des événements et dans le déterminisme des lois historiques — apparut aux jeunes éprouvés par l'expérience de la Grande Guerre comme l'origine et la condition d'un appauvrissement spirituel de l'homme, une déformation de la vie dans les habitudes petites-bourgeoises du moralisme et dans l'idéal de l'utilitarisme; un frein au libre déploiement de toutes les énergies de la personnalité, dont le noyau le plus authentique était au-delà du seuil rationnel. Les mouvements artistiques et politiques du début du XXᵉ siècle se caractérisaient par cet esprit de révolte contre la société libérale et bourgeoise à l'âge de l'industrialisme. Même le fascisme fut, à l'origine, une expression de cet esprit de révolte, qui visait à l'instauration d'un ordre nouveau fondé sur une transmutation des valeurs. Nietzsche fut le grand maître du XXᵉ siècle, comme Hegel l'avait été du XIXᵉ siècle, et c'est dans la philosophie de Nietzsche que puisèrent, avec une certaine vulgarité dans l'approximation, les idéologies fondées sur la négation de l'Être et de la Raison, sur un phénoménisme idéaliste et exprimant une morale pragmatique [15]. Si l'on en croit Drieu, même Lénine avait appris, dans le climat suisse où s'était formé Mussolini, les doctrines de la mobilité et de l'action, l'élasticité et le sens réaliste de l'opportunité avec le mépris de la rigidité doctrinaire[16]. Cette référence peut aider à comprendre les rapprochements paradoxaux faits par ces intellectuels fascistes entre bolchevisme et fascisme, qu'ils considéraient comme les deux nouvelles révolutions de l'Europe contemporaine, différentes dans leur doctrine, mais analogues dans les méthodes et les résultats politiques.

La conception fasciste de l'homme nouveau réunissait des idées de Nietzsche, Pareto, Le Bon, Sorel, des critiques de la science et des prophètes du déclin de l'Occident, des philosophes anti-intellectualistes exaltant la vie et l'action : la *philosophie de la vie* triomphant après le processus de *destruction de la raison* par la raison elle-même. La Grande Guerre avait déchiré le voile des croyances optimistes qui cachaient la vraie nature de l'homme : il n'était pas possible de continuer à croire dans un monde humain voué à un progrès infini, à la rationalité du sens de l'Histoire, aux avantages illimités de l'industrialisation et des conquêtes scientifiques, au développement de la technique. À l'origine de maintes idéologies fascistes, on retrouve le besoin d'*humaniser* le capitalisme, spécialement au moment où s'intensifiait le développement industriel qui bouleversait les valeurs et les structures de la société traditionnelle. Dans l'idéologie fasciste, on retrouve aspirations technocratiques, exigences de modernisation et de développement industriel à côté du besoin d'« humaniser » le monde économique en en appelant aux valeurs supérieures, « spirituelles », qu'il convient d'affirmer contre les mythes productivistes de l'efficacité et le culte de la machine. L'œuvre des écrivains français qui adhérèrent au fascisme est riche en thèmes de ce genre, toute pénétrée de cette «révolte contre le monde moderne» et par la *découverte* de la nature humaine. T. Kunnas a reconstruit avec beaucoup de finesse les idées des écrivains français, démontrant qu'elles étaient très répandues dans l'atmosphère culturelle de l'époque fasciste : l'irrationalisme, la méfiance envers la bonté naturelle de l'homme, mixte de bien et de mal, la présence du hasard dans les vicissitudes humaines et la négation de tout dessein dans le cours de l'histoire, qu'il soit providentiel ou objectif ; la conception de l'histoire comme un mouvement sans progrès ni direction, comme cycle éternel d'une humanité immuable ; l'exaltation de l'instinct et du sentiment comme les ressorts les plus authentiques de la personnalité, le mépris du moralisme et de l'utilitarisme petit-bourgeois, l'aversion à l'industrialisme et à l'urbanisme, l'image de la vie comme lutte et manifestation de la volonté de puissance, le culte de l'action et le mépris des doctrines, le relativisme moral et une sorte de religiosité païenne et naturaliste, l'anticapitalisme idéologique et l'antimatérialisme communiste, l'esprit de camaraderie et l'anti-égalitarisme, le culte de l'individu supérieur et la fascination hypnotique des grandes masses organisées, le patriotisme et le nationalisme européen, les tendances racistes de type biologique et de type spiritualiste ou eugénique, l'optimisme tragique et le sentiment d'une décadence fatale de la civilisation européenne, la passion de la vie et le sentiment de la mort.

Selon T. Kunnas, les écrivains qu'il a examinés, comme d'autres intellectuels d'une stature culturelle et morale notable, furent *tentés* par le fascisme pour avoir trouvé dans son idéologie la possibilité d'une réalisation politique des motifs éthiques et esthétiques de leur monde culturel.

<h2>L'IDÉOLOGIE DE L'ÉTAT TOTALITAIRE</h2>

Quelques-uns de ces thèmes, souligne à juste raison T. Kunnas, ne constituent pas en soi, nécessairement, la carte d'identité de l'idéologie fasciste. Ils peuvent être présents jusque dans des attitudes hostiles ou étrangères au fascisme. Pour nous, l'élément essentiel qui, *avec* les motifs indiqués, complète les *caractères généraux* de l'idéologie fasciste, fut l'*affirmation du primat de l'action politique*, c'est-à-dire le totalitarisme, entendu comme résolution totale du *privé* dans le *public*, comme subordination des valeurs touchant à la vie privée (religion, culture, morale, affects, etc.) à la valeur publique par excellence : la politique — et à la politique, faut-il ajouter, conçue comme activisme, force pure et opposition de forces, dont le seul juge est la réussite. Le noyau constant de l'idéologie fasciste fut la conception de l'État comme actualisation de la volonté de puissance d'une minorité activiste vouée à la réalisation de son mythe, de son idée-force[17]. L'homme nouveau dont rêvaient les fascistes aurait été le produit d'une classe de Platon modernes, lesquels voulaient édifier un État organique et dynamique[18] et considéraient la politique comme une valeur absolue en soi. Par cet aspect, l'idéologie du fascisme italien — dans un cas particulier — fut *la rationalisation la plus complète* de l'État totalitaire (surtout par l'apport idéologique de l'idéalisme de Gentile), conçu comme une société organisée et subordonnée à une aristocratie politique, qui ne devait la légitimité de son pouvoir qu'à la conquête et à la pérennité de son action. Ainsi que l'écrivit Camillo Pellizzi, l'un des idéologues les plus intéressants du fascisme, «l'Italie de nos rêves n'est pas un État qui existe; c'est un État qui se fait [...] et ce *se faire* doit être le processus d'affirmation d'une aristocratie et le processus de fixation d'un État aristocratique ouvert[19]». Cette conception de l'État revêt des caractéristiques idéologiques propres au fascisme, et qui distinguent son idéologie des autres idéologies politiques de notre temps.

Le fascisme fut, surtout, une *idéologie de l'État*, dont elle affirmait la réalité irréductible et totalitaire. À ce titre, il fut l'antithèse de l'idéologie communiste qui est une *idéologie de la société* dans la mesure où elle prévoit la réalisation d'une collectivité d'hommes libres et égaux non différenciés ni subordonnés les uns aux autres par les effets de l'organisation du pouvoir dans l'État. Le fascisme, cependant, ne fut pas une idéologie de masse, même s'il comprit l'importance des masses dans la société contemporaine, parce qu'il leur nia la capacité et le droit d'exprimer une idée politique et de s'autogouverner selon les principes d'égalité et de liberté, considérés comme des droits naturels. Les principes de la Révolution française, essence de toutes les idéologies démocratiques, trouvèrent dans le fascisme une négation radicale. Dès octobre 1922, avant même la «marche sur Rome», Camillo Pellizzi souligna cette mentalité antidémocratique du fascisme, dont il faisait justement remonter les origines à la *mentalité* que l'idéalisme

philosophique — et, en particulier, l'idéalisme gentilien — avait propagée en Italie :

> Le fascisme, c'est la négation pratique du matérialisme
> historique, mais plus encore la négation de l'individua-
> lisme démocratique, du rationalisme des Lumières, et l'af-
> firmation des principes de la tradition, de la hiérarchie, de
> l'autorité, du sacrifice individuel au nom de l'idéal histo-
> rique, de l'affirmation pratique de la valeur de la *person-
> nalité* spirituelle et historique (de l'Homme, de la Nation,
> de l'Humanité) confrontée et opposée aux raisons de l'in-
> dividualité abstraite et empirique des tenants des Lumières,
> des positivistes et des utilitaristes[20].

ACTIVISME ET RELATIVISME FASCISTES

Antithèse de l'idéologie communiste et démocratique, l'idéologie du fascisme se distingue aussi des
idéologies conservatrice et réactionnaire. On ne saurait
certes nier qu'elles partagèrent des idées similaires,
mais le discriminant fondamental fut l'*activisme* et le
primat de la politique. En fait, la pensée conservatrice, dans ses diverses expressions, se présente en
général comme un scepticisme envers tout changement radical qui ne tienne pas compte des conditions
historiques et naturelles et, même si elle n'accepte
pas les principes et les méthodes d'un ordre établi
déterminé, estime cependant que la conservation de
l'ordre ou son lent changement, conformément à un
réalisme politique prudent et modéré, est plus utile à
la société qu'une transformation révolutionnaire prétendant annuler les conditions historiques et se sur-
imposer à la nature des hommes. Le conservatisme

ne connaît pas le *mythe du futur*, inhérent à tout activisme, et n'accepte pas le primat de la politique — ni quelque autre primat que ce soit —, se montrant fidèle, à la manière de Croce, à la distinction entre les formes autonomes de l'esprit (et l'on peut voir, à mon sens, dans cette distinction la véritable origine de la différence d'attitudes de Croce et Gentile à l'égard du fascisme, mais aussi des raisons *politiques* de leur détachement final).

Les idéologies réactionnaires ont au contraire comme principe fondamental et dénominateur commun l'idée de l'Ordre comme archétype absolu, universel et transcendant. La politique est l'instrument de valeurs éternelles et immuables, métahistoriques ou, selon certaines idéologies réactionnaires — réalisées dans une société particulière qui se perd dans un lointain passé. À la différence de l'idéologie fasciste, *la pensée réactionnaire* cultive le *mythe du passé* et juge l'histoire comme la dégénérescence continue d'un archétype fondamental.

Entre l'idéologie réactionnaire, l'idéologie conservatrice et l'idéologie fasciste, on peut trouver des collusions et des confusions, et il y en eut ; mais on ne saurait parler d'une identité, d'une genèse à partir d'une souche unique. Enfin, l'idéologie fasciste n'était pas non plus assimilable au traditionalisme, entendu comme reconnaissance et fidélité aux valeurs permanentes au fil du changement historique, qui doivent leur prestige à leur tradition, non pas parce qu'elles sont utiles et efficaces en tant qu'*instrumenta regni*.

Si l'on ne réfléchit pas à ces différences *formelles*, il est difficile de comprendre historiquement l'idéologie d'intellectuels fascistes tels que Gentile, Pellizzi, Bottai, Spirito, Ricci, ou encore comme Brasillach, Drieu et Céline. L'idée répandue d'une capture idéologique du fascisme par le nationalisme est donc infondée ou plutôt, si l'on peut parler de «capture», il faut inverser le processus, au sens où c'est le fascisme qui absorba le nationalisme, lequel survécut à l'intérieur de son idéologie sous la forme d'un courant clair et distinct, mais jamais totalement assimilé. Le fascisme affirma l'idée de *nation comme mythe* tandis que pour les nationalistes eux-mêmes elle était une réalité naturelle, un principe traditionaliste indépendant de la volonté des individus, un passé qui s'impose au présent. Pour le fascisme, il n'y avait pas de valeurs ou de principes objectifs, valides en soi, à transmettre ou à respecter dans la tradition du passé[21]. Dans un monde réputé dénué de sens, la vie humaine n'était qu'une manifestation de la volonté de puissance sans aucune justification métaphysique ou éthique. Acceptant l'identification d'Adriano Tilgher entre fascisme et relativisme, Mussolini affirma en 1921 :

> Le phénomène fasciste italien doit apparaître à Tilgher comme la manifestation la plus haute et la plus intéressante de la philosophie relativiste ; et si, comme l'affirme Wahinger [*sic !*], le relativisme se rattache à Nietzsche et à sa *Willen zu Macht*, le fascisme italien a été et reste la plus formidable création d'une «volonté de puissance» individuelle et nationale[22].

Et Drieu la Rochelle répéta, dans des termes assez proches :

Nietzsche, en posant sous la forme de la *Volonté de Puissance* l'autonomie de l'homme au milieu de l'univers, et l'autonomie de l'action de l'homme, indique par voie de conséquence que la cellule de l'énergie humaine, du mouvement social, c'est l'individu capable du maximum d'action, l'individu d'élite, le maître[23].

LA POLITIQUE COMME SPECTACLE

De la conception fasciste de la vie, dérive une attitude fasciste quant à la *manière* de faire de la politique, d'organiser la vie sociale, de concevoir la finalité du groupe, non pas suivant la logique et la persuasion, mais en faisant appel à l'instinct, à la foi, au sentiment, à l'imagination, au magnétisme et à la fascination du chef. Le groupe fasciste était conçu comme un groupe soudé par les liens de la foi. Le fasciste ne choisissait pas une doctrine, pas plus qu'il ne la discutait, parce qu'il était avant tout un croyant et un combattant. Le fascisme apparut comme une manière de se soustraire à tout ce qui donnait dimension et mesure à la vie sociale et la privait de son caractère pittoresque, mystique, héroïque et aventureux. L'aventure, l'héroïsme, l'esprit de sacrifice, les rituels de masse, le culte des martyrs, les idéaux de la guerre et du sport, le dévouement fanatique au chef : tels étaient les caractères du comportement du groupe fasciste. C'était une attitude essentiellement *subjective* envers la politique, et ce n'est pas sans raison qu'on a parlé de «romantisme» fasciste pour définir une conception *esthétique* de la vie politique[24]. Un personnage de Brasillach affirme que l'imagination est le matériau de l'univers qui a la plus forte densité.

Contre le matérialisme qui, selon les fascistes, était le propre du capitalisme et du communisme, le fascisme rehaussait les valeurs de l'esprit. Le matérialisme de l'un et de l'autre appauvrissait l'individu dans la figure du fonctionnaire soumis à la régularité bureaucratique, de l'ouvrier au service de la production de la machine, du citoyen éduqué dans la morale petite-bourgeoise du gain, du bien-être, de l'indifférence envers la vie politique et sociale, fermé dans son égoïsme, avili par un système collectiviste dégradant et étouffé dans l'anonymat de l'urbanisation. Le fascisme, au contraire, apparut comme le mouvement politique qui ramenait la *couleur* et la *joie* dans la vie sociale. Dans l'État totalitaire, la vie civile était un *spectacle* continu, où l'homme nouveau fasciste s'exaltait dans le flux de la masse ordonnée, avec la répétition des rites, avec l'exposition et la vénération des symboles, avec l'appel suggestif à la solidarité collective jusqu'à atteindre, dans des moments de haute tension psychologique et émotionnelle, la fusion mystique de l'individualité personnelle avec l'unité de la nation et du sang, à travers la médiation magique du *duce*. Même si l'on peut retrouver certains de ces aspects dans d'autres régimes totalitaires, le fascisme en fit l'idéal de la vie civile au point qu'ils constituèrent un facteur de succès qui n'est pas négligeable. L'organisation du consensus de masse était en fait fondé sur ces cérémonials. La liturgie des rassemblements nazis et le spectacle de la jeunesse fasciste exaltée fascinèrent Brasillach. En raison des émotions que suscitait ce spectacle, le fascisme «immense et rouge», avec sa marée de drapeaux qui flottent à la lumière des projecteurs et ses «chants de printemps et de sacrifice», apparut à Brasillach comme «une poésie, et la poésie même du xxᵉ siècle (avec le communisme, sans doute)», une «poésie extraordinaire [qui] est proche de nous, et [...] demeure la vérité la plus exaltante du xxᵉ siècle, celle qui lui aura donné sa couleur[25]».

Un système politique fondé sur l'irrationalisme réduit, presque inévitablement, la participation politique, individuelle et collective, au spectacle de masse. Quand on méprise l'homme pour son idéalisme rationnel, pour sa capacité de connaissance logique de la réalité, pour son besoin de persuasion et de compréhension, l'homme se trouve réduit à un élément cellulaire de la *foule* et, en tant que foule, suggestible non pas à travers un discours rationnel, mais uniquement à travers les instruments de l'abus de pouvoir psychologique, de la violence morale à travers la manipulation des consciences, dégradant la vie à une pure extériorité. Mais, alors qu'il exalte l'imagination et le rêve, qu'il excite les préjugés de groupe, les angoisses et les frustrations, les complexes de grandeur ou de misère, le fascisme détruit la capacité de choix et de critique de l'individu. Les symboles et les rites, les cérémonies de masse et la consécration mythique d'actes banals de la vie sociale («la Bataille du grain») deviennent l'unique forme de participation possible des masses au pouvoir politique — simples spectatrices du drame qui se déroule avec elles, mais au-dessus d'elles.

LA TRAGÉDIE DU PESSIMISME ACTIVISTE

L'idéologie fasciste, en tant que manifestation de l'irrationalisme politique, se présentait sous les deux formes contradictoires de l'exaltation vitaliste de l'existence comme course vers la grandeur et la mort héroïque ou comme réalisme cynique et sans préjugé, manque absolu de valeurs, simplification de la vie civile et sociale réduite à la manifestation et à la rencontre de la volonté de puissance : « le fascisme exige trop de l'homme », l'envoyant au-devant d'une « mort horrible et stérile » au moment même où la vie lui sourit dans tout l'orgueil de sa jeunesse[26].

Prophètes sans foi, ainsi que les définit Giaime Pintor, les intellectuels fascistes, ou tentés par le fascisme, cachaient les racines de l'échec dans leur conscience de la vie. Leur destin individuel, à ce titre, se confond avec le destin du fascisme : l'échec tragique d'une révolution qui part de la méfiance envers l'homme pour se réaliser dans la perspective d'une décadence fatale de la civilisation européenne. Tel était le constat développé par Pintor dans les années de guerre à propos de ces écrivains français :

> On peut être pessimistes à l'égard des temps et des circonstances, quant au sort d'un pays ou d'une classe, quant à tels ou tels hommes, mais on ne saurait être pessimistes à l'égard de l'homme. On ne peut l'être, tout au moins quand on veut faire de la politique sur du sérieux, c'est-à-dire avant tout sur des êtres humains [...]. Toutes les grandes révolutions ont été accomplies par des hommes qui croyaient en l'homme, qui voulaient le changer et le

contraindre, mais qui en définitive voulaient l'aider. À quoi bon autrement faire une révolution plutôt que de s'attacher une pierre au cou et s'enfoncer dans la mer? Ainsi, le véritable élément de discrimination entre révolution et réaction, ce subtil soutien du changement historique pourra apparaître à notre conscience enfermé dans la plus simple des formules: le sort de l'homme face à ses semblables[27].

Ces intellectuels fascistes croyaient que le fascisme était l'ultime phase de splendeur de la civilisation européenne à la veille de sa fin, un âge césarien à la Spengler avant que l'Europe ne conclût son cycle historique avec l'avènement du «chaos parfait». Par sa conception du *pessimisme activiste*, le fascisme était quasiment voué à sombrer dans une tragédie spectaculaire:

> Ils ont cru que le fascisme allait rétablir une civilisation tragique où la joie, la dureté, la souffrance ne feraient qu'un. Il n'est resté finalement que la dureté et la souffrance. Ils ont espéré qu'un nouveau sens de la vie allait animer une nouvelle politique, que l'homme désabusé, agenouillé devant l'argent et rongé de vices, allait se muer en héros intègre — et c'est le contraire qui s'est produit. Ils n'avaient aucune confiance dans l'homme, dont ils voyaient trop bien l'égoïsme et l'hypocrisie. Malgré leur amitié pour l'homme, leur pessimisme a risqué de devenir une véritable haine de l'homme[28].

CHAPITRE 5

Le fascisme fut-il une révolution?

Vous voudriez que moi, décrivant les voleurs de chevaux, je dise: «Voler les chevaux est mal.» Mais ça fait belle lurette qu'on le sait, et on ne m'a pas attendu pour le savoir.

ANTON TCHEKHOV
1890

Le fascisme fut-il un phénomène révolutionnaire? C'est une question dont on débat encore. La discussion engagée, quelqu'un a secoué la tête et s'est exclamé comme le professeur Belikov de Tchekhov: «Espérons qu'il n'en sorte rien de vilain!» Mais une fois la question posée, il n'est plus possible de l'ignorer, même si la solution paraît ardue et lointaine. Le premier gros obstacle à surmonter est celui qui paraît le plus facile: établir que quelque chose est un phénomène révolutionnaire. Selon Robert Palmer, dire qu'un phénomène est révolutionnaire ne dépend pas tant

de connaissances spécifiques ou de découvertes concrètes, ni même de l'étude approfondie d'une période ou d'un endroit particulier, que de l'usage que l'on fait d'un concept

abstrait. La «révolution» est un concept dont les connota-
tions et les nuances changent au gré des événements: vers
1790, il n'avait pas le même sens qu'en 1770, ni en 1950 le
même qu'en 1930[1].

L'observation peut paraître évidente, mais la contro-
verse sur notre question trouve précisément ses origines dans le sens qu'on attribue au concept de
révolution et à ses dérivés. De fait, a justement observé
Roy Medvedev, «comme bien d'autres notions en
usage dans les sciences humaines, celle-ci n'est pas
univoque et son contenu varie selon les contextes, ce
qui engendre parfois des discussions très scolas-
tiques[2]». Les sciences sociales ont accompli de notables
efforts pour élaborer une typologie de la révolution:
c'est aussi une nouvelle branche de la sociologie — la
staséologie — qui étudie dans une perspective comparative tous les phénomènes de contestation de l'ordre
établi, du suicide à la révolution de masse[3]. Les typo-
logies des sociologues laissent les historiens perplexes.
«Les définitions sociologiques, a pu écrire Hobsbawm,
ne sont pas réalistes et tendent à soutenir l'existence
d'une catégorie universelle de révolutions (ou d'un
type unique idéal de révolution) dont les critères de
classification attendent toujours d'être établis[4].» Peut-
être ce scepticisme est-il excessif, mais il paraît justi-
fié par le fait que nous qualifions de révolutionnaires
certains phénomènes historiques très différents les
uns des autres; par exemple, la révolution anglaise de
1688, la révolution américaine, la révolution française,
la révolution russe de 1917, la révolution libyenne de
1969 et la révolution de Khomeyni. Certains doutent
et d'autres nient résolument qu'il soit possible d'in-

clure le fascisme parmi ces phénomènes. Ils font appel au sens *courant* du mot révolution, lequel est pourtant aussi incertain que le sens courant du mot pudeur et tout aussi variable au gré des conditions sociales, des usages et des mentalités. Il n'est donc pas facile de trancher ce problème de méthode. Comment définir le concept de révolution si nous ne tirons pas ses éléments constitutifs de l'observation des phénomènes historiques ? Comment est-il possible de dire qu'un phénomène est révolutionnaire ? Existe-t-il un concept de révolution valable pour « tous » ?

Le problème est épineux. Le risque est grand de se perdre dans un labyrinthe de chicanes verbales. Karl Popper conseille de ne jamais se quereller sur des mots et d'éviter les problèmes verbaux[5], mais ce n'est pas si simple parce que, comme disait Leopardi, les hommes se laissent le plus souvent gouverner par les noms[6]. Le mot « révolution » exerce une grande fascination sur les hommes de notre temps ; il est devenu synonyme, sans adjectif, de tout ce qui est bon et utile au genre humain, des changements politiques au dernier modèle d'automobile. Il faut toutefois résister à la fascination du mot. Pour éviter les équivoques, il paraît opportun de préciser que, pour nous, le *concept* de révolution, comme signe classification d'une série de faits ; le *mythe* de la révolution, comme valeur éthico-politique en soi et pour soi positive ; l'*idéal* de la révolution, comme modèle abstrait et formellement cohérent, auquel devraient correspondre les phénomènes que nous voulons qualifier de révolutionnaires, sont distincts et qu'on ne doit pas les confondre. Et il est aussi bon de préciser que, quand on parle de « révolution fasciste », on ne fait pas référence à un modèle abstrait, on ne pense pas que toute révolution soit toujours un pas en avant vers la liberté, la justice et la participation des masses à la vie politique[7]. Enfin, il est clair que le fascisme ne saurait être qualifié de révolutionnaire suivant l'idéal marxiste de la révolution, parce qu'il ne fut pas une transformation radicale des rapports entre les «deux classes fondamentales», ni suivant l'idéal démocratique progressiste, parce qu'il ne se traduisit pas par une participation plus consciente et plus rationnelle à la vie publique à travers des formes de représentation librement choisies ou à travers de nouvelles institutions d'autogouvernement.

Étant donné les difficultés à définir un concept de révolution sur lequel «tous» soient d'accord, nous croyons utile pour résoudre — ou tout au moins essayer de résoudre — notre problème de voir en quel sens certains chercheurs ont parlé du fascisme comme phénomène révolutionnaire et de voir si leurs arguments sont dignes de retenir l'attention et de nourrir la réflexion en vue d'une meilleure connaissance historique du fascisme — l'unique raison pour laquelle nous croyons utile la discussion en cours.

Dès les années 1920, les chercheurs antifascistes ont parlé du fascisme comme d'un phénomène révolutionnaire. Guido Dorso, par exemple, considérait que le *mouvement* fasciste était apparu avec des caractéristiques révolutionnaires, encouragé par l'hostilité de la petite bourgeoisie envers l'État libéral, alors que de «nombreuses classes de citoyens, jusque-là restées immobiles, furent résolument poussées sur le terrain révolutionnaire et, déçues par l'action de l'État, absorbèrent rapidement toute la rhétorique

nationaliste antiparlementaire en rêvant d'un retour
à la dictature[8]». Les aspirations révolutionnaires du
mouvement fasciste furent anéanties par le «trans-
formisme» de Mussolini, qui parvint au pouvoir et
s'y maintint à travers un compromis avec les forces
traditionnelles (économiques, politiques et institutionnelles) grâce auquel il réussit à réprimer et à margi-
naliser les composantes révolutionnaires du fascisme.

Le marxiste Richard Löwenthal a proposé une évaluation plus générale du fascisme comme révolution
en considérant que le fascisme, né d'une *situation
révolutionnaire*, possédait des «marques formelles»
semblables à celles de la révolution prolétarienne, à
savoir «la concentration de toutes les espérances sur
un pôle unique, autour d'un parti de masse qui a
brandi l'étendard de l'élimination du régime existant».
Pour Löwenthal, le fascisme est une «vraie révolution dans la mesure où il représente un tournant
essentiel qui se réalise sous des formes nécessairement révolutionnaires et qui est conditionnée par le
développement économique, dans l'évolution de la
société bourgeoise. En voici les résultats typiques:
1) une nouvelle forme plus haute d'organisation étatique; 2) une nouvelle forme réactionnaire d'organisation sociale; 3) un frein étatique croissant au
développement économique de la part des forces
réactionnaires qui s'emparent du pouvoir politique»,
après avoir détruit les organisations de classe du prolétariat et les oppositions politiques[9].

Dans un premier temps, les aspects révolutionnaires
du fascisme ont été surtout analysés par les chercheurs en sciences sociales. Parmi les sociologues,
Talcott Parsons a peut-être été le premier à s'occuper

du fascisme comme phénomène révolutionnaire, parce qu'il était un mouvement de masse avec des caractéristiques spécifiques qui le différenciaient, dans le fond comme dans ses aspects extérieurs, des traditionnelles organisations politiques de droite tant par sa capacité de mobiliser des masses étrangères à la vie politique que par le type d'appel avec lesquels il suscita et obtint cette mobilisation contre le régime en place. Dans la définition de Parsons, le fascisme est un exemple de *radicalisme de droite :*

> En premier lieu, le fascisme n'est pas le «vieux conservatisme» tel que nous l'avons connu avant 1914, même si le fascisme s'est approprié nombre de ses éléments. En second lieu, il est de «droite» dans la mesure où il s'oppose spécifiquement aux mouvements politiques de «gauche», en particulier au communisme. Peut-être la raison la plus importante qui nous conduit à parler de «radicalisme» est-elle l'existence d'un mouvement populaire de masse, dans laquelle de grandes masses de «gens ordinaires» se sont imprégnées d'une ardeur émotionnelle, souvent fanatique, pour la cause. Ces mouvements de masse qui sont, en un sens très important, des mouvements révolutionnaires, sont ce qui distingue avant tout le fascisme du conservatisme[10].

En accord avec ces prémisses, Raymond Aron[11] a élaboré une typologie de la «révolution fasciste» caractérisée par un changement touchant la structure de l'élite et la forme du gouvernement, sans aucun véritable bouleversement de la structure sociale. Une révolution de type fasciste peut naître dans une situation de conflits sociaux ou de conflits au sein de la classe dirigeante, d'où émerge une demande de pouvoir plus autoritaire afin de parer la menace d'une révolution de type marxiste : « Dans une telle situation, une équipe de meneurs de masses offre une issue : mise au pas de l'élite sans bouleversement des conditions de vie du plus grand nombre. » Dans une révolution de ce type, la masse révolutionnaire se recrute parmi les classes moyennes qui, au lieu d'être décimées, s'accroissent du fait du développement capitaliste et se prêtent, en des temps de crise économique grave, à une lutte antiprolétarienne.

La distinction entre fascisme et droites traditionnelles, conservatrices et réactionnaires a été reprise par les historiens contemporains. Pour un René Rémond, on ne saurait identifier le fascisme à une réaction pure et simple, à la contre-révolution, parce que leurs caractéristiques historiques, idéales, sociales et politiques sont profondément différentes :

> Entre la contre-révolution, au sens originel du terme, c'est-à-dire la tendance qui, au XIXe siècle, lutte pour effacer les conséquences de la Révolution et qui exprime une volonté systématique de restauration du passé, de retour à l'Ancien Régime, et le fascisme, les différences sont considérables.
>
> À sa façon, le fascisme procède de la démocratie. Sans la révolution de 1789 et le transfert de souveraineté du monarque au peuple, le fascisme serait inconcevable. Le fascisme se réclame de la souveraineté nationale. Sans doute la confisque-t-il, mais il la suppose. Sa légitimité n'a rien à voir avec la légitimité de l'Ancien Régime, qui trouvait sa justification dans le passé, l'ordre naturel et la tradition [12].

Le phénomène du fascisme appartient, selon lui, au processus historique amorcé avec la Révolution française, même si les fascistes dénigrèrent et méprisèrent les idéaux libéraux et égalitaires parce qu'on retrouve en eux des composantes dérivées de 1789 : politique de masse, nationalisme, État éducateur. Bref, le fascisme, pour utiliser la distinction de J. Talmon, s'inscrirait dans le courant de la *démocratie totalitaire*, laquelle a évolué, tout au long du XIXᵉ et du XXᵉ siècle, en opposition au courant de la *démocratie libérale*[13].

George L. Mosse a amplement mis en évidence les différences historiques et idéologiques profondes entre le phénomène fasciste et les diverses formes de radicalisme de droite en affirmant explicitement que le fascisme fut un phénomène révolutionnaire aussi bien national qu'européen, avec des caractéristiques sociales et culturelles particulières. Pour lui, le fascisme est une *révolution de droite*, c'est-à-dire une révolution qui avait des mobiles et des fins politiques et culturelles, non pas économiques, et voulait la liquidation des anciennes classes dirigeantes sans bouleverser l'ordre social :

> Il ne voulait pas abolir l'État, mais lui substituer des hiérarchies basées sur la fonction aussi bien que sur le *status* social. Ces hiérarchies devaient en outre s'appuyer sur la fidélité à la mystique nationale, c'est-à-dire, en Allemagne, sur la race. Cet homme nouveau aurait été le symbole même des nouvelles hiérarchies et, par la seule vertu de sa force de volonté, tous les problèmes eussent été résolus[14].

Les recherches et réflexions de Mosse sur le problème du fascisme ont approfondi la compréhension de ce phénomène comme attitude mentale, en tant que «mythe à travers lequel les gens se définissent, eux-mêmes et leur place dans le monde», un mythe qui «se rattache à la réalité parce qu'il opère dans un

contexte social et économique». Les travaux de Mosse
sur le fascisme se distinguent par une indifférence
affichée aux questions sémantiques. Il s'abstient
d'aborder le problème de méthode relatif à la définition du concept de révolution et, en tant qu'historiciste
déclaré, le problème qu'il se pose est de comprendre
quel type de révolution voulait le fascisme en étudiant la mentalité fasciste, la façon dont les fascistes
concevaient la réalité sociale dans laquelle ils vivaient
et qu'ils voulaient révolutionner en un sens, précisément, *fasciste*. Suivant cette méthode, qui s'est
révélée très féconde aux fins de la connaissance historiographique, Mosse a lié le fait «objectif» de la
révolution fasciste (l'activation d'un mythe et d'une
tradition liturgique, la mobilisation des masses, la
conquête du pouvoir, la formation d'un nouveau
régime, une nouvelle classe dirigeante, etc.) au *sens
subjectif* que les fascistes attribuaient à leur révolution, pour voir ensuite quels furent, dans la réalité
sociale, les effets de la mentalité révolutionnaire de
type fasciste.

L'interprétation de Mosse dérive surtout de sa
connaissance du nazisme, mais ses jugements concernent en général le phénomène du fascisme et, par
certains côtés, rejoignent l'interprétation à laquelle
est arrivé Renzo De Felice à travers l'étude du fascisme italien. Au-delà des analyses de Mosse, il y a
pour De Felice deux éléments fondamentaux sur la
base desquels on peut considérer le fascisme comme
un phénomène révolutionnaire. Le premier est la
composition sociale du *mouvement* fasciste, en tant
qu'expression des classes moyennes émergentes, «qui
aspiraient à une participation et à une direction plus

larges de la vie sociale et de la politique nationale[15]». Le second est l'aspiration à «transformer la société et l'individu dans une direction qui n'a jamais été expérimentée ni réalisée», à «créer quelque chose qui constituait une nouvelle phase de la civilisation». Afin de réaliser cette aspiration, le fascisme cherchait à solliciter la participation effective des masses, avec une politique pédagogique qui aurait formé l'homme fasciste. Ces deux éléments différencient le fascisme des régimes réactionnaires et autoritaires traditionnels qui tendent au contraire «à la démobilisation totale des masses, à la seule participation passive des masses au régime lui-même[16]».

On pourrait continuer à enchaîner ainsi les références, mais celles-ci paraissent suffisantes pour avoir une vue d'ensemble des principales raisons pour lesquelles le fascisme est considéré comme un phénomène révolutionnaire par les chercheurs qui — il est bon de le rappeler — ne nient pas que le fascisme ait été une réaction de classe violente antiprolétarienne, mais considèrent que c'est là un des aspects, et pas le seul, qui caractérise le phénomène tout entier. Par leurs recherches, ils ont mis en fait en lumière d'autres aspects du fascisme, qui font ressortir sa «nouveauté» et son «originalité» (dans les limites où un phénomène historique peut être «original») et qui sont analogues aux aspects typiques des phénomènes contemporains définis, généralement, comme révolutionnaires, si l'on entend par phénomène révolutionnaire la *mobilisation d'une masse sociale étrangère à la vie politique, guidée par une élite émergente, qui n'accepte pas les valeurs ni l'autorité de la classe politique qui détient le pouvoir, conteste le système (poli-*

tique et/ou social) et conquiert le pouvoir avec la volonté de créer un nouveau régime.

Aujourd'hui que la validité de l'interprétation du fascisme comme réaction de classe est largement acquise par l'historiographie, il nous semble utile de vérifier celle de l'interprétation du fascisme comme phénomène révolutionnaire.

Cette interprétation a suscité diverses objections, que l'on peut classer et rassembler en deux séries. À la première appartiennent les objections de ceux qui rejettent toute interprétation s'écartant de celle qui tient le fascisme uniquement pour une variante scénographique de la réaction, la garde armée du grand capital. Il n'est pas possible, a-t-on observé, de parler de fascisme «révolutionnaire», parce que le fascisme, en tant que phénomène objectif et phénomène subjectif, était dépourvu de toute originalité et autonomie que ce soit ; parce que les classes moyennes, la masse du fascisme, donnèrent leurs troupes à la réaction, mais les commandants et les stratèges étaient les hommes du grand capital, et les classes moyennes jouèrent en chemise noire le scénario préparé par la grande bourgeoisie [17].

Le problème des classes moyennes a pris une certaine importance dans l'historiographie du fascisme. Dans l'absolu, rien n'interdit d'affirmer que les classes moyennes, par leur nature même, sont une masse grégaire et ne sauraient être les promoteurs ou les protagonistes d'un phénomène révolutionnaire. Mais, dans la dimension relative des vicissitudes humaines, où tout nous apparaît davantage comme un tableau de Rembrandt qu'un Mondrian, de telles affirmations paraissent vaguement métaphysiques dans leur linéarité catégorique. La réalité des faits montre que, de la Révolution française à aujourd'hui, les classes moyennes ont joué un rôle toujours plus large et envahissant dans la société, et qu'en elles se mêlent, comme dirait Pareto, l'instinct des combinaisons et la persistance des agrégats; que les élites révolutionnaires, les cadres dirigeants des mouvements, des partis, des organisations de masse proviennent en grande partie des classes moyennes; bref, que la classe moyenne est devenue une «classe fondamentale», au même titre que la grande bourgeoisie et le prolétariat, et qu'elle est «fondamentalement pourvue d'une politique "subjective" toujours plus pertinente[18]».

C'est une réalité qu'on ne saurait ignorer, sauf à partager la vision du *maximalisme historiographique*, où la bourgeoisie devient, pour citer Gramsci,

> un obscène personnage manœuvrant de façon diabolique pour se tirer d'affaire et rouler le prolétariat, le caractère concret des oppositions politiques se perd dans une nébuleuse répétition rhétorique de certaines expressions conventionnelles, et le prolétariat lui-même cesse d'être une force opérant pour des raisons et sous des formes concrètement analysables pour devenir une entité irréelle, abstraite et sans consistance[19].

Formulée dans les milieux de gauche dès l'émergence du fascisme, l'interprétation maximaliste est encore répandue du fait de sa simplicité élémentaire, qui se prête facilement à la vulgarisation, et elle est largement discutée même par des chercheurs d'orientation marxiste. Giorgio Amendola, par exemple, a rejeté l'abstraction consistant à «considérer le fascisme italien comme un phénomène qui se répète, comme s'il existait une catégorie universelle du fascisme », ou à n'y voir qu'une arme des capitalistes sans percevoir « sa capacité d'autonomie même par rapport aux forces qui, par leur financement, en avaient assuré les premières affirmations[20] ». Un autre chercheur marxiste, Reinhard Kühnl, nie que le rapport entre fascisme et capitalisme ait été « aussi direct et immédiat que le laissent penser certains exposés théoriques inspirés du marxisme vulgaire[21] ». Kühnl soutient également que le mouvement fasciste « n'est pas seulement, ni même principalement, le produit de l'assistance directe des capitalistes », mais que des groupes de la « nouvelle couche moyenne » jouèrent un rôle important dans son développement. En tant que mouvement de masse « surgi spontanément », le fascisme ne fut pas un « simple sbire du capital », mais un « facteur politique indépendant ». En conséquence, pour Kühnl, le rapport entre classes dominantes et fascisme est une « alliance entre deux associés indépendants, non pas un rapport unilatéral de dépendance dans lequel un des deux facteurs — la classe dominante — produit l'autre à son goût et l'utilise comme instrument pour atteindre ses propres buts[22] ». Il est vrai que le régime fasciste protégea les intérêts des classes supérieures, mais leur rapport, observe Kühnl, « n'a pas été sans problème » parce que le régime fasciste, « contrairement à leurs espérances, n'a pas fonctionné simplement comme leur instrument[23] ». La raison en est que le pouvoir et la force de la classe dirigeante fasciste reposaient sur des organisations de masse, qui lui permirent de rester un « facteur autonome dans la structure de pouvoir du système[24] ». Le régime fasciste fut donc «l'alliance de deux membres, dont chacun disposait de moyens propres, mais qui ne pouvaient se passer l'un de l'autre».

Foncièrement semblables sont les observations d'un autre chercheur marxiste, Nicos Poulantzas[25] : à travers le fascisme,

> la petite bourgeoisie [...] intervient sur la scène politique comme force sociale : tout en basculant clairement du côté de la bourgeoisie, elle joue, dans cette alliance, *un rôle relativement autonome à l'égard du grand capital*. La petite bourgeoisie n'est plus ici purement et simplement «à la traîne» de la bourgeoisie, comme lorsqu'elle était représentée par les bourgeois traditionnels. [...] Cette alliance recouvre, en fait, une lutte politique intense entre le grand capital et la petite bourgeoisie, lutte marquant toute l'histoire du fascisme, et qui se répercute dans les contradictions entre le fascisme et le grand capital. [...] La petite bourgeoisie devient, dans la première étape du fascisme au pouvoir, la classe régnante.

De ces observations, on peut déduire que, dans des situations déterminées, les classes moyennes peuvent jouer une fonction politique autonome par rapport à la bourgeoisie, même si faire ce constat ne veut pas dire sous-évaluer la diversité des attitudes et des comportements des classes moyennes, dans différentes situations, du fait de la diversité de leurs catégories.

De toutes les interprétations du fascisme élaborées par les chercheurs d'obédience marxiste, l'interprétation de Kühnl et de Poulantzas, sommairement indiquée, nous semble la plus réaliste — quoique dans les limites évidentes d'une évaluation générale. Du reste, elle confirme et développe par le menu certaines intuitions d'une grande finesse présentes dans les premières analyses critiques du fascisme élaborées par des communistes italiens. Lors de la seconde conférence du parti communiste qui se tint à Bâle en 1928, par exemple, Ruggero Grieco qualifia de «démocratique» et de «radical» le fascisme des origines parce qu'il était

> un mouvement de petits-bourgeois, d'intellectuels, d'officiers démobilisés, un mouvement qui avait sa base sociale dans une partie de la petite bourgeoisie urbaine et dans certaines couches de la bourgeoisie rurale de la Valle Padana, notamment dans ces couches rurales «nouvelles» qui s'étaient formées avec le passage, au cours de la guerre et après, d'une certaine catégorie d'ouvriers agricoles et de petits fermiers dans la couche, respectivement, des fermiers, des cultivateurs et des petits propriétaires. Ces nouvelles couches ont fourni le matériau humain au squadrisme des débuts. À mesure que le fascisme se développe en tant que mouvement de masse, d'autres couches de petits-bourgeois viennent en grossir les rangs[26].

Quelques années après, Togliatti proposa une analyse des caractéristiques de cette masse telle qu'elle apparaissait à la fin de la Grande Guerre:

> Cette masse était alors représentée par des anciens combattants, par toute une multitude de déclassés créés par la guerre. Nous n'avons pas compris, quant à nous, qu'au fond de tout cela il y avait un phénomène social italien, nous n'avons pas vu les causes profondes qui le déterminaient. Nous n'avons pas compris que les anciens combattants, les déclassés, n'étaient pas des individus isolés, mais une *masse*, qu'ils représentaient un phénomène qui avait des aspects de classe. Nous n'avons pas compris qu'on ne pouvait se contenter de les envoyer au diable. Ainsi, par exemple, de retour chez eux, les déclassés qui, dans la guerre, avaient eu une fonction de commandement vou-

laient continuer à commander, critiquaient le pouvoir en place et posaient toute une série de problèmes que nous devions prendre en considération[27].

Ce fut assurément une grave erreur politique que d'avoir nié, ou longtemps ignoré, l'importance des classes moyennes comme masse, avec des aspirations propres et une capacité d'autonomie (relative, naturellement). Avec un réalisme tardif, le 31 mars 1925, l'*Avanti!* se rendit compte que

> dans la société moderne en général, en Italie en particulier, avec l'essor des diverses bureaucraties, des professions libérales, des «couches des employés», la conquête — ou tout au moins la neutralisation — de la classe moyenne est un problème fondamental [...]. L'expérience de 1919, 20 et 21 nous a appris que, si le prolétariat socialiste ne réussit pas à gagner la sympathie, l'alliance ou — à défaut — à neutraliser la classe moyenne, il peut être très difficile de conquérir le pouvoir.

Les classes moyennes, dans les vingt premières années du siècle, avaient pris du poids, sans que s'accroissent en proportion leur rôle dans la société, leur participation à un pouvoir qui restait le monopole des anciennes classes dirigeantes. Les classes moyennes étaient socialement intégrées au développement du pays, mais étaient politiquement marginalisées et n'avaient pas une organisation politique capable de représenter leurs aspirations, leurs intérêts, leurs ambitions, qui s'exprimaient, de façon fragmentaire, dans diverses organisations catégorielles et dans des mouvements d'opinion radicaux, de droite ou de gauche. Cependant, la distinction ne doit pas nous induire en erreur parce que le radicalisme de droite aussi bien que le radicalisme de gauche avaient la même base sociale et maintes affinités idéologiques dans la critique des institutions, du parlementarisme et des partis : l'un et l'autre envisageaient une transformation de l'État, avec la confluence d'aspirations démocratiques de participation et des projets d'État fort, organisé suivant une hiérarchie de compétences et dirigé par les classes moyennes. Certains observèrent le phénomène et posèrent la question de donner une représentation politique aux classes moyennes. Un exemple nous paraît significatif. Au congrès radical de 1907, un délégué déclara :

> Quand on dit que le Parti radical n'est pas un parti de classe, on peut dire qu'on affirme en un sens quelque chose de juste parce que notre parti ne représente pas une classe unique, mais est porté par lui-même à représenter et à défendre les grands intérêts généraux des classes intermédiaires. Et nos troupes se composent en fait de ces mêmes classes que nous n'avons pas encore complètement organisées ; mais quand on voit toutes les Fédérations de ceux qui ont une fonction directrice dans le pays se tourner spécialement vers nous, et quand nous allons vers eux en cherchant à mettre en œuvre le programme politique de ces classes, nous voyons bien que le Parti radical peut recruter ses troupes dans ces classes intermédiaires, dans la bourgeoisie travailleuse : nous devons nous proclamer parti bourgeois ; tout ce qui est moyenne bourgeoisie, petit commerce, petite industrie, tous les employés intellectuels, toutes ces masses, nous devons les mobiliser sur la base d'intérêts importants, précis et positifs[28].

Dans les premières années de guerre, le radicalisme resta un mouvement de minorités intellectuelles, sans partisans dans les masses, et les classes moyennes — qui, dans la diversité de leurs composantes, reflé-

taient les diverses conditions de développement économique et social du pays — ne constituaient pas
encore une *masse* au sens politique. Leur protestation était toutefois un grave symptôme d'instabilité
du régime libéral. Les thèmes élaborés par la nouvelle culture politique, dominée par l'aspiration à un
État nouveau, différent du régime existant, révélaient,
dès avant la guerre, la profonde désaffection des
classes moyennes vis-à-vis du libéralisme — détachement que la gestion giolittienne du pouvoir, dans son
effort pour recueillir l'aval des classes populaires et
«dépolitiser» les mouvements émergents, contribua
à rendre plus hostiles. La crise, ou mieux, le désaveu
de l'État libéral par les classes moyennes, a précédé
et facilité la crise des institutions dans l'après-guerre.
La guerre provoqua une mobilisation politique de
masse des classes moyennes, qui virent dans le conflit
le «grand événement» nécessaire pour un changement radical de régime. La guerre rendit le mythe de
l'État nouveau populaire parmi les combattants. Les
nouveaux partis de masse luttèrent pour le réaliser et
la forme concrète de sa réalisation devait dépendre
aussi de leur capacité à obtenir l'aval des classes
moyennes — lesquelles n'étaient pas animées d'une
invincible vocation réactionnaire puisque, lors des
premières élections de l'après-guerre, elles donnèrent beaucoup de voix au Parti populaire et au Parti
socialiste. L'adhésion des classes moyennes au fascisme fut le fruit de vicissitudes historiques, qui
n'avaient rien de nécessaire et d'inévitable ; elle s'explique, au fond, par l'incompréhension par les deux
partis, chacun à sa façon, des intérêts matériels et
des idéaux, et tout spécialement des valeurs natio-

nales, dans lesquels se reconnaissait une grande partie des classes moyennes.

Le succès du fascisme, on le sait désormais, résulta très largement de la faculté d'agréger de nombreuses composantes des classes moyennes, auxquelles il donna une élite dirigeante, une organisation et une idéologie, qui comprenait et exaltait les valeurs et la fonction de ces classes par des formes de participation politique collective, différente de celle des autres partis, et plus efficaces pour la conquête du pouvoir. Suivant l'analyse de Jens Petersen, la «véritable ascension des classes moyennes [...] commença avec le fascisme», qui porta au pouvoir, lors des élections de 1924,

> une foule d'*homines novi*, qui ne se distinguaient pas seulement des groupes libéraux et conservateurs par l'âge (moyenne de 37,2 ans, contre les 48,4 des sympathisants). Quelque 80 % des députés fascistes, pour les deux tiers âgés de moins de 40 ans, étaient nouveaux venus dans l'activité parlementaire [...]. Ce résultat confirme la thèse des rares chercheurs ayant jusqu'ici étudié le problème des classes dirigeantes sous le fascisme, qui, selon Michels, «a porté à la barre de l'État une nouvelle [...] couche sociale[29]».

Dérivation, par bien des côtés, du radicalisme de droite et de gauche, dont il hérita le mythe de l'État nouveau, le fascisme trouva ses origines — comme l'observa *Ordine nuovo* le du 27 octobre 1922 — «dans une nouvelle classe de petits-bourgeois aspirant à la domination politique» et fut le mouvement à travers lequel cette nouvelle classe arriva au pouvoir, usant de la violence et du consentement, évinça l'ancienne classe dirigeante dans le but de réaliser un nouveau projet d'organisation étatique et de vie collective. C'est en cela, selon Giuseppe Galasso, que résidait «la vraie nature révolutionnaire» du fascisme, donné

> par son fondement de classe petite-bourgeoise, qui marquait objectivement une démocratisation de la structure politico-sociale du pays; mais aussi par la nouvelle classe politique que le parti portait au pouvoir, composée pour l'essentiel d'hommes qui venaient de la guerre mais qui étaient surtout d'une grande homogénéité avec la classe politique émergente; leur moyenne d'âge était peu élevée, marquant, là encore, une nette rupture avec la classe politique traditionnelle[30].

On trouve une autre série d'observations, moins péremptoires et sommaires, chez des auteurs qui reconnaissent la *nouveauté* du phénomène fasciste, tout en niant qu'elle soit de nature à légitimer l'emploi du mot «révolution». Le fascisme — a-t-on souvent observé — fut un mouvement de masse, mais la masse fasciste ne devait pas participer de façon active et consciente; il créa un régime nouveau, mais sans opérer une rupture radicale avec le régime précédent, dont il conserva certaines institutions, une partie du personnel, des méthodes et des habitudes administratives; il assura vouloir transformer la vie collective, la mentalité, les mœurs, mais les résultats concrets furent sans rapport aucun avec son projet. En conséquence, il n'est pas possible de parler de «révolution fasciste», mais, tout au plus, de travestissement révolutionnaire de l'ancien régime.

Ces objections peuvent paraître historiquement

fondées. Toutefois, pour invalider les arguments des tenants de la révolution fasciste, il faudrait démontrer, avec la même méthode, que d'autres phénomènes, réputés sans conteste révolutionnaires, se sont caractérisés par la participation active et consciente des masses; ont créé des régimes nouveaux sans rapports avec les régimes évincés; ont coordonné une idéologie et une praxis de manière à réaliser complètement leur projet révolutionnaire.

L'analyse des phénomènes révolutionnaires montre, en vérité, qu'aucune révolution jusque-là accomplie, si radicales et cohérentes qu'en fussent les réalisations, n'échappe aux objections soulevées contre la «révolution fasciste». Au bout du compte, toutes les révolutions (à l'exception, peut-être, de la révolution néolithique et de la révolution industrielle) ne furent guère plus que des fronces sur la surface plane de la continuité historique. En vérité, il est clair que les personnes impliquées de façon active et consciente dans les révolutions sont une minorité, qui très souvent se jette dans l'action sans claire prévision des fins et doit adapter les idées à la réalité: «On s'engage et puis... on voit.» L'inertie des grandes masses a toujours tourmenté les révolutionnaires, parce que la majorité de la population est indifférente, résiste ou se déplace dans une autre direction que celle qu'on voudrait leur imposer. Sans doute est-ce pour cette raison que, souvent, les révolutionnaires, n'ont pas une bonne opinion des masses. Babeuf, par exemple, accusait les masses d'être attachées aux traditions, d'être incapables de suivre les révolutionnaires: «La majorité est toujours du parti de la routine et de l'immobilité, tant elle est inéclairée, encroûtée, apathique...Ceux qui ne veulent pas marcher sont toujours les ennemis de ceux qui vont en avant et, malheureusement, c'est la masse qui s'opiniâtre à ne pas bouger [31]. »

La conscience révolutionnaire n'est présente que dans une petite avant-garde éclairée, comme dans le cas du parti bolchevik, «un petit groupe de personnes par rapport à l'ensemble de la population [32]», qui prend sur lui de faire la révolution sans attendre le consensus des grandes masses somnolentes, apathiques, routinières, inertes, le plus souvent endormies [33]». Lénine se rendit compte que la «force de l'habitude de millions et de millions d'hommes» était la «plus terrible des forces». Son action révolutionnaire se heurta à la résistance gélatineuse de la mentalité collective, des intérêts anciens et nouveaux, des masses petites-bourgeoises et des coutumes traditionnelles des immenses populations de l'empire tsariste.

Le passé a des racines tenaces, qu'aucun révolutionnaire n'est jusqu'ici parvenu à couper de façon nette. Il est vrai que la révolution est un moment de «rupture» dans le cours de l'histoire, mais il n'est pas facile d'établir les phases à travers lesquelles une révolution accomplit un véritable et complet changement de structures, d'institutions, de valeurs, de coutumes et de personnes; il est difficile de dire à partir de quand une révolution peut être considérée comme accomplie, au sens où elle a effacé tous les vestiges de l'ordre passé des choses et créé véritablement un ordre nouveau, façonné suivant le projet révolutionnaire. Comme l'observa Tocqueville, «les Français ont fait en 1789 le plus grand effort auquel se soit jamais livré aucun peuple, afin de couper pour ainsi dire en deux leur destinée, et de séparer par un abîme ce qu'ils avaient été jusque-là de ce qu'ils voulaient être désormais. Dans ce but, ils ont pris toutes sortes de précautions pour ne rien emporter du passé dans leur condition nouvelle[34] ». Et pourtant, la Révolution française innova beaucoup moins qu'on ne le croit généralement après 1789 :

> C'est que, depuis 89, la constitution administrative est toujours restée debout au milieu des ruines des constitutions politiques. On changeait la personne du prince ou les formes du pouvoir central, mais le cours journalier des affaires n'était ni interrompu ni troublé ; chacun continuait à rester soumis, dans les petites affaires qui l'intéressaient particulièrement, aux règles et aux usages qu'il connaissait ; il dépendait des pouvoirs secondaires auxquels il avait toujours eu l'habitude de s'adresser, et d'ordinaire il avait affaire aux mêmes agents ; car, si à chaque révolution l'administration était décapitée, son corps restait intact et vivant ; les mêmes fonctions étaient exercées par les mêmes fonctionnaires ; ceux-ci transportaient à travers la diversité des lois politiques leur esprit et leur pratique[35].

Quelques jours avant la révolution, Lénine était convaincu que le parti bolchevik détruirait l'ancien régime et n'aurait aucun mal à construire l'État socialiste : « Nous avons un moyen merveilleux [...] *pour reproduire* d'un coup notre appareil d'État, un moyen dont aucun État capitaliste n'a jamais pu ni ne pourra jamais disposer. Ce moyen merveilleux, c'est la participation des travailleurs, des pauvres, au travail administratif de l'État » et l'application de ce moyen miraculeux sera un jeu d'enfants[36]. Tel était, on le sait, l'idéal exprimé dans son essai *L'État et la*

révolution; peut-être, de la part d'un esprit aussi réaliste que Lénine, n'était-ce qu'un mythe de propagande. Mais l'illusion fut bien réelle. En avril 1918,
quelques mois après la conquête du pouvoir, Lénine
déclara: «L'heure arrive où le pouvoir étatique et
prolétarien devra utiliser les spécialistes», et il fau-
dra «non pas des semaines, mais des longs mois,
voire des années pour que la nouvelle classe sociale,
et notamment une classe jusqu'alors opprimée [...]
puisse s'adapter à la nouvelle situation, s'orienter,
organiser son travail, produire ses *propres* organisa-
teurs[37]». Dans la construction du nouveau régime, il
fut nécessaire d'employer des matériaux du régime
détruit. Le nouveau régime soviétique ne surgit
pas avec une pureté cristalline après la conquête du
pouvoir par le parti bolchevik. Sa physionomie se
dégagea progressivement à travers des conflits, des
embardées, des accélérations et des coups de frein,
jusqu'à sa consolidation définitive avec le système
stalinien, dans lequel les révolutionnaires virent une
exhumation de l'empire d'Ivan le Terrible ou de
Pierre le Grand, une altération en profondeur du
mythe révolutionnaire bolchevique.

L'argument du mythe n'a pas un intérêt marginal
dans notre analyse. La vision d'un ordre nouveau est
toujours présente dans les mouvements révolutionnaires, et c'est précisément ce qui les distingue des
innombrables mouvements de révolte. Le fascisme
avait lui aussi le mythe d'une nouvelle organisation
de la vie sociale et du pouvoir politique, en l'occurrence l'État totalitaire. D'après ce mythe, le fascisme
voulait former une communauté politique intégrale,

sans subvertir l'organisation sociale, à travers la politisation totalitaire des masses :

> Nous sommes, comme en Russie, pour le sens collectif de la vie, et nous voulons le renforcer aux dépens de la vie individuelle. Nous n'en sommes pas au point de transformer les hommes en chiffres, mais nous les considérons surtout dans leur fonction au sein de l'État [...]. Voici ce que le fascisme veut faire de la masse : organiser une vie collective, une vie commune, travailler et combattre en une hiérarchie sans troupeaux [38].

L'homme fasciste devait réaliser intégralement sa vie dans celle de l'État :

> Le citoyen de l'État corporatif est le producteur qui a conscience de son appartenance à une communauté dans laquelle les associés réalisent leur vie, et la réalisent politiquement, donnant lieu à des actes et des relations qui sont économico-sociales, mais aussi éthico-politiques, parce que l'esprit est *un* et entièrement engagé dans son acte et dans sa réalisation [39].

Le fascisme introduisit un nouveau style politique afin d'uniformiser les comportements collectifs et créa des organisations qui représentèrent, par rapport au régime libéral, un «phénomène de participation politique», un «processus de socialisation politique, mais un processus autoritaire et imposé d'en haut [40]». Mais il ne réussit pas à créer l'État totalitaire. Mussolini lui-même admettait l'échec :

> Si tu pouvais imaginer, aurait-il confié à Ottavio Dinale en 1943, ce qu'il m'en a coûté de rechercher un équilibre dans lequel on puisse éviter les heurts entre les pouvoirs antagonistes qui se côtoient, se jalousent et se méfient les

uns des autres : le parti, la monarchie, le Vatican, l'armée, la milice, les préfets, les secrétaires de fédérations *(federali)*, les ministres, les *ras* des Confédérations et des très puissants intérêts monopolistiques, etc., etc. Tu le comprends fort bien : ce sont les indigestions du totalitarisme, dans lequel n'a pas réussi à se fondre l'héritage que j'ai dû accepter en 1922 sans bénéfice d'inventaire. Un tissu conjonctif pathologique entre les lacunes traditionnelles et contingentes de ce grand tout petit peuple italien, qu'une thérapie tenace de vingt ans n'a réussi à modifier qu'en surface[41].

L'échec de l'État totalitaire serait, pour certains, une autre raison de démontrer la vacuité de la révolution fasciste et la ressemblance fondamentale du régime qu'il a créé avec les traditionnelles dictatures conservatrices. Selon Hannah Arendt, Mussolini «n'essaya pas d'établir un régime complètement totalitaire et se contenta de la dictature du Parti unique[42]». L'observation n'est qu'en partie exacte. Pour cet aspect de la question, également, il peut être utile de procéder à une comparaison avec d'autres régimes «totalitaires» créés par des mouvements révolutionnaires, sans perdre de vue les différences très sensibles et les degrés d'intensité et de qualité par rapport au fascisme. Il est désormais bien connu que même les régimes «complètement» totalitaires, suivant le modèle d'Arendt, comme le communisme russe et le nazisme, ont atteint l'unité monolithique du pouvoir, une politisation intégrale des masses. Dans le cas du nazisme, on a observé que,

contrairement à un cliché fort répandu, un gouvernement totalitaire n'implique nullement une structure hiérarchique fermée, monolithique, à sens unique. [...] En fait, Hitler s'abstint sciemment de réaliser la fusion totale du parti et de l'État. Dans tous les domaines de la vie publique, des instances rivales subsistaient, voire étaient créées de toutes pièces. Au lieu de la réforme, maintes fois promise, de la structure du Reich, on vit par exemple l'État fédéral se transformer en un système aussi complexe que confus de «satrapies» […]. Outre d'inévitables frictions, les conséquences en étaient que certains services tournaient à vide, tandis qu'ailleurs deux ou plusieurs instances se partageaient (ou se disputaient) les mêmes attributions. Il apparut rapidement qu'il ne s'agissait pas d'une maladie d'enfance du nouveau système, mais que cela faisait partie intégrante de sa nature[43].

Dans le cas de l'Union soviétique, après soixante ans de dictature absolue, le régime n'est pas encore devenu «totalitaire». «Comme dans le passé, écrivit Medvedev, la majorité du peuple, du parti et de l'intelligentsia est politiquement passive[44]»:

L'indifférence, voire le refus délibéré de la politique sont des attitudes désormais enracinées, une forme d'autodéfense. Nous avons un appareil d'État et de parti de masse, dont le pouvoir est virtuellement illimité, mais à cause de l'incompétence professionnelle et politique de nombreux fonctionnaires cette énorme machine est inefficace et extrêmement vulnérable aux critiques[45].

S'il est vrai que le régime fasciste ne correspond pas au «modèle totalitaire», il est aussi vrai que le fascisme «inventa» un idéal et une forme propres de régime totalitaire[46]; sa construction fut lente, progressive, inachevée; longtemps ancien et nouveau y coexistèrent, jusqu'à l'effondrement final. Toutefois, malgré sa composition hybride, le système politique fasciste fut indubitablement une des premières expériences de régime de masse et la «première véritable expérience politiquement et institutionnellement originale de l'Italie depuis la Renaissance[47]».

À propos du totalitarisme, peut-être est-il opportun de faire certaines considérations pour éviter la confusion. En fait, sous l'appellation de «modèle totalitaire», on tend à assimiler, du fait de certaines ressemblances extérieures, des régimes radicalement différents comme le fascisme, le nazisme et le communisme russe. En réalité, si on ne la prend pas en un sens très général (comme peut l'être la catégorie de l'«État moderne») — pour indiquer un type de domination politique absolue de la part d'un groupe sur l'ensemble de la société, sans possibilité de compétition et sans alternatives — la catégorie d'«État totalitaire» impose de nombreux sacrifices à la réalité historique en vertu d'une équation qui peut avoir une valeur d'un point de vue idéologique libéral-démocratique, mais pas du point de vue proprement historiographique. Fascisme, nazisme et communisme sont des phénomènes doués d'une originalité historique spécifique et sont irréductibles à un dénominateur commun, et ce non seulement par la diversité des traditions historiques et des conditions sociales des pays dans lesquels ils se sont formés, ou par la diversité sociale des classes impliquées, mais aussi en raison des diverses perspectives du mythe révolutionnaire.

Parmi ces divers phénomènes, le fascisme est, en fait, le seul qui ait eu le mythe de l'État totalitaire. Pour lui, l'État était une forme de vie sociale première, absolue et irrésistible, et l'État fasciste en était la manifestation la plus haute et la plus moderne au temps de la société de masse. Il est significatif que les jeunes générations fascistes aient montré plus d'intérêt pour le fascisme comme organisation politique et sociale que pour le fascisme comme manifestation de la puissance nationale : en vérité, le vrai mythe révolutionnaire du fascisme n'était pas l'affirmation du nationalisme italien contre les autres, mais son dépassement du nationalisme de puissance dans la création d'un État nouveau, qui aurait été un modèle d'organisation pour les autres sociétés européennes, comme solution de rechange au régime soviétique autant qu'au régime nazi, qui affirmait la prédominance de la race germanique en même temps qu'une nouvelle servitude parmi les peuples européens. Le fascisme «européen» ou «universel» se rattachait au mythe mazzinien de la vocation du peuple italien à accoucher, par-delà les limites du nationalisme, de formes de civilisation universelles. Pour le nazisme et le communisme, l'État n'était pas une fin, mais l'instrument de réalisation d'un mythe supérieur (la société sans classe et la domination du *Volk*), qui, une fois entièrement réalisé, aurait rendu l'existence de l'État superflue. Pour les nazis, l'État était un «récipient, la race un contenu» : «l'État ne représente pas une fin mais un moyen [...], la condition préliminaire pour créer une civilisation humaine supérieure», non pas la «raison de son avènement, qui tient uniquement à la présence d'une race adaptée à la civilisation[48]». Les fascistes, au contraire, affirmaient sciemment l'État comme fin suprême, la meilleure en soi, non pas comme un véhicule sur le chemin de la révolution.

Le mythe de l'État totalitaire ne devait pas plus se réaliser que le mythe nazi ou le mythe bolchevik. On retrouve des divergences entre mythe et réalité dans

tous les régimes créés par des mouvements révolutionnaires. Cela peut tenir à diverses causes : aux
compromis avec l'héritage de l'ancien régime, aux
résistances des masses à la politique de rééducation,
aux conflits entre groupes sociaux, qui se poursui-
vent sous le nouveau régime ; à la logique du pouvoir, qui amène la classe dirigeante révolutionnaire
à considérer d'un œil soupçonneux les effets d'une
véritable politisation des masses, qui pourrait aisément devenir un facteur d'instabilité et de menace
pour la «nouvelle classe». En revanche, on aurait
tort d'en conclure que le mythe n'est qu'un étendard
gonflé par le vent et qui s'avachit après la conquête
du pouvoir, laissant partout à nu, dans l'Italie fasciste comme dans la Russie communiste, une même
réalité : celle du pouvoir absolu d'un parti. Il nous
semble au contraire qu'un fait a eu une grande
influence sur les aspects historiques du régime fasciste ou du régime soviétique : il est que Mussolini
créa une dictature à parti unique dont la fin était
l'État totalitaire, tandis que Lénine la créa afin de
libérer la société et abolir l'État. Il appartient à l'historien d'évaluer les relations entre mythe et réalité,
d'enquêter sur les effets du mythe dans la formation
du nouveau régime, dans les manifestations originelles — au sens historique, non pas absolu — de sa
politique.

L'interprétation du fascisme comme phénomène
révolutionnaire a soulevé, on l'a vu, de nombreuses
questions. Nous avons évoqué certains thèmes, ceux
qui nous paraissent les plus importants, et avons
développé certaines considérations à caractère général sans prétendre apporter une réponse au problème,

qui demeure encore ouvert à la réflexion et à la recherche. Certes, si l'on adapte au fascisme la théorie de la conspiration à la Augustin Barruel et si l'on est convaincu que l'histoire de l'Italie n'est qu'une épiphanie continue de la réaction, on peut aisément négliger le problème et estimer que la question du fascisme, d'un point de vue interprétatif, est désormais entendue : le fascisme n'est jamais qu'une *technique de domination* concoctée par le grand capital en crise. En toute logique, il faudrait alors aussi en conclure qu'un problème historique du fascisme *en tant que fascisme* n'existe pas parce que, comme le soutient Giuseppe De Falco, le fascisme « n'est pas un mouvement historique, qui peut réclamer droit de cité dans la critique historique, mais simplement une milice, nullement désintéressée, à la disposition d'une classe contre une autre[49] ». Si cette conclusion était fondée, il serait alors opportun de secouer les chercheurs qui continuent d'étudier le problème du fascisme pour les prévenir que ledit problème est déjà résolu ; que la recherche de nouveaux documents pour connaître une réalité déjà connue est vaine, et que l'élaboration de nouvelles interprétations est inutile et semée d'embûches. Beaucoup de spécialistes du fascisme n'acceptent pas cette conclusion et continuent de se poser des questions, de chercher des documents et d'approfondir — fût-ce dans des perspectives diverses — la connaissance des thèmes (le rôle des classes moyennes, l'idéologie, l'organisation du consensus, les rapports entre classe politique et classe économique, les nouvelles structures du régime, etc.) qui sont au centre de l'interprétation du fascisme comme phénomène révolutionnaire. La discussion, que cette interprétation a suscitée, montre combien il est utile d'accompagner toujours les abondantes moissons documentaires de la formulation des problèmes qui orientent la recherche et lui donnent un sens historique autre que celui que peut avoir la recherche d'un collectionneur.

CHAPITRE 6

Mussolini : visages d'un mythe

Le mythe de Mussolini a été une composante fondamentale du fascisme et un des mythes les plus populaires de l'entre-deux-guerres. Beaucoup d'Italiens attribuèrent à Mussolini des qualités extraordinaires et, dans sa vie politique, l'entourèrent et le soutinrent de leur admiration, de leur enthousiasme et de leur foi, de manifestations de dévotion naïve et de dévouement fanatique. Piero Gobetti écrivit en 1924 que le mussolinisme était un résultat autrement plus grave que le fascisme parce qu'il confirmait chez les Italiens des manières de courtisans, un maigre sens des responsabilités, l'habitude d'attendre le salut d'un *duce* dominateur en lui confiant leur destin. Mais le mythe de Mussolini ne fut pas l'affaire des seuls Italiens. Longtemps encore après la « marche sur Rome », l'opinion publique occidentale demeura attirée par la figure du nouveau dictateur et, par des commentaires souvent favorables sur sa personnalité et son œuvre, contribua à populariser son mythe. Le communiste hongrois Djula Šaš observait en 1923 qu'en d'autres pays européens apparaissaient « divers Mussolini en herbe » prêts à singer le « grand modèle[1] ».

Pour la majeure partie des fascistes, le mythe de Mussolini était aussi la synthèse et le sens ultime du fascisme. Quand le mythe s'effondra, certains chefs fascistes attribuèrent au mussolinisme la plus grande part de responsabilité dans la crise du régime avant la chute. Et des chercheurs contemporains ont nié que le régime fasciste ait été un système totalitaire parce qu'il aurait été simplement une dictature personnelle fondée sur le mythe mussolinien.

Il est clair que ce mythe, si important soit-il, ne renferme ni n'épuise le problème historique du fascisme et ne saurait à lui seul expliquer le sens des vicissitudes complexes liées à l'origine du fascisme et à l'organisation de l'État totalitaire. Comme d'autres mythes politiques de notre temps, celui-ci a aussi été le produit d'une situation historique, c'est-à-dire de conditions sociales et psychologiques, culturelles et politiques; mais, à son tour, le mythe a opéré dans la réalité, a influé sur le développement de la situation historique en conditionnant l'attitude de maintes personnes envers elle. Dans la politique de masse moderne, le mythe a un rôle et une activité qu'on ne saurait négliger dans l'analyse des mouvements collectifs sans en mutiler profondément la réalité historique. Et cela vaut surtout pour le fascisme, qui a été le premier mouvement politique de masse à avoir porté le mythe au pouvoir et explicitement et spontanément attribué une valeur prédominante au mythe du *duce* dans son idéologie et dans sa praxis. Par son origine, par ses aspects, par sa fonction, le mythe de Mussolini est un phénomène qu'on peut utilement étudier pour mieux connaître la politique de masse moderne et les mouvements charismatiques de notre siècle, en examinant comment ils se sont manifestés dans un contexte historique déterminé et dans une expérience accomplie et conclusive.

LE MYTHE DU «*DUCE*»
DANS LA SOCIÉTÉ MODERNE

Les interprétations généralement les plus répandues du mythe de Mussolini sont celles qui le présentent comme une expression d'italianité ou comme le produit totalement artificiel de la «fabrique du consensus» forgé au fil des ans par des manipulateurs sans scrupule de la psychologie collective. Ces interprétations contiennent des éléments de vérité, mais ils ne sont pas suffisants pour faire comprendre la nature d'un phénomène comme le mythe de Mussolini qui, par sa caractéristique essentielle de mythe du *duce*, relève d'un ordre de problèmes plus complexes. Les études consacrées au pouvoir charismatique, à la psychologie collective, aux mouvements de masse et aux régimes totalitaires offrent des indications plus utiles pour interpréter le phénomène du mythe mussolinien que celles qui attribuent l'origine et la nature du mythe de Mussolini à un prétendu tempérament italien. Je ne pense pas non plus qu'on puisse être pessimiste quant aux facultés critiques de l'homme au point d'imaginer qu'il soit possible d'imposer un mythe produit artificiellement à un public réfractaire. La «fabrique du consensus» fonctionna certainement à plein régime, et avec la collaboration consciente du premier intéressé, pour propager le mythe de Mussolini. Mais, si envahissante et tapageuse soit-elle, la propagande d'un mythe politique doit s'adresser à un public déjà préparé, dans une certaine mesure, à recevoir le mythe et qui, par son attitude, en favorise la naissance et la réussite dans la mesure ou elle le croit nécessaire à son existence. Pour avoir du succès, le mythe politique doit être conforme aux désirs et aspirations collectives, il doit se greffer sur une tradition culturelle de type populaire ou intellectuel, et doit donc l'assimiler dans sa structure. Mais le mythe doit aussi avoir une capacité autonome de suggestion et de prestige, qui, comme le montre la genèse et la diffusion de nombreux mythes politiques de notre temps, n'est pas toujours le résultat de la propagande. Si ces conditions manquent, le mythe n'a pas réussi ; si elles font défaut, le mythe perd sa capacité de suggestion et se dissout.

Le mythe de Mussolini comme mythe du «duce» ne fut pas l'expression émotionnelle d'un peuple prédisposé, par des traits de tempérament collectif, à subir la fascination d'un dictateur. Le mythe du *duce* est un phénomène fréquent dans la politique de masse moderne, même si c'est indéniablement au fascisme qu'appartient le déplorable privilège historique d'avoir le premier construit un nouveau système politique consciemment et explicitement fondé sur ce mythe, personnifié par Mussolini. Le mythe du *duce* appartient à une situation historique et à une tradition culturelle et politique que l'on retrouve au fil de l'histoire européenne (mais pas seulement) depuis la Révolution française. Il trouve ses racines dans le culte romantique et idéaliste du «génie», mais le tronc a grossi et s'est ramifié avec le développement de la société de masse.

En 1840, concluant le cycle de ses conférences sur les «grands hommes» et le «culte des héros», Thomas Carlyle exalta la figure du héros comme «souverain» : qui commande aux hommes est «le plus important parmi tous les grands hommes» parce qu'«en lui s'incarnent toutes les vertus terrestres et spirituelles dont nous pouvons concevoir la présence dans le cœur d'un être humain. C'est pourquoi il dispose d'une réelle aptitude à nous commander, c'est-à-dire à nous enseigner en permanence ce qu'il est juste que nous fassions[2]». Jacob Burckhardt, à la même époque, méditait sur le rôle du «grand homme» dans l'histoire et pensait que l'évolution de la société allait vers un nivellement général qui aurait rendu difficile l'émergence de vrais «grands hommes», tandis que l'époque serait «également encline à s'en laisser imposer de temps à autre par des aventuriers et des visionnaires[3]». Des libéraux comme Tocqueville s'interrogeaient avec angoisse sur le destin de la liberté dans la propagation de la démocratie, redoutant la menace d'un nouveau césarisme à base populaire. En 1886, Nietzsche prophétisa que la démocratisation de la société européenne serait «en même temps, qu'on le veille ou non, une école des tyrans[4]». Dans la participation toujours plus large et irréversible des masses à la politique, Gustave Le Bon voyait, avec ses observations rudimentaires sur la psychologie des foules, d'immenses possibilités de domination pour les chefs qui sauraient exploiter les sentiments des foules, prédisposées par leur nature, d'après lui, à subir la domination d'un *duce*. «Les meneurs, affirmait-il à la fin du XIXᵉ siècle, tendent aujourd'hui à remplacer progressivement les pouvoirs publics à mesure que ceux-ci se laissent discuter et affaiblir. Grâce à leur tyrannie, ces nouveaux maîtres obtiennent des foules une docilité beaucoup plus complète que n'en obtint aucun gouvernement[5]. » Avec beaucoup plus de rigueur analytique, des chercheurs en sciences sociales comme Roberto Michels et Max Weber se penchèrent au début du XXᵉ siècle sur le phénomène du *leadership* dans les mouvements collectifs. Weber mena la première analyse systématique du «pouvoir charismatique» en tant que phénomène général et aspect particulier des mouvements politiques modernes de masse. Pour Weber, le «chef» charismatique est le «produit de situations extérieures inhabituelles, notamment politiques et économiques, ou de situations intérieures, particulièrement religieuses, voire des unes et des autres[6]». Le *duce* charismatique émerge de l'«excitation commune d'un groupe d'hommes [...], de quelque chose d'extraordinaire et de l'attachement à l'héroïsme, quel qu'en puisse être le contenu[7]». Le chef charismatique, selon Weber, est un individu doué de pouvoirs réputés extraordinaires aux yeux de ses partisans, qui vénèrent et acceptent en lui, avec obéissance et dévotion, la personnification d'une *mission*: cette reconnaissance des partisans est la vraie source de pouvoir du *duce* charismatique.

UN SYMPTÔME DE LA CRISE
DE LA CIVILISATION LIBÉRALE

Dans les années qui précédèrent la Grande Guerre, la réaction au positivisme et au rationalisme donna une vigueur nouvelle au culte du «génie». C'est alors que se répandit, sous une forme factice et vulgarisée, le mythe du «surhomme». De nombreux jeunes gens attendaient de l'avènement d'*hommes nouveaux* la transformation de la société pour surmonter la médiocrité de la société bourgeoise, combattre la banalité de la démocratie libérale et préparer la naissance d'un ordre nouveau. Par ce culte renouvelé des «grandes âmes», les jeunes intellectuels exprimaient le besoin d'êtres réels tangibles, «capables de les rassurer et de les guider[8]». Esthétisme et moralisme, réalisme et idéalisme, mépris et attirance pour les masses se mêlaient pour former une *culture du chef*, qui acquit après la guerre une influence autonome. Dans l'Europe de l'entre-deux-guerres, ruinée par la crise, la population parut lasse de la démocratie libérale et désireuse de confier son destin à des chefs doués de pouvoirs extraordinaires. Dans tous les pays européens, et hors d'Europe, beaucoup cherchaient dans les mythes ésotériques et protecteurs, personnifiés par des individus exceptionnels, un remède aux angoisses du présent et l'espoir d'un monde ordonné et heureux. La liberté semblait fragile, la dictature était séduisante[9]. De nouveaux «chefs» ou chefs en herbe promettaient de libérer les peuples des maux présents dans la fusion mystique du corps social de la nation avec son chef. Cent ans après les conférences de Carlyle, le philosophe Ernst Cassirer pouvait écrire : « Toute l'échelle des passions sociales, des notes les plus basses aux plus hautes, s'est reversée dans la création du "mythe du xxᵉ siècle". Enfin, toutes ces émotions se sont pour ainsi dire focalisées en un seul point. Elles se sont incarnées — et ont été divinisées — dans le chef. Le chef est devenu celui qui satisfait tous les désirs collectifs. C'est vers lui que se tournent toutes les espérances et toutes les peurs [10]. » La tragédie de la Seconde Guerre mondiale, les espérances de la reconstruction, les grands et petits phénomènes collectifs des dernières décennies se sont accompagnés, en bien ou en mal, de la mythologie du chef, qui n'a pas encore épuisé sa vitalité.

Toutes ces observations ne nous ont éloignées qu'en apparence de notre thème. Le mythe de Mussolini ne peut être étudié qu'en l'inscrivant dans cette tradition. Du « culte des héros » au mythe mussolinien, n'existe certainement pas un lien de continuité et de descendance nécessaire, mais dans cette tradition peuvent être identifiés des liens implicites dans l'essor d'un important courant de pensée politique, qui avait progressivement perdu le souffle romantique et moral, qui inspirait Carlyle ou Burckhardt pour lui substituer le vitalisme de la volonté de puissance et le culte de la personnalité. Ce qu'il importe de remarquer, pour le thème qui est le nôtre, c'est la présence de cette tradition historique, culturelle et politique, où le mythe de Mussolini perd les caractères d'un phénomène contingent, comme pur produit de propagande ou expression de tares italiques, pour s'in-

sérer dans une perspective plus propre à en mettre
en lumière, de manière réaliste et rationnelle, l'origine, la nature et la fonction[11].

LE MYTHE SOCIALISTE
DU CHEF RÉVOLUTIONNAIRE

Plus que d'un «mythe», il faudrait parler de
«mythes» de Mussolini. Le mythe mussolinien a en
effet trouvé diverses expressions, a connu des mutations, des crises et des oscillations, a eu des aspects
variés qui suscitèrent des réactions diverses suivant
les milieux et les moments de sa réception. Le succès
et la durée du mythe mussolinien tiennent en partie à cette nature polyédrique qui, en suscitant des
attentes diverses et souvent contradictoires, contribua néanmoins aussi à en affaiblir le prestige et à en
provoquer la fin. Un élément constant du mythe fut
la présence, dans la personnalité de Mussolini, d'une
fascination charismatique et de qualités publiques
exceptionnelles, qu'il sut lui-même valoriser avec l'observation et l'expérience pour les employer scient-
ment, dans les années de la maturité, à l'avantage de
son pouvoir personnel. Mussolini lia son action au
mythe de sa propre personne jusqu'à en perdre ses
repères et le sens de la réalité.

La figure de Mussolini fut spontanément envelop-
pée d'un halo mystique bien avant que n'entre en
activité la «fabrique du *duce*». Au départ, le mythe
mussolinien fut un mythe socialiste. Il devint un *personnage* presque du jour au lendemain, au congrès
national du PSI en 1912, à Reggio d'Émilie. C'était

sa première apparition sur la scène politique nationale; il avait vingt-neuf ans et n'était connu que des
milieux socialistes de province pour son extrémisme
révolutionnaire. Mais, fasciné par ses talents oratoires,
le congrès approuva sa position, et le jeune révolutionnaire devint rapidement une des figures les plus
prestigieuses du socialisme italien. Un journal syndicaliste napolitain le décrivit sous les traits d'un
homme «pâle, pensif, aux yeux ardents, le visage illuminé d'une flamme de bonté [...] et tourmenté par ses
pensées[12]». Paolo Valera le définit comme un «céré-
bral du socialisme révolutionnaire», un tempérament
entier: «Il est tout de bronze. C'est un homme d'idées,
chargé d'événements[13].» Tous les subversifs virent en
lui le héros représentatif de l'idéal révolutionnaire. Le
vieux patriarche de la révolution italienne, Amilcare
Cipriani, écrivit après le congrès de Reggio d'Émilie:
«Cet homme me plaît beaucoup. Son révolutionnarisme est le mien, devrais-je dire, le nôtre, ce qu'on
appelle "classique"[14]». Quand il fut nommé directeur
d'*Avanti!*, ses camarades de Forli exultèrent devant
le succès de «leur chef irréprochable depuis trois
ans». Le journal de la fraction révolutionnaire le
tenait pour un homme d'une culture peu commune,
«profonde et sûre, ainsi que le prouve son caractère bien trempé[15]». En moins de deux ans, l'extré-
miste inconnu de Romagne était devenu un mythe
révolutionnaire.

Que Mussolini pût en imposer à ses camarades de
courant et aux subversifs en tous genres peut sem-
bler aller de soi, compte tenu de ce que l'on sait de
leurs mentalités et de leurs idéaux. Mais même les
réformistes, qui le combattirent, ne furent pas totale-

ment imperméables à son mythe naissant et se méfiè-
rent à juste titre de son socialisme révolutionnaire,
trop imprégné de néo-idéalisme et de Nietzsche.
Zibordi, par exemple, pensait qu'il manquait à Mussolini un «équilibre véritable», mais reconnaissait
l'ardeur et la sincérité de sa foi, de son engagement,
de sa culture et de son désintéressement. Au congrès
socialiste d'Ancône, en 1914, qui fut un nouveau succès pour Mussolini, Zibordi se prononça contre sa
ligne politique tout en applaudissant le prosélytisme
du directeur de l'*Avanti !* Le succès est un formidable
aliment du mythe : assurément, la forte diffusion du
journal et l'augmentation du nombre des inscrits et
des sections entre 1912 et 1914 contribuèrent à consolider le mythe mussolinien. Mussolini avait redonné
de la vitalité au parti : pour cela, expliqua Zibordi, «il
nous est cher à tous», par ses qualités «qui se situent
au-dessus des tactiques : la foi, la droiture, le caractère, l'amour de la vérité qui l'amène, ici même à cette
tribune, à dialoguer avec lui-même en quête d'une
vérité supérieure[16]». Zibordi devina le type d'ascen-
dant et de pouvoir qui dérivaient du mythe mussolinien : Mussolini avait institué une «dictature qui a
des bases individuelles et des bases collectives, psychologiques, ou mieux, sentimentales» et pouvait faire
avaler aux masses tout ce qu'il voulait, grâce au «prestige irrésistible de sa combativité rude, mais élevée»
et à la fascination qu'il exerce par ses «dons personnels de croyant et de militant[17]».

LE SYMBOLE BRISÉ

Deux années durant, Mussolini apparut comme le vrai chef du socialisme italien. La jeunesse, le succès rapide, les dons d'orateur et de journalisme, les résultats positifs de sa politique dans le parti, son idéologie, et même son physique formèrent les ingrédients du mythe socialiste — mythe surgi spontanément et en grande partie dépourvu d'éléments instrumentaux et de propagande. Mussolini devint le «chef révolutionnaire, le chouchou des rangs socialistes rajeunis, l'*excubitor dormitantium*, l'homme qui électrisa le Parti et rénova l'*Avanti!* [...] un homme respecté de tous au sein du parti [18]». Mussolini acquit le caractère d'un symbole pour les jeunes socialistes révolutionnaires, qui virent en lui l'homme capable de combattre avec succès la politique réformiste : «Nous autres jeunes — se souvient un ouvrier turinois, devenu par la suite communiste — étions tous enthousiastes de Mussolini ; un peu parce qu'il était relativement jeune, lui aussi, un peu parce qu'il avait mis en déroute les réformistes et, enfin, parce que ses articles de l'*Avanti!* nous paraissaient forts et révolutionnaires [19].» Aux yeux des jeunes révolutionnaires, le «mussolinisme» socialiste était un revitalisant énergique pour le parti, que la politique réformiste avait transformé en «branche desséchée», diluant la perspective révolutionnaire dans la pratique des revendications économiques, des batailles parlementaires et du compromis avec la démocratie bourgeoise. Mussolini affirmait la nécessité de rendre au parti sa fonction d'avant-garde révolutionnaire, et de nombreux socialistes crurent sincèrement à sa capacité de rénover la politique et l'idéologie du socialisme en un sens révolutionnaire.

La naissance du mythe fut le produit d'un sentiment répandu de rejet de la tradition positiviste et réformiste, mais aussi de l'attente d'un réveil révolutionnaire, qui parut se réaliser avec Mussolini. Quand celui-ci fut expulsé du parti pour avoir choisi l'interventionnisme, Italo Toscani, dans *Avanti !*, rappela ce que le «mussolinisme» avait été pour les socialistes révolutionnaires : «En lui, la jeunesse socialiste avait trouvé, après une attente longue et angoissée, la bonne trempe du combattant en paroles et par écrit, mais aussi l'âme héroïque du révolutionnaire dans l'action [...]. En d'autres termes, l'homme était devenu le symbole[20].»

Le choix de l'interventionnisme et la fondation de *Popolo d'Italia* marquèrent l'effondrement du mythe socialiste de Mussolini. La dissolution du mythe fut aussi rapide que l'avait été sa naissance. Pour les masses socialistes, il devint le traître, le vendu. Les masses qui l'avaient idolâtré se retournèrent contre lui avec le caractère passionnel de l'amour trahi. Au mythe du révolutionnaire intransigeant, de l'apôtre de l'idée, du militant très intègre et du chef fidèle, succéda une sorte de contre-mythe du politicien opportuniste, ambitieux par intérêt, égocentrique, sans idées ni idéaux, corrompu par la soif de pouvoir. L'effondrement du mythe socialiste confirme que le prestige d'un mythe ne dure que s'il correspond, et ne s'oppose pas, aux convictions et valeurs du public auquel il s'adresse et qui le soutient de sa confiance. Italo

Toscani eut l'intuition de ce phénomène quand, dans l'article déjà cité, il attribua l'effondrement du mythe à

> cet égoïsme nietzschéen qui représente, à ce qu'il semble, l'ultime faiblesse insidieuse dans l'ascension de l'homme. C'est si vrai que Mussolini a cru pouvoir étendre la valeur de sa crise, que nous respectons, à la conscience non pas de certains hommes, mais d'un parti, c'est-à-dire d'une masse qui sent et interprète la vie non pas par des catégories philosophiques, mais à travers les pensées les plus simples et les sentiments les plus humbles.

Le mythe socialiste de Mussolini était lié à la confiance dans son intégrité de révolutionnaire, à la *sincérité* et à la *foi*. Sitôt cette image effritée, la confiance chuta et le mythe se défit. Au fil des années suivantes, Mussolini ne parvint pas à retrouver l'aval des masses socialistes.

LES INTELLECTUELS DE LA *VOCE* ET L'« HOMME NOUVEAU »

Dans les années 1912 à 1915, le mythe de Mussolini ne se limita pas aux milieux socialistes et subversifs. Sa personnalité fit aussi impression sur les intellectuels de la *Voce* et de l'*Unità*. Pour parler comme Gramsci, après 1912, le chef révolutionnaire devint aussi le chouchou de Prezzolini et de Salvemini. Nous nous trouvons devant un autre visage du mythe mussolinien, où nous retrouvons certains éléments du mythe socialiste, mais inscrits dans une autre structure symbolique. Loin d'entrer en crise avec le tournant mussolinien, ce visage se consolida

et se développa précisément des suites du choix interventionniste et de l'expulsion de Mussolini du PSI.
Les attributs de l'un et de l'autre mythes sont cependant semblables : la sincérité, la foi et le caractère. À
ceux-ci s'ajoute l'attribut de l'*homme nouveau*, qui
devait prendre une valeur dominante : « Cet homme,
écrivit Prezzolini dans *La Voce* du 4 décembre 1913,
est un homme et ressort d'autant plus dans un monde
de personnages médiocres et de consciences effilo-
chées comme des élastiques qui ont trop servi. » Salvemini tenait lui aussi Mussolini pour un « homme de
foi », qui avait « ce sentiment de la réalité profonde
qui manque aux abrutis tenants d'un *praticisme* gros-
sier[21] » et, en diverses occasions, manifesta sa sympathie pour cet « homme fort et droit, qui a apporté à la
direction du quotidien socialiste un souffle de sincérité et de passion juvénile[22] ». Salvemini critiquait le
réformisme et condamnait également les méthodes
de la révolte dans le socialisme, mais il excluait Mussolini de sa condamnation, saluant en lui un authentique révolutionnaire, « de ceux qui parlent comme
ils pensent, et agissent comme ils parlent et, de ce
fait, est largement porteur des destinées futures de
l'Italie[23] ».

Il est permis d'attribuer ces témoignages publics
d'admiration à l'intention cachée, commune à Prezzolini et à Salvemini, d'accréditer l'astre naissant du
socialisme afin de l'utiliser dans la polémique contre
le parti socialiste, favorisant ainsi sa crise interne et
sa désagrégation. Toutefois, que l'admiration et l'estime aient été spontanées et sincères, au-delà d'éventuels calculs politiques, ressort clairement du fait que
les collaborateurs de la *Voce* et de l'*Unità* devaient

souvent exprimer en privé la même attitude envers
Mussolini, sans aucune intention apologétique. Pour
Rodolfo Savelli, collaborateur de Salvemini, Mussolini était un vrai révolutionnaire, un «homme de foi»
et une «chance pour la nation[24]». Un autre collaborateur de Salvemini, Arcangelo di Staso, rencontra
Mussolini blessé sur le front et le décrivit ensuite
comme un homme «fort et héroïque»: «Il nous a
donné l'impression d'une force extraordinaire, d'un
homme destiné à dominer[25].» Aux yeux des intellectuels de la *Voce* et de l'*Unità*, Mussolini, avec son
intransigeance et son révolutionnarisme, était un facteur de grande importance non pas tant pour le sort
du parti socialiste que pour le renouveau de la démocratie italienne et pour la destruction de ce qui, à
la culture du radicalisme national, apparaissait alors
comme l'obstacle principal à cette rénovation, à savoir
le «giolittisme». Mussolini devint l'*Anti-Giolitti*: un
symbole de vitalité opposé à un symbole de sénes-
cence, un jeune homme de foi contre un vieux sceptique et cynique, un homme «chargé de promesses»
et «porteur d'une bonne partie des destinées futures»
du pays, contre le vieux bureaucrate devenu le symbole de tous les maux du passé dont les nouvelles
générations voulaient se débarrasser.

De même que le mythe socialiste, le mythe radical-
national de Mussolini se forma dans un climat pro-
pice, marqué par l'attente d'événements décisifs. Tout
comme les nouveaux mouvements antilibéraux du
syndicalisme révolutionnaire et du nationalisme, mais
aussi les avant-gardes artistiques, la culture du radicalisme national attendait l'avènement de nouvelles
personnalités morales, qui fussent des individus excep-

tionnels ou une aristocratie d'hommes nouveaux, capables de renverser le système et de préparer la venue d'une nouvelle démocratie, aux contenus et aux contours confus et indéfinis. Le mouvement de *Voce* s'était formé autour du mythe d'une réforme intellectuelle et morale des Italiens, d'où était censé sortir un Italien nouveau, moderne, moral, réaliste et actif. Les syndicalistes révolutionnaires espéraient, à travers la pratique de la violence, la formation d'une conscience éthique et sociale tant du prolétariat que de la bourgeoisie, éduqués à l'éthique de la lutte : leur philosophie activiste prédisait l'affirmation dionysiaque de la vie comme énergie, volonté, esprit guerrier, conquête de valeurs, et considérait comme résultat et condition de la révolution sociale syndicaliste la création d'un « *homme nouveau*, moral et économique, un *homme qui devra refaire les destinées du monde* [26] ». Dans un autre esprit et avec d'autres intentions, Benedetto Croce critiquait la prolifération des programmes de renouveau tout en appelant au travail fait avec foi, avec sens moral et éthique et en portant un regard bienveillant sur la philosophie syndicaliste et la pédagogie de *Voce*. Et, dans cette recherche de l'homme nouveau, les derniers n'étaient pas les futuristes, qui voulaient une révolution artistique totale pour inventer l'homme de la modernité technique et industrielle.

LE HÉROS DE L'INTERVENTIONNISME

Comme il arrive toujours aux origines d'un mythe, désirs et aspirations formaient un piédestal : pour beaucoup d'intellectuels et d'hommes politiques en opposition au système dans lequel ils vivaient, Mussolini parut être l'homme qui pouvait être sur un piédestal et assumer la fonction de symbole : « Il résume le drame de toute notre génération, écrivait Carlo Carrà le 15 novembre 1914. Nous l'admirons au moins pour le courage qu'il montre[27]. » En octobre 1915, le syndicaliste national-révolutionnaire Filippo Corridoni saluait en Mussolini « notre chef spirituel ». Le mythe de Mussolini, tel que le recevaient ces intellectuels et hommes politiques, se trouva fixé dans une biographie « instantanée » de Torquato Nanni en 1915, la première qui lui fut consacrée : Mussolini est un « esprit d'acier, au service d'une volonté formidable », un « homme invulnérable », un marxiste « cultivé et convaincu », un *homo novus* du socialisme, le « cœur battant du parti », l'idole de la masse qui, « d'instinct, sentait incarnées en lui ses meilleures qualités : l'enthousiasme, la foi et le sacrifice[28] ». La masse socialiste n'avait pas compris la crise de Mussolini et l'avait abandonné, mais, pour Nanni, c'était une chance qu'« à cette heure historique [Mussolini] parlât non pas à un parti seulement, mais à la nation tout entière ». La biographie saisissait la figure de Mussolini au passage du mythe socialiste au mythe du *rénovateur national*. Tous les adversaires de Giolitti, le groupe de *Voce*, les « unitaires », les syndicalistes révolutionnaires, les futuristes étaient pour la guerre, dans laquelle ils voyaient une expérience nécessaire pour former une conscience nationale et éliminer le giolittisme. Aussi ce fut l'exultation quand leur *homme nouveau*, déjà entouré d'une aura mythique, abandonna le neutralisme pour l'interventionnisme : « Le Parti socialiste te chasse, l'Italie t'accueille », télégraphièrent avec emphase certains « vociens », tandis que dans les pages du *Popolo d'Italia* Di Staso l'encourageait : « Toi, Benito Mussolini [...], tu dois donner à l'Italie le peuple nouveau[29]. »

Bref, le virage mussolinien, qui pour les masses socialistes avait été une trahison révélant la vraie nature de l'homme qui se cachait derrière l'aura du mythe, était aux yeux des interventionnistes un geste fort, un acte de courage et de cohérence morale, qui confirmait le prestige du mythe mussolinien : Mussolini était le jeune chef d'un grand parti qui avait su renoncer au pouvoir, à la réussite, au consensus des masses pour suivre la voix de la conscience. Au début de 1915, *La Voce* exalta la « belle et héroïque figure de Mussolini », le donnant en modèle du renouveau moral des Italiens.

De la mosaïque des citations avec lesquelles on a cherché à recomposer le mythe de Mussolini avant le fascisme, il ressort clairement que, dans la structure du mythe mussolinien, les éléments *moraux* (la sincérité, la foi et le caractère) l'emportent sur les éléments proprement politiques. Pour les socialistes, comme pour les interventionnistes, le mythe mussolinien était, plus que le mythe d'un chef, celui d'une *personnalité morale*, à laquelle les uns et les autres attribuaient un autre élément : la culture. La culture qu'étalait Mussolini fut un facteur de poids dans la formation du mythe, compte tenu de son effet sur les milieux socialistes de province, en particulier sur des jeunes sensibles aux motifs du renouveau idéologique que Mussolini voulait introduire dans la tradition positiviste du socialisme italien. Ainsi que l'a observé

Carlo Rosselli, bien que dépourvu d'une «pensée solide et cohérente» et d'une «honnête préoccupation intellectuelle», Mussolini «sentit combien la vieille position socialiste ne comblait pas le besoin des jeunes et fit tout son possible pour la rafraîchir en faisant une large part à l'idéalisme, d'un côté, et au volontarisme pragmatiste et bergsonien de l'autre[30]». Ce type de culture fut un autre motif du lien entre le succès de Mussolini dans le socialisme et l'attrait qu'il exerça du côté des avant-gardes intellectuelles et artistiques, qui le tenaient pour un des leurs, pour un homme doué d'une culture moderne et surtout *vécue*, c'est-à-dire qui était partie intégrante de sa personnalité suivant le modèle idéalisé de ces avant-gardes. Ainsi que Carrà le rapporte dans ses mémoires[31], le nouveau journal de Mussolini devint un centre de rencontre pour les intellectuels d'avant-garde, qui par leur sympathie et leur collaboration accréditèrent le mythe mussolinien de l'homme nouveau qui n'était pas seulement un homme politique remarquable, mais aussi un paladin des lettres, des arts et de la philosophie, un tempérament qui condensait en lui les traits de l'homme moderne et participait au rythme de la modernité.

En tant que mythe d'une personnalité morale, d'un «homme de caractère», le mythe mussolinien du *rénovateur national* avait fort peu d'éléments en commun avec le *mythe du duce* ultérieur, qui ne fut que partiellement la conséquence des mythes précédents.

LE FASCISME
ET LA FABRIQUE DU CONSENSUS

Le mythe de Mussolini dans le fascisme fut le produit d'une situation historique, sociale et psychologique bouleversée en profondeur par la Première Guerre mondiale. Ce fut surtout un mythe de masse tandis que les mythes précédents, tant la version socialiste que la version radicale nationale, n'avaient touché que des milieux restreints, majoritairement intellectuels, sans jamais être soutenus par une organisation de propagande en fonction des masses. Le mythe fasciste s'appropria des mythes précédents en intégrant dans sa structure le mythe de l'*homme nouveau* et celui du *rénovateur national*. La mythologie fasciste, surtout sous le régime, exploita amplement ces mythes, traçant un parcours rectiligne et cohérent dans l'ascension de Mussolini — du chef socialiste au sauveur de la patrie, premier auteur de sa gloire et de sa grandeur future. De plus, le mythe fasciste fut essentiellement le *mythe du Chef*, un concentré des qualités humaines, morales et intellectuelles, les plus hautes, toutes fondues dans sa qualité fondamentale — celle d'interprète de la nation et son unique *duce* sur la voie d'une nouvelle grandeur impériale.

En tant que mythe de masse, le mythe de Mussolini fut le produit de toutes sortes de motivations; constitué d'éléments multiples, il fut reçu de milieux vastes et hétérogènes, et, par-delà même les frontières de l'Italie, trouva des échos dans d'autres partis du monde. D'où, comme l'ont observé De Felice et Goglia[32], l'impossibilité d'un discours unitaire sur le mythe fasciste de Mussolini, tandis que s'impose au moins une distinction «entre ses manifestations de masse et celles qui sont plus proprement fascistes». Cette distinction est utile non seulement pour déterminer les contours des divers visages du *mythe du duce*, mais aussi pour en suivre l'évolution et la transformation au fil de l'expérience fasciste, en prêtant attention aux éléments spontanés autant qu'aux éléments artificiels qui composèrent sa structure et en favorisèrent la diffusion. Les éléments artificiels, relevant de la propagande, agirent surtout dans les années du régime, mais la propagande travailla à élaborer toute une série d'images dont les projections trouvèrent souvent une correspondance dans une disponibilité spontanée à les recevoir, à les accepter et à en partager le contenu et les valeurs. Après la conquête du pouvoir, Mussolini et le fascisme utilisèrent le mythe du *duce* dans la politique du consensus, mais ils agirent dans la structure du mythe et en partagèrent les valeurs essentielles, parce que Mussolini et le fascisme appartenaient à la culture qui les avaient engendrés, et ils les acceptèrent en tant que composantes caractéristiques de la mentalité et de la pratique du fascisme. La «fabrique du consensus» opéra à l'intérieur de la logique du mythe, à un rythme accéléré, avec des techniques et des instruments efficaces et modernes, à travers des institutions toujours mieux organisées pour diffuser le mythe mussolinien en Italie et à l'étranger. Le secrétariat particulier du *duce*, recevant et satisfaisant les demandes d'aide individuelles, assurait la présence capillaire, directe et personnelle de Mussolini et avait pour effet de valoriser et de propager son mythe dans les masses. Mettre en relief l'importance de la «fabrique du consensus» ne doit pas cependant faire rejeter dans l'ombre l'autre aspect du mythe : le fait qu'il était le produit de courants spontanés de sympathie, d'admiration, de confiance, qui eurent même un caractère religieux jusqu'à atteindre le stade du délire et du fanatisme. Partant de ces considérations préliminaires, il peut être utile, pour une description générale et approximative du mythe du *duce*, d'introduire une distinction entre le mythe reçu par les masses, dans leur ensemble, aussi bien bourgeoises que prolétariennes, et le mythe des fascistes et de Mussolini lui-même. Pour les besoins de l'analyse, il convient alors de procéder par secteurs concentriques d'ampleur décroissante mais d'intensité croissante dans les convictions motivées et concrètement actives au point de déterminer la politique du fascisme et le comportement de ses protagonistes.

LE MUSSOLINISME DES GENS ORDINAIRES

Le mythe populaire du *duce* surgit après la conquête du pouvoir et en fut la conséquence. Les conditions qui en favorisèrent la naissance existaient avant et on peut en retrouver les traces dans les sentiments de la grande masse des Italiens non actifs politiquement et qui, après trois années de guerre et quatre de crise sociale et de guerre civile, vivaient dans un sentiment d'incertitude et d'insécurité, dans l'attente d'une intervention qui résoudrait la crise et panserait les plaies. Giustino Fortunato, vieux libéral antifasciste, décrivit en mai 1921 cet état d'esprit : «Tous ont le sentiment que l'Italie s'achemine vers la guerre civile [...], tous, cependant, invoquent, comme dans les périodes d'extrême danger, l'intervention providentielle d'un Homme, avec un H majuscule, qui sache enfin ramener l'ordre dans le pays[33].» Pour sa part, il ne croyait pas qu'existât un homme capable d'accomplir le miracle et il pensait que les «héros» de Carlyle avaient «cessé de longue date d'exister»; avec réalisme, il prévoyait que la «matrice rénovée du "dictateur"» effacerait «d'un trait, comme écrit sur l'eau, les cinquante dernières années de notre vie nationale, les plus humaines et les plus libres qu'eût jamais connues l'histoire millénaire de l'Italie». Les conseils et avertissements du vieux Méridional ne suffirent pas à dissiper l'illusion collective dans l'attente de l'Homme; et beaucoup eurent le sentiment qu'ils en avaient fini d'attendre quand Mussolini accéda au pouvoir.

Le mythe mussolinien se propagea sitôt après la «marche sur Rome». La majorité des Italiens qui applaudissaient Mussolini sur les places n'étaient pas fascistes, mais étaient fascinés par le nouveau président du Conseil — jeune, énergique, dynamique avec ses traits «napoléoniens» ou «césariens», doué de talents oratoires simples, efficaces et persuasifs. Mussolini lui-même veilla à favoriser la diffusion du mythe : il fut le premier président du Conseil qui, quelques mois seulement après avoir été appelé au pouvoir, sillonna le pays en long et en large, visitant des régions et des villes ignorées de ses prédécesseurs. De cette façon, il ne cessa d'établir un contact direct avec les petites gens, comme pour lui donner la sensation physique que le peuple était désormais plus proche du pouvoir et que celui-ci pouvait l'écouter et exaucer ses vœux à travers sa personne. Aux yeux des gens ordinaires, Mussolini apparaissait comme un chef de gouvernement qui avait un style nouveau, qui avait été porté au pouvoir par un mouvement révolutionnaire, mais prompt à imposer la discipline, y compris à son parti. Mussolini passait pour un révolutionnaire et un dictateur qui montrait des qualités d'administrateur : réalisme et sens de la mesure. Pour l'opinion publique bourgeoise, il était celui qui avait sauvé la patrie de l'anarchie, le chevalier qui avait occis le dragon rouge en Italie et avait sauvé l'Occident du bolchevisme. Dans les couches populaires qui n'avaient pas subi la violence fasciste, les manifestations de sympathie allaient vers le fils du peuple devenu chef de gouvernement sans changer ni cacher, bien au contraire, ses origines populaires, et de ce fait aussitôt entouré de la confiance et de l'espérance pour son œuvre de guérison des injustices et des plaies de l'existence. C'est précisément en observant ces courants de sympathie spontanés que Gobetti et Rosselli en arrivèrent à formuler des considérations pessimistes sur le caractère des Italiens et à voir dans le mythe de Mussolini un révélateur de leur immaturité, de leur incapacité à vivre de façon civile, libérale et autonome. En 1924, Ferruccio Parri observa qu'après la conquête du pouvoir les petites gens hissèrent Mussolini sur un «piédestal de confiance inconsciente, d'admiration ingénue et quasi physique, de stupeur extatique, et sur lequel une bonne partie du peuple italien voyait son *duce* dynamique s'agiter et improviser[34] ». Mussolini devint le prototype du nouvel homme politique produit par la société de masse après la crise de la politique traditionnelle, des parlementaires et des notables : dans la nouvelle politique de masse, des *self-made-men* émergeaient du néant par la force de la volonté, évoqués et soutenus par les foules, interprètes des aspirations collectives.

Analyser les mobiles de ces courants de sympathie, en cerner les composantes en fonction des couches sociales où ils se formèrent, en suivre l'onde de fréquence et d'intensité sur vingt ans est un travail difficile et exigerait, à titre préliminaire, des études et des recherches menées avec des instruments idoines afin de faire la part des éléments spontanés et de ceux suscités par la propagande. La documentation et les considérations offertes par certaines études récentes permettent toutefois de tenter certaines généralisations sur le mythe populaire du *duce*, qui fut, sans nul doute, le facteur le plus important de l'adhésion des Italiens au fascisme. Dans la grande masse des gens ordinaires, le mussolinisme l'emportait sur le fascisme au point de l'annuler. Ils se servirent du mythe du *duce* pour critiquer le régime et les hiérarques. Typique de cette attitude est le commentaire d'un informateur anonyme du PNF au cours de la visite de Mussolini à Naples en octobre 1931. On a là un concentré de mythologie fasciste et de mythologie populaire, d'autant plus significatif qu'il n'était pas destiné à la publicité :

> Le *duce* a parlé : cependant, il a surtout été dramatiquement expressif par ce qu'il n'a pu dire, mais que la foule en

délire, et donc en état de grâce, a «senti» et «deviné» à travers les contradictions des affres de Son masque romain, à savoir qu'il se prépare quelque chose de grand et de terrible pour l'Italie et le monde, et que Benito Mussolini en sera l'Artisan invaincu et invincible.

Parce que cette foule affamée, indisciplinée, anarchisante, qui n'a pas «senti» ni «compris» le fascisme prêché par des petits hommes subversifs et misérables qui se sont succédé au fil de cette première décennie, «sent» et «comprend» le *duce* à travers le don divin d'une fantaisie exubérante et d'une sensibilité comme aucune autre foule des cent villes d'Italie. Et c'est pourquoi hier il a décrété l'apothéose, entre la stupeur et la panique de S. E. Castelli [haut-commissaire pour la province de Naples] et de Natale Schiassi [secrétaire fédéral de Naples][35].

Les commentaires de ce genre deviennent plus denses au fil des ans, reflétant probablement une orientation largement plus diffuse dans l'opinion publique :

Le parti mussolinien, écrivait en juin 1939 un informateur de la Sécurité publique, représente l'authentique majorité en Italie et on peut bien dire que, pour autant que le Duce lui-même continue à parler de fascisme, l'Italien continue à ne comprendre sous cette dénomination que le seul «Mussolini». Pour l'écrasante majorité, un fascisme sans Mussolini est incompréhensible, alors qu'un Mussolini sans le fascisme pourrait à la limite se comprendre. Au demeurant, le destin du génie est d'asservir l'idée au point de lui substituer sa propre personnalité[36].

Pour donner encore un exemple, voici le commentaire d'un observateur de Rome, en août 1940, après avoir recueilli des critiques visant le régime et les hiérarques : «La ritournelle est toujours la même : on s'incline devant le génie du Duce, mais on ne laisse passer aucune occasion de se déchaîner contre les abus et les injustices des hiérarques, quels qu'ils soient et quels que soient leur charge.» À cet informateur de Rome, faisait écho un autre informateur de Milan :

> L'idée que Mussolini est isolé, que 99 % de ses proches collaborateurs sont indignes de leurs postes, que beaucoup d'hommes du Gouvernement s'adonnent à la spéculation est largement répandue [...]. La population serait prête à se serrer effectivement autour du Duce, avec davantage d'amour et de fidélité, si la même énergie que déploie Mussolini en politique extérieure servait aussi à préserver le peuple des vampires[37].

Que cette attitude des petites gens fût effectivement répandue, on en trouve confirmation en 1933, dans la réponse d'un antifasciste anonyme à un questionnaire de *Giustizia e Libertà* :

> Le «culte du *duce*» (exception faite des cas où, derrière l'hommage au chef, on veut cacher une critique du régime que l'on craint excessivement audacieuse) a encore une influence notable sur les esprits en préservant, malgré le démenti flagrant des faits, la foi dans l'infaillibilité de l'homme, si bien que l'on accepte toujours sans discuter l'idée de son infaillibilité[38].

LE JUSTICIER DU PEUPLE

Le mussolinisme des gens ordinaires fut un phénomène presque permanent au cours de l'expérience fasciste après la «marche sur Rome». Il connut indubitablement des oscillations et n'eut pas une extension homogène dans toutes les couches sociales. Après l'assassinat de Matteotti, le mythe de Mussolini fut fortement ébranlé et parut vaciller : « S'il existait un mythe, admit Mussolini en août 1924, celui-ci a été gravement ébréché[39]. » Mais, la crise surmontée et le pouvoir consolidé, le mythe reprit de l'altitude avec une propagande dont l'usage se fit toujours plus ample et perfectionné. L'élimination des oppositions, la disparition de toute alternative à brève échéance, la fascisation des nouvelles générations, la concentration de tous les instruments de communication de masse sur le mythe du *duce* contribuèrent à l'installer sur des bases assez larges, à consolider le piédestal que lui avait élevé de nombreux Italiens, confortés dans leur foi par les succès, réels ou apparents, que la politique de Mussolini remportait à l'intérieur comme à l'extérieur. Des événements tels que la *Conciliazione* [le traité de Latran], l'illusion que le régime fasciste avait remédié à des maux bien plus graves que la dictature, la conviction naïve que Mussolini savait toujours où aller et où guider le pays, un certain orgueil patriotique qui s'enflamma surtout à l'époque de la guerre d'Éthiopie, l'image d'un *duce* modéré et sage, sauveur de la paix à l'époque de Munich, sont quelques-uns des principaux facteurs qui permirent au mythe mussolinien de croître et de résister aux chocs que certaines initiatives de Mussolini, l'aggravation des conditions de vie pour des millions d'Italiens, la peur de la guerre et le discrédit des hiérarchies pouvaient infliger. Certes, dans certains secteurs de la société, ce mythe eut une influence mineure — ainsi dans ceux qui avaient connu un processus de sécularisation plus marqué ou ceux qui, surtout dans les milieux ouvriers ou paysans, avaient subi le terrorisme squadriste et demeuraient plus fortement attachés à la tradition socialiste et subversive. Dans ces couches, le mythe de Mussolini ne put ouvrir de brèche que plus tard, en opérant surtout sur les jeunes générations. Au niveau des couches populaires les plus humbles, sans aucune tradition laïque ou politique, et pas directement touchées par la violence du squadrisme et l'action répressive du régime, le mythe trouva de quoi se nourrir, plongeant ses racines dans une culture anthropologique fortement conditionnée par des sentiments religieux et puisant ses éléments dans la tradition chrétienne populaire. Typique de cet état d'esprit est la lettre d'une veuve de Catane, qui attendait la visite de Mussolini dans sa ville. Ce document, daté du 9 août 1937, mêle sentiments authentiques et rhétorique fasciste :

> *C'est le père que nous attendions, le Messie* qui vient visiter ses brebis, leur rendre la foi, et avec elle la parole qui fait les héroïsmes inespérés, les plus grands holocaustes.
> *Duce!* Ce mot magique fait frémir le cœur comme si le traversait une étincelle électrique, nous, les pauvres, oublions comme par enchantement nos misères et courons sur les places Vous admirer, magnanime dans Votre sourire paternel qui brille parmi les éclairs d'aigle [*sic*] qui caractérisent votre regard — regard d'homme destiné de fait à dominer les cœurs, de mille volontés à n'en faire qu'une seule, la Vôtre.
> Les hantises du besoin matériel nous arrachent cependant à l'extase et, comme vers un père, je me tourne vers Vous ! [...]
> Mon fils est un mousquetaire, ma fille, une jeune italienne. Moi, je Vous admire tout en restant dans l'ombre, telle la malheureuse qui, dans l'angle obscur du temple, vénère les saintes icônes rutilantes de pierres précieuses. L'aide que Vous me donnerez, *Duce* magnanime, décidera

de l'avenir de ma créature orpheline de père, et laissera un souvenir indélébile qui sera perpétué dans les générations présentes et futures[40].

Amplement entretenue par la mythologie fasciste à travers la propagande, la divinisation de Mussolini prenait les tons d'un fanatisme naïf chez les enfants et les jeunes formés par le fascisme au culte du *duce* comme principe et condition fondamentale de leur existence : « Je suis une jeune italienne, lit-on dans une lettre envoyée en 1936 à la famille de Mussolini, inscrite au parti dès ma première année d'école, c'est-à-dire depuis 1926, où j'ai appris à aimer le *duce* comme on pourrait aimer un Dieu[41]. » Dans une dissertation dont le sujet était « Pourquoi aimer le *duce* ? », un jeune fasciste répondit : « Parce qu'il a fait naître en nous l'orgueil d'être fils de l'Italie », parce qu'il a « rendu notre patrie grande et puissante » ; et il ajoutait qu'il était prêt à donner sa vie pour lui :

> Tu es notre père, c'est Toi qui nous apprend à vivre, Tu es l'étoile qui éclaire notre chemin. Tu nous apprends à travailler, à combattre, à mourir avec orgueil et satisfaction ; tant que tu vivras, nous n'aurons peur de rien. Tous devront se plier à Ta volonté. Tu ne t'es jamais trompé. Tu as toujours raison[42].

Ces expressions de dévotion juvénile naïve et délirante, dans un contexte déjà réellement *fasciste*, constituaient le point de rencontre et de passage du mussolinisme des petites gens au mussolinisme fasciste proprement dit, tel qu'il était conçu, reçu et sciemment élaboré dans le cadre d'une caractérisation toujours plus nette du fascisme comme religion laïque centrée sur le «culte du *duce*[43]». Si l'on voulait essayer de résumer en une seule image schématique les divers éléments du mussolinisme des petites gens, on pourrait décrire la figure d'une sorte de demi-dieu ou d'un mortel doué de pouvoirs extraordinaires, presque divins, mais physiquement aux côtés des masses, continuellement en contact avec elles, proche de leur âme et interprète de leurs aspirations ; un grand homme d'État qui méditait sur les destinées du monde et veillait sur le destin de l'Italie, qu'il voulait grande et puissante, mais en même temps veillait tel un père affectueux au sort de tous ses enfants ; un «homme providentiel» qui était l'intermédiaire des grâces divines pour le peuple tout entier, mais aussi promesse et garantie de sécurité et de bien-être dans les temps à venir. Le mythe populaire de Mussolini était reçu comme un mythe *protecteur :* misère, infortunes, pauvreté et malheurs attendaient de Mussolini une issue bénéfique. Le peuple, écrivit Corrado Alvaro, avait incarné dans le *duce* un ancien idéal de justice et était convaincu que, s'il en avait eu connaissance, le *duce* aurait réparé chaque injustice et redressé tous les torts[44]. Paradoxalement, plus l'aversion pour les hiérarques se répandait au sein des masses, plus le mythe du *duce* était exalté. Celui-ci demeura à l'abri des critiques, au moins jusqu'aux années tragiques de la guerre, parce qu'élevé dans une sphère qui semblait hors de portée des démentis de la réalité et qu'on voyait en lui l'ultime espérance d'un acte qui réparerait ou guérirait les maux, y compris ceux infligés par le fascisme lui-même.

MUSSOLINISME ET FASCISME

De la reconnaissance approximative des caractères du mythe de Mussolini tel qu'il était reçu par
les petites gens, il ressort clairement que, pour celles-
ci, le mythe du *duce* paraissait toujours moins caractérisé par la figure du *Chef du fascisme*, qui constituait
au contraire le noyau central du mussolinisme des
hiérarques et des partisans animés d'une foi fasciste
active. À la différence du précédent, ce mythe ne vit
pas le jour spontanément ni ne s'affirma rapidement
parmi les fascistes et ne fut pas non plus contemporain de la naissance et du développement du mouvement fasciste.

L'affirmation peut paraître paradoxale mais, en
réalité, dans le fascisme des origines Mussolini n'était
pas un mythe. Il n'était pas le *duce*. Pour la plupart
des fascistes, du moins jusqu'en 1921, le vrai *duce*
était D'Annunzio. Mussolini était un personnage connu
et admiré dans les milieux nationaux et révolutionnaires, comme un des protagonistes de l'interventionnisme. Par ses capacités politiques, il surpassait
indubitablement tous les autres représentants, anciens
et nouveaux, du fascisme. Mais son autorité de *duce*
était loin d'être universellement acceptée et reconnue, pas plus que n'existaient alors des liens de type
charismatique entre les fascistes et Mussolini. Dans
l'organisation des Faisceaux de combat, Mussolini
n'était qu'un membre du Bureau de la propagande et
de la Commission exécutive. Ses propositions étaient
débattues comme celles de n'importe quel autre diri-

geant, et pas toujours acceptées. Pour les fascistes les plus liés à lui par les expériences communes de l'époque socialiste, il était l'«ami» ou le «camarade Benito», le fondateur des Faisceaux, le directeur du journal qui constituait un point de référence pour le mouvement fasciste sans pour autant en être l'organe officiel, qui était *Il Fascio*.

Mussolini, dans ces années-là, était un personnage marquant, sans être encore doué d'un pouvoir charismatique propre à lui permettre d'empêcher, par exemple, la contestation ouverte de son rôle de *duce* par une bonne partie du fascisme squadriste quand il proposa le pacte de pacification avec les socialistes. Dans le courant de l'été 1921, sa position de *duce* se trouva gravement compromise par la révolte des *ras*. C'est seulement après le congrès fasciste de novembre 1921 que la figure de Mussolini émergea et s'imposa dans le tout nouveau parti fasciste en qualité de *duce du fascisme*, mais cela tint davantage à ses talents politiques qu'à ses dons charismatiques, dès lors qu'aucun des autres chefs du fascisme provincial ne pouvait sérieusement s'opposer à lui en caressant l'espoir réaliste de devenir *duce* et de maintenir l'unité du mouvement. La reconnaissance de son autorité en tant que chef du fascisme ne vient pas de ce qu'on lui aurait reconnu des pouvoirs charismatiques, mais au fait que lui seul pouvait empêcher la désagrégation du fascisme en fragments locaux voués à se faire écraser. Mais cette reconnaissance — pour employer la terminologie weberienne — de la *nécessité* de Mussolini pour l'existence du fascisme n'était que la première condition fondamentale, à laquelle vint s'en ajouter une autre : l'*enthousiasme* pour que s'instaure un rapport charismatique, non sans oppositions, cependant, même dans les premières années qui suivirent la « marche sur Rome ».

Après la conquête du pouvoir, le fascisme continua cependant d'opposer de fortes résistances à la prétention de Mussolini au rôle de *duce*, incontesté et obéi sans réserve par les hiérarques et les militants. Ce n'est pas par hasard que le mythe mussolinien fut exalté et utilisé par les normalisateurs, les partisans, les nationalistes et certains révisionnistes fascistes contre l'extrémisme squadriste, qui revendiquait le droit de déterminer le cours de la « révolution fasciste » jusqu'à la conquête totale du pouvoir. Le fascisme squadriste voulait imposer à Mussolini sa stratégie totalitaire afin de combattre les manœuvres transformistes et les tentatives de démobilisation du fascisme révolutionnaire. Il y eut même des fascistes révisionnistes qui, en 1923, proclamaient leur admiration pour Mussolini tout en refusant d'être considérés comme des *mussoliniens* parce qu'ils voulaient débattre des choix et des actions du nouveau président du Conseil[45]. En 1924, Camillo Pellizzi s'adressa à « l'honorable président Mussolini » pour lui rappeler que le « fascisme ne se résume pas à vous[46] ». À l'époque de l'affaire Matteotti, Curzio Suckert, porte-parole du squadrisme, lançait des menaces publiques à l'adresse de Mussolini, l'exhortant à obéir à la volonté du fascisme révolutionnaire[47]. Toutes les vicissitudes entre la « marche sur Rome » et la fin de 1924, dominées par la crise interne du fascisme, montrent clairement que le mythe du *duce* n'était pas encore dominant dans le fascisme et n'inspirait pas encore fidélité, dévotion et discipline aux hiérarques comme aux militants.

Toutefois, ce sont précisément les conflits entre les courants du parti, les heurts violents entre les *ras*, les rivalités d'ambitions et d'intérêts entre les petits et les grands hiérarques qui favorisèrent l'affirmation du mythe du *duce*, alors exalté, de façon spontanée ou instrumentale, comme l'unique point de référence solide. Dans l'affrontement des courants, tous finissaient par en appeler à Mussolini et à lui demander une réponse définitive pour voir ainsi leur position légitimée. Le mythe du *duce* fut le fruit de ces accrochages. Même sous le régime, le mussolinisme put tirer profit des rivalités politiques ou personnelles entre les hiérarques : le *duce* avait le rôle suprême de médiateur et de juge et représentait l'unique source de l'autorité. Le mythe du *duce*, écrivit un fasciste, après la fin du régime, devint un élément nécessaire à la cohésion entre les *petits chefs (ducetti)* qui ne pouvaient collaborer sinon en se soumettant tous ensemble au *duce* : « Leurs questions et leurs cas personnels ne pouvaient trouver de solution qu'à travers le mussolinisme et le *ducisme*[48]. »

Le système politique fasciste se développant, les statuts du parti et du régime devaient progressivement codifier la suprématie du *duce*. Dans le catéchisme fasciste de 1939, la formule était : « Le DUCE, Benito Mussolini, est le créateur du Fascisme, le rénovateur de la société civile, le Chef du peuple italien, le fondateur de l'Empire[49]. » Au cours de la systématisation juridique des institutions du régime fasciste, la figure du *duce* se transforma de politique en juridique dans la fonction de « Chef suprême, qui s'identifie désormais indissolublement avec l'État». L'assimilation du mythe du *duce* dans la structure juridique et institutionnelle même de l'État totalitaire fasciste, sous cette forme particulière du *césarisme totalitaire*, ainsi qu'on pourrait le définir, allait trouver son point d'orgue dans l'étendue et l'intensité des attributions et des prérogatives réservées au *duce*-Mussolini dans la pratique, dans la législation, dans la théorisation, dans la liturgie et la mythologie de l'État fasciste[50].

LA MYSTIQUE DU *DUCE*

Les contestations des premiers temps surmontées, le mythe du *duce* pénétra totalement la mentalité et la culture des fascistes, pour en devenir une composante organique et fondamentale. Outre les conditions déjà évoquées, de type politique et contingent, d'autres éléments, proprement idéologiques, devaient favoriser cette intégration en opérant dans la logique de la pensée mythique caractéristique du fascisme. Une des contributions les plus importantes vint, dans un premier temps, de la culture idéaliste gentilienne. Dans la théologie politique de Giovanni Gentile, Mussolini devint la personnification de l'idée fasciste qui, à travers son action, se réalisait et se développait dans le monde : le *duce* était un «héros, un esprit privilégié et providentiel, dans lequel la pensée s'est incarnée et vibre sans cesse au rythme puissant d'une vie jeune et en pleine ébullition[51]». En outre, en accentuant rapidement le caractère du fascisme comme religion laïque, le parti fasciste formalisa la transfi-

guration mythique de Mussolini dans la ritualisa-
tion du «culte du *duce*». Le fondateur en fut Augusto
Turati, secrétaire du PNF de 1926 à 1930, qui plaça
définitivement Mussolini dans l'empyrée mythique,
où le *duce* était adoré, vénéré et obéi par la masse
des fascistes : Mussolini était l'artisan de la «révolution nationale» de 1914, il était le créateur et le chef
du fascisme, l'interprète du peuple italien, le «seul
pilote qu'aucun équipage ne saurait remplacer[52]», le
duce «tout occupé à façonner la nouvelle créature italienne[53]» de son «esprit génial et puissant[54]». Il était
aussi «le plus beau, le plus fort, le meilleur des
enfants» de la Mère Italie, qu'il voulait grande et res-
pectée dans le monde[55].

À compter de 1926, la divinisation du mythe mussolinien n'eut aucune limite et devint un aspect important
du processus de fascisation des nouvelles générations, auxquelles Mussolini était présenté comme le
plus grand des grands hommes de tous les temps. Les
adolescents et les jeunes gens voyaient en lui un nouveau César, le héros d'une nouvelle époque de l'histoire, le créateur d'une nouvelle civilisation italique ;
ils apprenaient à «croire, à obéir et à combattre» au
nom du *duce*, auquel il fallait se donner totalement,
corps et âme, jusqu'au sacrifice de la vie. Dans le
Breviario dell'Avanguardista de 1928 : «Tu n'existes,
Avant-gardiste, que parce que lui, et lui seul, est,
devant toi, avec toi, et derrière toi[56].» En 1930, vit le
jour l'École de Mystique fasciste, où une brochette de
jeunes gens triés sur le volet s'abreuvait à la source
originaire de la religion fasciste, au mythe mussolinien : «La source, la seule, l'unique source de la mystique est en fait Mussolini, exclusivement Mussolini

[...]. Le fascisme, pour nous mystiques, est Mussolini, seulement, exclusivement Mussolini[57]. » En 1940,
l'École créa aussi des cours de mystique pour maîtres
d'école désireux de «vivifier leur foi dans les valeurs
spirituelles et dans les principes de la Révolution en
tirant du mythe mussolinien les directives d'action
pédagogique[58] ».

Les fascistes vivaient et théorisaient le fascisme
comme une forme de foi et une volonté de puissance
projetée dans l'avenir pour façonner la réalité. À ce
titre, le fascisme attribuait au mythe la fonction fondamentale d'alimenter la foi, de susciter la volonté
de puissance et de représenter le modèle de la réalité future. C'est bien pourquoi, dans la logique de la
pensée mythique fasciste et, au-delà, de l'utilisation
faite par la propagande, le mythe mussolinien acquer-
rait une fonction prédominante, devenant ainsi le
principal facteur pédagogique pour la formation des
nouvelles générations et l'éducation d'une classe dirigeante fasciste. Mussolini était le «prototype de l'Italien nouveau», le «modèle vivant et agissant de
l'individualité éthique et politique à laquelle nous
devons ressembler[59] ». Dans ces années-là, un spécialiste reconnu de Machiavel affirma que Mussolini éduquait les Italiens «d'un simple regard au fond des
yeux» et que les nouvelles générations aspiraient à
«prendre modèle sur l'exemple vivant du CHEF[60] ».
Dans les systématisations théoriques de l'idéologie
fasciste, la fonction du mythe mussolinien trouva une
dimension abstraite avec l'élaboration du concept de
Chef comme élément constitutif de la vision fasciste de
l'histoire et de l'État et du rapport entre les «grands

hommes» et les masses au sein de la communauté nationale.

À la suite de cette formalisation du mythe mussolinien, l'amplification de la «grandeur» de Mussolini, dans la représentation de son personnage, ne devait plus connaître aucune limite dans le temps ni dans l'espace. Le nombre des attributs conférés à Mussolini fut probablement supérieur à celui des attributs conférés aux autres «grands hommes» de tous les temps : il était la somme et la synthèse de tout type de «grandeur», il était «Alexandre le Grand et César, Socrate et Platon, Virgile et Lucrèce, Horace et Tacite, Kant et Nietzsche, Marx et Sorel, Machiavel et Napoléon, Garibaldi et le Soldat inconnu[61]» ; il était aussi de la lignée des prophètes, un nouveau Christ, un «envoyé de Dieu», un point de conjonction entre le divin et l'humain. Typique à cet égard était l'image dithyrambique décrite par un ancien anarchiste devenu préfet fasciste, commémorant en 1934 la «Mostra della rivoluzione fascista» [l'Exposition de la révolution fasciste de 1932] :

> Sa figure brille, monolithique, dans l'actualité, dans l'histoire, dans les projections de l'avenir, dominant des hommes et les choses, tel le prince des hommes d'État, le génie de la Lignée, le sauveur de l'Italie, comme un Romain, dans la réalité et dans le mythe, de la Rome impériale, comme la personnification et la synthèse de l'*idea-Populus*, comme un grand initié. [...] Il suivit dès le tout début la pratique du Héros [qui] part seul à la conquête de son monde, qui n'existe d'abord que dans les élaborations de son esprit. Le suivent, sans qu'il les y invite, le tout petit nombre de fidèles, le premier groupe d'interprètes, de combattants et de martyrs [...]. Le mythe du Héros est une projection de tous les mythes de la divinité [...]. [Musso-

lini] est le Héros total dans la lumière du soleil, le Génie
inspirateur et créateur, l'Animateur qui entraîne et
conquiert, Lui : la totalité massive du mythe et de la réalité.
[...]. Dans l'Exposition, il est tout [...]. La Révolution, c'est
Lui ; Lui, c'est la Révolution. Et l'Exposition palpite tout
entière de son immense présence, qui domine hommes et
choses, événements et documents, créations artistiques et
figurations symboliques, et pénètre, du souffle puissant du
Génie, l'âme des visiteurs, les remplit, les assujettit, les
transporte au loin et les élève dans le ciel de ses visions et
de ses hardiesses[62].

On comprend qu'une intelligence rationnelle et critique répugne à historiciser des phénomènes qui ont
eu de semblables manifestations. Elle dérogerait
cependant à sa fonction si, pour vaincre sa réticence,
elle se bornait à les ranger, en en atténuant ainsi la
gravité, au nombre des délires rhétoriques ou des
adulations courtisanes. Rechercher dans ces manifestations, qui furent la normalité du monde fasciste, la
limite entre l'exaltation verbale du fanatique possédé
par le mythe et l'adulation des encenseurs est probablement une entreprise difficile, mais n'en serait pas
moins utile pour entreprendre une étude de la simulation, de l'insincérité ou de la « double vérité » dans
les régimes totalitaires[63]. Mais, en tenant pour acquise
la diffusion du conformisme courtisan et de l'exaltation rhétorique, il faut reconnaître que la transformation de Mussolini en mythe était inhérente à la
logique du fascisme, à son intuition de l'homme et
des masses, à sa conception de la politique de masse
moderne, du rapport charismatique — surtout — qui
s'établit entre le *duce* et les troupes et d'où naît, outre
la propagande et la rhétorique, une participation

convaincue et consciente au mythe mussolinien, surtout de la part de la classe dirigeante fasciste.

UNE RAISON DE VIVRE

Les manifestations et attestations du mythe mussolinien étaient habituelles jusque dans les relations privées entre les hiérarques et le *duce*. Écrivant en 1923 à Mussolini, Giovanni Giuriati confiait son «intime conviction» qu'il était le «"Lévrier" prédit par Dante[64]». Quand Bottai fut démis de ses fonctions de ministre des Corporations, en juillet 1932, il écrivit à Mussolini, déclarant accepter sa décision d'un «esprit serein»: «M'assaillira seulement, cependant, la nostalgie du Chef, de sa présence, de son ordre. Je chercherai à la surmonter, en pensant que même dans ma vie privée, comme depuis tant d'années désormais, Mussolini agira comme une force incessante d'amélioration et de perfectionnement[65].»

Dans les rapports de force entre le *duce* et les hiérarques, et dans la compétition entre ceux-ci pour conquérir les clés de son cœur, les manifestations semblables étaient souvent dictées par des calculs d'ambition, d'intérêt, d'opportunité voire de peur. Toutefois, la publication d'écrits intimes, non destinés au *duce* ni au public, comme par exemple le journal de Bottai et les souvenirs de Tullio Cianetti, ou des souvenirs autobiographiques des hiérarques, rédigés après la chute du fascisme et l'effondrement du mythe mussolinien, permettent de voir comment ce mythe fut effectivement reçu et conçu par les fascistes les plus proches de Mussolini, au-delà de l'adulation, de l'ambiguïté du pouvoir et des rituels publics. Giuriati, par exemple, qui s'éloigna de Mussolini au début des années 1930, se livre dans ses souvenirs à une minutieuse analyse de la décadence du régime et de la crise du mythe mussolinien, mais confirme avoir cru que Mussolini était le *Veltro*, le Lévrier dantesque, «l'homme prédestiné à réunir à Rome, suivant l'idée de Dante, les deux symboles sacrés, la Croix et l'Aigle : à chasser, non seulement d'Italie mais de la face de la terre le désordre moral et civil, l'hérésie et la guerre[66]». Le même Bottai, qui consacra pourtant des pages entières de ses souvenirs, publiés après la fin de la Seconde Guerre mondiale, à disséquer la responsabilité du mussolinisme dans la crise du fascisme, observait en 1941, au moment de partir sur la zone de guerre sur ordre de Mussolini : «De mon chef, je n'ai pas eu, en partant, le salut d'homme à homme auquel aspirait mon âme de fidèle partisan. Mais fidèle, je lui suis [...] et je lui dédie ma mort, qu'avec celle de tant de soldats elle soit, par son esprit, grosse du renouveau moral de notre Italie[67].» Alors qu'il commençait à vaciller et à s'ébrécher, le mythe du *duce* suscitait encore des émotions de ce genre, preuve qu'il correspondait à des sentiments, à des convictions profondes et durables, au point d'être une raison de vivre :

> Une chose, qui depuis plus de vingt ans faisait battre mon cœur, notait Bottai en janvier 1941, s'arrête d'un coup : un Amour, une fidélité, un dévouement. Désormais, je suis seul, sans mon Chef [...]. Un chef est tout dans la vie d'un homme : origine et fin, cause et but, point de départ et ligne d'arrivée ; s'il tombe, se fait en soi une solitude atroce. Je voudrais tant le retrouver, le Chef, le replacer au

centre de mon univers, y remettre de l'ordre, dans mon univers, le réorganiser autour de lui. J'ai peur, j'ai peur de ne plus y arriver.

Désormais, je sais ce qu'est la peur : la disparition soudaine d'une raison de vivre[68].

On pourrait multiplier les témoignages de ce genre pour montrer la force de suggestion du mythe mussolinien sur les hommes mêmes qui contrôlaient l'appareil totalitaire et qui le connaissaient de prêt pour le côtoyer depuis des années, sans en ignorer les faiblesses, les mesquineries, le cynisme et la grossièreté dans la manipulation des hommes. Aussi longtemps que le mythe opéra, ces aspects de l'homme furent masqués par l'éclat de la «grandeur» attribuée à Mussolini. Celui-ci apparaissait comme une personnalité *démesurée* douée du flair du «génie», possédé d'un sens de l'histoire qui faisait de lui le protagoniste de son temps, investi d'une mission qui marquerait la destinée des Italiens, sinon, carrément, de l'humanité tout entière. Cette suggestion spontanée et sincère se nourrissait d'un état d'esprit commun à l'entourage direct de Mussolini, aux hommes activement impliqués dans l'entourage du fascisme. Pour la majeure partie des hiérarques qui avaient vécu l'expérience de la Première Guerre mondiale dans une mentalité tout à la fois nationaliste et révolutionnaire, Mussolini triomphateur parut réaliser les aspirations de grandeur et de renouveau de la génération de la Grande Guerre. Même ceux qui, dans les premières années, se méfiaient encore des ambiguïtés politiques de l'homme se rendirent devant le succès qui parut marquer son ascension après la conquête du pouvoir et la consolidation du régime. Le succès parut confirmer la «grandeur» de Mussolini, son «génie» et sa «mission».

Le destin de la première génération fasciste s'identifia au destin de Mussolini et fut enveloppé de la même aura mythique. Des hiérarques comme Bottai, Grandi et Balbo avaient le sentiment d'être redevable à Mussolini de les avoir arrachés à la perspective d'une existence anonyme de petits-bourgeois et propulsés dans le *temps de l'histoire*. De nombreux hiérarques étaient convaincus de participer avec Mussolini à une grande entreprise qui constituerait un modèle d'organisation étatique pour tout le monde occidental et marquerait une étape de la civilisation. Biographie et mythologie se fondaient et s'identifiaient, indirectement, dans la «grandeur» de Mussolini censée marquer son époque.

Typique est le cas de Tullio Cianetti, fils d'un métayer qui se hissa dans la hiérarchie des organisations syndicales jusqu'à devenir en mai 1943 ministre des Corporations. Dans ses souvenirs, Cianetti illustre de façon exemplaire le phénomène du charisme mussolinien, sa force de suggestion et les phases de sa crise progressive. Quand il fut nommé ministre, il avait déjà subi de profondes désillusions à l'égard de Mussolini, mais l'enthousiasme se réveilla parce qu'il avait le sentiment d'être désormais porté par le temps de l'histoire :

> Je suis un ministre de Mussolini, me disais-je, je suis à côté d'une grande figure de l'Histoire, d'un authentique créateur de l'Histoire. Je l'ai tant aimé, cet homme fascinant, et certainement je l'aime encore. En vingt ans, les

désillusions n'ont pas manqué, mais la vie n'est pas faite uniquement de fleurs et de parfums. Mussolini est peut-être la figure la plus déconcertante des condottieri qui soient : il parle comme un génie, mais glisse ensuite dans la puérilité la plus banale ; il part fermement et s'amuse avec les caprices d'un enfant gâté ; il prêche comme un grand initié et laisse perplexe en lâchant une formule cynique ; il s'astreint à un travail effroyable pour son peuple et affiche son mépris des hommes ; il invoque Dieu mais se complaît à énoncer des hérésies ; il n'en reste pas moins un grand homme auquel on offre volontiers la meilleure part de soi-même[69].

PRISONNIER DU MYTHE

Les hiérarques qui participaient activement aux mythes du fascisme et voyaient en Mussolini un mythe vivant et agissant commencèrent à perdre la foi et leur enthousiasme quand le *duce* lui-même commença, au contraire, à être possédé de son propre mythe, à se projeter comme mythe dans les images de la propagande, mais aussi dans sa propre conscience. Les mémorialistes fascistes s'accordent à dater la crise initiale du régime et du fascisme de la présence toujours plus envahissante et prévaricatrice du *duce*, et à faire coïncider les dernières années du régime avec le fléchissement du mythe mussolinien lié au refroidissement de la foi et de l'enthousiasme. Mussolini lui-même y contribua en s'isolant toujours plus dans la contemplation de sa propre personne, d'un « grand homme », qui agissait désormais au-delà de son temps, au-dessus des masses du commun des mortels pour fixer avec l'œil du « génie » le cours futur de l'histoire et deviner avec un « flair » infaillible son impénétrable cheminement. Il s'identifia à son propre mythe, pour faire de lui une abstraction[70] et, même physiquement, se donna des airs de surhomme dans la banalité du présent : les individus et les peuples en étaient réduits à admirer sa « grandeur » sans pouvoir percevoir la dimension de son impénétrable nature.

Le phénomène apparut clairement après la conquête de l'Éthiopie, qui donna à Mussolini la certitude absolue de son indéfectible « génie ». Tant dans les cérémonies publiques que dans ses relations personnelles avec les hiérarques, Mussolini se figea et s'isola, se statufia dans la pose du « génie » marqué par le destin : « Ce n'est pas l'homme que j'avais devant moi, mais la statue. Une statue de pierre, dure », nota Bottai en août 1936. Au cours des années 1930, le phénomène alla en s'accentuant pour tourner à l'infatuation mythique de soi-même en tant qu'acteur de l'histoire :

> Sur le sommet qu'il a atteint, est retourné le solitaire des temps d'épreuves. La chaleur de son imagination a enflammé l'exaltation psychique qui le possède et il s'est détaché des hommes avec, dans les yeux, une vision éblouissante de grandeur et, dans le cœur, une aspiration surhumaine toujours plus ardente. [...] Une seule chose, donc, est sûre et terrible : que sa conviction d'être infaillible est sincère. S'il s'agissait seulement d'une posture pour la galerie, il serait facile, malgré ses talents de polémiste, de discuter avec lui, mais lui, qui a voulu abolir toute discussion dans le parti comme au parlement et au gouvernement a conquis avec l'empire l'intime conviction de sa propre infaillibilité. Il est sûr de lui et de sa bonne étoile ; après cette preuve historique, les autres n'ont plus qu'à lui reconnaître le droit d'être infaillible en toutes circonstances, aujourd'hui et à jamais[71].

Le sens de la mesure, l'évaluation tactique des opportunités, la prudence calculée, qui étaient caractéristiques de son réalisme politique, s'amenuisèrent avec l'hyperplasie du culte de soi-même et la passion de la «grandeur» mythique et abstraite à laquelle il se sentait destiné. Mussolini, qui savait susciter les mythes, demeura prisonnier de son propre mythe et ne sut plus distinguer entre celui-là et la réalité. Le journal de Ciano est un document exceptionnel pour suivre les phases de cette hyperplasie mythologique progressive. Mussolini ne se sentait ni ne se présentait plus comme l'interprète des Italiens mais comme leur correcteur, qui devait les façonner suivant les modèles de son intuition de l'histoire, les transformant individuellement et collectivement en simples exécutants de ses projets de «grandeur». Quand, en pleine Seconde Guerre mondiale, la politique de Mussolini commença à accumuler les défaites, le *duce* accusa les Italiens de ne pas être un peuple digne de son Chef. Il répétait que les Italiens étaient un médiocre matériau pour réaliser ses «grands desseins»: «C'est la matière qui me manque. Michel-Ange lui-même avait besoin de marbre pour faire ses statues. S'il n'avait eu que de l'argile, il n'eût été qu'un céramiste[72].» Ainsi s'exprima Mussolini quelques jours après avoir décidé et proclamé l'intervention de l'Italie dans le conflit.

Au cours de la guerre, Mussolini devait afficher envers les Italiens un cynisme aussi mesquin qu'intimement cohérent avec son mythe et son idée du «grand homme», qu'il entendait personnifier jusque dans les conversations les plus banales et les situations les plus ordinaires. Loin d'être seulement le

fruit d'une déchéance sénile évidente, ce phénomène
était aussi le produit d'un mélange de résidus psychologiques, propres à son caractère, et de motivations
culturelles qui remontaient aux années de sa jeunesse
et s'étaient développées et consolidées dans les années
de pouvoir. Depuis l'époque où il n'était qu'un obs-
cur agitateur, au début du siècle, il était convaincu
d'être appelé à annoncer une époque nouvelle. Dans
la philosophie de Nietzsche, qui marqua sa mentalité
d'une empreinte indélébile, il trouva une confirmation en accord avec sa vision de la vie et de lui-même
comme un individu exceptionnel confronté à une
humanité grossière et médiocre qu'il pouvait mani-
puler avec un «profond mépris des hommes[73]». L'ambition de façonner le caractère d'un peuple à la
mesure de sa propre nature fut peut-être l'idée la
plus constante et profondément enracinée de Mussolini tout au long de sa vie politique et fut aussi le but
de l'ardente envie qui le possédait comme un «mal
physique : imprimer, par ma volonté, une marque dans
le temps, comme le lion avec ses griffes[74]». Dans les
années 1930, cette conviction mêlée au mythe de sa
propre personne prit des formes plus complexes dans
une vision du futur qu'il se croyait seul à posséder
parmi les chefs de son temps : dans son esprit comme
dans les quelques ébauches qu'il en formula, il s'agissait du mythe de la «nouvelle civilisation», dont il se
sentait le prophète et l'initiateur[75].

DE L'ISOLEMENT À LA CATASTROPHE

Dans cette dernière phase de son exaspération qui correspond au début de son déclin, à peine interrompu par quelques flambées d'enthousiasme jusque dans les années de Salò, le mythe de Mussolini s'était totalement emparé de l'homme. Ainsi qu'il ressort de maints témoignages de collaborateurs, mais aussi des images de ses ultimes apparitions en public, toujours plus rares, le Mussolini des dernières années du régime paraît auto-isolé dans son mythe. Il s'imagine tel un grand qui vit désormais dans le temps de l'Histoire, dans une époque dominée par sa figure césarienne, face à une crise dans laquelle se préparent et se déroulent des événements grands et tragiques destinés à changer le visage de l'humanité moyennant un choc décisif de civilisations, de continents et de races. Il «flaire» la crise historique mondiale et piaffe parce qu'il est convaincu d'être l'homme destiné à la dominer tout en étant assez réaliste pour voir l'infériorité de l'Italie qu'il attribue aux piètres qualités «héroïques» des Italiens. Durant la guerre, il est un mythe qui juge pour la postérité, déversant son mépris sur des individus, mais aussi sur le peuple. La tragédie de la Seconde Guerre mondiale est vécue par le *duce* comme un défi direct et personnel entre lui et les Italiens, les Anglais, les Français et les Allemands : le mythe-Mussolini décide de la vie et de la mort des peuples dans une polémique de chaque instant avec l'histoire réelle, annonçant pour chacun la sanction de son jugement et la condamnation de son

mépris surhumain. Le mythe personnifié fige l'homme
et le statufie dans une posture qui reflète la nature
intime du personnage désormais identifié à son propre
masque : « La pose, avait écrit de longues années auparavant Margheritta Sarfatti dans sa biographie du
duce, est la confession que fait un homme de la façon
dont il voudrait apparaître aux autres hommes[76]. »

Alors que son charisme se délitait et que vacillait la
confiance des petites gens, le Mussolini des dernières
années vécut exclusivement dans le mythe de sa propre
personne devant l'histoire. Non content d'être un
dictateur incapable d'agir face aux événements qui
dépassaient ses véritables dons politiques, il donnait
l'impression de jouer médiocrement le rôle du « grand »
devant des millions d'Italiens qui, par sa volonté,
vivaient une réalité tragique. Peut-être, au fond de lui,
se complaisait-il dans l'idée qu'il en était arrivé au
dernier acte du rôle que son imagination assignait au
« grand homme » : « Tous les hommes d'action vont
à la catastrophe comme à un terme nécessaire. Ils
vivent et concluent dans ce halo, pour eux ou pour les
autres[77]. »

CHAPITRE 7

Parti, État et duce
dans la mythologie
et l'organisation du fascisme

POUR UNE NOUVELLE ANALYSE
DU RÉGIME FASCISTE

Parti, État et *duce* furent les principaux piliers du système politique fasciste. Une analyse de ces trois éléments, considérés en référence au problème du mythe et de l'organisation dans le fascisme, nous paraît nécessaire pour comprendre la nature de ce mouvement-régime et définir sa place dans le champ de l'expérience de l'autoritarisme moderne. Jusqu'ici, les historiens ont généralement négligé cet aspect de l'expérience fasciste. La grande majorité des spécialistes du fascisme ont justement mis en relief les intérêts de classe et les jeux de pouvoir afin d'expliquer la genèse et la fonction du système politique fasciste. Les connaissances que nous avons acquises dans ce domaine nous permettent d'avoir une image assez claire des rapports entre le fascisme et les groupes dominants dans le monde économique, les institutions traditionnelles, les conditions sociales et les vicissitudes politiques qui préparèrent l'arrivée au pouvoir du fascisme, puis sa stabilisation. Les conditions

«objectives» dans lesquelles a mûri et s'est développée l'expérience fasciste sont désormais connues. En
revanche, il subsiste un territoire encore quasiment
inexploré : le monde des mythes et des organisations
du fascisme. En quelque sorte, nous connaissons les
relations du fascisme avec les situations objectives,
mais nous ne connaissons pas le fascisme pour ce
qu'il était en lui-même, en sorte qu'au lieu d'y voir
un phénomène doué d'une physionomie spécifique,
nous n'y voyons qu'une résultante de relations. Cela
tient à la sous-évaluation des caractères propres du
fascisme, comme mouvement et comme régime, mais
aussi à la mauvaise perception des relations entre
mythe et organisation dans la formation du système
politique fasciste. On a vu dans celui-ci un instrument de défense des intérêts de classe de la bourgeoisie, une construction hybride, qui ne fut pas
édifiée suivant une conception de la politique et des
masses, mais plutôt sous l'impulsion de situations
contingentes et d'initiatives occasionnelles, essentiellement dues à la volonté de pouvoir personnel de
Mussolini, ou encore le produit du mélange de ces
deux facteurs. Avançant dans cette perspective, les
chercheurs ont certainement fait de grands progrès
dans la connaissance du fascisme. Cependant, rester
sur cette seule voie ne saurait aujourd'hui conduire,
semble-t-il, qu'à trouver confirmation de ce qui est
déjà connu, et passe généralement pour acquis, sans
parvenir pour autant à une compréhension historique
satisfaisante du fascisme dans ses caractères spécifiques. L'analyse des intérêts de classe, des jeux de
pouvoir et de la politique personnelle de Mussolini est
fondamentale sans épuiser le sujet, et n'a pas encore

apporté une réponse générale aux nombreux problèmes que l'expérience fasciste continue de susciter.

Orienter la recherche dans d'autres directions requiert l'adoption de nouvelles perspectives. Cette possibilité se fonde, selon nous, sur une considération, qui tient précisément aux progrès des connaissances sur le fascisme accomplis dans les années 1960, à savoir que le fascisme a été un mouvement-régime doué d'une logique propre, qui ne saurait être entièrement identifiée et résolue dans la logique des intérêts de classes et de la politique de Mussolini, même si les deux s'entremêlent.

Le point de vue adopté dans cette analyse se fonde précisément sur cette prémisse : le fascisme fut un phénomène nouveau, né, comme d'autres mouvements politiques de l'histoire contemporaine, des conflits inhérents à une société de masse, qui recherche laborieusement des solutions au problème des masses et de l'État dans une époque de changements rapides. Le système politique fasciste fut un essai de solution inédit, élaboré et expérimenté dans les structures de la société bourgeoise, mais conçu et réalisé suivant une logique éminemment politique et, au sens propre, totalitaire. Dans l'élaboration et dans la mise en œuvre du système politique fasciste, mythe et organisation jouèrent un rôle fondamental, tout autant que les intérêts de classe et les jeux de pouvoir, mais furent plus décisifs encore que ces derniers pour ce qui est des caractères propres au fascisme et à la logique de son développement. Cette analyse repose sur nos études antérieures, dont elle reprend sous une forme concise les résultats, et suit la nouvelle perspective indiquée par celles-ci[1].

Le choix d'une perspective limite nécessairement le champ d'observation et met en relief certains aspects, plutôt que d'autres, sans pour autant établir dans l'abstrait un critère de priorité, et sans exclure l'utilité ni l'importance de l'étude des autres aspects. Sa validité à l'égard des perspectives jusque-là adoptées dépendra de sa capacité de susciter de nouvelles questions, d'ouvrir de nouveaux champs d'investigation, de mettre en lumière des aspects et des relations internes de la réalité fasciste ; autrement dit, de sa capacité à déboucher sur une meilleure conscience historique de la nature et du sens du fascisme.

Nos observations partent de certaines considérations générales sur le problème du mythe et de l'organisation dans le fascisme, et plus précisément du constat établi — dans un précédent chapitre — de deux faits importants :

1. Le fascisme est le premier «parti-milice» qui ait conquis le pouvoir dans une démocratie libérale européenne, dans le but déclaré de la détruire et qui, en tant que but explicite et pratiquement atteint, ait placé l'affirmation du «primat du politique» sur tous les autres aspects de la vie individuelle et collective à travers la résolution du «privé» dans le «public» pour organiser la société de façon totalitaire, la subordonnant et l'intégrant dans l'État, conçu et imposé comme valeur absolue et dominante.

2. Le fascisme a aussi été le premier mouvement politique du XXᵉ siècle qui ait porté au pouvoir la pensée mythique, la consacrant comme forme supérieure d'expression politique des masses et fondement moral de leur organisation.

MYTHE DE L'ORGANISATION
ET ORGANISATION DU MYTHE

Mythe et organisation furent les composantes essentielles et complémentaires de la politique de masse du fascisme et de son système politique. Pour les fascistes, ce n'étaient pas de simples instruments artificiels de technique politique, mais des catégories fondamentales pour interpréter les problèmes de la société moderne de masse et définir leur place dans cette réalité, agir en elle et la transformer. En jouant sur les mots, on peut dire que le fascisme eut le mythe de l'organisation et chercha à organiser un mythe dans la réalité, c'est-à-dire à le traduire en institutions et en formes de vie collective.

Dès les origines, le fascisme eut conscience de l'importance du mythe dans la politique de masse. Les fascistes avaient appris de Sorel et de Le Bon que le mythe était un puissant facteur de mobilisation des masses, mais aussi de leur cohésion. Pour devenir un «mouvement propulseur incoercible», lit-on dans le *Popolo d'Italia* du 5 juillet 1922, un parti politique doit avoir un mythe «pour lequel il paraisse suprêmement beau et nécessaire de vivre et de mourir»:

> Le mythe, la seule chose qui fasse bouger les grandes masses, est toujours la sublimation, la simplification d'un processus spirituel et moral laborieux et complexe, la synthèse supérieure de toute une conception nouvelle et plus ou moins organique de la vie et du monde; et il s'exprime toujours en un mot, en une devise, en un symbole [...] qui ont le mérite de se graver clairement dans les esprits et

d'exercer une certaine fascination sur les foules, incapables de méditation ou de réflexion, et prêtes à tous les élans, à tous les enthousiasmes[2].

L'idéologie «anti-idéologique» du fascisme fut essentiellement l'expression d'une pensée mythique, l'élaboration de mythes politiques déjà présents sous une forme embryonnaire au premier stade de la formation du «parti-milice», lui-même conçu comme une organisation fondée sur le mythe de la nation pour réaliser de nouveaux mythes de grandeur et de puissance représentés par la romanité, l'empire et l'État nouveau. L'élaboration consciente des mythes ne doit pas faire penser uniquement à l'œuvre d'experts et de stratèges qui manipulent froidement les masses et la propagande. La conscience du pouvoir mythique avait indubitablement un aspect instrumental, mais les fascistes eux-mêmes opéraient à l'intérieur de la logique des mythes qu'ils servaient aux masses. Leur conception même de la politique, comme expression de la volonté de puissance d'une minorité capable de modeler la réalité et l'homme, était prisonnière du mythe.

Les fascistes concevaient la politique «comme audace, comme essai et comme entreprise, comme expression d'une insatisfaction de la réalité, comme aventure et comme célébration du rite de l'action»; pour eux, la politique était «vie au sens plein, absolu et obsessionnel du mot». Dans la *Dottrina del fascismo*, manuel pour cours de préparation politique, la politique était définie comme «l'action créatrice libre et volontaire de groupes d'hommes particuliers qui agissent sous l'influence de mythes sociaux[3]». En juin 1942, un jeune fasciste manifestait encore en ces termes sa foi dans le «mythe de la politique»: «Nos possibilités futures sont illimitées, elles n'admettent d'autres bornes que celles que nous voudrons bien y mettre[4].» Sorti des nœuds du «mythe de la politique», Giuseppe Bottai confessait en 1944 en avoir été une victime consciente: «Nous fûmes entraînés à croire en nous, c'est-à-dire en notre volonté, ce qui nous fit imaginer que notre puissance créatrice était illimitée [...], nous nous conduisîmes comme si la politique était l'art de l'impossible, du merveilleux, du miraculeux[5]».

La conception mythique de la politique assigna pour fonction à celle-ci de réaliser des mythes politiques, c'est-à-dire, comme l'écrivit Camillo Pellizzi en 1924, de créer des «monuments historiques», de nouvelles formes d'organisation de la vie collective[6]. Le lien entre le mythe de la politique et la manie de l'organisation avait été indissolublement établi dès les premiers temps de la construction de l'État totalitaire, conçu lui aussi mythiquement comme instrument et but de la «révolution continue», création pérenne et jamais épuisable d'une «nouvelle civilisation politique». La pensée mythique donna une impulsion au développement de l'organisation totalitaire, chargée de faire pénétrer les mythes dans les masses et de transformer ces dernières sous la suggestion du mythe: le totalitarisme fasciste, écrivait le *Popolo d'Italia* du 25 novembre 1926, ne saurait admettre de zones neutres dans la vie italienne: «Fasciser les masses: tel est le vrai et grand problème[7].» La solution dépendait de la capacité d'exploiter la pensée mythique dans la « systématisation de la foi » à travers l'organisation :

> Quand nous parlons de l'« homme nouveau », il est clair que nous entendons parler de la Société nouvelle. La tâche la plus sérieuse et la plus vraie du fascisme est, précisément, de mûrir des liens sociaux, un *humus* politique et historique, où l'individu croisse et où se forment les nouvelles générations. Pour ce, il faut beaucoup de foi et fort peu de théorie ; il faut donc que la vie nationale soit dominée par des mythes [...]. Le langage même du Chef, la pratique politique même du régime se fondent sur des mythes ; plus que des programmes, il existe des tâches ; plus que des formules, des commandements ; plus que des philosophes, nous voulons des soldats [...]. Au demeurant, les mythes accompagnent toujours la formation d'une grande civilisation ; ils l'aident à se développer, la font triompher, comme force et comme idéal universel [...] ; systématiser la foi, la ramener à des tâches précises et à des objectifs déterminés est la seule façon de fonder les ordres nouveaux de la société[8].

« Systématiser la foi », organiser le mythe afin de le faire pénétrer dans l'esprit des masses, fut principalement l'œuvre du Parti national fasciste. Nous trouvons la continuité d'une logique entre les projets formulés au début du fascisme, et le bilan de l'œuvre accomplie par le parti fasciste en 1939 : réaliser dans les formes de la vie collective le mythe de l'État totalitaire, à travers l'expansion de l'organisation du PNF qui, à la fin de 1939, encadrait plus de vingt-et-un millions d'Italiens, hommes, femmes et enfants à partir de six ans :

> L'organisation du parti avec ses nombreuses ramifications constitue désormais un tissu nerveux d'une extrême

sensibilité, à travers lequel les directives imprimées par le DUCE à la vie de la nation se transmettent sans solution de continuité, sans déformations, sans ralentissements […]. La structure capillaire a été développée jusqu'à sa limite extrême […]. L'œuvre de cohésion et d'éducation, accomplie par le parti, a été poussée jusqu'à l'unité minimale à laquelle elle pouvait s'adresser, c'est-à-dire jusqu'au niveau individuel.

La création de l'homme, de l'Italien nouveau de Mussolini, capable de croire, d'obéir, de combattre a toujours été l'objectif auquel le parti s'est consacré de toutes ses forces[9].

S'il est facile d'ironiser sur les ambitions fascistes et d'exprimer des doutes fondés sur l'optimisme du bilan en ce qui concerne la réussite de l'expérience totalitaire, on ne peut sous-évaluer la pratique et le sens de sa mise en œuvre, non plus que la logique avec laquelle elle a été menée vingt années durant. Le lien entre le mythe et l'organisation dans le fascisme avait des racines dans une conception de la politique et des masses apparue longtemps avant le fascisme, à la suite de la naissance de la politique moderne de masse, avec la dévaluation de la raison en tant que régulatrice suprême de l'homme et de l'histoire, et la découverte de la puissance de l'irrationnel dans les mouvements collectifs. Le Bon, Sorel et Michels avaient déjà reconnu dans le mythe les instruments fondamentaux de la politique de masse, nécessaires pour susciter l'énergie des masses et la transformer en une arme politique ordonnée et efficace. Dès avant la guerre mondiale, le mouvement nationaliste et le syndicalisme révolutionnaire avaient adopté et mis en pratique cette conception, exaltant la fonction du mythe et de l'organisation pour une politique de masse définie comme «volonté de réalisation et de puissance». Le fascisme intégra cette conception aux mythes nés de l'expérience de la guerre et du squadrisme, donnant progressivement forme à une nouvelle idéologie «anti-idéologique» caractérisée, dès ses premières formulations, par une orientation totalitaire.

Dès les origines, on l'a vu, le fascisme, en tant que mouvement politique de masse, a pris le caractère d'un *parti-milice*, organisant ses adhérents dans le squadrisme, avec une hiérarchie et une discipline militaire, et transférant dans la lutte politique l'antithèse «ami-ennemi», les méthodes et les attitudes propres à l'état de guerre. Le parti fasciste introduisit la *militarisation de la politique* dans ses formes d'organisation et de lutte, puis dans les formes de vie collective des Italiens ; dans ses rites et ses symboles, il prit dès le début le caractère d'une «milice civile» au service de la «religion de la nation», intolérante et intégriste. Ce caractère originaire, que le PNF hérita du squadrisme, détermina aussi de manière décisive les modalités d'organisation du futur État fasciste. La militarisation du parti, définitivement formalisée en 1922 avant la conquête du pouvoir, fut le premier pas vers la pratique totalitaire de l'organisation, que le fascisme aurait cherché à étendre et à appliquer à tous les aspects de la vie sociale.

L'objectif du fascisme, ainsi que cela devait se préciser au cours de son histoire, avant et après la conquête du pouvoir, était une révolution politique qui, tout en laissant intacts les piliers fondamentaux de la société bourgeoise, aurait transformé l'architecture et les fonctions de l'État unitaire pour édifier

un État nouveau. Tel fut après 1922 le mythe dominant du fascisme : l'État nouveau imaginé suivant les
lignes d'un projet inédit de domination politique
absolue par une « aristocratie du commandement »
capable de transformer, à travers l'action du mythe et
de l'organisation, le caractère des Italiens et de créer
une « nouvelle civilisation politique » dans laquelle
eût été résolu le problème des masses et de l'État
avec l'intégration de la société dans l'État au moyen
du parti unique totalitaire. Après la conquête du
pouvoir, le fascisme continua à élaborer le mythe de
l'État nouveau et chercha à le réaliser par un expérimentalisme institutionnel, qui utilisa les structures
du régime précédent en les adaptant à ses fins totalitaires, en les flanquant continuellement de nouvelles
institutions et en modifiant radicalement quelques-
unes de celles qui étaient déjà en place. Le processus
de construction de l'État fasciste ne suivit pas un
cours linéaire et organique systématique, mais témoi-
gna d'une cohérence fondamentale dans sa tendance
à rendre toujours plus efficace la politisation, en un
sens fasciste, de tous les aspects de la vie individuelle
et collective. La politique de masse du fascisme avait
un aspect à dominante pédagogique, voué à la socialisation fasciste des mentalités, des idées et des comportements des Italiens pour créer une *communauté*
cimentée par une foi politique et organisée en une
hiérarchie de fonctions et de compétences.

L'embryon totalitaire du parti-milice se développa
après la conquête du pouvoir, avec une action simul-
tanée de destruction du régime libéral et de construction du régime fasciste. Les historiens s'accordent
généralement à reconnaître que la construction du

régime fasciste commença de manière décisive en 1925 et se poursuivit progressivement jusqu'aux années de la Seconde Guerre mondiale. Les bases juridiques du régime fasciste furent posées avec la législation autoritaire approuvée entre 1925 et 1929, créant une solution de continuité dans l'ordre italien tel qu'il s'était développé avec le régime libéral.

Le moment de la fracture — ou les moments de fractures — continue de susciter des débats parmi les spécialistes, mais peu nient désormais que le régime fasciste fut une réalité qualitativement différente du régime précédent, même s'il en conserva maintes structures pour les infléchir dans un sens autoritaire et répressif. Au début des années 1930, les caractères essentiels du système politique fasciste étaient définis et consolidés : un « régime fermé », irréversible, fondé sur une conception hiérarchique du pouvoir qui émane du sommet, avec l'élimination substantielle de la séparation des pouvoirs et l'exaltation du primat du pouvoir exécutif, exercé formellement au nom du Roi, mais de fait concentré entre les mains du « chef du gouvernement et du *duce* du fascisme » ainsi que définitivement soustrait au contrôle du parlement. Avec ses statuts de 1926 introduisant le système de nomination par le sommet de la hiérarchie et donnant pour mission au Grand Conseil d'adresser des directives au parti fasciste, consacrant ainsi la figure du *duce* comme « guide suprême », le parti fut subordonné à l'État, mais conserva une position centrale et acquit un rôle et une fonction prédominante par rapport aux autres institutions et organisations du régime. Extérieurement, celui-ci se présentait comme une structure monolithique et totalitaire, coiffée par la figure charismatique du *duce*. Derrière la façade, évoluaient des forces diverses, liées par le compromis que le fascisme avait passé avec les forces traditionnelles et que Mussolini gérait avec son art consommé de la médiation et son charisme. Les institutions traditionnelles, telles que la monarchie, l'armée, la justice et l'administration, ne furent pas «fascisées» au sens où l'entendaient les fascistes intransigeants, mais s'adaptèrent au nouveau régime, qui conserva un monopole incontesté du pouvoir politique. Dans la société, l'Église représentait le principal obstacle aux ambitions totalitaires du fascisme. Sur la base de ces faits, certains chercheurs ont soutenu que le fascisme ne fut pas un système totalitaire, mais uniquement une dictature personnelle ou un régime autoritaire de type traditionnel, bien que pourvu de certaines structures modernes de contrôle et de mobilisation de masse. Selon ce point de vue, de surcroît, il faudrait qualifier le régime fasciste de mussolinien, plutôt que de fasciste. En conséquence de quoi, les éléments propres au totalitarisme fasciste, tels que nous les avons indiqués, seraient réduits à des faits marginaux, sinon carrément négligeables, pour la compréhension du système politique fasciste. Cette appréciation laisse quantité de problèmes en suspens en ce qui concerne la politique de masse du fascisme, ses formes d'organisation ou de mobilisation et ses objectifs. Dans cette perspective, même le rôle du parti fasciste est réduit à la fonction d'une machine de propagande et de cérémonies, sans pouvoir réel, et entièrement soumise à la volonté de Mussolini. Pour nous, la principale limite de ce type d'interprétation vient de ce qu'elle voit dans le fascisme un phénomène statique, comme si les années 1920 et 1930 n'avaient pas vu se produire des changements importants dans la vie du régime fasciste et son évolution ; enfin, elle ne tient pas compte non plus de la logique qui accompagna l'expérience fasciste, même si ce fut à travers des contradictions et des improvisations qui, assurément, ne devaient pas manquer dans la dynamique du fascisme.

FASCISME AUTORITAIRE
ET FASCISME TOTALITAIRE

Pour comprendre la réalité du régime fasciste, il faut considérer qu'il s'agit d'une réalité composite, toujours en mouvement, sous l'action de facteurs objectifs et subjectifs. Une distinction entre ces facteurs s'impose pour discriminer, dans le système politique fasciste, les innovations et les organisations qui furent adoptées pour faire face aux problèmes que tous les États capitalistes modernes, quels qu'ils fussent, durent affronter dans l'entre-deux-guerres et les innovations et organisations qui répondaient au contraire à la dynamique propre du fascisme et s'accordaient avec sa conception de la politique et des masses. Un autre fait à considérer est la présence dans le régime fasciste d'une tension constante, même si elle ne déboucha jamais sur un conflit déclaré, sinon aux débuts du gouvernement fasciste et dans les mois qui précédèrent la chute de Mussolini, entre le fascisme *autoritaire* et le fascisme *totalitaire*.

Ces deux composantes s'accordaient dans le diagnostic de la crise de transition de la société traditionnelle à la société de masse, mais aussi dans le refus de la démocratie libérale. Par ailleurs, toutes deux acceptaient comme solution moderne au problème des masses et de l'État le «régime fermé» construit par Alfredo Rocco. Mais tandis que le fascisme autoritaire considérait le système réalisé entre 1925 et 1929 comme un stade définitif, foncièrement achevé, pour le fascisme totalitaire il ne s'agissait que d'une première étape vers la construction d'un État intégralement fasciste, d'un stade qui correspondait à la «phase de compromis» de la révolution, quand la nécessité de «durer» avait donné un coup d'arrêt aux ambitions du fascisme intégriste, mais qu'il fallait surmonter afin d'avancer vers la réalisation du mythe totalitaire. Une fois le pouvoir consolidé, le chemin de la «révolution fasciste» devait passer à la phase des transformations radicales, à la fascisation effective de la société. Le fascisme totalitaire réclamait de nouvelles expérimentations politico-institutionnelles afin de réaliser de façon plus efficace et capillaire l'intégration des masses au sein de l'État et pour créer l'«État nouveau» dont le «régime fermé» des années 1920 n'était qu'une ossature rudimentaire qui laissait encore au-dehors trop de zones non fascistes ou a-fascistes. Dans les années 1930, semble-t-il, le fascisme totalitaire trouva un nouvel élan, surtout sur l'initiative du Parti fasciste, et avança dans trois directions: vers la définition idéologique de l'État totalitaire, vers l'élargissement systématique des formes d'organisation et de mobilisation des masses, sous la houlette du PNF, avec un travail capillaire de formation au sens fasciste, et enfin vers la radicalisation du processus de concentration du pouvoir dans le fascisme, à travers une expansion croissante de la présence du parti dans la société et dans l'État, avec une nouvelle série de réformes qui changèrent en profondeur l'ancienne organisation du royaume.

Une chose saute aux yeux de qui observe aujourd'hui la réalité du fascisme dans la seconde moitié des années 1930 : après le succès de la conquête de l'Éthiopie, on assista à une accélération consciente et programmée du processus de « totalitarisation » de la société et de l'État. Dans le volume de sa biographie de Mussolini consacré aux années 1936-1940, Renzo De Felice a largement reconstitué les étapes de ce processus après 1936 : suppression de la Chambre des députés et constitution de la Chambre des faisceaux et des corporations, institution du grade de Premier maréchal d'empire, législation raciale et antisémite, institution du ministère de la Culture populaire, Carte scolaire, polémique antibourgeoise et relance du populisme syndical, offensive contre l'Église [10].

Il faut en outre considérer que dans cette période, sous la direction de Starace, le PNF accrut sa présence active dans la société, multiplia le nombre de ses institutions et de ses missions. En 1937, avec la création de la Gioventù Italiana Littorio (GIL), le parti s'assura le monopole de la formation des nouvelles générations, de l'enfance à la maturité. De plus, à travers des formes de rituels de masse toujours plus méticuleuses, le PNF chercha à intensifier la fascisation des coutumes et du comportement, en public et en privé, assumant de façon toujours plus intransigeante et formaliste la fonction d'institution gardienne de la « foi ».

Du point de vue institutionnel, le fait le plus significatif, dans la phase d'accélération totalitaire, fut la création de la Chambre des Faisceaux et des Corporations approuvée par le Grand Conseil le 14 mars 1938, alors qu'il fut également décidé d'«achever la réforme constitutionnelle avec la modernisation de la Charte du Royaume». Un autre fait significatif fut la décision, en 1937, de donner au secrétaire du PNF les fonctions de ministre-secrétaire d'État. Par ses statuts de 1938, le PNF devint formellement le «parti unique» tandis qu'il se vit pour la première fois officiellement attribuer des missions spécifiques : défendre et renforcer la révolution fasciste, mais aussi assurer l'éducation politique des Italiens. En 1941, d'autres dispositions proposées par le secrétaire de l'époque Adelchi Serena, bon connaisseur de la machine du parti et résolu, si bref que dût être son mandat, à lui imposer un nouveau dynamisme contribuèrent à renforcer la position du parti dans l'État. Par exemple, le décret royal du 27 juin 1941, no 600, sur les attributions du secrétaire du PNF, ouvrit à ce dernier la possibilité de proposer des dispositions normatives en ce qui concernait le Parti et ses organisations affiliées, et consacra le principe suivant lequel «toutes les dispositions législatives, d'où qu'elles viennent, et qui par leur portée politique, sociale et économique, concernent le parti lui-même doivent être proposées en accord avec le secrétaire du PNF».

Toutefois, même dans cette phase d'accélération totalitaire, le parti resta formellement subordonné à l'«État fasciste», distinguant ainsi nettement le totalitarisme fasciste de sa version nazie ou communiste. En fait, malgré la voie suivie par ces deux expériences qui étaient allées beaucoup plus loin dans le processus de totalitarisation, le fascisme ne devait jamais consacrer formellement la supériorité du parti sur l'État ni, à l'exemple du nazisme, voir dans l'État un instrument du parti pour réaliser son propre mythe révolutionnaire. Le fascisme, au contraire, n'abandonna jamais le mythe de l'État totalitaire en tant que principe dominant et inspirateur de son action. Quand les fascistes, surtout vers la fin des années 1930, intensifièrent leur polémique sur le rôle du parti dans l'État et sollicitèrent une grande initiative autonome du PNF, ils ne remirent pas en question la primauté mythique de l'État nouveau. Ainsi put cependant se glisser une contradiction flagrante, que la presse proche du parti et la ferveur totalitaire des nouvelles générations s'employèrent à souligner, entre le mythe de l'État nouveau et la réalité de l'État en place, qui conservait, dans les institutions et dans les valeurs qui le légitimaient, le caractère de l'État traditionnel « au-dessus des partis » et n'était pas encore devenu l'État fasciste. Juristes, idéologues et hommes d'appareil rouvrirent la question de la place du parti dans l'État, et de la fonction du PNF dans la réalisation intégrale de l'État fasciste. S'insérant progressivement dans les structures de l'État existant, le PNF avait contribué à le transformer en un sens fasciste, mais le résultat n'était pas encore totalitaire. Pour cette raison, les fascistes totalitaires, dont faisaient partie, outre les vieux fascistes intransigeants et intégristes, les jeunes générations, ne se sentaient aucune obligation de conserver l'État existant, dans lequel ils voyaient une construction, hybride d'ancien et de nouveau, excessivement limitée et conditionnée par la survivance de nombreux «îlots de séparation» encore rebelles à la fascisation.

Si l'on considère de ce point de vue le rapport entre le parti et l'État, on peut dire que, par-delà la subordination formelle du premier au second, il y eut, de la part du PNF fasciste, un travail anti-étatique constant, quoique discret, destiné à contrer le pouvoir effectif de l'État traditionnel. L'anti-étatisme fasciste était porteur d'une charge subversive, que le PNF, surtout à l'époque de Starace et sous le bref mandat de Serena, chercha à alimenter tout en évitant de provoquer des réactions soupçonneuses et les sanctions du *duce*, qui se considérait comme le garant de l'intégrité de l'État «au-dessus du parti». L'accélération totalitaire des années 1930 devait précisément réveiller l'anti-étatisme du fascisme totalitaire, sans que cet anti-étatisme impliquât de renoncer au mythe de l'État nouveau. Dans les nouvelles générations, on observait de nombreux signes d'insatisfaction et d'inquiétude envers le caractère statique du compromis avec l'État en place, tandis qu'on appelait le PNF à l'action révolutionnaire:

> En parlant de la fonction du parti dans l'État fasciste, [nous n'oublions pas] que celui-ci n'est pas encore une construction achevée: les Corporations n'ont pas encore fait leur temps, il y a une réforme de l'école en cours, une réforme des codes presque terminée, mais conduite tièdement par certaines institutions (cf. la famille), le Statut Albertino de 48 est toujours en vigueur et la Charte du Travail est tout juste entrée dans les Codes. Le Parti a donc encore du chemin à faire pour réaliser son État, afin de s'endormir sur ses bras, repu de satisfaction bureaucratique, comme le voudraient les bureaucrates de la révolution[11].

Nombreux étaient les fascistes qui, toujours plus explicitement et ouvertement, évoquaient la période «héroïque» du squadrisme comme le moment de l'«état naissant» du parti révolutionnaire, trop précocement contraint, après la conquête du pouvoir, à vivre dans les liens d'un compromis conservateur, et rappelaient que l'élan de la transformation de l'État était venu du parti. Bref,

> l'unique dépositaire de l'idée révolutionnaire, ce qui alimente tous les autres organismes et institutions de la nation, dont les vertus et le contenu révolutionnaire n'ont qu'une seule source et, ce qui compte davantage, un seul juge, en dehors naturellement du mythe vivant de la Révolution, c'est le parti [...]. L'État fasciste a été créé par la Révolution, c'est-à-dire par le parti qui, de cette révolution, est le dépositaire et l'interprète, et, à ce titre, le seul unique et vrai moteur de l'État[12].

L'intensité de ces signaux est telle qu'elle interdit de s'en tenir aux apparences, c'est-à-dire de n'y voir qu'une forme de rhétorique politique qui fleurit sur une réalité décadente. Par les caractéristiques typiques d'une information totalitaire, précisément, ces signaux sont des témoins de la situation, des soupiraux qui permettent de voir les tensions et les orientations qui travaillent la réalité fasciste, au moment où l'«autoritarisme» et le «totalitarisme», l'«anti-étatisme» et le «mythe de l'État nouveau» entrent dans une phase de confrontation directe avec l'hypothèse d'un avenir du fascisme sans Mussolini, qui représentait la dramatique inconnue dans l'«été de la Saint-Martin» du fascisme au pouvoir. Et c'est dans cette situation que trouvent un sens particulier — fût-ce, pour reprendre

les mots de Marc Bloch, comme de vains discours qui
éclairent une réalité profonde — les affirmations
contenues dans une publication officielle du PNF
pour les vingt ans du fascisme au pouvoir : le PNF a
une « mission plus ample et non passagère, qui est de
faire vivre sans solution de continuité l'idée du mouvement révolutionnaire dans l'État, garantissant au
fil du temps, non seulement la vitalité du mouvement,
mais aussi l'adhésion pleine, entière et agissante de
l'État à ses postulats » ; « idéalement, aussi bien qu'institutionnellement, il est donc impossible de penser
l'État sans le parti et impossible de penser qu'à un
moment donné la fonction du parti puisse s'amenui-
ser ». L'avertissement s'adressait à tous ceux qui pensaient à une transformation du régime avec un retour
à l'autoritarisme traditionnel, sans un parti unique
avec des fonctions totalitaires. À ces fascistes, le parti
rappelait que,

> en un sens purement politique, il [était] sans doute supé-
> rieur à l'État [parce que] porteur de cet ensemble de valeurs
> politiques qui donnent vie et substance à l'État, en lui
> imprimant une orientation déterminée […]. Le parti, poli-
> tiquement, se situe donc à l'origine de l'État [tandis que],
> en un sens strictement juridique, l'État assume le contenu
> politique du parti, le fait entrer dans sa structure formelle
> et, à ce titre, le parti acquiert une existence constitution-
> nelle, avec la plénitude de ses moyens et de ses effets, dans
> la mesure où il est dans l'État [13].

Ainsi était réaffirmé, au fond, le primat de la pensée mythique dans l'activisme fasciste, élan authentique, et qui ne devait jamais retomber, vers l'action
politique entendue comme création de « monuments

historiques» et accomplissement des mythes. Ainsi que l'avait écrit Pellizzi en 1925, les fascistes voyaient dans l'État l'«instrument social de réalisation d'un mythe» pour lequel l'État fasciste n'était pas une «réalité fixe, mais un processus en cours». Le primat de l'État, dominant tout l'univers idéologique et organisationnel du système politique fasciste, se fondait exclusivement sur une vision mythique de l'État:

> Le fascisme authentique a une divine répugnance à se cristalliser en un État. La mentalité bourgeoise s'accroche à cette expression fréquente, que nous utilisons nous-mêmes, d'«État éthique». Et ils imaginent que, quand nous aurons vu de quoi il s'agit, nous saurons aussi à quoi nous en tenir, nous saurons comment insérer notre personnalité et nos intérêts. Mais ils se trompent. L'État fasciste est, plus qu'un *état*, une *dynamo*. L'État fixe et déterminé est un besoin des aristocraties sur le déclin, ou des masses anonymes; le fascisme, au contraire, est une aristocratie qui doit s'affirmer et qui, par sa nature, *ne peut se refermer* sur elle-même [...]. Par le truchement d'un peuple et d'un pays donnés, l'univers est le champ d'action de cet *État-dynamo* dans lequel le fascisme se constitue. L'univers est l'horizon de cet *optimisme tragique et actif*, un composé de concrétude, de foi, de passions et de bataille; une disposition de l'esprit et de la volonté qui nous semble, à la bonne heure, typiquement italien[14].

Illustration emblématique de la continuité d'une attitude mentale qui ne s'est pas modifiée ni corrigée à l'épreuve de l'expérience, mais a au contraire conservé intacte sa foi dans la pensée mythique, le même Pellizzi, en 1941, admonestera les fascistes en les appelant à la réalisation perpétuelle du mythe:

> À nous autres, fascistes, il n'est pas permis de penser que ce processus de «fascisation de l'État» puisse jamais

trouver sa pleine réalisation. [...] Non seulement le parti fasciste ne devra jamais s'imaginer avoir définitivement fascisé l'État, mais, pour commencer, il ne devra jamais présupposer qu'il s'est complètement fascisé[15].

LA FASCISATION DES MASSES

Le problème de la fascisation totalitaire nous ramène au lien entre mythe et organisation dans la politique de masse du fascisme et dans son système politique. Le problème des masses était, pour le fascisme, le banc d'essai de sa capacité révolutionnaire de construire une nouvelle civilisation politique, qui devait être une civilisation de masses organisées et intégrées dans l'État. Le fascisme, écrivait le 15 août 1933 Agostino Nasti dans les pages de *Critica fascista*, «est l'organisation politique des grandes masses modernes». Son affirmation exprimait un but et un idéal plutôt qu'une réalité, mais résumait l'intention plus intime de la politique et de la mythologie fasciste. L'éducation des masses comme éducation «intégrale et totalitaire», avait affirmé le *Popolo d'Italia* le 15 décembre 1929, est le «problème central: il ne fait qu'un avec le problème politique du fascisme[16]». L'organisation des masses devint le principal objectif de la politique fasciste, poursuivi avec un acharnement maniaque, qui amena le fascisme à s'approprier les organisations sociales existantes, à en créer de nouvelles, à multiplier en extension et en intensité les structures dans lesquelles canaliser dès l'enfance le plus grand nombre d'hommes et de femmes:

Nous croyons en un fascisme nombreux et donc totalitaire, écrivait en 1932 le secrétaire fédéral de Rome, qui ne laisse aucun bon Italien hors du circuit politique. Le souci de créer un Régime totalitaire, même numériquement, n'a aucune valeur en termes de politique intérieure, pas plus qu'elle n'est dictée par une crainte quelconque. Cette nécessité totalitaire naît de la volonté même du fascisme de réélaborer une nouvelle coutume, une nouvelle manière de vivre pour tous les Italiens[17].

Le fascisme suivit cet authentique élan, cohérent avec sa conception de la politique et des masses, du mythe et de l'organisation, pour transformer la masse en une collectivité organisée imbue de mythes fascistes et participant avec enthousiasme aux entreprises de puissance décidées par le *duce* :

Tant qu'elle n'est pas organisée, confia Mussolini à Ludwig en 1932, la masse, pour moi, n'est qu'un troupeau de moutons. Je n'ai rien contre. Je nie seulement qu'elle puisse se gouverner seule. Mais si on la conduit, il faut la diriger avec deux rênes : l'enthousiasme et l'intérêt. Qui se sert exclusivement de l'un des deux court un danger. Le côté mystique et le politique se conditionnent mutuellement[18].

Le fascisme totalitaire considérait que l'organisation et le contrôle des masses étaient la condition pour en transformer le caractère, la mentalité, le comportement, produisant ainsi l'adhésion active au fascisme. Aux yeux des fascistes, la nature des masses était un matériau ductile, malléable sous l'action d'une volonté de puissance pour en faire une nouvelle collectivité organisée et animée d'une foi unique. La conception fasciste des masses excluait *a priori* que celles-ci puissent se gouverner par elles-mêmes et devenir conscientes et autonomes, mais jugeait possible de modifier leur mentalité pour les éduquer à vivre dans l'État à travers l'action constante et quotidienne du mythe et de l'organisation :

> La foule [...] a besoin de spiritualisme, de religiosité, de catéchisme et de rite ; l'homme désire un pouvoir spirituel affirmatif ; volontiers, il le suit et lui obéit ; elle le sent plus fidèle à son existence et tire de lui aide et discipline[19].

Mythe et organisation devaient promouvoir simultanément le «processus d'intégration» des masses dans l'État, c'est-à-dire accomplir la «réduction à l'unité de la diversité sociale, grâce à l'adhésion collective à la formule politique du régime», par laquelle la «"population" amorphe se transforme en "organisme du peuple"». Le savant romaniste Pietro De Francisci mettait au service du totalitarisme le mythe de la romanité en tant qu'exaltation du principe d'organisation et d'intégration de l'État ; le développement de l'État romain, écrivait-il en 1939, paraît

> guidé par un processus d'intégration continu, obstiné et sage destiné à faire participer à la vie de la *civitas* et à discipliner dans ses structures un nombre toujours plus grand de citadins, suscitant chez eux la conscience de la fonction et de la mission de l'État romain et lui attribuant une activité responsable dans la paix et dans la guerre[20].

Dans un langage plus modeste, le texte de préparation politique des jeunes fascistes pontifiait que l'État fasciste suivait les citoyens «dans tout leur développement, et ce avant même qu'is ne viennent à la lumière et ne se forment, ne les abandonnant

jamais, donnant à tous une conscience et une volonté
[...] unitaire et profondément concentrée», et affirmait que, dès les plus tendres années, l'idée d'État
opérait chez les jeunes âmes «avec la suggestion du
mythe[21]». Le fascisme voulait ainsi former une collectivité de citoyens fidèles et participant à la vie de
l'État fasciste non pas en tant qu'individus autonomes,
mais plutôt comme soldats disciplinés et obéissants,
prêts à faire le sacrifice de leur vie à la puissance de
l'État. L'homme nouveau du fascisme n'était pas un
individu devenu conscient de soi et maître de son
propre destin, mais le «citoyen-soldat» qui se dépouil-
lait de son individualité pour se laisser entièrement
absorber dans la communauté totalitaire. Le fascisme
s'efforça de mettre en œuvre ce dessein à travers un
triple processus d'organisation, d'éducation et d'intégration de l'individu et des masses. Toutes les organisations populaires du fascisme, du PNF à l'OND
[Organizzazione Nazionale Dopolavoro, ou Organisation nationale des loisirs], devaient effectuer ce
travail constant et capillaire de socialisation fasciste,
adoptant naturellement aux divers niveaux sociaux
des codes de valeurs différenciés en fonction du rôle
que le fascisme avait assigné à chaque organisation
et du public auquel celle-ci s'adressait.

Il n'est pas douteux que cette fascisation des masses
n'avait rien à voir avec le processus de participation
dans les démocraties libérales. Si l'on tient la «politisation des masses» pour une forme de participation
libre, active et consciente à la vie politique, avec la
possibilité d'influencer de façon décisive les choix du
gouvernement, on peut nier carrément que le fascisme ait promu la «politisation des masses». Mais

l'historien du fascisme ne saurait négliger le sens que la politique avait pour les fascistes et devrait donc examiner de quelle façon les organisations du fascisme, à commencer par le parti, firent une œuvre de politisation qui, compte tenu de la conception qui l'inspirait, n'aurait pu être différente de ce qu'elle fut concrètement et qui était foncièrement en accord avec l'intuition fondamentale que le fascisme avait eue dès le début du problème des masses et de l'État. Dans cette perspective, on comprend aussi le sens de la transformation du PNF et sa subordination à l'État et au *duce:* par ses caractéristiques originelles, le PNF, du vivant du *duce,* était non pas une institution qui contribuait à élaborer la «volonté politique» de l'État, mais l'instrument d'accomplissement d'une volonté qui appartenait au seul *duce.* Dès les origines «milice civile», le PNF devait être le système nerveux à travers lequel la «volonté politique» du *duce* pénétrait et animait le corps politique de la nation. Le PNF assumait ainsi la fonction, suprême et éminente dans le système totalitaire fasciste, de «Grand Pédagogue», pour ainsi dire, chargé de former la conscience des masses fascistes, de préparer les soldats, les confesseurs et les martyres de la religion fasciste. Ainsi le culte politique fasciste acquit-il sa fonctionnalité rationnelle dans l'univers mythique et organisationnel du fascisme, en tant que représentation et célébration dramatique de l'intégration communautaire et processus mystique de fusion de la masse avec le *duce.* Par sa nature totalitaire, l'État fasciste devait naturellement assumer le caractère d'une institution laïque et religieuse, englobant l'homme tout entier, corps et âme, dans ses structures. C'est seulement à travers les mythes, les rites et les symboles qu'il était possible d'impliquer le particulier et la collectivité dans le «corps politique» de la communauté et de donner dans la conscience collective une perception immédiate de la réalisation continue du mythe de l'État totalitaire. Le fascisme, avait écrit Bottai en 1930, était une «religion politique et civile [...], la religion de l'Italie[22]». Sur ce terrain, la cohérence fasciste se montra plus rigoureuse pour guider les comportements pratiques au point, par exemple, que le fascisme n'hésita pas à remettre en discussion le compromis avec l'Église pour revendiquer et obtenir le monopole de l'éducation politique et guerrière des nouvelles générations, réduisant la présence du catholicisme à un facteur d'intégration morale de la religion fasciste.

LE MYTHE DU *DUCE*

Le lien entre mythe et organisation trouve enfin une vérification concrète dans la figure de Mussolini comme *duce* du fascisme. Le mythe de Mussolini et sa fonction de «*duce* du fascisme et de chef du gouvernement» constituèrent l'élément le plus décisif dans la caractérisation du système politique fasciste. Il faut cependant rappeler, comme on l'a vu dans les chapitres précédents, que l'affirmation du mythe de Mussolini et de son rôle de *duce* ne fut pas évidente dès les origines du fascisme. C'est seulement après la transformation en parti que Mussolini consolida son rôle de *duce*; et son charisme ne fut pas déterminant en la matière : en tout réalisme, les chefs du fascisme reconnurent en lui l'unique personnalité politique capable de conserver l'unité du fascisme. Même après la conquête du pouvoir, le fascisme continua d'opposer maintes résistances à la prétention de Mussolini à être le *duce* indiscuté et obéi. En 1924, Camillo Pellizzi lui rappela publiquement que le «fascisme ne se résumait» pas à lui[23]. Entre la «marche sur Rome» et 1926, toutes les vicissitudes furent dominées par le bras de fer entre Mussolini et le fascisme intransigeant. Toutefois, ce sont précisément les luttes internes du fascisme qui favorisèrent la naissance et l'affirmation du mythe de Mussolini et de sa figure de *duce*. Dans les luttes de factions, tous finissaient par faire appel à son autorité, contribuant ainsi à en accroître le prestige et la force. Aussi longtemps que dura le fascisme, le mythe du *duce* fut un élément de cohésion entre la multitude des *ducetti* et l'unique source d'autorité et de pouvoir qu'ils reconnaissaient. Dès lors, l'exaltation du *duce* progressa sans limites, de même que s'intensifia la concentration du pouvoir entre ses mains.

La position prééminente et dominante du *duce* dans le système politique fasciste fut progressivement codifiée dans les chartes du parti et du régime. Dans les statuts du PNF, en 1926, le *duce* se trouva placé au sommet de la hiérarchie, en tant que «guide suprême»; dans les statuts de 1932, il fut élevé au-dessus et au-delà de la hiérarchie du parti; enfin, les statuts de 1938 le définirent comme le «chef *(capo)* du PNF[24]».

Sommet du pouvoir et siège unique de la «volonté politique» qui donnait des directives à tout l'appareil du parti et du régime, Mussolini était aussi un *mythe vivant* qui alimentait de sa puissance suggestive tout l'univers fasciste. Quelques fervents adorateurs allèrent jusqu'à inscrire Mussolini dans la lignée des prophètes, comme un nouveau Christ envoyé de Dieu, un «point de conjonction entre le divin et l'humain[25]».

L'absurdité du phénomène ne diminue en rien sa valeur historique pour comprendre le lien entre mythe et organisation dans le fascisme. Le mythe de Mussolini se répandit et s'affirma parce qu'il était cohérent avec la mentalité mythique du fascisme et contribua à l'alimenter dans les masses et dans le cercle des hiérarques, qui subirent le pouvoir charismatique du *duce*.

L'exaltation du mythe accompagna l'exaltation du *duce*, en tant que sommet et guide de l'organisation fasciste, source de toute autorité et de tout pouvoir. Tout le processus progressif de démantèlement du régime libéral et de construction de l'État totalitaire fut marqué par la concentration toujours plus grande du pouvoir entre les mains de Mussolini. Dans sa propre personne devaient se réaliser la synthèse et l'intégration entre le parti et l'État, mais dans une condition aussi exceptionnelle que précaire, parce que liée à la vie physique de Mussolini. De ce fait, l'avenir du fascisme était gros d'incertitudes même s'il était interdit de débattre de la succession. Le problème le plus grave, pour les fascistes, était la fusion de la figure du *duce* avec celle de chef du gouvernement et de chef du parti. Cette fusion aurait-elle perduré si Mussolini avait eu un successeur? Ce n'était pas pour les questions théoriques et juridiques qu'il posait, et qui avaient été débattues dès les années 1930, que le problème était grave, mais parce qu'il touchait à la réalité existentielle du système politique fasciste, au lien entre mythe et organisation, aux relations entre hiérarques, qui, vingt années durant, avaient trouvé un solide pivot dans le mythe du *duce*. Les auteurs de la réforme de la Chambre, par exemple, considéraient que la qualité de *duce* ne valait que pour la personne de Mussolini et qu'il ne pouvait donc être transmis à son successeur, qui n'eût été que « chef de gouvernement ». Leur hypothèse était fondée : comment eût-il été possible de transmettre à un autre la qualité de *duce*, en soi porteur des attributs personnels de « créateur du fascisme », de « fondateur de l'Empire », etc.? Unique devait donc être le *duce*, la personnalité exceptionnelle et sans pareille de Mussolini avec son œuvre historique. On note cependant l'affleurement d'avis divergents, qui attribuaient à la figure du *duce* un caractère institutionnel. Ainsi peut-on lire dans l'introduction au volume *Legislazione Fascista nella XXIX Legislatura (1934-1939)* :

> [La 29ᵉ législature] a contribué à l'affirmation ultérieure de cette fonction prééminente de direction, de coordination et de propulsion dans tous les domaines de l'activité étatique, qui est le propre du *Duce* du Fascisme, Chef de Gouvernement. Cette fonction représente toujours plus la caractéristique saillante de la forme du Régime instauré en Italie, par l'extension et l'intensité des attributions et des prérogatives qui reviennent au *Duce*, en sa qualité, non seulement de Chef du Gouvernement et de Chef de toutes les forces armées, mais aussi de Chef du Parti national fasciste et de Président du Grand Conseil du Fascisme. Il n'est pas de secteur de la vie de l'État et de la Nation où l'on ne constate cette concentration toujours plus forte des pouvoirs et des responsabilités dans la personne du *Duce* du Fascisme, qui est en même temps le Chef du Gouverne-

ment [...]; c'est ici un aspect juridiquement plus caractéristique qui a été établi, à savoir la transformation progressive, de politique en juridique, de la qualification de
Duce ou, mieux, de *Duce du Fascisme*, liée à celle de Chef
de Gouvernement [...]. La qualification de *Duce* a pris
entièrement un sens juridique. Par elle, on n'entend pas
seulement le *Duce* du Parti, mais aussi le *Duce* du Fascisme, c'est-à-dire le guide, le Chef suprême du Régime,
qui s'identifie désormais indissolublement à l'État.

On peut multiplier les conjectures sur la conservation de cette figure juridique dans un État fasciste
sans Mussolini. Dans l'éventualité, le problème eût
été résolu, plus que par des juristes, par les rapports
de force existant à l'intérieur du régime. Le pouvoir
mythique du *Duce*-Mussolini serait-il dissous dans un
autre *duce*-hiérarque, dépourvu du charisme mussolinien? Et la dissolution du lien entre mythe et
organisation, commençant par le sommet, aurait-elle
entraîné tout le système, provoquant des transformations imprévisibles, ainsi que cela se produisit le
25 juillet 1943? On peut multiplier les hypothèses
sur les transformations du régime fasciste, mais ce
ne seront jamais que des hypothèses. Ce qui est historiquement clair, c'est que le lien entre mythe et
organisation rendait très compliqué le problème du
chef. Carlo Costamagna, un des grands juristes du
régime, écrivit en 1938:

Le problème du «Chef» est le plus délicat de tous les
problèmes ouverts par l'organisation de l'État nouveau. Il
ne faut pas le confondre avec le problème du *duce*, c'est-à-
dire du fondateur du régime, ni se laisser égarer par le fait
que l'État nouveau, naissant d'une révolution encore à
l'œuvre, débouche toutefois sur ce processus constituant

qui implique la dictature de cet homme d'exception par lequel l'histoire a accompli sa tâche : la création de l'ordre nouveau. Et en réalité, une fois disparues les raisons de la dictature, restent les raisons de l'unité. Si l'État nouveau doit devenir une façon d'être permanente, c'est-à-dire un « système de vie », il ne pourra se dispenser, du fait même de sa structure hiérarchique, de la fonction de « Chef », même si ce dernier n'a plus les extraordinaires proportions de Celui qui a promu la révolution[26].

La figure du chef était inhérente à la mentalité et à la culture fascistes. Mais elle était aussi cohérente avec la conception totalitaire de l'État en tant que régime intégriste fondé sur la concentration des pouvoirs entre les mains du « commandant unique » et sur l'organisation hiérarchique mystico-politique, dont la personnification charismatique du chef, comme point de référence du culte et source de l'autorité, était un facteur naturel et nécessaire. L'État, écrivait Bottai dans son journal intime le 29 juin 1938, requiert à son sommet un « organisateur » : « un chef qui sache en permanence ordonner énergie et forces », dont le « pouvoir soit un pouvoir en acte, un faire, un agir, un ordonner direct, immédiat, *pas nécessairement lié à la lettre des lois ou des institutions[27]* ». Le chef de Bottai était encore une personnalité charismatique, nécessaire pour assumer une fonction extraordinaire, pour l'accomplissement d'un mythe. Le même Bottai continuait à exalter la fonction de la pensée mythique, alors que le système politique fasciste essuyait les premiers coups de la défaite : « Aux hommes politiques, il appartient de créer les nouveaux mythes en interprétant les exigences des temps », écrivit-il le 15 février 1942 ; le drame de la culture

moderne était le conflit entre la conscience critique
et la nécessité de vérités solides :

> c'est-à-dire la nécessité de « mythes », de points de référence
> approximatifs, de certitudes historiques, sinon de vérité
> absolue, précisément en relation et en rapport de dépen-
> dance avec la multiplication des compétences et des aspi-
> rations dans la structure de la société, de l'interdépendance
> et de la richesse des facteurs dans la vie nationale et inter-
> nationale : c'est précisément cette immense complexité de
> la vie moderne qui oblige, le moment venu, à la simplifier,
> à l'organiser et à la diriger d'une seule main[28].

Mythe et organisation étaient encore présentés
comme liés — par un lien qui semblait à la fois fonctionnel et historique, nécessaire à toute forme d'organisation politique des masses dans la société moderne.
Et, par une nécessité intrinsèque, cette forme d'organisation à fondement mythico-totalitaire exigeait un
chef. Pour le fascisme, la solution du problème, quelle
qu'elle fût — transmissibilité de la qualité de *duce*,
fusion de cette qualité et de celle de *roi*, conservation
de la fonction sans le titre dans la personne du « chef
du gouvernement », transfert de la fonction de chef
d'un individu à un collège —, aurait requis une prise
de position quant au problème du mythe et de l'organisation, autrement dit requis une décision sur la
nature et les buts du système politique fasciste, apparu
et fondé sur le lien entre mythe et organisation. Les
solutions possibles étaient au fond deux, et ce sont
celles qui se sont concrètement imposées après le
25 juillet 1943 : soit le détrônement du mythe et le
démantèlement de toutes les organisations du système encore fonctionnelles, et donc la fin du fas-

cisme; soit l'exaltation du primat du mythe, portant
à l'extrême la logique totalitaire ainsi que cela se
produisit sous la République sociale. Les tendances
en ce sens étaient déjà à l'œuvre avant le 25 juillet, et
elles se manifestèrent activement avec la dissociation du mythe et de l'organisation, c'est-à-dire avec
la déposition de Mussolini.

CÉSARISME TOTALITAIRE

Il est impossible d'analyser ici de manière exhaus-
tive le problème de la définition du système politique
fasciste et de sa place parmi les expériences de l'autoritarisme moderne. En restant dans le cadre des
observations développées jusque-là sur le problème
du mythe et de l'organisation, vus comme deux aspects
essentiels et complémentaires du système politique
fasciste, il nous semble toutefois devoir formuler une
opinion sur le caractère de ce système. Avant toute
chose, nous ne sommes pas d'accord avec ceux qui
croient le fascisme réductible au mussolinisme et estiment que le système politique fasciste ne fut pas totalitaire sous prétexte qu'il ne devait pas affirmer le
primat du parti sur l'État. On peut observer avant
toute chose que la présence du parti unique et la politique de masse, précisément, ne permettent pas d'assimiler la «personnalisation» du pouvoir dans le
fascisme aux dictatures personnelles traditionnelles.
La réduction du fascisme au mussolinisme est une
banalisation du problème du chef dans les régimes
totalitaires, parce que non content de négliger la présence et l'action de l'organisation de masse, il ne tient

pas compte du fait que, sans cette organisation, la figure même, la fonction et le mythe du *duce* eussent été historiquement incompréhensibles. En outre, pour ce qui est du totalitarisme, on peut observer que, historiquement, même les régimes réputés totalitaires pour avoir affirmé le primat du parti sur l'État ont connu une « phase de personnalisation » du pouvoir, qui a liquidé politiquement le parti comme siège autonome d'élaboration et de décision des choix politiques. Même les régimes jugés « complètement » totalitaires ont rencontré des limites et des obstacles, et accusent des contrastes notables entre idéologie et réalité. Le totalitarisme est toujours un processus, non pas une forme achevée et définitive, pour peu que l'on considère les liens entre le mythe et la réalité. Par sa nature, l'intégration totalitaire de la société dans l'État ou dans le parti est un processus qui doit se renouveler en permanence, ne serait-ce que du fait de la relève des générations. Une intégration totalitaire complète serait, paradoxalement, sous quelque mythe que ce soit, la réalisation pleine et entière de l'idéal démocratique de Rousseau.

Tous les régimes totalitaires sont donc, par certains aspects, « imparfaits » ou « incomplets » au regard de leur mythe d'intégration et au gré des phases de leur développement. Enfin, pour ce qui est de la légitimité de l'adoption d'un modèle unique du totalitarisme, qui réunisse des expériences historiques aussi profondément différentes que le fascisme, le nazisme et le stalinisme, on peut se demander s'il n'est pas tout aussi légitime de considérer que, si imparfaite et inaboutie fût-elle, il y eut bel et bien une *voie italienne du totalitarisme*. Les limites du totalitarisme ne sont pas une raison d'en nier l'existence et les effets, de même que les contradictions entre mythe et résultats ne sont pas une preuve contre l'importance du mythe dans la politique du fascisme. Le mot « totalitaire », dont nous ne pensons pas qu'on puisse dépouiller le fascisme qui a été le premier à l'adopter explicitement pour définir sa politique, doit donc s'entendre comme l'indication d'une orientation et d'une tournure d'esprit, qui se concrétisèrent progressivement dans des mythes, des institutions, des comportements et des formes de vie. Considérant, dans le cas du fascisme, la position centrale et prédominante de la figure de Mussolini en sa qualité de *duce* dans l'ensemble des mythes et des organisations du fascisme, sous une forme propre et distincte de celle, par exemple du *Führer-Hitler*, il nous paraît possible de qualifier le système politique fasciste, dans sa réalité historique concrète, de *césarisme totalitaire*. Autrement dit, il s'agit d'une

dictature charismatique de type césarien, intégrée dans une structure organisationnelle construite conformément à un mythe totalitaire, consciemment adopté et opérant concrètement comme code de conduite et point de référence pour l'action et l'organisation de l'État et des masses.

CHAPITRE 8

Le parti dans le laboratoire totalitaire fasciste

Le parti fasciste domina la politique italienne vingt années durant. En 1942, l'année précédant la fin du fascisme, 27 375 696 Italiens, soit 61 % de la population, hommes, femmes et enfants de six ans ou plus, se trouvaient encadrés dans le PNF et les organisations qui en dépendaient. De 1922 à 1943, l'Italie fut transformée en «un immense champ d'expérience humaine[1]», où le parti fasciste tenta de réaliser un projet de société hiérarchique et militarisée, destiné à intégrer les individus et les classes dans un «État nouveau» totalitaire à des fins de puissance et d'expansion. L'expérience totalitaire fasciste se heurta à des obstacles qu'elle ne parvint pas à surmonter, et même si elle se solda par un échec, elle demeure importante pour l'analyse historique de l'autoritarisme moderne et du phénomène du parti unique. Le constat des limites et de l'échec final n'exclut pas l'utilité d'une étude des résultats effectifs que le parti obtint grâce à la nouvelle forme de domination, de mobilisation et d'intégration des masses dans l'État que d'autres mouvements contemporains prirent pour modèle. La définition du rôle et de la fonction du parti dans le régime fasciste a suscité des jugements contradictoires parmi les chercheurs. La majorité d'entre eux estiment encore qu'après 1926, devenu parti unique avec la consolidation de la monocratie de Mussolini, le PNF fut politiquement liquidé et ne joua plus un rôle actif et décisif dans la vie du régime[2]. La thèse d'un échec qui se prolonge sur vingt ans se fonde sur une lecture de l'histoire à rebours et fausse la réalité dans laquelle se situent les différents aspects de l'action du parti fasciste pendant la durée du régime tandis que la réduction du régime fasciste à une monocratie mussolinienne contraste avec l'articulation complexe des nouvelles structures organisationnelles à travers lesquelles le fascisme tenta d'accomplir son expérience totalitaire. Ce chapitre se propose d'indiquer, par l'étude de certains aspects du rôle et du fonctionnement du PNF dans le régime fasciste, une interprétation différente, que nous croyons mieux à même de faire comprendre le phénomène concret dans ses proportions effectives[3].

SYMBIOSE ENTRE LE PARTI ET L'ÉTAT

Le parti fasciste devint parti unique après le décret royal du 6 novembre 1926, nᵒ 1848, qui donna aux préfets la possibilité de dissoudre les associations jugées contraires à l'ordre national de l'État — c'est-à-dire, comme l'expliquait le rapport, à l'ordre instauré par le parti fasciste — et après la promulgation de la loi du 25 novembre 1926, nᵒ 2008, qui assimila à un délit la reconstitution des associations et des partis dissous. La construction du régime fasciste se fit progressivement à travers un processus symbiotique de «fascisation de l'État et d'étatisation du parti fasciste[4]». En général, on tend à ne considérer que le second aspect du processus, mais de cette façon on sépare deux phénomènes qui furent au contraire simultanés et complémentaires, sous-évaluant l'aspect «fascisation de l'État», tout aussi important pour comprendre la position réelle du parti dans l'État et qui ne fut en aucune manière réglé par la simple «subordination du parti à l'État». Pour juger dans une bonne perspective les rapports entre le parti et l'État, on doit nécessairement considérer que la construction du régime fasciste se fit principalement à travers «un processus de créations et de transfusions successives dans l'État d'organes, d'entités collatérales, de principes et de normes du parti, qui impriment nettement à l'État son caractère fasciste[5]».

Ce processus débuta juste après la «marche sur Rome» même si en principe il ne fut pas le résultat d'un dessein organique comme celui élaboré par Alfredo Rocco, «architecte de l'État fasciste», après 1925[6]. Les premières étapes furent, en 1923, la création du Grand Conseil, organe du parti assurant la liaison avec le gouvernement, où furent principalement élaborées les lois pour la transformation de l'État, puis la mise en place de la Milice volontaire pour la Sécurité nationale, qui mit la force armée du parti sous la coupe du chef du gouvernement, avec pour tâche explicite «de protéger les inévitables et inexorables développements de la révolution d'Octobre[7]».

On peut considérer que l'acte symbolique qui consacre la naissance du régime fasciste par la fascisation de l'État est le décret royal du 12 décembre 1926, n° 2061, qui fit de l'emblème du parti fasciste, le faisceau des licteurs, l'emblème de l'État. Le rôle du PNF dans le régime fut défini le 3 janvier 1926 par le Grand Conseil : le PNF était « l'organisation des forces politiques et administratives du régime » ; les fascistes devaient être des « soldats prêts à tout instant, en deçà ou au-delà des frontières, seuls ou en masse, à confesser leur foi avec leur sang, sans discuter les ordres émanant de hiérarchies nécessaires[8] ». Un nouveau statut, approuvé par le Grand Conseil le 8 octobre 1926, précisa que la « fonction du parti est fondamentalement indispensable à la vitalité du régime ». Dans le même temps, cependant, le nouveau statut abolit le caractère électif des charges et établit que « les organisations et les hiérarchies, sans lesquelles il ne saurait y avoir de discipline dans les efforts et d'éducation du peuple, reçoivent [...] lumière et norme d'en haut, où l'on a une vision complète des attributions et des devoirs, des fonctions et des mérites ». Le PNF devait agir « sous la direction suprême du *duce* du fascisme et suivant les directives établies par le Grand Conseil fasciste[9] ».

La fin de la démocratie interne et la perte de l'autonomie ne furent pas une métamorphose radicale du parti fasciste, mais l'aboutissement d'un processus de réforme par le haut, amorcé juste après la « marche sur Rome » et favorisé par la nature même du PNF, celle de parti-milice. Les statuts de 1921 avaient établi que l'organe dirigeant du parti, le Comité central, devait être élu par le congrès national, en tant qu'« expression directe de la volonté de ses membres qui, en l'élisant, lui délèguent tous les pouvoirs dans le cadre des directives et des objectifs déterminés lors des délibérations du congrès». En réalité, les choix décisifs dans la politique du parti furent toujours pris au sommet sans consulter les adhérents. Après 1921, le congrès du parti ne fut plus réuni, et pour la dernière fois, qu'en 1925.

Le PNF était né directement, sans solution de continuité, du squadrisme sous la forme d'un parti armé d'orientation totalitaire, fondé, comme le précisaient déjà les statuts de 1921, sur les principes d'ordre, de discipline et de hiérarchie[10]. Celle-ci, conçue en termes militaires, prit immédiatement le pas sur la démocratie interne et définit les rapports entre les chefs et la base. Mussolini, quant à lui, considéra toujours le PNF comme une «armée» qui devait obéir et exécuter sans discuter les ordres de ses chefs et, avant tout, du *duce*[11].

La nature du parti fasciste apparaissait beaucoup plus à travers le règlement disciplinaire de la milice fasciste, paru dans le *Popolo d'Italia* du 3 octobre 1922, que dans les statuts démocratiques de 1921. Même s'il y était confirmé le critère électif, conçu toutefois en termes de délégation charismatique, les principes de «l'éthique fasciste» étaient rigidement énoncés: «Le militant fasciste ne connaît que des devoirs. Son seul droit est d'accomplir son devoir et de s'en réjouir. Commandant ou soldat, il doit obéir avec humilité et commander avec force. L'obéissance de cette milice volontaire doit être *aveugle, absolue, respectueuse*, d'un bout à l'autre de la hiérarchie, à l'égard du chef suprême et de la direction du parti[12].» C'est au nom de ces principes qu'après la «marche sur Rome», le PNF fut immédiatement privé de toute autonomie et soumis aux directives d'un nouvel organe, le Grand Conseil, créé et présidé par Mussolini, qui révoqua le pouvoir souverain des adhérents et réforma d'en haut les structures du parti afin d'en faire un organe exécutif de la volonté du *duce*. Les statuts de 1926 furent la conclusion logique de ces prémisses et conférèrent au PNF, du fait de ses nouvelles structures, une fonction en parfait accord avec sa nature de parti-milice et conforme au type de régime que le fascisme avait commencé à édifier, sur la base d'une symbiose progressive entre le parti et l'État.

Le premier acte de la symbiose institutionnelle fut accompli par la loi du 9 décembre 1928, n° 2693, sur l'organisation et les attributions du Grand Conseil, qui devint un organe constitutionnel de l'État, mais conserva en même temps son rôle d'organe suprême du parti. Il délibérait non seulement sur les questions constitutionnelles fondamentales — par exemple, la succession au trône ou le rôle et les prérogatives de la couronne — mais aussi sur les statuts, les structures et les directives politiques du PNF, sur la nomination et la révocation de son secrétaire, de ses vice-secrétaires, de son secrétaire administratif et des autres membres de son directoire. Un an plus tard, le 14 septembre, au cours d'une grande assemblée du PNF, Mussolini fixa en termes clairs la position et la fonction du parti dans l'État fasciste :

> Le parti n'est qu'une force civile et volontaire aux ordres de l'État, de même que la Milice volontaire de Sécurité nationale (MVSN) est une force armée aux ordres de l'État. Si, dans le fascisme, tout est dans l'État, le parti lui-même

ne saurait échapper à cette inexorable nécessité, et doit donc collaborer en tant que subordonné aux organes de l'État[13].

La nouvelle loi du 14 septembre 1929, n. 2099, sur le Grand Conseil et l'organisation du parti place le PNF directement sous la coupe du chef du gouvernement et introduit dans le même temps le parti, par l'intermédiaire de son secrétaire général, dans les organes de l'État. Le secrétaire du Parti national fasciste était nommé par décret royal, sur proposition du chef du gouvernement; il était membre de droit de la Commission suprême de défense, du Conseil supérieur de l'éducation nationale, du Conseil national des corporations et du Comité central corporatif; il pouvait être appelé à siéger au Conseil des ministres. La constitutionnalisation du Grand Conseil devait effectuer la soudure entre le parti et l'État, mais ne reléguait pas le parti dans un rôle de subordination totale. Le Grand Conseil donnait les directives au parti, mais celui-ci, à son tour, gardait un rôle de premier plan dans l'organisation et les travaux du premier: le secrétaire du PNF en était de droit le secrétaire et il pouvait par délégation du chef du gouvernement, en cas d'absence et d'empêchement de ce dernier, convoquer et présider «l'organe suprême du régime[14]». Cela conféra au secrétaire du parti une prééminence constitutionnelle dans les institutions du nouvel État, en tant que «plus haut hiérarque après le *duce*[15]».

Ces innovations furent codifiées dans les nouveaux statuts délibérés par le Grand Conseil et approuvés par un décret royal du 20 décembre 1929, n° 2137, puis publiés dans la *Gazzetta Ufficiale*. Les statuts suivants, approuvés par le décret royal du 17 novembre 1932, n° 1456, achevèrent l'intégration du parti dans l'État par cette formule : « Le Parti national fasciste est une milice civile aux ordres du *duce*, au service de l'État fasciste. » Que l'État fût qualifié de fasciste n'était pas un pléonasme : le parti acceptait d'avoir une position subordonnée non pas à l'égard de l'État en soi, mais envers ce type d'État particulier, qu'il considérait, à juste raison, comme le produit de son action « révolutionnaire » et qui prenait de plus en plus nettement la forme d'un « parti-État », où l'adhésion au parti était la « condition, pour le citoyen italien, de la *pleine* capacité juridique de droit public [16] ». C'est ainsi que, le 17 décembre 1932, le chef du gouvernement prit un décret stipulant que l'adhésion au PNF était nécessaire pour être admis aux concours de la fonction publique. Un décret-loi du 1er juin 1933, n° 641, précisa que l'adhésion au PNF était également obligatoire pour être employé dans des organismes régionaux et parapublics. Le décret-loi royal du 3 juin 1938, n° 827, étendit cette obligation aux salariés des administrations de l'État. En 1937, une circulaire du ministère de l'Intérieur, n° 10/319, précisa que la carte du parti fasciste était l'équivalent de la carte d'identité. Inséré dans l'État fasciste, le parti renonça à avoir, en tant que tel, une volonté propre, reconnaissant comme sienne la volonté de son *duce*, mais obtint en contrepartie des pouvoirs considérables et des privilèges exclusifs.

LE *DUCE* ET LE PARTI

Par la subordination du parti à l'État, Mussolini parvint à soumettre définitivement le PNF à ses ordres. Il s'agit d'un phénomène qui n'est pas propre au fascisme, mais qui présente certaines analogies avec d'autres expériences totalitaires, où inévitablement, dès lors que se produit une phase de *personnalisation du pouvoir*, le parti est privé d'autonomie et de volonté politique[17]. Dans les régimes de parti unique, où celui-ci n'est pas créé par le haut mais par un mouvement de masse autonome qui détermine la naissance du régime, comme c'est le cas du fascisme, la personnalisation du pouvoir est un phénomène qui découle de l'unicité du parti, dès lors qu'apparaît en son sein, du fait de sa force personnelle ou pour des raisons fonctionnelles, un individu dominant. Dans ces situations, même privé d'une volonté politique autonome, le parti, directement et à travers la personne de son chef, reste le détenteur des pouvoirs de contrôle et d'organisation de la société pour la mise en œuvre de l'expérience totalitaire parce qu'il ne peut être éliminé sans mettre en danger le pouvoir même du dictateur. C'est encore plus flagrant dans le cas du fascisme, du fait du compromis avec les forces traditionnelles qui avait permis la stabilisation du régime. Le même Mussolini, qui considérait pourtant son parti avec un mélange de méfiance, voire de mépris, savait que ses liens avec lui étaient indissolubles : ils pouvaient être éludés, non pas tranchés, parce que c'était dans le parti que son pouvoir « révolutionnaire» trouvait son origine et sa légitimité. C'est pourquoi il repoussa toujours sèchement l'hypothèse d'une dissolution ou d'une autosuppression du parti. Pour des raisons historiques, le mussolinisme fait partie intégrante du fascisme et ne saurait être compris sans lui, de même que le personnage du *duce* ne peut être compris sans le PNF. Pour des raisons fonctionnelles, la monocratie du *duce* resta d'une façon ou d'une autre liée à l'existence du parti, qui constituait la base solide et sûre de son pouvoir.

L'opération de soumission du parti après 1926 ne provoqua pas de tentatives de révolte contre Mussolini. L'unique chef fasciste qui avait tenté d'affirmer le primat du parti avait été Roberto Farinacci, durant son éphémère passage au secrétariat, du 12 février 1925 au 30 mars 1926. Cette opération nécessita cependant une difficile réorganisation interne du parti, à travers une révision massive des listes d'adhérents et des cadres locaux. Après la «marche sur Rome», le PNF s'était gonflé rapidement avec l'adhésion de toutes sortes d'arrivistes et d'opportunistes qui avaient sauté sur le char du vainqueur. Les membres des Faisceaux de combat passèrent de 299 876 au 31 décembre 1922 à 682 979 à la fin de l'année suivante et, après un fléchissement en 1924 et 1925, où les effectifs tombèrent respectivement à 642 246 et à 599 988, ils recommencèrent à croître, passant à 637 454 au 31 mars 1926 et à 939 997 à la fin de cette même année[18]. Au début de 1927, le Grand Conseil décida de suspendre toute nouvelle admission: le recrutement des nouveaux adhérents se ferait exclusivement à travers les organisations de jeunesse du parti, lors du rite annuel de la *leva fascista*[19].

Augusto Turati, secrétaire du 30 mars 1926 au 8 octobre 1930, expulsa, durant les six premiers mois de son activité, 7 400 membres et cinq députés ; à la fin de 1927, après un an d'application du nouveau statut qui avait aboli l'élection des cadres, 2 000 dirigeants et 30 000 adhérents avaient été expulsés ou déplacés ; entre 100 et 110 000 autres fascistes devaient l'être entre 1928 et 1929[20]. Malgré cela, le parti continua à se développer grâce à l'arrivée des jeunes intégrés au parti, passant de 1 034 999 membres en 1927 à 1 057 118 au 28 octobre 1930. Giovanni Giuriati, secrétaire général du 8 octobre 1930 au 12 décembre 1931, continua l'épuration et expulsa environ 120 000 membres, provoquant les protestations du *duce* lui-même, « désolé de voir ses phalanges réduites à ce point » : le 27 septembre 1931 le nombre d'adhérents était tombé à 803 082[21].

Toutefois, les données jusqu'ici disponibles sur l'épuration ne permettent pas de vérifier l'identité des expulsés et les motifs de l'expulsion. Probablement frappèrent-elles principalement, avec les opportunistes, les profiteurs et les repris de justice, un grand nombre de fascistes des premières années qui se révoltaient contre l'évolution normative du régime fasciste. Jusqu'en 1929, la vie interne du parti fut secouée par des crises locales, provoquées généralement par des rivalités personnelles entre dirigeants fascistes, par la rébellion des squadristes qui ne s'étaient pas adaptés à l'ordre de démobilisation et d'encadrement dans la MVSN, par des querelles d'ambitions et d'intérêts contrariés ou insatisfaits, par la protestation chronique des fascistes « de la première heure », restés à la base, contre la carrière au sein du parti des fascistes «de la dernière heure». Dans certains cas, la crise interne du parti reflétait également la lutte de classes entre la petite bourgeoisie, base originelle du parti, et des éléments de la haute bourgeoisie et de l'aristocratie arrivés surtout après l'instauration du régime et souvent élevés à une position dominante dans les hiérarchies locales, après 1926, lorsque le parti tenta d'asseoir sa place dans la société et d'acquérir une certaine «respectabilité», intégrant parmi ses cadres les représentants locaux des forces traditionnelles[22]. Dans l'ensemble cependant, les dirigeants du PNF, entre 1921 et 1943, furent en très grande partie des éléments de la petite et moyenne bourgeoisie qui avaient adhéré avant la «marche sur Rome»: sur environ 700 secrétaires fédéraux, entre 1921 et 1943, 80 % étaient déjà inscrits avant la «marche sur Rome», 14 % s'étaient inscrits après et 5 % étaient des jeunes issus de la *leva fascista* après 1927[23].

À la fin de la première décennie du fascisme au pouvoir, la stabilisation du PNF était achevée: en 1928, sur 9 729 Faisceaux, 881 seulement faisaient appel à l'intervention du secrétaire général pour des querelles internes[24]. Une chaîne rigide et hiérarchique attachait l'organisation des sommets du régime aux provinces, aux communes et aux quartiers. Tous les hiérarques étaient nommés par Mussolini sur proposition du secrétaire du PNF. Toute velléité de limiter le pouvoir de Mussolini par le parti avait été complètement étouffée grâce à l'absence dans le parti de personnalités capables de contester effectivement le rôle de Mussolini mais aussi du fait de la totale adéquation psychologique et idéologique de l'image du *duce* avec la conception fasciste de la politique et de l'État nouveau. Le parti fut le premier artisan du «culte de la personnalité» et le principal responsable de l'évolution du régime de parti vers le *césarisme totalitaire* qui caractérisa la seconde décennie du fascisme et qui était centré sur le mythe de Mussolini et sur la figure charismatique et institutionnelle du *duce*[25]. Alors qu'il était encore désigné dans les statuts de 1926 et de 1929 comme le premier responsable du parti, les statuts de 1932 le placèrent en dehors et au-dessus de lui, tandis que ceux de 1938 le désignèrent explicitement comme le «chef du parti» :

> Dans notre système politique, lit-on dans un manuel de préparation politique publié par le PNF, le *duce* est une institution politique, non seulement en tant que chef du gouvernement mais aussi comme représentant concret, actif, présent et agissant de la révolution. [...]
> C'est en lui que se concentre la direction effective de la politique italienne ; il ne saurait en être autrement. Sans réduire la valeur de la monarchie — illustrée par les hautes fonctions de la couronne — le *duce* est l'institution fondamentale, effective, dynamique et disciplinaire de toute la vie de l'État.

Après une observation assurément peu orthodoxe sur la «valeur de la monarchie», le rédacteur anonyme de ce texte (en réalité Carlo Curcio, professeur de doctrines politiques et idéologue fasciste) terminait cependant par une formule très significative, rappelant que l'origine et la légitimité de la personne du *duce* procédaient de son lien indissoluble avec le parti :

> Mais avant tout, le *duce* est le chef du Parti national fasciste. En cette qualité, historiquement, il est devenu le chef

de l'ensemble des organes qui règlent la vie nationale; en cette qualité, il est, non seulement historiquement, mais aussi juridiquement et politiquement à la position prééminente que lui assigne la loi et que lui confirme le peuple italien avec dévotion et enthousiasme; c'est pourquoi le Parti national fasciste a été et est l'animateur de l'État nouveau, l'élément central et dynamique du régime[26].

PRÉFET ET SECRÉTAIRE FÉDÉRAL : UNE COHABITATION DIFFICILE

La subordination à l'État et au *duce* n'empêcha pas le parti d'exercer un rôle actif, avec des pouvoirs effectifs, dans la vie du régime. Les secrétaires généraux du PNF prirent une part importante à l'élaboration et à la réalisation du projet totalitaire. Au sommet de la hiérarchie du parti, le secrétaire général n'était pas un *primus inter pares*, mais un véritable chef, dont la fonction était de maintenir la liaison entre le parti et les organes de l'État et d'exercer le «contrôle politique sur les organisations du régime et l'attribution aux fascistes de charges et de tâches à caractère politique[27]».

Le secrétaire du parti aurait dû être un autre élément de soudure entre le parti et l'État; le garant, en un sens, de la subordination du PNF et du respect des limites assignées au pouvoir du parti. En réalité, les secrétaires du PNF furent les premiers à ne pas accepter l'intangibilité de ces limites, gardiens jaloux des prérogatives et des privilèges «révolutionnaires» de leur organisation, à l'égard même des organes de l'État et de ses représentants. De 1926 à 1939, Turati, Giuriati et Starace, chacun à sa manière, et avec de notables différences liées à leur personnalité, à leurs capacités et à leurs idées respectives, renforcèrent, amplifièrent et perfectionnèrent la machine du parti, consolidant sa présence dans le régime et dans la société. Chacun d'eux mit en œuvre une politique d'infiltration ou d'annexion des autres organisations fascistes situées hors de l'orbite du parti.

En réalité, la subordination du parti à l'État n'élimina en rien les conflits entre leurs représentants respectifs. La principale source de conflits étaient les rapports entre les secrétaires fédéraux et les préfets. Au cours des premières années de gouvernement fasciste, l'autorité préfectorale avait été continuellement détournée par les *ras* locaux, la prévarication avait été générale[28]. Dès les premiers jours de son gouvernement, Mussolini s'était cependant montré clair et formel sur les rapports entre les organes du gouvernement et ceux du parti et avait définitivement précisé, par une circulaire du 7 janvier 1927, que le préfet, en tant que représentant du gouvernement, était l'autorité suprême de la province à laquelle le secrétaire fédéral devait «respect et obéissance». Généralement considérée comme l'acte de soumission du parti à l'État, cette circulaire décrétait également la subordination des organes de l'État au régime fasciste : le préfet devenait de fait le «serviteur du régime fasciste[29]» et avait, entre autres fonctions, celle de «procéder aux épurations qui deviennent nécessaires aux échelons inférieurs de la bureaucratie et d'indiquer au parti et aux organes responsables du régime les éléments nuisibles».

Malgré ces dispositions, les conflits étaient fréquents. Le régime tenta de les prévenir en éloignant les préfets les plus mal vus par les fascistes et en nommant des «préfets politiques», c'est-à-dire issus du parti. Depuis la «marche sur Rome» en 1929, 86 préfets avaient été remplacés par des fonctionnaires de carrière tandis que 29 venaient du parti[30]. En 1935, environ la moitié des préfets en charge n'était plus des préfets de carrière ; deux ans après, sur 65 préfets, 31 étaient issus du rang et 34 de nominations politiques : sur ces derniers, dix au moins avaient des antécédents squadristes, 22 étaient des diplômés *(laureati)*, 13 étaient d'anciens secrétaires provinciaux du PNF, et les autres d'anciens officiers. En 1937, il fut décidé que les trois cinquièmes des préfets seraient choisis parmi les fonctionnaires de carrière du ministère de l'Intérieur[31]. En 1941, on comptait 40 préfets fascistes[32]. Mais les dissensions n'en diminuèrent pas pour autant ; bien au contraire, les conflits les plus virulents eurent lieu entre secrétaires fédéraux et préfets fascistes. Il en allait de même au sommet du régime entre les secrétaires du PNF et les sous-secrétaires à l'Intérieur, qui à partir de 1926 furent toujours recrutés parmi les fascistes d'origine squadriste, comme Michele Bianchi, Leandro Arpinati ou Guido Buffarini Guidi.

La question des rapports entre préfets et secrétaires fédéraux, c'est-à-dire entre secrétaire du parti et sous-secrétaire à l'Intérieur, fut une des causes essentielles de la démission de Turati. Le secrétaire du PNF déplorait ce dualisme des pouvoirs :

> Il existe encore un problème irrésolu, le dualisme que l'on rencontre dans chaque province entre le préfet et le secrétaire fédéral. Presque partout, le premier vit à la

remorque de l'autre et inversement. S'impose donc un équilibre nécessaire, mais pas toujours facile à atteindre — et il ne s'agit pas d'un problème de dispositions formelles, de discours, de circulaires, mais surtout d'un problème de connaissance de la situation provinciale et qui ne peut être résolu par de grands rapports ou par des rassemblements, mais par le contact quotidien du centre avec la périphérie[33].

Afin d'apaiser cette rivalité, Turati avait proposé d'unifier la charge de secrétaire du PNF et celle de sous-secrétaire à l'Intérieur, mais la proposition fut sèchement rejetée par le *duce*, et le mois suivant Turati fut démis de ses fonctions[34].

Giuriati se heurta lui aussi au même écueil. Son travail d'épuration et de systématisation du parti fut sous diverses formes contrarié par Arpinati. Pour Giuriati, le dualisme était intenable, et il le dénonça ouvertement au Grand Conseil avant de démissionner[35]. La situation semblait encore plus intenable pour les fascistes les plus intransigeants puisque, sur 75 préfets inscrits au Faisceau romain, dix seulement l'avaient été avant la «marche sur Rome» et 47 ne s'étaient inscrits qu'après le second semestre 1925: le parti, observait Giuriati, était «soumis au jugement des héros du sixième jour [...]. Dans ces conditions, et si l'on ne change pas de cap, personne ne peut gérer le parti et sûrement pas moi[36]». Son successeur, Starace, ne souleva jamais explicitement la question; il accepta la subordination formelle du secrétaire fédéral au préfet, mais il exigea toujours fermement le respect des compétences et des prérogatives du parti, camouflant habilement ambitions personnelles de pouvoir et de contrôle sur la société et l'État derrière un dévouement de façade total à l'égard du dictateur.

En 1933, par exemple, il parvint à faire démissionner
Arpinati, et l'année suivante à l'expulser du PNF «pour
conduite divergente avec les directives du parti».

Les relations entre préfets et secrétaires fédéraux
restèrent toujours dans une situation d'équilibre précaire, qui dépendait des rapports personnels et de la
force de personnalité de l'un ou de l'autre. La subordination du secrétaire fédéral au préfet ne fut jamais
consacrée par les statuts du parti, pourtant précis
sur ce point délicat, et ne fut jamais codifiée sous la
forme d'une subordination hiérarchique. Le secrétaire fédéral dépendait directement du secrétaire du
parti et avait en province des pouvoirs et des fonctions analogues à celles qu'avait le secrétaire du PNF
au niveau national: «Il contrôle les organisations du
Régime et l'attribution aux fascistes de charges et
de tâches dans le cadre de la province», «assure la
liaison avec les organes périphériques de l'État et les
représentants des organes publics locaux» (art. 23
des statuts de 1938); «il surveille l'action des associations syndicales, tout particulièrement pour la
rédaction des contrats de travail collectifs, la résolution des conflits sociaux et le placement de la main-
d'œuvre» (art. 41 du règlement de 1939). Aucune
possibilité de recours devant le préfet n'était prévue
contre les mesures prises par le secrétaire fédéral, et
le premier ne pouvait ni annuler ni modifier les décisions du second. L'ambiguïté du dualisme resta sans
solution[37]. Les conflits continuèrent, quoique en sour-
dine, et eurent des suites diverses. En 1938, Bottai
vit dans la mise à l'écart du préfet de Turin à la
demande du secrétaire fédéral un symptôme de la
primauté du parti sur l'État[38]. Accédant au secrétariat

du PNF en novembre 1941, Adelchi Serena déplora que, durant le mandat de son prédécesseur Muti, «le ralentissement de l'action du parti a amené les préfets à se substituer, dans une certaine mesure, aux secrétaires fédéraux, réduisant sensiblement leur sphère d'action»; il estimait donc «nécessaire de rétablir progressivement et dans les formes qui s'imposent un juste équilibre dans les rapports et les compétences entre préfets et secrétaires fédéraux, à travers des accords précis à établir avec le sous-secrétaire à l'Intérieur[39]».

LA STRATÉGIE D'EXPANSION» DU PNF DANS LE RÉGIME ET DANS L'ÉTAT

Dualismes, antagonismes, rivalités de pouvoir et de compétences rythmaient la vie quotidienne du régime fasciste, masqués par l'apparence d'une organisation monolithique et efficace. Derrière la sacralité mythique de l'État totalitaire, se déroulait une lutte sourde entre les «potentats» de l'oligarchie fasciste. Le PNF, pour sa part, était décidé à exercer de manière étendue et péremptoire le pouvoir de contrôle et de surveillance qui lui avait été attribué sur la bureaucratie d'État et les autres organisations du régime. Les ambitions totalitaires du fascisme, on le sait, furent freinées par les différentes formes de résistance, active et passive, des institutions traditionnelles comme la monarchie et l'Église. Mais le fascisme ne se résigna jamais à considérer ces obstacles comme insurmontables et élabora diverses stratégies à long terme pour les surmonter ou les éliminer. La place nous manque ici pour analyser en détail les rapports entre le PNF et les institutions traditionnelles. Il est difficile, en l'état actuel de nos connaissances, d'évaluer globalement les résultats effectifs obtenus par le parti dans sa stratégie d'expansion parmi les institutions et les organisations du régime. Dans les limites de notre sujet, nous pouvons au moins indiquer les diverses tactiques utilisées par le PNF pour accroître sa sphère d'influence : l'infiltration, le contrôle direct et l'annexion.

La première tactique fut surtout adoptée envers les organes traditionnels de l'État tels que les forces armées où le parti n'avait pas réussi à imposer son contrôle et qui restèrent presque totalement hors de son influence, même si les tentatives de fascisation de l'intérieur ne manquèrent pas. Des initiatives de ce type eurent plus de succès dans la magistrature, avec la mise en place d'un contrôle externe[40].

Le PNF suivit la tactique du contrôle direct à l'égard d'autres organisations de masse du fascisme comme les syndicats, sur lesquels il avait établi dès 1925 sa suprématie politique, étendue après la loi du 3 avril 1926 sur la discipline juridique des rapports sociaux et consolidée sous le secrétariat de Turati. Cette suprématie ne s'exerçait pas par la présence du parti au sein du syndicat, mais à travers différentes formes de contrôle externe, par le choix des dirigeants ou une intervention résolue dans les différends syndicaux. En 1927, le PNF mit en place des Comités provinciaux intersyndicaux, présidés par le secrétaire fédéral, pour coordonner et diriger l'activité des organisations syndicales, intervenir dans la résolution de tous les conflits du travail, étudier et élaborer des conventions collectives au niveau provincial, surveiller leur application et exercer un contrôle politique et économique sur les différentes associations syndicales et l'action de leurs dirigeants. En outre, le secrétaire fédéral présidait la Commission administrative paritaire des bureaux de placement, par lesquels les employeurs devaient obligatoirement passer pour embaucher les travailleurs, en donnant la préférence aux membres du parti ou des syndicats fascistes. Dans la vie économique, le parti était présent par d'autres formes de contrôle direct : la surveillance du marché, confiée dans un premier temps au parti puis, avec la guerre d'Éthiopie, institutionnalisée sous la forme d'un Comité permanent de surveillance des prix, présidé par le secrétaire du PNF, qui fixait les prix de gros pour les produits soumis à une régulation nationale [41]. Le parti exerçait également son contrôle direct sur l'organisation corporative : la loi du 5 février 1934, n° 163, qui institua les corporations, établit que le secrétaire du parti pouvait être appelé à présider les corporations et que dans les conseils de chaque corporation devaient figurer trois représentants du parti, dont l'un, d'après le décret-loi du 22 septembre 1936, n° 1850, pouvait être nommé vice-président.

Dans le domaine syndical-corporatif, la guerre d'Éthiopie ouvrit à la politique du parti un champ vaste et nouveau [42]. L'organisation du PNF joua un rôle décisif dans la mobilisation des masses pour la guerre coloniale. Le secrétaire général du PNF lui-même participa de façon spectaculaire à la campagne militaire, à la tête de la Colonne rapide qui conquit la ville de Gondar et la région du lac Tana. En Italie, durant les «sanctions», le parti géra la régulation de l'activité économique nationale. Après la fin de la

guerre, le PNF s'assura aussitôt une position dominante dans l'organisation de la nouvelle colonie. Dans
l'Empire, l'inspecteur du PNF, qui représentait le
secrétaire du parti, était membre du conseil du Gouvernement général de l'Afrique orientale italienne
(AOI), et tous les secrétaires fédéraux siégeaient au
Conseil de l'AOI, institué auprès du Gouvernement
général. La nomination des podestats, lorsqu'il ne
s'agissait pas de fonctionnaires coloniaux, appartenait au gouverneur sur indication du secrétaire fédéral, qui était membre du conseil de Gouvernement et
de la Commission pour les mesures de police. Au-
delà des seules tâches d'encadrement, de contrôle et
d'éducation politique des Italiens et des indigènes, le
parti avait la responsabilité de représenter les catégories de producteurs à travers les offices de la production et du travail[43]. En 1937, en accord avec le
ministère de l'Afrique italienne, il fut décidé qu'en AOI
le parti devait intervenir, au-delà de l'activité sociale
et syndicale, dans le secteur économique pour « orienter, promouvoir et stimuler les diverses initiatives[44] ».

L'aspect le plus important de la stratégie d'expansion du PNF, ce furent les annexions accomplies au
détriment des autres potentats du régime. Tous les projets ne furent pas réalisés, mais les succès furent considérables compte tenu de l'importance des nouveaux
territoires annexés par le parti, après d'épuisantes
querelles. Les cas les plus significatifs concernent
l'organisation du temps libre et l'éducation des nouvelles générations. En 1926, le parti entra en compétition avec le ministère des Corporations pour le
contrôle de l'Œuvre nationale des loisirs (OND), le plus
puissant instrument de pénétration parmi les masses

laborieuses. Turati devint vice-secrétaire de l'OND, réussit à chasser le fondateur de l'organisation et, en tant que commissaire extraordinaire, mit toutes les associations de l'OND sous la coupe du parti ; en 1932, l'OND fut intégrée au PNF[45]. L'autre annexion conduite à terme fut la conquête, plutôt difficile, du monopole de l'éducation des nouvelles générations, que Starace réussit à mener à bien en 1937, en retirant au ministère de l'Éducation nationale l'Œuvre nationale Balilla, et en instituant une organisation de jeunesse unique, de 6 à 21 ans, dépendant du parti.

Les fanatiques du parti aspiraient certainement à des pouvoirs plus importants par rapport aux institutions traditionnelles de l'État, avec des velléités totalitaires alimentées par l'exemple du nazisme et du bolchevisme. Toutefois, si le parti ne parvint pas à être tout-puissant comme ils le souhaitaient, il réussit sans aucun doute à être omniprésent. Dans l'Italie des années 1930, les représentants du parti étaient partout : des organes centraux de l'État aux organes provinciaux, du Conseil supérieur de l'école à celui de la santé, du Conseil national de la recherche aux commissions de censure théâtrale et cinématographique, des commissions des prix littéraires à celles chargées de la surveillance du marché de gros des poissons ou du marché des céréales, des comités pour le tourisme à ceux des foires et expositions. Et partout le PNF inoculait le bacille de la bureaucratisation totalitaire, ne renonçant jamais à son projet de s'insinuer discrètement jusque dans les territoires que la « subordination à l'État » avait laissés hors de son orbite. Les mémorialistes fascistes sont quasi unanimes à soutenir que, notamment durant la période

de Starace, le PNF augmenta son pouvoir d'ingérence et de prévarication dans l'État. La responsabilité de ce système était attribuée, plus encore qu'à la
logique même du régime totalitaire, à Starace et à
Mussolini[46]. Le jugement de Dino Grandi, qui dut
affronter directement la politique d'infiltration et de
contrôle du Parti du temps où il fut ministre de la
Justice, du 12 juillet 1939 au 6 février 1943, vaut
pour tous :

> Au parti ont été conférés depuis peu des pouvoirs excep-
> tionnels. Il contrôle et régente toute la vie du pays. Le
> secrétaire du parti devient le n° 2 du régime. Il abandonne
> toute apparence de parti et devient une sorte d'immense
> caserne. [...] Cette vaste bureaucratisation du parti est sa
> perte. Les ministres, les préfets, les députés, la Cour, les
> militaires tremblaient. Starace était partout l'ombre de
> Mussolini, les Italiens haïssaient Starace, mais c'est Mus-
> solini qui faisait tout. [...] Il a été l'instrument par lequel
> la dictature a tué le fascisme[47]

Les accusations lancées par Ciano, Bottai, Boc-
chini et Buffarini Guidi contre les abus de pouvoir de
Starace et du PNF étaient probablement exagérées à
dessein pour rendre la position du premier suspecte
aux yeux du *duce*, mais elles révèlent précisément à
quel point la présence du parti était devenue envahissante et insidieuse aux yeux des autres «potentats»
du régime, spécialement après la guerre d'Éthiopie,
quand le régime accéléra le processus de totalitarisation qui contribua, directement ou indirectement, à
renforcer le rôle du parti[48].

L'engagement du PNF dans la nouvelle phase d'accélération du processus totalitaire après 1936 ainsi

que la participation active à la campagne raciste et à la transformation ultérieure de l'ordre constitutionnel servirent à renforcer sa présence dans le régime, notamment dans la perspective de l'«après Mussolini». Ce fut la revue même du *duce, Gerarchia*, qui en 1937 rappela avec autorité que le parti «représentait le nouvel État en puissance, en ce sens qu'il incombe au parti de sauvegarder, de réaliser concrètement l'esprit de la révolution des Chemises noires et de conduire tous les éléments qui composent la société nationale vers le nouvel État indiqué par Mussolini[49]».

Les effets du nouveau cours totalitaire se manifestèrent immédiatement au niveau institutionnel où le décret-loi du 11 janvier 1937, n° 4, conféra au secrétaire du parti le titre de ministre secrétaire d'État; de nouveaux statuts, publiés le 28 avril 1938, consacraient officiellement le PNF comme le «parti unique du régime», doté d'une personnalité juridique (art. 11) et précisaient que ses missions étaient «la défense et le renforcement de la révolution fasciste» et «l'éducation politique des Italiens» (art. 3). Le secrétaire du PNF eut un rôle prépondérant dans les travaux de la Commission Solmi, mise en place en 1936 pour préparer un projet de réforme de la représentation politique, et imposa le point de vue du parti dans l'élaboration de la loi du 19 janvier 1939, n° 129, qui institua la Chambre des Faisceaux et des Corporations et donna le coup de grâce aux derniers vestiges de l'État parlementaire en renforçant la «compénétration du parti et de l'État[50]». En 1941, à l'initiative du secrétaire du PNF Adelchi Serena, bon connaisseur de l'organisation du parti pour en avoir été le vice-secrétaire de 1934 à 1939 et avoir administré le secrétariat durant la campagne d'Éthiopie, d'autres mesures furent adoptées en vue de «renforcer la position du parti dans l'État». Le décret royal du 27 juin 1941, n⁰ 600, qui définit les attributions du secrétaire du PNF en tant que ministre, lui donna la faculté de proposer des mesures normatives pour tout ce qui concernait le parti et les organisations qui en dépendaient et établit que «toutes les mesures législatives, quel qu'en soit leur auteur et qui, du fait de leur portée politique, sociale et économique, font référence au parti, doivent être proposées en accord avec le secrétaire du PNF». Deux lois approuvées le 6 novembre de la même année reconnurent aux hiérarques du PNF le rang de dignitaires officiels et imposèrent la consultation préalable du parti pour les nominations, fonctions ou charges d'intérêt public ou de portée politique, y compris les nominations des podestats, des membres des assemblées consultatives communales, des présidents et des recteurs des provinces, qui avaient été jusqu'alors un motif permanent de conflit entre préfets et secrétaires fédéraux. Le parti avait en chantier d'autres projets législatifs visant à renforcer son propre pouvoir. Par exemple, un projet de loi aurait inclus le secrétaire fédéral parmi les membres de la Commission provinciale pour l'avertissement et l'assignation à résidence, afin d'assurer «la liaison nécessaire entre les organes de police et le parti, à des fins politiques[51]». Dino Grandi a affirmé qu'au cours du secrétariat de Serena il dut faire face à «l'assaut constant du parti contre nos institutions pour les affaiblir et transférer leurs pouvoirs et leurs compétences au seul parti fasciste». Le secrétaire du parti, raconte Grandi, élabora une proposition de loi qui prévoyait l'attribution des fonctions du Garde des Sceaux au Conseil d'État, transformé en un organe dépendant directement du *duce*, une autre proposition de loi pour faire publier le bulletin du PNF dans la *Gazzetta Ufficiale* et une troisième pour instituer un tribunal spécial chargé de juger les fascistes coupables de délits à caractère politique contre le PNF[52].

Cette activité législative peu connue du PNF fut élaborée et coordonnée par un Bureau d'études et de législation du parti, créé par Serena aussitôt après sa nomination, le 11 décembre 1940, et relevant directement de l'autorité du secrétaire du PNF, avec pour fonction de réaliser une «unité rigoureuse dans l'orientation de l'activité du parti et des organisations en dépendant», et, surtout, de «coordonner et promouvoir toutes les initiatives que le PNF et les organisations qui lui sont rattachées entendent assumer pour l'initiative ou la modification de lois, décrets, règlements de la compétence d'autres organes de l'État[53]». Durant les années de guerre, le parti tenta encore d'intensifier son rôle de «moteur de la révolution». Dans une publication officielle célébrant les vingt ans de la «marche sur Rome», le PNF exprima sans détour ses projets totalitaires, y compris à propos de l'État: «en un sens purement politique, le parti est sans doute supérieur à l'État» car il est «porteur de cet ensemble de valeurs politiques qui donne vie et substance à l'État, en lui imprimant une orientation déterminée[54]».

Le PNF célébrait le culte de l'État mais poursuivait en réalité un objectif effectivement anti-étatique, contre l'État existant, qu'il considérait comme une construction hybride mêlant le vieux et le neuf, encore inégalement fascisée, où survivaient trop d'institutions, d'hommes et de mentalités de l'ancien régime. Le PNF faisait acte de soumission à «l'État fasciste», entité mythique à peine esquissée dans la réalité du régime, mais revendiquait le droit d'être l'organe vital du fascisme, d'où émergerait le futur chef du régime, individu ou organe collégial. Il acceptait volontiers le rôle de «milice civile» de l'État fasciste aux ordres du *duce*, qui l'excluait de la décision souveraine, mais obtenait en échange des prérogatives et des fonctions qui avaient une portée politique considérable pour l'avenir du fascisme. En attendant de recueillir l'héritage du *duce*, le PNF se consacrait avec un soin particulier à occuper progressivement, avec son organisation, tous les espaces possibles dans la société, remplissant avec une méticulosité maniaque sa fonction de Grand Pédagogue des Italiens.

UN PEUPLE D'INSCRITS
À L'ÉCOLE DU «GRAND PÉDAGOGUE»

Cette fonction n'était pas un prix de consolation pour un parti privé d'autonomie et de pouvoir : elle était, dans la logique même du fascisme, une fonction essentielle et décisive pour la réussite de l'expérience totalitaire. Elle comprenait, outre l'encadrement et le contrôle, deux tâches dont dépendait l'avenir du fascisme : la fascisation des masses et la sélection de la classe dirigeante[55]. Le fascisme concevait la politique comme l'activité d'une *aristocratie du comman-*

dement qui façonnait une collectivité et la transformait en *masse politique*, en communauté organique unitaire. Le parti était l'organisation qui assurait la fusion et la transformation, qui accomplissait la résolution du «privé» dans le «public» selon le principe fasciste de la nature intégralement politique de l'existence, qui ne se réalisait pleinement que dans et par l'État[56].

La politique de masse du parti fasciste, même dans ses aspects les plus ridicules et les plus grotesques, avait pour objectif de fasciser les Italiens de tout sexe, âge et condition sociale, pour constituer une *communauté politique* idéologiquement et ethniquement homogène. L'aspect chorégraphique, liturgique et ludique du parti, qui absorbait une grande partie de son activité et de ses énergies, était un des principaux instruments de socialisation fasciste des individus et des masses — mission accomplie en pleine conscience de ses objectifs politiques : «Les rassemblements populaires, le sport de masse, la foule vivante dans le stade, le chant choral, le théâtre de masse, les campings et colonies sont autant d'expressions d'une vie collective, destinées à donner à la nation le sentiment d'une existence unitaire» et «constituent une chaîne de formes de vie qui répandent le sens collectif de l'existence et en font le substrat psychologique de notre peuple[57]». En ce sens, le parti mettait en œuvre une politisation de la société civile, associée à l'accroissement de l'emprise de l'État-parti, pour obtenir le dévouement intégral de l'individu et des masses à l'État et à la puissance de la nation. Aucun aspect, aucune dimension de la vie ne pouvaient être conçus hors de la sphère de la politique, c'est-à-dire de l'État.

La politique collective du parti tendait à une mobilisation permanente grâce à une organisation ramifiée qui ne devait pas laisser d'«espaces privés» dans l'existence de l'individu et des masses. Avec la campagne démographique qui taxait les célibataires et encourageait et récompensait les couples prolifiques, ceux qui donnaient des enfants à la patrie, le fascisme dénatura aussi à ses fins le concept traditionnel de famille.

À titre d'exemple, il est bon d'observer la mise en œuvre de cette pédagogie totalitaire à la base de l'organisation capillaire du parti : les groupes de quartier[58]. Le groupe de quartier rassemblait les fascistes d'une partie de la ville. Chaque groupe était divisé à son tour en secteurs, et chaque secteur en cinq noyaux. Les chefs d'immeuble, institués en 1936 pour «rendre toujours plus intense et diffuse l'action capillaire du parti» (art. 58 du règlement du PNF), relevaient du Noyau. L'articulation et la multiplication des hiérarchies périphériques avaient une double fonction. Avant tout, placer les vieux fascistes et donner une parcelle de pouvoir aux fascistes zélés pour prix de leur fidélité et de leur dévouement à l'organisation. Les chefs de secteur et les chefs de noyau devaient être principalement choisis parmi les vieux squadristes et les jeunes provenant de la *leva fascista*. Parallèlement, les groupes de quartier et les infrastructures capillaires fonctionnaient comme des instruments directs de contrôle des masses et d'organisation du consensus, dès lors que chaque famille et chacun de ses membres pouvait être connu, fiché, encadré et contrôlé. Toutes les activités politiques, d'assistance et de loisir du parti étaient articulées autour du

Groupe de quartier. L'action principale concernant les masses était naturellement tournée vers l'assistance, surtout durant les années de la « grande crise ». Outre qu'il signalait les désordres et enregistrait l'état d'esprit des masses, le groupe de quartier fournissait aussi un soutien médical et légal, s'occupait des enfants grâce aux crèches et aux colonies de vacances, secourait les familles dans le besoin. Son action s'orientait plus spécialement vers les couches ouvrières les plus réfractaires à une fascisation immédiatement idéologique, pour « faire des ouvriers, qui ont eu durant des années une éducation opposée aux directives politiques actuelles, une masse disciplinée et obéissant aux préceptes du régime [59] ».

Un rôle spécifique était assigné aux organisations féminines du parti dans la mise en œuvre de la politique totalitaire. Les premiers Faisceaux féminins étaient apparus en 1920 et, dès avant la « marche sur Rome », avaient même épaulé les Faisceaux masculins dans quelques actions squadristes. Mais les statuts de 1921 et les suivants cantonnèrent définitivement leur action dans le domaine de la propagande et de l'assistance [60]. Le fascisme réserva toujours l'activité politique, au sens strict, aux hommes tandis que le rôle de la femme, tel qu'il le concevait, était exclusivement déterminé par sa fonction d'épouse, de mère et d'éducatrice familiale [61]. Le fascisme montra son aversion au féminisme et à l'émancipation de la femme, leur opposant un modèle de *nouvelle féminité* qui reproduisait les modèles traditionnels de soumission de la femme à l'homme. Toutefois, à sa façon, la politique totalitaire du parti introduisit une mobilisation des femmes hors de la sphère familiale et privée en les impliquant, à différents niveaux, dans l'organisation du parti, pour l'exécution du programme de fascisation des consciences et des comportements. En ce sens seulement, le fascisme considéra la femme comme «la meilleure collaboratrice» de l'éducateur fasciste pour «harmoniser l'esprit de la famille avec celui de l'État, en éduquant à la patrie, selon la volonté du *duce*, le citoyen travailleur et discipliné, désintéressé, probe, loyal, franc et courageux[62]». À la femme, en tant qu'épouse et mère, était confié le devoir de donner des fils à la patrie et d'éduquer l'«homme fasciste» durant ses premières années, mais elle devait également s'engager hors de la famille, au service du parti, pour accomplir les activités d'assistance sur lesquelles s'appuyait une grande partie de la politique totalitaire destinée à conquérir le consensus des masses.

Comme le notaient dans les années 1930 des observateurs communistes, l'organisation capillaire fut le moyen le plus important, et peut-être aussi le plus efficace, pour la mise en œuvre de l'expérience totalitaire parmi les masses :

> Le contrôle fasciste a une bonne organisation à base territoriale [...]. Les Groupes de quartier déploient une intense activité de propagande et d'intervention. Ils organisent souvent des réunions de masse à leurs sièges, interviennent auprès des propriétaires afin de faire retarder l'expulsion des chômeurs, s'efforcent de concilier les parties adverses, rappellent à l'ordre, à la demande de la famille, un mari ou un père alcoolique, etc. Ainsi qu'on le lit quotidiennement dans la presse, la police y prend part elle aussi. Au cours des derniers mois, le parti fasciste a perfectionné cette méthode dans toute l'Italie, décidant de décentraliser l'activité des Groupes de quartier et de créer des noyaux

de fascistes dirigés par des hommes de confiance dans chaque rue ou chaque groupe de rues.

Par toutes ces méthodes, le fascisme a organisé et contrôle la grande majorité de la population active. Les masses, en particulier les jeunes, participent à la vie des organisations fascistes et surtout des Loisirs (le Dopolavoro), parce que ceux-ci répondent aux nécessités de la vie sociale et offrent certains avantages [...]. Tous les rapports de nos organisations de base reconnaissent que ces méthodes fascistes facilitent toutes la diffusion de l'idéologie fasciste dans les masses et parmi nos camarades eux-mêmes [63].

Les résultats n'étaient pas toujours aussi encourageants. La situation variait naturellement suivant les villes, les provinces et les régions. Le degré de fonctionnalité et d'efficacité de l'activité des Fédérations, des Faisceaux et des organisations capillaires était conditionné par le milieu, la diversité des situations sociales, le développement de l'organisation, la capacité des personnes et l'attitude de la population envers ces formes de contrôle, d'encadrement et de mobilisation continue. La présence de fortes traditions associatives catholiques ou socialistes constituaient, par exemple, un obstacle tenace à la fascisation, comme l'était, à l'inverse, l'absence de toute tradition associative, notamment dans le Sud, hormis peut-être dans les grandes villes. Surtout dans les régions les plus arriérées du Mezzogiorno, le parti rencontrait de grandes difficultés à mobiliser la population en un sens totalitaire. La situation décrite par le secrétaire fédéral de Nuoro peut être considérée comme typique de nombreuses régions méridionales :

La population de la province a l'esprit patriotique, elle est suffisamment disciplinée, mais, dans sa grande majo-

rité, elle n'a pas encore compris le mouvement fasciste en
tant que mouvement révolutionnaire. Le PNF est considéré comme le parti du gouvernement, le parti de l'ordre
et rien de plus. La bataille pour l'Italien nouveau est, ici, la
plus dure à livrer.

Le secrétaire fédéral ne craignait pas des actes
contre le régime, mais voyait

une énorme difficulté pour révolutionner les méthodes et
les façons de vivre, une énorme difficulté pour faire vibrer
de la passion la plus pure la masse, laquelle considère le
Parti fasciste exclusivement comme le parti de l'ordre et
de la force, et non comme le parti de la Révolution permanente. On apprécie et on aime le fascisme pour ce qu'il a fait
et pour ce qu'il fait, mais on ne brûle pas de cette flamme
nécessaire pour abattre les obstacles du vieux monde et
pour construire et façonner une vie nouvelle dans la haute
tension idéale que veut le *duce*[64].

LA PÉPINIÈRE DES « VRAIS CROYANTS »

Le parti était conscient de cette réalité et considérait que seul un travail à long terme aurait pu permettre une fascisation effective des individus et des
masses. Penser à long terme signifiait cependant
affronter dans le présent le problème de la consolidation du régime, c'est-à-dire assurer au parti la
conservation du pouvoir, y compris après la disparition du *duce*. Dans cette perspective, la fascisation des
nouvelles générations était pour le PNF une question
vitale. Aussi investit-il une bonne partie de ses énergies et de son action dans l'organisation des jeunes
générations, y voyant un matériau humain encore

intact et donc plus malléable en accord avec les idéaux du fascisme[65]. Gagner les nouvelles générations au parti était la seule manière sûre de garantir l'avenir de l'État fasciste.

Durant les premières années du régime, l'éducation fasciste des enfants de 6 à 18 ans fut confiée aux organisations des Balilla et des Avant-Gardistes de l'Opera nazionale Balilla, instituée par la loi du 3 avril 1926, n⁰ 2247. L'organisation fut, dans un premier temps, rattachée au parti et placée sous la direction d'un de ses vice-secrétaires, mais en 1929 elle fut placée sous l'autorité du nouveau ministre de l'Éducation nationale, ainsi que les organisations des Petites et des Jeunes Italiennes. Le PNF ne pouvait certainement pas tolérer la perte d'un instrument aussi important et se lança aussitôt dans une opération de concurrence et de reconquête. Le premier pas fut accompli par Giuriati, en octobre 1930, avec l'institution de Faisceaux de combat pour la jeunesse, qui encadraient les jeunes de 18 à 21 ans, avant leur entrée dans le parti. Starace poursuivit l'offensive tant contre le ministre de l'Éducation nationale que contre le puissant chef de l'Œuvre nationale Balilla, Renato Ricci, dans le but de conquérir le monopole de l'organisation et de l'éducation fascistes des nouvelles générations. En 1937, il couronna cette action avec l'institution de la Gioventù Italiana del Littorio (Jeunesses fascistes, GIL) qui fusionna toutes les organisations de jeunesse sous l'égide du PNF (décret-loi royal du 27 octobre 1939, n⁰ 1839). La GIL devint «l'organisation unitaire et totalitaire des forces de la jeunesse du régime fasciste», dans le cadre du PNF, mais avec une administration séparée, et relevant directement du Secrétaire du parti qui en était le commandant général[66].

La GIL avait pour tâche la préparation spirituelle, sportive et prémilitaire, l'enseignement de l'éducation physique dans les écoles élémentaires et secondaires, l'institution et la mise en œuvre de cours, écoles, collèges, académies correspondant aux finalités de la GIL, l'assistance par le biais des camps, des sanatoriums, du patronage scolaire ou d'autres moyens. L'inscription à la GIL était au début volontaire mais par la suite, avec la Charte de l'école, l'activité scolaire et celle assurée par la GIL devinrent un service unique et obligatoire. L'organisation de jeunesse du PNF prit une dimension imposante : fin 1941, la GIL comptait 8 118 818 affiliés, encadrés dans 2 354 bataillons masculins, 5 000 cohortes féminines, y compris les Fils de la louve, commandés et éduqués par 33 958 officiers, 250 000 dirigeants et 417 175 gradés hommes et 450 000 femmes[67]. Pour donner une «éducation intégrale au jeune appelé à occuper des postes de responsabilité dans l'organisation», la GIL disposait de ses propres écoles : deux collèges pour orphelins de guerre, deux académies d'éducation physique, une d'escrime, un conservatoire de musique, deux collèges de spécialisation militaire, deux collèges navals, un collège d'aéronautique, deux écoles de magistrature pour hommes et un pour femmes, deux collèges pour le chant choral, trois écoles normales de garçons et de filles, deux pour les commandants et les dirigeants féminins. Pour la formation de ses cadres, la GIL avait une académie qui assurait la formation des dirigeants et des instructeurs, et organisait des cours pour officiers et gradés, pour instituteurs, pour enseignants et dirigeants du secondaire. On peut également mesurer l'exceptionnel engagement du fascisme dans l'organisation de jeunesse au flux constant et croissant d'argent mis à sa disposition par l'État : en 1939, la contribution financière de l'État atteignit 200 millions ; pour l'exercice budgétaire 1942-1943, dans un État rendu déjà exsangue par la guerre, la contribution s'éleva à un milliard et 130 millions, chiffre d'autant plus étonnant comparé aux 500 millions de budget du PNF[68].

La GIL devait constituer un véritable laboratoire pour la formation de l'*Italien nouveau* et de l'*Italienne nouvelle*, une école de masse du PNF où l'on pourrait former des générations intégralement fascistes. Dans cette masse de fascistes intégraux, le parti aurait ensuite sélectionné et préparé les futurs dirigeants destinés à la nouvelle aristocratie du commandement. Le succès de l'expérience totalitaire dépendait en grande partie de la capacité d'engendrer une nouvelle classe dirigeante :

> Le régime ne sera définitivement victorieux, absolu et impérissable, avait déclaré Turati en 1927, que le jour où nous saurons qu'à chaque poste de commandement — de celui de général à celui de caporal — il y a une chemise noire qui ait dans l'âme, intact, l'esprit de la révolution, la tête et la volonté bien façonnées, suivant la conception de l'Italien nouveau que le *duce* a exprimée avec lucidité et génie[69].

En 1935, le PNF organisa dans chaque Fédération des Cours de préparation politique pour «promouvoir la préparation de ceux qui formeront les cadres de la nation fasciste de demain», mais sans «faire penser, même de loin, à l'instauration d'une sorte de professionnalisme politique que le fascisme abhorre clairement». Les cours étaient ouverts aux jeunes volontaires de 23 à 28 ans «qui possèdent des qualités particulières d'intelligence, de volonté, de caractère, démontrées dans les diverses organisations dont ils proviennent[70]». La formation concernait surtout l'étude de l'organisation du parti et du régime. Parmi les jeunes les mieux classés, le secrétaire du PNF choisissait ceux qui, une année durant, devaient servir auprès des fédérations des Faisceaux, des institutions du régime, des entreprises agricoles et commerciales. Les cours se déroulaient dans chaque fédération sous la direction du secrétaire fédéral et étaient confiés aux groupes universitaires fascistes.

Le 3 janvier 1940, fut créé un Centre national de préparation politique afin de «stimuler les meilleures énergies des nouvelles générations dans le but de préparer des éléments capables d'assumer des fonctions de responsabilité spécifiques dans chaque secteur de la vie nationale». Le Centre dépendait du secrétaire du parti, avait son siège à Rome, au Forum Mussolini, et était ouvert à tous les membres du PNF de moins de 28 ans ayant accompli leur service militaire et remplissant au moins une de ces conditions: avoir obtenu un diplôme aux cours provinciaux de préparation politique, avoir été classé aux *Littoriali* ou avoir obtenu le diplôme de l'Académie de la GIL avec une préférence pour les jeunes qui avaient pris part aux «guerres pour la Révolution». Les matières enseignées dans les cours de préparation politique étaient les suivantes: doctrine du fascisme, histoire de la révolution fasciste, organisation et fonctions du

PNF, structure de l'État fasciste, économie politique et corporative, politique impériale de l'Italie fasciste, politique de la race, législation sociale et culture militaire. L'organisation des «cours de préparation politique» était confiée aux Groupes universitaires fascistes. Créés en mars 1920, les GUF étaient devenus les centres les plus fervents et les moins orthodoxes de mobilisation des jeunes intellectuels pour la fascisation de l'université [71].

À travers leurs organes de presse, les GUF maintinrent dans le fascisme un espace de discussion critique, qui servait d'exutoire à l'activisme inquiet des jeunes les plus engagés dans les mythes du fascisme révolutionnaire, critiques envers la bureaucratie du régime et partisans enthousiastes d'un rôle plus entreprenant et plus dynamique du PNF. Le parti montra à l'égard de ces jeunes une attitude ambivalente de soutien et de méfiance, et tenta de canaliser leur activisme en développant une sorte d'esprit de compétition culturelle, grâce aux épreuves des *Littoriali* où une certaine liberté d'expression était autorisée, qui pouvait être en même temps une soupape de sécurité, un thermomètre pour apprécier l'orientation des nouvelles générations et un centre d'observation pour le choix des futurs dirigeants du parti. Les GUF devaient être une pépinière pour les instances du parti; à partir des années 1930, elles fournirent en effet 57 dirigeants dont 54 secrétaires fédéraux, dix membres de la direction nationale, deux vice-secrétaires et un secrétaire général du parti.

Les nouvelles générations, élevées en vase clos, n'appréhendaient la réalité qu'à travers les catégories d'analyse du fascisme et avaient peu de moyens pour résister à son appel, qui paraissait exaltant et plein d'avenir. C'est pourquoi, ainsi que le soulignait la presse communiste en 1934, le parti put trouver chez les jeunes ses militants les plus actifs et la participation la plus enthousiaste à l'expérience totalitaire :

> Il est indubitable que cette action idéologique et organisationnelle du fascisme laisse des traces profondes. Cette masse des jeunes qui ont grandi dans les longues années de la dictature fasciste, qui n'ont pas connu les horreurs de la guerre impérialiste et n'ont pas vécu les années de lutte des classes ouverte et légale, ont cru plus facilement à la démagogie chauvine et sociale du fascisme. Nier, ou même sous-évaluer, l'influence fasciste sur les nouvelles générations (il faudrait dire l'influence particulière, puisque, quoique dans une moindre mesure, elle touche aussi les masses adultes), c'est nier la réalité[72].

LA MANIE DE L'ADHÉSION
ET L'OBSESSION DU DESTIN

Le problème principal du parti était de transformer la domination organisée en une conquête des consciences qui fît de l'adhésion au fascisme un acte spontané, naturel, normal pour tout nouveau-né italien. En attendant d'en arriver à cet état de «normalité totalitaire», le parti se livrait à un simulacre plus immédiat et plus pratique, avec sa manie de l'organisation et de l'adhésion, inscrivant les masses à l'école du Grand Pédagogue dès la naissance. Une circulaire du PNF du 26 avril 1940 fit savoir aux responsables des Faisceaux féminins que le commandant général de la GIL avait décidé l'adhésion aux Fils de la louve dès le «premier âge»; le Faisceau féminin

devait donc envoyer auprès de la famille du nouveau-
né une «visiteuse fasciste», portant un ruban blanc
avec le sigle «GIL», et une autre chargée de délivrer
une carte gratuite de Fils de la louve au nom du
nouveau-né.

La manie de l'inscription était un des aspects de la
frénésie avec laquelle le parti, tout au long de sa tra-
jectoire, avait travaillé pour équiper son laboratoire
totalitaire, obsédé par l'idée de devoir forger les nouveaux Italiens pour relever le défi du temps et du
destin. L'«heure fatidique du destin» pouvait sonner
et trouver les Italiens mal préparés à saisir l'occasion
historique d'accomplir un nouveau bond en avant
dans la politique mondiale. Par sa «vertu», le génie
du *duce* aurait l'intuition de l'occasion offerte par la
«fortune» mais, quand sonnerait l'heure fatidique,
le matériau humain pour prendre d'assaut l'histoire
devait être prêt. Mussolini, obsédé par l'idée du temps
et du destin, craignait de ne pas avoir le matériel
humain nécessaire pour «faire l'histoire». Il jugeait
les Italiens de son époque corrompus par des siècles
de décadence et d'esclavage, d'anarchisme et d'individualisme, et c'est pourquoi il fallait les soumettre
à une rééducation intensive. L'organisation du parti
était le corset orthopédique destiné à corriger les
vieilles difformités des Italiens et à former le caractère discipliné et guerrier des «nouveaux Italiens».
Convaincus que l'habit ferait le moine, les fascistes
pensaient que la pédagogie du PNF, en agissant
sur les comportements, modifierait également les
consciences. La construction frénétique du laboratoire totalitaire, la manie organisationnelle et pédagogique du PNF trouvaient leur raison d'être dans

cette obsession hallucinée du destin, dans la volonté de «durer» au sein du mouvement accéléré des temps modernes, dans l'ambition délirante de saisir l'occasion fatale de «faire l'histoire».

À la fin de 1939, Starace pouvait affirmer au *duce* que la construction du laboratoire était achevée:

> La structure capillaire a été développée jusqu'à ses limites extrêmes: cela ne signifie pas uniquement que le mécanisme d'organisation a été poussé jusqu'à un degré très élevé, mais surtout que l'œuvre de cohésion et d'éducation, menée par le parti, a atteint l'unité minimale à laquelle elle pouvait s'adresser: l'individu. La création de l'homme, de l'Italien nouveau de Mussolini, capable de croire, d'obéir, de combattre, est en effet l'objectif constant que le parti s'est fixé de toutes ses forces [73].

Comme preuve des résultats obtenus, le zélé secrétaire pouvait invoquer le nombre des adhérents au parti pour une population totale de 43 733 000 habitants:

Faisceaux de combat	2 633 514
GUF	105 883
GIL	7 891 547
Fils de la louve	1 546 389
Balilla	1 746 560
Petites Italiennes	1 622 766
Avant-Gardistes	906 785
Jeunes Italiennes	441 254
Jeunes fascistes	1 176 798
Jeunes filles fascistes	450 995
Faisceaux féminins	774 181
Ménagères rurales	1 481 321
Ouvrières travaillant à domicile	501 415

Assoc. fasciste de l'école	170 573
École élémentaire	121 437
École secondaire	40 896
Universitaires	3 272
Assistants d'université	2 468
Beaux-Arts et bibliothèques	2 500
Assoc. fasciste de la Fonction publique	294 265
Assoc. fasciste des chemins de fer	137 902
Assoc. fasciste des PTT	83 184
Assoc. fasciste des employés du secteur public	120 205
OND	3 832 248
UNUCI	259 865
CONI	809 659
INI	198 522
Assoc. nat. des mutilés et invalides de guerre	200 116
ANC	802 468
Armée	1 309 600

Les chiffres étaient stupéfiants, mais plus d'un fasciste se demandait combien d'adhérents étaient croyants et pratiquants. Nous sommes ici face à un des problèmes les plus complexes et les plus controversés du fascisme. Évaluer, au-delà du nombre de cartes, l'adhésion des consciences est difficile, tant du fait de l'absence d'analyses spécifiques que de la fluidité d'un phénomène tel que le «consensus» dans un régime totalitaire. Toute généralisation serait trompeuse. Exclure la présence du consensus serait aussi irréaliste et arbitraire que de présumer un chœur de soutiens unanime et durable. Une analyse du consensus devrait nécessairement s'articuler en différents segments distincts suivant les conditions sociales, le

lieu, le temps, le sexe, l'âge, et devrait également iso-
ler ses motivations et ses sources principales (le
mythe de Mussolini, l'image du fascisme, l'action du
parti, etc.). Dans le cas du parti, nous avons indiqué
certains aspects du consensus qu'il a réussi, à des
degrés d'intensité divers, à conquérir avec le monopole et la professionnalisation de la carrière politique, avec l'activité d'assistance et de loisir pour les
masses, avec l'encadrement et la mobilisation des
jeunes. Cependant, de nombreux symptômes révèlent
que la politique du parti provoquait dans les masses,
à la fin des années 1930, des réactions négatives au
fur et à mesure qu'elle devenait envahissante et oppri-
mante à force d'encadrement et de mobilisation. Au
début de 1939, un informateur de la police indiquait
clairement les raisons de ces réactions :

> On reproche beaucoup au régime fasciste d'avoir enca-
> dré dans diverses organisations toutes les catégories de
> citoyens et de tendre à les enfermer dans des cercles tou-
> jours plus étroits afin d'en limiter et d'en contrôler toutes
> les activités. On observe que cette volonté d'encadrer l'ac-
> tivité des individus dans tous les domaines supprime toutes
> les libertés et étouffe toutes les initiatives ; aussi les indivi-
> dus eux-mêmes tolèrent-ils mal les limites qui leur sont
> imposées et l'ingérence du Régime dans tous les domaines,
> en particulier dans ceux où ils jugent injustifiée pareille
> ingérence. Dès lors, on assure qu'il s'agit d'un système
> d'enfermement qui devient toujours plus insupportable.
> Aujourd'hui, tous supportent et s'abstiennent de mani-
> fester ouvertement leur contrariété par peur, mais on
> pense que, dans l'éventualité d'un échec qui ébranlerait le
> régime, on pourrait s'attendre à une réaction violente à cet
> enfermement.
> On considère, dit-on, que si l'on accordait plus de liberté,
> une liberté plus large, même opportunément contrôlée, à

l'initiative et à l'activité des individus, le régime recueille-
rait un très large assentiment et y gagnerait de fortes sympathies et que, dans l'éventualité d'un échec, la réaction
serait limitée, voire négligeable[74].

Avec la guerre, le sentiment de malaise et de crise
du parti alla croissant avec la perspective d'une défaite
militaire. Les partisans d'une intensification du processus totalitaire réclamèrent une action renforcée
pour achever la transformation des institutions et
continuèrent à valoriser le rôle et la fonction du parti
comme «moteur de la révolution continue». La presse
de la jeunesse fasciste était la plus virulente quand il
s'agissait de contester la validité des résultats et d'exiger une reprise de la révolution et une plus grande
participation à la vie du parti. On exaltait le rôle du
parti qui «est et doit être encore aujourd'hui l'instrument magique au service de la révolution» mais le
parti réel courait toujours davantage le risque d'«être
suffoqué et annihilé par de trop lourdes tâches de tous
ordres[75]». Découragés par la contradiction criante
entre le programme et la pratique, les jeunes fascistes qui croyaient au mythe de l'État nouveau totalitaire polémiquaient contre la bureaucratisation du
parti et le gigantisme de l'organisation : «Il est temps
d'étudier sérieusement le problème, et de décider si
l'on veut laisser le parti vivre de sa vie propre ou
si l'on veut baigner dans l'illusion qu'un tel masto-
donte, qu'une telle masse d'individus constitue une
force politique et exprime vraiment une volonté et
un mouvement[76].» La politique de l'«adhésion ali-
mentaire», suivant le mot d'un nostalgique du parti
d'élite[77], donnait une image trompeuse de puissance.

En 1942, le *duce* proféra une déconcertante banalité en reconnaissant que les adhésions ne suffisaient pas à révéler «l'essence et la vitalité d'un organisme. Encore faut-il que, derrière ces chiffres, il y ait des hommes, que derrière ces chiffres il y ait des consciences[78]».

Tout au long de la parabole du fascisme, les idéologues du parti avaient discuté du problème du «parti fermé» et du «parti ouvert», du parti d'élite et du parti de masse. Mais le parti continua à croître et à s'étendre, en vertu d'une logique totalitaire qui attribuait une grande efficacité à l'organisation pour transformer les consciences et réussir l'expérience totalitaire. Durant les années de guerre, la machine du parti remplit ses tâches traditionnelles, mais grevée d'un excès de fonctions et de compétences qui s'étaient accumulées depuis vingt ans, alors que la guerre soustrayait à l'organisation les éléments peut-être les plus efficaces et les plus actifs.

Le «parti de la jeunesse» vieillissait sans véritable circulation des élites dirigeantes aux sommets de la hiérarchie. En 1921, l'âge moyen des dirigeants nationaux du PNF était de 33 ans, celui des dirigeants provinciaux (sur 50 pour lesquels on est renseigné) de 30 ans; en 1940, l'âge moyen des hiérarques supérieurs du PNF était de 39 ans et celui des 105 secrétaires fédéraux de 38. Le pouvoir de l'organisation était encore presque entièrement entre les mains de la génération qui avait fait la révolution et se montrait peu disposée à transmettre les rênes à la nouvelle génération de fascistes élevés par le parti: sur les 16 membres du directoire national, en 1940, 15 avaient adhéré avant la «marche sur Rome», comme 90 des 105 secrétaires fédéraux. Un rajeunissement éphémère se produisit en 1941 lorsque l'âge moyen des dirigeants nationaux descendit à 39 ans : deux jeunes de 31 et 30 ans, provenant de la *leva* de 1928, furent nommés membres du directoire, tandis que les onze autres étaient tous des fascistes d'avant la «marche sur Rome» avec un âge moyen de 41 ans. Un jeune secrétaire fédéral de 27 ans, Aldo Vidussoni, inscrit au parti lors de la *leva* de 1936, eut la lourde tâche de diriger la machine du parti durant la période la plus difficile de son histoire. Dans le dernier directoire, l'âge moyen des hiérarques passa à 42 ans et seul un des membres provenait de la *leva* de 1934. Le 25 juin 1943, un mois exactement avant l'écroulement du régime, le secrétaire du PNF procéda à un ultime recensement : les faisceaux comptaient 4 770 000 inscrits, dont 1 600 000 à la guerre[79].

Après le long mandat de Starace, qui avait renforcé le pouvoir écrasant du PNF, la succession rapide de nouveaux secrétaires, imposée par Mussolini, précipita la crise du parti, augmentant son discrédit parmi les masses, le désarroi et la défiance même chez les fascistes convaincus et actifs. La politique de Muti, en voulant démanteler le «staracisme», eut des effets délétères, désorganisa et bouleversa le parti. Adelchi Serena essaya de replacer le parti en position de force, en consolidant son rôle dans l'État. Toutefois, pour autant qu'on puisse le savoir, l'intervention du PNF dans le cours des événements, notamment durant le secrétariat d'Aldo Vidussoni, ne fut guère efficace et ce n'est pas l'ultime effort du dernier secrétaire, Carlo Scorza, ancien squadriste du fascisme intransigeant nommé en avril 1943, qui permit de redonner de l'élan au parti d'un régime agonisant.

CHAPITRE 9

Le fascisme
comme religion politique

*Il n'est jamais venu à l'idée du philosophe ratio-
naliste que je suis que l'on puisse à jamais tarir la
source des mythes*

B. CROCE

*En tant que tel, l'historien ne connaît pas de
fausses religions ni de religions vraies, mais uniquement des formes religieuses différentes dans
lesquelles s'exprime la religion.*

R. PETTAZZONI

Dans la société moderne, on le sait, la sécularisation n'a pas produit de séparation définitive entre les
sphères religieuse et politique. Dès l'époque de la
Révolution américaine, avec la naissance et l'essor
de la politique de masse, les limites entre politique et
religion, jamais effectivement abolies, se sont à nouveau brouillées, mais cette fois c'est la politique qui
devait prendre une dimension religieuse autonome,
en devenant un des principaux lieux de la métamorphose du sacré dans le monde contemporain. Amorcé
à l'époque moderne dans la civilisation occidentale,
le processus d'autonomisation et de laïcisation du

pouvoir politique s'est accompagné d'un processus de *sacralisation de la politique* qui s'est manifesté pour la première fois au temps des « révolutions démocratiques » et s'est poursuivi tout au long du XIXᵉ siècle pour atteindre ses moments de déploiement et d'affirmation maximaux dans la première moitié du XXᵉ siècle avec l'institutionnalisation des religions politiques des mouvements totalitaires[1].

Le fascisme et le nazisme ont donné une impulsion décisive à la sacralisation de la politique dans la civilisation occidentale, mais la démocratie, le socialisme et le communisme ont eux aussi contribué à la naissance de nouveaux cultes séculiers. La propension des mouvements politiques modernes à revêtir des aspects religieux, dans l'idéologie, dans le mode de vie, dans les activités de socialisation et d'intégration de leurs affiliés, avec la formulation de tout un ensemble de croyances, avec le culte fidéiste des chefs et l'adoption de rites et de symboles était déjà connue à la fin du XIXᵉ siècle. De manière significative, dans un chapitre de ses *Elementi di scienza politica*, Gaetano Mosca traita en même temps du phénomène associatif des « Églises, partis et sectes », interprétant les manifestations religieuses de la politique à travers les catégories du positivisme, y reconnaissant un produit du besoin de foi des masses et de l'astuce démagogique des hommes politiques[2]. À la même époque, la définition de la « nouvelle religion » fut, pour Gustave le Bon et Vilfredo Pareto, la clé d'interprétation du socialisme sur la base d'une réévaluation pessimiste de la force irrépressible de l'irrationnel dans l'histoire et la politique[3]. Depuis lors, de nombreux progrès ont été accomplis dans l'analyse de la dimension religieuse de la politique dans la société moderne et, surtout, dans la définition du phénomène des nouvelles religions séculières[4].

La sacralisation de la politique est un phénomène moderne, même s'il se nourrit et se développe en assimilant les traditions des religions prémodernes parce qu'il naît de conflits propres à la modernité, de la tension structurelle inhérente, ainsi que l'a souligné Gino Germani, à la société moderne, «entre la scolarisation croissante d'un côté, la nécessité de maintenir un noyau central prescriptif minimal suffisant pour l'intégration, de l'autre»: «Cette tension est la conséquence de la contradiction entre le caractère expansif de la sécularisation et la nécessité de maintenir un contrôle universellement accepté sans lequel la société cesserait d'exister en tant que telle[5].»

Dans la société sécularisée, les religions naissant de la sphère politique sont une des réponses à la demande d'intégration, institutionnalisée à travers le mouvement, le parti, l'État et d'autres formes d'organisation possibles, qui agissent aussi comme système de croyances religieuses. Aussi les religions politiques séculières ne doivent-elles pas être analysées essentiellement dans la perspective de l'expédient démagogique, qui y est bel et bien présent, mais en tant qu'expressions sociales d'une exigence collective quand la collectivité, dans les moments de crise ou de tension extraordinaire causée par les conflits de la société moderne, aspire à les dépasser en récupérant un sentiment total de la vie comme fondement d'une nouvelle stabilité, en adhérant aux mouvements politiques qui promettent de dépasser le chaos dans une dimension d'ordre communautaire plus haute. Les religions séculières ont donc pour fonction de garantir et de consolider un «noyau central prescriptif» qui puisse assurer l'intégration; et elles peuvent avoir des degrés d'intensité et de dangerosité divers pour un système démocratique, suivant qu'elles se manifestent sous les formes discrètes de la *religion civile*, typique de la «société ouverte», ou dans les formes intégristes de la *religion politique*, typique de la «société fermée». Si la démocratie est toujours vulnérable en raison des tensions inhérentes à la société moderne, sa survie même est menacée quand il devient nécessaire d'assurer un «noyau central prescriptif»: la menace tient alors à la présence d'une *religion politique*, plutôt que d'une *religion civile*, laquelle peut cependant prendre à son tour des aspects autoritaires et intégristes, pour se transformer en *religion politique*.

Les mouvements totalitaires comme le bolchevisme, le fascisme et le nazisme se sont affirmés comme des religions politiques, ont intensifié l'aura sacrale qui a toujours entouré le pouvoir, conférant ainsi une puissance «numineuse» à l'État, au Parti, au Chef, ou s'arrogeant la fonction, propre à la religion, de définir le sens de la vie et la fin ultime de l'existence. Les religions politiques, pour reprendre les analyses de Jean-Pierre Sironneau, reproduisent la structure typique des religions traditionnelles articulée dans les quatre dimensions fondamentales de la foi, du mythe, du rite et de la communion, et se proposent de réaliser, au moyen de l'État et du Parti, une «metanoia» de la nature humaine, dont doit naître un «homme nouveau» régénéré et entièrement intégré à la communauté. Pour reprendre la distinction de Raffaele

Pettazzoni, ce sont des « religions de l'État » déterminées à remplacer les « religions de l'homme » dans la
conscience collective[6]. Et la société moderne a fourni
aux religions politiques de puissants instruments pour
organiser la vie collective comme un immense laboratoire humain, où le Parti et l'État, opérant sur le
corps social, accomplissent des expériences en vue
de créer l'« homme nouveau ».

Les aspects du bolchevisme et du nazisme comme
religions politiques ont été déjà étudiés, tandis que
les chercheurs, dans cette perspective, ont longtemps
négligé le fascisme. Par exemple, dans son esquisse
d'histoire de l'Italie religieuse, Pettazzoni passe de
la religiosité laïque du Risorgimento à la religiosité
laïque de la Résistance en ignorant totalement le fascisme, qui a pourtant été, dans l'Italie unie, la seule
religion séculière institutionnalisée au sien de l'État[7].
Mais les études plus récentes des religions séculières
ont elles aussi négligé l'analyse de la religion politique fasciste. Sans prétendre offrir une telle analyse,
ce chapitre se contentera de quelques indications sur
les origines, les caractères, la fonction et le sens de la
religion politique dans le fascisme tout en annonçant,
dans ses grandes lignes, les thèmes et les problèmes
d'une recherche qui nous semble utile non seulement
pour une meilleure connaissance du fascisme, mais
aussi pour soumettre de nouveaux matériaux à la
réflexion sur la dimension religieuse de la politique
de masse moderne.

L'importance de l'aspect religieux du fascisme n'a
pas échappé à certains observateurs contemporains,
qui y reconnurent une des caractéristiques les plus
originales du nouveau mouvement, même s'ils n'y

virent, initialement, qu'une expression de la religion civile, c'est-à-dire une manifestation plus vive et exaltée de la traditionnelle «religion de la patrie». Mais d'aucuns perçurent également dans le fascisme la nature d'une religion politique autonome, attirant l'attention sur les mythes, les rites et les symboles qui voulaient exprimer une authentique «religion fasciste[8]». Le fascisme, écrivirent Schneider et Clough en 1929, «possède les traits embryonnaires d'une nouvelle religion. Reste à savoir s'ils se développeront ou non, mais ce qui n'est pas douteux, c'est que ce nouveau culte a déjà une certaine emprise sur le cœur et l'imagination des Italiens[9]».

Dès l'origine, le fascisme présenta les caractères d'une religion séculière dans sa façon de vivre l'expérience politique à travers des mythes, des rites et des symboles. Parvenu au pouvoir, il s'institutionnalisa en tant que religion politique, cultivant l'ambition de disputer à l'Église catholique le contrôle et la formation des consciences, même si l'État fasciste, rendu prudent par l'échec des précédentes expériences accomplies dans d'autres pays, évita de s'aventurer dans une guerre de religion avec le catholicisme. Envers l'Église, l'attitude du fascisme fut davantage inspirée par le réalisme politique que par le fanatisme idéologique. À cet égard, le régime mit en œuvre ce qu'on pourrait appeler une stratégie de coexistence syncrétique, visant à associer le catholicisme et l'Église dans son projet totalitaire. Mussolini, ainsi que l'observa Armando Carlini, ne comprenait de la religion «que le côté humain et historique» parce qu'il était un «laïc, laïc jusqu'à la moelle» et restait «disciple de Nietzsche»: aussi la «morale du fascisme dont il est le fondateur n'est-elle que l'exaltation de principes fondamentalement païens [10] ». Mais Mussolini avait aussi une grande considération, probablement renforcée par la lecture de Pareto et de Le Bon, pour la valeur et la puissance de la religion dans la vie collective, comme foi et tradition mythico-symboliques qui plongent de solides racines dans la conscience des masses. Aussi était-il convaincu que le fascisme, tout en revendiquant le primat de la politique et l'éthique de l'État fasciste (qui «est catholique, mais fasciste, d'abord et surtout, exclusivement, foncièrement fasciste»), devait éviter une guerre de religion : sur ce terrain, contre l'Église, la défaite eût été très probable. Au début des années 1930, dans un rapport secret aux secrétaires fédéraux, Mussolini donna des directives claires à ce sujet [11] :

> Il est inutile de s'empêtrer dans l'antireligiosité afin de ne pas donner aux catholiques des raisons de se troubler. Il faut au contraire intensifier l'action éducative, sportive et culturelle. Tant que les prêtres font des triduums, des processions, etc., on ne peut rien faire : dans une lutte sur ce terrain entre la Religion et l'État, c'est ce dernier qui perdrait. Autre chose est, cependant, l'action catholique, et là notre devoir est de faire front ; dans le champ religieux, donc, le plus grand respect, comme du reste le fascisme l'a toujours fait ; quant à l'accaparement des individus, le combattre avec d'autres moyens adaptés, mais sans en exagérer les dangers et sans nous déprimer nous-mêmes en nous les imaginant trop grands. La guerre sainte, en Italie, jamais ; les prêtres ne monteront jamais les paysans contre l'État [...]. En principe : permettre, et même se montrer déférents, pour tout ce qui concerne les manifestations religieuses, les processions, etc., tout ce qui touche au salut des âmes ; dans le protestantisme, chacun se sauve par lui-même ; mais, nous, nous sommes catholiques : lais-

sons-les faire. En revanche, combattons-les sans ménage-
ment dès qu'ils essaient d'empiéter dans le champ politique, social et sportif.

S'en tenant à cette ligne, et faisant une allusion
ironique au néopaganisme nazi, le *duce* répéta sa
conviction en la matière quatre ans plus tard, le
18 décembre 1934, dans un article du *Figaro*[12] :

> Dans le concept fasciste de l'État totalitaire, la religion
> est absolument libre et, dans son espace, indépendante.
> L'idée farfelue de fonder une nouvelle religion d'État ou
> d'asservir la religion de tous les Italiens à l'État n'a jamais
> traversé l'antichambre [de mon] cerveau. Le devoir de l'É-
> tat n'est pas de chercher à créer de nouveaux évangiles ou
> d'autres dogmes, de renverser les anciennes divinités pour
> les remplacer par d'autres, qui se nomment sang, race,
> nordisme ou autres. L'État fasciste ne pense pas qu'il soit
> [de] son devoir d'intervenir sur les questions de religion, et
> si cela a lieu, ce n'est que si l'action religieuse touche à
> l'ordre politique et moral de l'État. [...] Un État qui ne
> veut pas semer le trouble spirituel et créer de division
> entre ses citoyens doit se garder de toute intervention d'un
> point de vue strictement religieux.

L'intérêt du fascisme pour la religion était exclusivement politique, non pas théologique. La reconnaissance privilégiée accordée à l'Église catholique était
dictée par le souci d'utiliser la religion traditionnelle
comme *instrumentum regni*. La religion fasciste ne se
présenta donc pas en adversaire direct de la religion
catholique, mais se plaça à ses côtés et essaya de l'intégrer dans son univers mythique en la réduisant à
une simple composante historique du mythe de la
romanité. Pour Mussolini, le catholicisme était né
sous la forme d'une secte orientale et avait acquis

son universalité en se transplantant à Rome[13]. Si le fascisme ne vénérait pas l'Église en tant que dépositaire d'une vérité divine, il la reconnaissait et la respectait en tant que *hiérophanie de la romanité*, comme si le catholicisme était intégré dans la religion fasciste en tant que « religion des pères », c'est-à-dire produit et expression du sang italien, non pas comme « religion de l'homme » universelle et révélée par Dieu.

Le fascisme ne prétendit pas mettre son dieu sur les autels comme l'avait fait Robespierre. Il reconnaissait « le Dieu des ascètes, des saints et des héros, mais aussi le Dieu tel qu'il est vécu et prié dans le cœur authentique et primitif du peuple ». L'État fasciste, ajoutait le *duce*, avait non pas une théologie, mais une morale[14]. Toutefois, comme l'observa Herman Finer[15], du simple fait qu'il revendiquait une morale pour l'État, le fascisme évoquait aussi la présence d'une divinité propre, inspiratrice de la morale fasciste, s'arrogeant donc la prérogative de définir le sens et la fin ultime de l'existence pour des millions d'hommes et de femmes suivant la conception totalitaire de la politique. Et, en ce sens, le fascisme ne se borna pas à vénérer le Dieu de la tradition parce qu'il appartenait à la « religion des pères », mais intervint dans la dimension religieuse pour construire son propre univers de mythes, de rites et de symboles centré sur la sacralisation de l'État. Par sa nature totalitaire, le fascisme était porté à brouiller les limites entre dimension politique et dimension religieuse, pour affirmer le primat de la politique en tant qu'expérience de vie intégrale, même si tous les fascistes catholiques n'étaient pas enclins à interpréter en un sens intégriste et radical le principe totalitaire de la sacralisation de l'État. Certains consentaient à considérer le fascisme comme une *religion civile*, et non politique au sens propre du terme, reconnaissant ainsi le primat de la «religion de l'homme» catholique par rapport à la religion fasciste. Face à ce grave dilemme, d'autres affichèrent des attitudes fuyantes, ambiguës ou contradictoires, cherchant à concilier leur foi sincère dans le fascisme comme religion politique avec leur dévotion personnelle au catholicisme, imaginant peut-être résoudre le dilemme par l'union syncrétique de deux religions, à leur manière, «totalitaires» et «italiennes». Mais le primat totalitaire de l'État et le syncrétisme de la religion fasciste restaient, d'une certaine façon, potentiellement, antithétiques par rapport à la «religion de l'homme» catholique. Dès 1924, Igino Giordani avait mis en garde contre un catholicisme encadré par la religion fasciste et contre les «suggestions captieuses et les manifestations manipulées» pour faire croire à «l'existence de liens [...] entre le christianisme universel et le paganisme nationaliste», prévenant que le fascisme, «par son âme totalitaire, égocentrique, absorbante, ne tolère pas des forces isolées incontrôlées, hors de son sérail jalousement gardé; il voit d'un mauvais œil une Église suivant paisiblement ses voies claires vers l'éternité, en toute liberté»; pour lui «l'Église doit aussi conspirer à la renaissance, à l'époque, aux parades et aux démonstrations de force, et au décorum *ducesque*[16]». Luigi Sturzo répéta en 1925 que la doctrine fasciste était «fondamentalement païenne et opposée au catholicisme. Il s'agit de statolâtrie et de

déification de la nation », parce que le fascisme
« n'admet pas de discussions et de limitations : il veut
être *adoré* pour lui-même, il veut arriver à créer l'*État
fasciste*[17] ». Pour réaliser son expérience totalitaire,
pour *régénérer* le caractère des Italiens et créer un
« Italien nouveau », le fascisme n'hésita pas à entrer
en conflit avec l'Église, comme cela se produisit avec
le Concordat *(Conciliazione)* puis en 1931 et en 1938.
La raison du conflit fut toujours la même : le fascisme
voulait le monopole de l'éducation des nouvelles
générations suivant les valeurs de son éthique statolâtrique et guerrière, qui n'admettait pas de conditions ni de limites à la fidélité totale des citoyens
envers la nation et envers l'État. Le fascisme attachait un grand prix au succès de cette expérience
pédagogique, qui était loin d'être un aspect secondaire et marginal de sa politique de masse mais fut
peut-être l'objectif le plus ambitieux que les fascistes
poursuivirent avec cohérence, identifiant l'origine et
le succès de leur mission historique dans la création
d'une religion politique capable de transformer le
caractère de Italiens. En vérité, en ce domaine, le
fascisme n'était pas sur une terre vierge, mais réalisait, dans les formes de sa conception totalitaire, une
idée qui avait inquiété la culture politique italienne
dès l'époque de la révolution jacobine.

À l'époque des origines, le fascisme se présenta lui-
même comme une religion civile de la nation, et cette
image contribua à sa réussite en tant que mouvement de masse, parce qu'il rencontra dans la bourgeoisie, parmi les intellectuels et les jeunes, une
disposition à accueillir une « religion nationale ».
Depuis l'époque du Risorgimento, en fait, la recherche

d'une religion civile pour l'Italie moderne avait été présente dans la culture politique italienne. Comme tous les nationalismes romantiques, le nationalisme italien se construisit un univers symbolique en conférant une aura sacrale à l'idée de nation. Les premiers éléments de la religion civile vinrent du jacobinisme, de la franc-maçonnerie et d'autres sectes secrètes. Mais la composante la plus importante fut le fait de Mazzini, avec sa conception religieuse de la politique comme devoir et comme mission. Son idéal de République était une théocratie démocratique, fondée sur une vision mystique et religieuse de la nation et de la liberté. Après l'unification monarchique, Mazzini condamna l'État libéral parce qu'il n'avait point réalisé l'unité morale des Italiens en les éduquant à la foi commune dans la religion de la patrie. Dans l'opposition du radicalisme mazzinien à l'État libéral, trouva son origine le mythe du Risorgimento comme «révolution libérale inachevée» parce que l'unité et l'indépendance n'avaient pas été l'œuvre du peuple régénéré par la foi dans la religion de la patrie. Ce mythe eut une grande influence dans la formation d'un radicalisme national antilibéral et, jusqu'au fascisme, perpétua l'exigence d'une religiosité civile parmi les intellectuels et les jeunes générations qui contestaient la monarchie libérale. En vérité, l'État monarchique lui-même eut ses symboles et ses rites, tels que la célébration du *Statuto*, la prise de Rome et la naissance du royaume d'Italie, ses martyrs et ses héros. Mais, même si parmi les libéraux se trouvaient des hommes qui aspiraient à attribuer à l'État une nouvelle religiosité laïque fondée sur les valeurs

de la nation, de la liberté et du progrès, la classe dirigeante préféra confier la nationalisation des masses
à l'école et au service militaire plutôt qu'au développement d'une liturgie nationale de masse. En l'état
actuel de nos connaissances, il ne semble pas que
l'époque libérale ait vu en Italie l'institutionnalisation d'une «nouvelle politique» tournée vers la nationalisation des masses [18].

La recherche d'une religion civile fut un problème
qui retint profondément les intellectuels et les politiques au début du XXᵉ siècle. L'avant-garde moderniste voyait alors dans l'élaboration d'une nouvelle
religiosité laïque une condition nécessaire de la régénérescence culturelle et morale des Italiens. C'est ce
qu'a bien repéré Walter L. Adamson [19], tout en voyant
à juste titre dans la recherche d'une religiosité séculière le point de contact entre la culture de l'avant-
garde moderniste et la politique du fascisme. Le
problème religieux, en ce sens, était au centre des
méditations et de l'activité de ce séminaire laïc des
amateurs de la «religion de l'esprit» que fut *La Voce*
de Giuseppe Prezzolini, lui-même théoricien d'une
«religion de l'irréligion» afin de forger la conscience
d'un Italien moderne suivant les principes d'un huma-
nisme intégral et anticatholique. Dans leur grande
majorité, cependant, ces intellectuels proposaient un
type de religiosité trop intellectuel, «aristocratique»,
et ne prenaient pas directement en considération le
projet de créer une «politique nouvelle» par la nationalisation des masses à travers les mythes, les rites et
les symboles d'une liturgie laïque. L'adoption d'une
religion laïque de la nation pour réaliser la nationali-

sation des masses, et faire face ainsi à la mobilisation politique des socialistes et des catholiques, faisait au contraire partie du programme d'Enrico Corradini. Le fondateur du mouvement nationaliste proposa d'imiter les traditions des cultes nationaux de la Révolution française ou d'instituer une «religion des héros et de la nature», comme il en existait au Japon. Avec le culte des héros, de l'empereur et de la nature, le peuple japonais accomplissait des rites d'auto-adoration qui intégraient l'individu dans la collectivité et consolidaient la conscience nationale, capable de défier et de vaincre dans la guerre le grand empire russe[20]. Toutefois, la recherche d'une religion laïque pour consolider le sentiment de l'unité sociale des Italiens ne fut pas seulement une caractéristique du nationalisme. L'exigence d'une «foi nouvelle» pour former chez les Italiens une conscience nouvelle et pour renouveler les principes mêmes de la politique était présente jusque chez des intellectuels et des hommes politiques éloignés du nationalisme, comme Benedetto Croce[21], tandis qu'un socialiste révolutionnaire comme Mussolini, athée militant, s'intéressait aux problèmes de la religion et n'hésitait pas à qualifier de «religieuse» sa conception du socialisme révolutionnaire. Le futur *duce* n'attribuait pas alors grande importance au rituel, n'y voyant qu'un aspect secondaire de la religion, mais puisait souvent ses métaphores dans la tradition chrétienne afin de définir sa conception du parti révolutionnaire comme *ecclesia* de croyants et de militants. Pour Mussolini, le socialisme n'était pas seulement une conception scientifique, mais devait être aussi une *culture intégrale*, c'est-à-dire former la conscience de l'«homme nouveau» à travers la force de la «foi»: «Nous voulons croire, nous devons croire, l'humanité a besoin d'un *credo*[22].»

Dans la «génération de 1914», l'aspiration était forte à donner un fondement de religiosité laïque à la politique en vue d'une réforme intellectuelle et morale des Italiens. Les jeunes qui participèrent à la Grande Guerre, écrivit Carlo Rosselli, furent poussés par le désir de «s'immoler corps et âme à une cause — quelle qu'elle fût — à condition qu'elle dépassât les mobiles mesquins de la vie de tous les jours[23]». La guerre fut l'expérience de masse d'un «état d'effervescence collective», où germèrent mythes, sentiments et idées, mais surtout l'état d'esprit d'une nouvelle religiosité, liée à la «mythisation» de la guerre comme grand événement régénérateur. Le mythe de l'expérience de la guerre contribua de manière décisive à la sacralisation de la politique, apportant des matériaux nouveaux à la construction d'une religion nationale, avec les mythes, les rites et les symboles nés dans les tranchées. La symbologie de la mort et de la résurrection, le dévouement à la nation, la mystique du sang et du sacrifice, le culte des héros et des martyrs, la *communion* de la camaraderie: tout cela contribua à diffuser parmi les combattants l'idée de la politique comme expérience totale, censée rénover toutes les formes de l'existence. La politique ne devait pas retomber dans la banalité de la vie quotidienne, mais perpétuer l'élan héroïque, le sentiment mystique de la communauté nationale. La principale contribution à la construction d'une religion nationale fut à cette époque le fait de Gabriele D'Annunzio, par ses écrits et ses actions, au cours de la Grande

Guerre et, surtout, son gouvernement à Fiume. Le « poète soldat » inventa des métaphores religieuses, des symboles et des rites pour le culte de la nation, parmi lesquels le fascisme puisa à pleines mains pour meubler son univers symbolique[24].

L'immense tragédie de la guerre et l'expérience de la mort de masse, vécue pour la première fois par des millions d'hommes dans les tranchées, firent des ravages dans les consciences et favorisèrent, dans l'après-guerre, un réveil du sentiment religieux. « Une renaissance de la pensée et de la foi religieuses, à ce stade de la vie, est très probable, et de fait, à l'heure présente, il ne manque pas de signes d'une forte renaissance de l'esprit catholique et des valeurs religieuses », écrivait en 1922 Agostino Lanzillo[25]. À la même époque, Marinetti notait dans ses journaux : « L'humanité a aujourd'hui besoin d'une nouvelle religion qui synthétise et organise toutes les superstitions, toutes les petites religions intimes, tous les cultes secrets[26]. » Et Sergio Panunzio exprimait un sentiment analogue : « Il y a le besoin désespéré d'une religion, il y a le sentiment diffus de la religiosité... mais la religion n'est pas là[27]. » Dans cette situation, de nombreux jeunes et intellectuels virent dans le fascisme la réponse à ce besoin de religiosité laïque sur laquelle refonder un sentiment de cohésion collective nationale. Le fascisme apparut comme un mouvement capable de dépasser la banalité de la vie quotidienne et de réaliser la nationalisation des masses en opérant la régénérescence morale des Italiens, y compris en recourant à la violence purificatrice.

Le fascisme put s'affirmer comme religion politique en raison de son habileté dans l'utilisation des mythes, des rites et des symboles, mais aussi parce qu'il trouva un terrain favorable où s'enraciner et se développer. Toutefois, l'expérience de la Grande Guerre et surtout sa «mythisation» comme «grand événement» régénérateur furent une condition néces- saire à la naissance de la religion fasciste. Le fas- cisme fut le mouvement typique d'une situation, un mouvement né d'un état d'enthousiasme, d'«effer- vescence collective». Ce qui unissait les fascistes, aux premières phases de leur mouvement, ce n'était pas une doctrine, mais un état d'esprit et une *expérience de foi*, à travers laquelle ils se sentaient des élus, des hommes nouveaux régénérés par la guerre, qui avait renouvelé la sacralité de la nation[28]. Le fascisme, proclama Mussolini au début de 1922, est une «foi qui a atteint les altitudes de la religion[29]». Les élé- ments de la formation d'une religion fasciste sont présents dès la première période du mouvement et se rapportent tous au mythe de l'interventionnisme et de la guerre. Les fascistes se voulaient les prophètes, les apôtres et les soldats de la «religion de la patrie», ressuscitée à travers le feu purificateur de la guerre, consacrée par le sang des héros et des martyrs qui s'étaient immolés afin de parachever la «révolution italienne»:

> Nous sommes des *superatori* [dépasseurs], affirmait en 1921, l'organe du fascisme — [...] les dépositaires d'une génération qui a de longue date dépassé sa réalité histo- rique et marche inéluctablement vers l'avenir [...]. Nous sommes la perfection de la perfection. [...] La sainte eucharistie de la guerre nous avait fondus dans le métal même des généreuses immolations[30].

Les fascistes se comparaient aux «missionnaires du christianisme, dispersés dans des régions inexplorées parmi des tribus sauvages et idolâtres[31]». La réaction armée du squadrisme contre le prolétariat fut vécue, transfigurée et sublimée comme une croisade salvatrice contre la «bête triomphante» du bolchevisme pour anéantir les profanateurs de la patrie, purifier le prolétariat de l'idolâtrie des «faux dieux» de l'internationalisme et restaurer le culte de la nation.

Après l'arrivée au pouvoir, avec l'adhésion de nombreux intellectuels, le développement d'une «religion fasciste» eut aussi un soutien culturel influent. Décisive fut la contribution du philosophe Giovanni Gentile et de ses disciples. Gentile tenait le fascisme pour une religion parce qu'il avait le «sentiment religieux qui fait prendre la vie au sérieux», «avec le culte rendu de toute l'âme à la nation». Le fascisme réalisait la théologie politique de Mazzini, se donnant pour mission d'accomplir la «révolution italienne», c'est-à-dire de créer l'État éthique et de «refaire l'âme» des Italiens après des siècles de décadence morale[32]. Sous le régime, la définition du fascisme comme religion devint formellement le fondement de la culture fasciste et fut continuellement répétée à tous les niveaux de la propagande et de la hiérarchie. Salvatore Gatto, journaliste devenu en 1941 vice-secrétaire du PNF, affirma en 1926 que le fascisme, comme le christianisme, était une religion parce qu'il donnait la foi pour dépasser l'attachement à la vie:

> Le fascisme est une religion, politique et civile, parce qu'il a une conception propre de l'État et une façon origi-

nale de concevoir la vie [...]. Les martyrs chrétiens et les tout jeunes héros de la Révolution fasciste ont confirmé, à travers les temps, une réalité lumineuse : seule une religion peut nier et annuler l'attachement à la vie de ce monde[33].

Pour Bottai, figure éminente du régime, le fascisme était «quelque chose de plus qu'une doctrine. C'est une religion politique et civile, [...] la religion de l'Italie[34]». «Un bon fasciste est un religieux, proclamait l'organe des jeunes Faisceaux. Nous croyons à une mystique fasciste, parce que c'est une mystique qui a ses martyrs, qui a ses dévots, qui tient et humilie tout un peuple autour d'une idée[35].»

Et en 1932, Mussolini eut cette formule définitive : «Le fascisme est une conception religieuse de la vie[36].» En 1938, fut aussi publié, par les soins du PNF, une sorte de catéchisme de la «religion fasciste», qui, sous forme de questions et de réponses, entendait donner aux fascistes un «guide simple, nécessaire pour la culture de l'esprit comme pour les rapports quotidiens de l'existence[37]». L'idéologie fasciste se laissait sans mal cristalliser dans les commandements d'un «credo», permettant au fascisme de ne pas s'exposer aux risques de conflits doctrinaires. L'idée fasciste, écrivit en 1929 le secrétaire fédéral de Milan, Giampaoli, «est, comme l'idée chrétienne, un dogme en perpétuel devenir[38]». Le syncrétisme de l'idéologie fasciste laissait coexister des orientations diverses, mais aucune de celles-ci ne pouvait aspirer à se présenter comme une interprétation authentique de la *foi*. L'unique interprétation vraie était la pratique de la *foi* à travers l'obéissance au *duce* et au parti, sentie et vécue comme dévotion religieuse totale. Une fois consolidé le régime du parti unique, la religion fasciste dépassa les caractères originaires de *religion civile* de la nation au service d'un État encore conçu sous une forme traditionnellement autoritaire pour devenir définitivement la *religion politique* d'un État totalitaire.

Loin de se limiter uniquement à l'idéologie, la religion politique du fascisme joua aussi une fonction utile dans l'institutionnalisation du mouvement. L'auto-représentation comme «religion de la patrie» fut le principal motif sur lequel le fascisme forma à l'origine son sentiment d'identité, se transformant de mouvement propre à une situation, comme il l'était au début, en parti d'un nouveau type, avec les caractères d'une «milice de la nation» qui restèrent inaltérés jusqu'à sa chute[39]. L'image du fascisme comme «religion de la patrie» permit en outre au mouvement de monopoliser le patriotisme, se présentant à la bourgeoisie et aux classes moyennes comme le sauveur de la «bête triomphante» du bolchevisme. Après l'accession au pouvoir, Mussolini et le parti valorisèrent l'interprétation du fascisme comme nouvelle religion nationale pour légitimer le monopole du pouvoir et anéantir, en tant qu'«ennemis de la patrie», les adversaires du régime. Mais cela servit aussi à réprimer les dissensions au sein du parti, à chasser les rebelles comme «traîtres à la foi» et à exiger l'obéissance absolue des ouailles. L'inscription au PNF n'était pas un simple acte d'adhésion à un programme politique, mais impliquait un acte de dévouement total, qui engageait pour la vie et pour la mort. À compter de 1921, fut adoptée dans le mouvement fasciste, à l'image de la tradition mazzinienne, l'obligation pour les nouveaux adhérents de prêter serment. Il s'agissait d'un rite par lequel les fascistes juraient de «consacrer leur vie à la patrie et à la cause de la Révolution», de suivre les commandements de la morale fasciste et d'obéir sans discuter aux ordres des chefs. Qui manquait au serment était un traître et était expulsé de la «communauté fasciste». En 1926, les nouveaux statuts du PNF décrétèrent que le fasciste exclu comme «traître à la cause» devait «être mis au ban de la vie politique». En 1929, de nouveaux statuts aggravèrent la sanction — équivalent de l'excommunication dans l'Église catholique — en décrétant que quiconque était exclu du parti était «mis au ban de la vie publique[40]».

Le pouvoir charismatique de Mussolini se trouva lui aussi sensiblement élevé par l'institutionnalisation du fascisme comme religion, tandis que le mythe du *duce* contribua à valoriser la dimension fidéiste et rituelle de la politique de masse du régime. Les rencontres du *duce* avec les masses étaient le moment le plus haut de la liturgie fasciste, quand se réalisait, dans le cadre d'une mise en scène minutieuse, la fusion émotionnelle du chef et de la foule, comme dramatisation mystique symbolique de l'unité de la nation avec elle-même à travers son interprète suprême. «Le Fascisme apparaît comme un phénomène religieux», peut-on lire dans l'introduction d'un recueil de discours mussoliniens de 1923, et les rassemblements pour écouter Mussolini étaient des «actes de foi et de sages actes de gouvernement[41]». Le *duce*, situé au sommet de la hiérarchie fasciste, était vénéré et adoré comme un demi-dieu. Le «mussolinisme est religion», écrivit Paolo Orano en 1928, parce que la foi dans le *duce* était la «phase préparatrice d'une religiosité italienne», dans laquelle le patriotisme devait être «intensifié jusqu'à un mysticisme, et la sainteté, le martyre et la foi considérés comme des forces de construction de la conscience civile [42]». Dans l'iconographie et la littérature de propagande, le *duce* était représenté comme une réincarnation du mythe du Héros, «projection de tous les mythes de la divinité [43]». En 1930, fut même créée à Milan une école de mystique fasciste fréquentée par des étudiants qui vouaient à Mussolini un culte religieux comme à un mythe vivant. Les «mystiques» identifiaient le fascisme à Mussolini et voyaient en lui la source première de leur foi, la raison fondamentale de leur existence [44]. Le mythe de Mussolini et le «culte du *duce*» furent certainement la manifestation la plus spectaculaire et la plus populaire de la religion fasciste. Mais il ne faut pas s'égarer au point de voir dans la centralité du mythe mussolinien l'origine de la religion fasciste. La naissance du «culte du *duce*», au-delà des aspects plus génériquement démagogiques, avait eu lieu dans le champ de la religion fasciste, et elle en était donc une dérivation, même si elle était pourvue d'une «sacralité» propre émanant de la personnalité charismatique de Mussolini. Composante de l'univers mythique et symbolique fasciste, la figure du *duce* ne saurait être vue comme un élément indépendant, tout comme la figure charismatique du pape ne saurait être extrapolée de l'Église catholique.

Les divers secrétaires du PNF devaient jouer un rôle important dans l'institutionnalisation de la religion fasciste. Roberto Farinacci, secrétaire de 1925 à

1926, justifia par la «foi dominicaine» du fascisme la politique intégriste du parti, qui facilita l'instauration du régime. C'est sous son secrétariat que fut aussi définitivement formalisée la morale fasciste : «Volonté de travail et de puissance, esprit de sacrifice, amour mystique de la patrie, obéissance aveugle à un seul[45].» Mais c'est surtout à Augusto Turati qu'on doit la définition des formes essentielles de la religion fasciste. Dans ses discours aux masses et, surtout, aux jeunes fascistes, le «nouvel apôtre de la religion de la Patrie[46]» prêcha le «besoin de croire de manière absolue ; de croire dans le fascisme, dans le *duce*, dans la Révolution, comme on croit dans la divinité [...]. Nous acceptons la Révolution avec orgueil, nous acceptons avec orgueil ces dogmes, même si l'on nous démontre qu'ils font fausse route, et nous les acceptons sans discuter[47]».

En 1929, Turati fit publier un catéchisme de «doctrine fasciste» pour réaffirmer l'interprétation orthodoxe de la «foi fasciste» contre les «conceptions et expressions déformées», répétant qu'elle se fondait «sur la subordination de tous à la volonté d'un Chef[48]». Son successeur, Giovanni Giuriati, intensifia le sens fidéiste et dogmatique du fascisme, surtout parmi les jeunes, développant leur organisation afin de former les missionnaires et les soldats de la religion fasciste suivant le commandement du *duce*, «croire, obéir, combattre», forgé précisément en 1930 pour les Jeunes Faisceaux[49]. Le parti devait devenir toujours plus un «ordre religieux armé» sur le modèle de la Compagnie de Jésus, ainsi que le proposait au *duce* Carlo Scorza, alors commandant des Jeunes Faisceaux et, plus tard, dernier secrétaire du PNF en 1943[50].

Enfin, sous le long mandat d'Achille Starace, la formalisation de la religion fasciste à travers la multiplication quasi mécanique des rites et des symboles atteignit des sommets, franchissant même la limite du ridicule dans la recherche exaspérée du conformisme dans des actes qui fussent l'expression d'une foi homogène.

En réalité, tout le processus d'institutionnalisation de la religion fasciste convergeait vers ce point. En un sens, on peut affirmer que, dans le fascisme, le fondement, l'essence et la fin de l'activité politique se résumaient dans la *foi* — mot-clé du langage fasciste. Le prototype de l'«homme fasciste», comme croyant et militant d'une religion, fut défini une fois pour toutes, avant la «marche sur Rome»: «Le milicien fasciste, affirmait le règlement de la milice, doit servir l'Italie en toute pureté, avec un esprit pénétré d'un profond mysticisme, soutenu par une foi inébranlable [et] décidé au sacrifice considéré comme la fin de sa foi [51]. »

Les nouveaux statuts de 1926 comportaient un préambule intitulé *La Fede*, répétant que le fascisme est «avant tout une foi qui a eu ses confesseurs [52]». Sous le régime, tout au moins sur le plan des principes, s'imposa l'idée que la *foi* devait avoir la préséance sur la *compétence* parce que la «foi est une valeur intégrale», ainsi que l'affirmait un idéologue influent [53]. Destiné aux Cours de préparation politique du PNF où se formaient les nouveaux dirigeants, le manuel de doctrine fasciste enseignait que «seule une foi peut créer des réalités nouvelles [54]». En substance, le fascisme considérait la *foi* comme la valeur première de l'engagement politique, la qualité principale de l'«homme fasciste», au-delà des capacités intellectuelles. La culture et l'intelligence comptaient moins que l'attachement aux dogmes de la religion fasciste.

Les fascistes comparaient le parti à un ordre religieux et militaire, à une Église. Le fascisme ne cachait pas que sa politique totalitaire visait à réaliser, dans la dimension politique, un type d'organisation semblable à l'Église catholique. L'organisation de l'État fasciste, écrivait *Critica Fascista*, «reproduit d'une certaine façon quelques-uns des traits les plus saillants de l'Église catholique-romaine : pouvoir qui coiffe et unifie les activités des associés, leur imprime son caractère, fait de ses fins les fins les plus hautes de leur vie civile, ne tolère aucune tentative de *schisme* ou d'*hérésie civile*[55]». Le parti était le séminaire où étaient éduqués les apôtres et les combattants de la religion fasciste de même que les nouveaux dirigeants de l'État. La ressemblance entre l'engagement fasciste et le militantisme catholique est aussi flagrante dans d'autres rites du parti. De la liturgie catholique, par exemple, il reprit le rite du «recrutement fasciste» institué en 1927. Il s'agissait d'un véritable «rite de passage», semblable à la confirmation dans l'Église, par lequel les jeunes qui venaient de l'organisation des Avant-Gardes étaient «consacrés fascistes», comme l'écrivait le bulletin du PNF, et entraient dans le parti. Le secrétaire du PNF, qui conférait le «plus haut sacrement fasciste[56]», était le «prêtre qui parle d'une voix mystique, dont l'appel est vivifiant[57]». Le rite donnait lieu à des cérémonies publiques dans toutes les villes, mais la cérémonie la plus solennelle se déroulait à Rome, en présence du *duce*. Les jeunes recevaient alors symboliquement une carte et un mousqueton : « La première est le symbole de la foi ; le second, l'instrument de notre force », proclama Mussolini à l'occasion de la première cérémonie[58]. Les nouveaux fascistes juraient d'« exécuter sans discuter les ordres du *duce* » et de servir de toutes leurs forces, au besoin « par le sang », la cause de la révolution fasciste : « Demain, déclara le secrétaire du PNF aux nouveaux fascistes, je peux vous demander de rendre des comptes, pour la vie et pour la mort, de chacune de vos attitudes, de chacun de vos gestes, bon ou mauvais[59]. »

Au-delà des convictions personnelles des grands prêtres du régime, l'institutionnalisation de la religion fasciste par le parti s'inspira également de considérations plus pragmatiques, parce qu'elle fut aussi une façon d'affirmer et de légitimer le primat du parti vis-à-vis des autres organisations du régime. Le parti seul, sous les ordres du *duce*, avait pour tâche d'entretenir la « flamme de la révolution » pour agir, dans l'État fasciste, comme « levain spirituel, telle une flamme alimentée par le sang des morts au champ d'honneur[60] », affirmaient les textes officiels pour les cours de préparation politique du PNF. Cette fonction, soutenue par les idéologues officiels du parti, était aussi confirmée à travers une intense représentation symbolique qui visait à « sacraliser » la présence du parti dans la vie civile. Par exemple, les sièges locaux du PNF, les *case del Fascio*, étaient considérés comme les « églises de notre foi », les « autels de la religion de la Patrie », où « nous cultiverons le souvenir religieux de nos morts » et « travaillerons à purifier l'âme[61] ». L'intensification du symbolisme du parti, spécialement sous le secrétariat de Starace, accompagna la stratégie silencieuse du parti pour étendre son pouvoir à l'intérieur de l'État. En 1932, Starace voulut rendre la présence du parti plus bruyante, pour ainsi dire, en tant que centre spirituel du régime et décréta que chaque *casa del Fascio* devait avoir une *torre littoria* pourvue de cloches que l'on ferait sonner à l'occasion des rites du PNF. Avec le son des cloches, instrument d'un «temps mystique et populaire», expliqua l'organe des Jeunes Faisceaux, le fascisme évoquait une tradition religieuse et civile pluriséculaire, rendant plus expressif «son caractère de religion originel et plus vivant que jamais. Une religion politique, résultat d'une éducation de l'esprit virile et romaine, qui ne peut pas ne pas s'intégrer admirablement à la religion du "divin"[62]».

Le souci d'exalter la fonction du parti à travers une symbologie de type religieux est confirmé par un autre exemple très significatif. Au début des années 1930 fut lancée une souscription publique pour la construction à Rome de la «Casa Littoria», siège national du PNF. À travers la contribution financière du peuple, cette «maison» devait symboliquement accueillir «en elle l'incomparable énergie que donne l'âme nationale à la Révolution fasciste[63]». Autour du projet se développa un vif débat parmi les grands architectes italiens, qui discutèrent surtout de la fonction symbolique du nouveau siège, comme «temple où se forgera la nouvelle jeunesse fasciste[64]». Le projet prévoyait un palais monumental pour les bureaux du PNF, une «Torre littoria» avec la «sacristie pour l'Étendard»; le «sanctuaire des martyrs de la Révolution fasciste» et un immense espace pour les ras-

semblements des hiérarques et la célébration des rites
du parti. Finalement, le projet fut réalisé près du
Forum Mussolini (l'actuel siège du ministère italien
des Relations extérieures), parce que ainsi s'opérait,
expliquait une publication officielle, un «rapprochement matériel significatif entre le centre d'où émane
et se diffuse l'esprit de l'idée fasciste et la palestre où
la nouvelle jeunesse d'Italie trempe son corps pour la
plus grande gloire de la Patrie[65]».

L'exaltation symbolique de la fonction charismatique du parti n'était pas seulement une façon de
servir les ambitions de pouvoir du PNF et des hiérarques. Elle était pleinement justifiée par les tâches
qu'il assumait dans la politique du régime, à savoir
la «défense et le développement de la Révolution fasciste» ainsi que l'«éducation politique des Italiens[66]».
La fonction pédagogique du parti se résumait en
grande partie à un travail incessant de «propagation
de la foi», à travers des préceptes, des rites et des
symboles afin de diffuser et de consolider parmi les
masses la croyance dans les mythes du fascisme.
L'idéologie ayant été transformée en dogme, la participation politique des masses devait passer nécessairement par des formes liturgiques collectives. Outre
que cela répondait à un dessein démagogique de
manipulation des masses, c'était en parfait accord
avec l'intuition fasciste de la politique et des masses.

Le fascisme réfutait explicitement le rationalisme
et exaltait la pensée mythique comme attitude mentale et instrument de technique politique. Sa politique se fondait sur la conviction que l'individu et les
masses sont mues par des mobiles irrationnels et
mythiques. La masse, peut-on lire dans un traité sur

la conception fasciste de l'État, « ne connaît pas l'art des distinctions subtiles, elle a besoin de spiritualisme, de religiosité, de catéchisme et de rite[67] ». Le fascisme reconnaissait que l'adhésion des masses était une des grandes forces de la politique moderne, et que leur implication était nécessaire pour consolider les bases de l'État totalitaire. Mais cette implication visait à réaliser un conformisme collectif fidéiste, dans une mobilisation permanente des masses aux ordres du *duce* et du parti fasciste. Dans cette optique, on comprend les raisons de la grande importance que le régime attribua à la religion et, en particulier, le soin qu'il mit à élaborer un système de croyances. La conversion des masses aux mythes de la « religion fasciste » était une condition *sine qua non* de la consolidation de son pouvoir. C'est donc uniquement avec la socialisation d'un système de croyances propre, à travers des rites et des symboles, que le fascisme croyait pouvoir obtenir, de manière active et durable, l'assentiment des masses. De cette façon, le régime pensait mener à terme l'intégration et la nationalisation des classes dans les structures d'un nouvel État totalitaire, transformant ainsi la masse en « peuple », dans une communauté morale organisée sous le commandement d'une hiérarchie et inspirée par une foi unique et sans réserve dans les mythes du fascisme communiqués aux masses à travers des rites et des symboles.

Peut-être les grands prêtres du fascisme, quand ils élaboraient les rites collectifs, suivaient-ils un précepte de Le Bon, un des auteurs de prédilection de Mussolini : « Une croyance religieuse ou politique se fonde sur la foi, mais sans les rites et les symboles elle ne saurait durer[68]. » Dès les origines du fascisme, la liturgie fut une composante fondamentale de sa politique de masse. Même si la révolution fasciste n'eut pas son David, les fascistes avaient conscience de l'importance des rites et des symboles dans la politique moderne de masse. La chorégraphie et le rite étaient nécessaires, pouvait-on lire en 1922 dans les pages de *Gerarchia,* pour exalter les sentiments des masses. Il fallait reconsidérer la tradition de la Révolution française, au cours de laquelle «l'exaltation du peuple se manifesta en un pittoresque rituel laïque. Quelque chose de semblable se produit aujourd'hui dans les rangs fascistes[69]». Une révolution, écrivit en 1927 Maurizio Maraviglia, dirigeant du PNF, «se reconnaissait aussi à la puissance de ses symboles et à la beauté de ses rites[70]». Sous le régime fasciste, le parti se consacra avec un soin maniaque à l'organisation des rites, que Mussolini lui-même tenait pour un élément nécessaire à la politique de masse. Chaque révolution, selon lui, devait créer des mythes et des rites nouveaux pour donner de l'ordre, du rythme et de l'enthousiasme aux masses en utilisant et en renouvelant aussi les vieilles traditions. La politique de masse devait unir le côté mystique et le côté politique, mais aussi posséder un «élément festif»: «Le salut romain, les chants et les formules, les dates et les commémorations sont tous indispensables pour conserver le *pathos* d'un mouvement[71].»

Herbert Schneider a défini les rites du fascisme comme le «nouvel art fasciste des célébrations séculières[72]». Le recours au rituel n'était certainement pas inconnu des autres mouvements politiques en Italie, mais aucun ne donna à la liturgie un développement méthodique, une dimension de masse, une présence et une extension territoriale aussi ample que ne le fit le fascisme, précisément du fait des présupposés mythiques et fidéistes de sa culture. Dans l'élaboration de sa liturgie, le fascisme agit également comme une religion syncrétique, se préoccupant non pas de l'originalité des matériaux adoptés pour construire son univers symbolique, mais uniquement de la possibilité de les adapter pour représenter ses mythes. Non sans désinvolture, il incorpora les rites d'autres mouvements pour les intégrer aux siens. Une bonne partie du rituel fasciste se forma spontanément à l'époque du squadrisme avant d'être institutionnalisée par le régime : ainsi, de la cérémonie du serment, de la vénération et de la consécration du drapeau et, surtout, du culte des martyrs[73].

Dans les années du squadrisme, le fascisme sut habilement donner à l'offensive antisocialiste l'aspect d'une « guerre des symboles » à travers la destruction des drapeaux rouges et des autres symboles des adversaires pour imposer la vénération des couleurs nationales et des symboles du fascisme. Par exemple, la bénédiction de l'étendard des *squadre* fut initialement adoptée comme un rite symbolique de rédemption de la population ramenée dans le bercail de la foi nationale après la conquête d'une localité sous domination socialiste. Par ce rite, écrivit en 1921 l'organe du mouvement, le peuple « retrouve sa conscience, se remet sur la voie marquée par son histoire et les réalités d'un passé éternel[74] ». Avant l'accession au pouvoir, cependant, tous les rites du fascisme étaient le symbole de la « nouvelle naissance » de la nation rachetée par le sang des martyrs fascistes et rendue à son unité spirituelle au-delà des classes : les « cortèges fascistes, écrivait en 1922 *Il Popolo d'Italia*, sont comme le rite d'un printemps sacré, l'élévation d'une volonté, d'un chant, d'une unité spirituelle[75] ». L'exaltation du « sentiment de la communauté », inspiré de la foi dans la religion de la nation, était le thème constant du rituel fasciste et était surtout présent dans les rites funèbres des camarades tués, qui furent dès le début la manifestation la plus solennelle de la liturgie fasciste. Le point culminant du rite était l'appel des morts quand, au nom du défunt, la masse des fascistes répondait « présent ! ». Ainsi les rites funèbres étaient-ils transformés en « rites de vie » : « La vie naît sans cesse de la mort ; la mémoire de l'individu est transmise pour toujours dans l'âme immortelle de la nation[76]. » Ces rites devaient exprimer la solidité du lien entre les morts et les vivants de la communauté fasciste, conjoints dans l'éternelle vitalité de la foi. Même sous le régime, le culte des morts et des martyrs eut une fonction centrale dans la liturgie fasciste. Au *Palazzo littorio*, siège du secrétariat national du PNF, existait une « chapelle votive » où, écrivait en 1936 le secrétaire adjoint du parti, « brille une flamme qui ne s'éteindra jamais. C'est le *duce* qui l'a allumée avec le feu offert par un *Balilla*[77] ». La flamme éclairait le principal commandement de la religion fasciste : « croire, obéir, combattre ». À chaque siège du PNF, se trouvait un sanctuaire où était gardé l'étendard et où on vénérait la mémoire et le « sang des martyrs ». Un livre de 1941 consacré aux « martyrs fascistes » réaffirmait la valeur charismatique du culte des hommes morts pour la communauté fasciste : « Nos morts ont affirmé par le sang la sainteté de la Révolution des Chemises noires et la force de ses conquêtes et de son avenir[78]. » Comme toutes les religions, le fascisme apportait à sa façon une réponse au problème de la mort, à travers l'exaltation du sens communautaire qui intègre l'individu dans le groupe. Qui mourait avec la foi dans le fascisme entrait dans son univers mythique et acquérait l'immortalité, périodiquement renouvelée à travers la célébration liturgique, dans la mémoire collective du mouvement.

La dialectique de la foi, du mythe, du rite et de la communion constituait la structure essentielle de la religion fasciste. L'adoption de la pensée mythique par le fascisme s'intégrait parfaitement à sa conception «religieuse» de l'activité politique. L'univers symbolique fasciste était peuplé de nombreux mythes, mais, en un sens, ils étaient corollaires du mythe dominant de l'État fasciste comme expression d'une «civilisation nouvelle». Initialement apparues dans le cadre de la «guerre des symboles» contre les partis adverses, les principales cérémonies publiques du fascisme furent organisées non seulement pour donner une image esthétiquement suggestive de la puissance du mouvement, mais aussi pour visualiser symboliquement le mythe de l'État nouveau fasciste représenté comme une «communauté morale» fondée sur une foi commune, qui unissait les classes et les générations dans le culte de la nation. Un exemple typique est la description d'un cortège fasciste dans les pages du *Popolo d'Italia* en 1921 :

> C'est la conscience nouvelle, le nouvel orgueil mâle et guerrier de notre race qui revient à la romaine par la vertu

du fascisme. Défilent les bataillons fascistes : et voici — unis par le rythme martial, disciplinés en rangs parfaits —, voici que défile la partie la plus belle, la plus noble, la plus généreuse de notre peuple. Des jeunes garçons, au visage ouvert et intelligent éclairé de leurs yeux vifs ; ouvriers modestement vêtus et employés [...], combattants de toutes les armes et de tous les fronts, qui arborent fièrement leurs décorations de guerre et marchent avec le même orgueil que lorsqu'ils descendaient des tranchées pour glorifier les morts, exalter les victoires, retremper les esprits dans le souvenir des martyrs et des héros afin de se préparer à de nouvelles victoires et à des gloires nouvelles [79].

La célébration des nouvelles «fêtes sacrées» instituées par le régime, comme la célébration de la «Noël de Rome» ou la fondation des Faisceaux, était essentiellement une esthétisation de la mythologie fasciste, de l'évocation de la grandeur romaine jusqu'à la «nouvelle naissance» de la nation à travers l'intervention, la guerre et la révolution fasciste. Celui de Mussolini mis à part, le mythe de Rome fut peut-être la croyance mythologique la plus envahissante de l'univers symbolique fasciste. Ce n'est pas par hasard que la célébration de la «Noël de Rome» fut la première «fête sacrée» adoptée par le fascisme en 1921 et solennellement célébrée durant le régime comme fête fasciste du travail par opposition au 1er mai. Quand il célébra pour la première fois la «Noël de Rome», Mussolini exalta la «romanité» comme le mythe qui devait animer le fascisme : «Rome est notre point de départ et de référence ; c'est notre symbole ou, si l'on veut, notre mythe [80]. » Quelques années après, le *duce* expliqua à Emil Ludwig quelle était la fonction de ce mythe dans la politique du fascisme : «Toute la pratique des vertus latines est devant moi.

Elles représentent un patrimoine que je cherche à utiliser. La matériau est le même. Rome est là, toujours
et encore[81]. »

Dans la religion fasciste, le mythe de Rome eut
la fonction d'un archétype paradigmatique et d'un
« centre sacré ». La Rome antique, avec les vestiges de
ses monuments, était l'espace sacré, favori du destin,
où pour la première fois s'était manifestée la vocation
à la grandeur de l'« esprit latin », conférant au sol
romain une sacralité éternelle, une source inépuisable de force et de grandeur pour qui entrait en communion avec elle. Du sol historique de Rome, déclara
Mussolini[82], émanait une « puissance magique[83] ». La
recherche et la restauration des vestiges de Rome fut
surtout, pour le fascisme, une « archéologie symbolique » inspirée par le rappel mythique du « centre
sacré » pour entrer en communion avec la « puissance
magique » de Rome. De même, les fascistes voyaient
dans la célébration de la « Noël de Rome » un rite ini-
tiatique pour entrer en communion avec la romanité.
À travers la célébration du rite, inspiré « par une
"volonté solaire", par une volonté impériale, par une
volonté de puissance [...], l'Italien nouveau reprend
spirituellement contact avec le Romain antique[84] ». Au
mythe de Rome était donc aussi lié le mythe de l'« Italien nouveau », qui acquit une signification religieuse :
symbole de la *metanoia* du peuple italien revenu à
une vie nouvelle en tant qu'héritier spirituel des
Romains, revigoré par une foi commune et prêt,
comme les Romains, à défier le destin pour créer une
« civilisation nouvelle ». Dans la mythologie fasciste,
l'époque romaine était le « temps des origines », que le
fascisme situa au début de sa représentation mythique

de l'histoire italienne quand il s'inventa une tradition sacrée propre. Dans cette représentation, la brève histoire réelle du fascisme, inscrite dans une perspective séculaire qui partait de Rome pour culminer dans la Grande Guerre et dans l'arrivée du fascisme au pouvoir, se projetant vers un futur tout aussi mythique de grandeur et de puissance, fut symboliquement transfigurée en acte de renaissance de la race italienne.

Le régime avait son calendrier d'anniversaires pour la célébration rituelle des grands événements de son histoire sacrée, telle que la naissance de Rome et les étapes de la Révolution fasciste. La fondation des Faisceaux de combat était publiquement célébrée comme le début d'une *ère nouvelle* dans l'histoire de l'Italie et du monde. La date de la «marche sur Rome», le 28 octobre, marquait officiellement les années de l'«ère fasciste».

La représentation esthétiquement la plus suggestive de l'histoire sacrée qu'ait inventée le fascisme fut organisée à l'occasion des dix ans du fascisme au pouvoir. Il s'agit de la *Mostra della rivoluzione fasciste*, exposition qui ouvrit à Rome en 1932 et à laquelle collaborèrent les plus grands artistes italiens de l'époque comme Prampolini, Longanesi et Sironi. Le visiteur revivait l'épopée des Chemises noires à travers une succession de tableaux symboliques, dominés par l'image omniprésente du *duce*. L'Exposition était aussi le panthéon des héros et des martyrs fascistes; au *duce*, le mythe vivant, était consacrée une salle à propos. Mais le centre idéal de la *Mostra* était le «Sanctuaire des martyrs», la crypte qui abritait l'«autel du sacrifice», «symbole sacré de la capacité de sacrifice d'une race», ainsi que l'expliquait le catalogue de la Mostra, solennellement définie comme le «Temple de la Révolution», où se produisait la «matérialisation du mythe[85]».

Comme toutes les religions séculières, le fascisme voulut aussi matérialiser son mythe dans des monuments pour laisser dans le temps la marque de sa civilisation. La monumentalité fasciste, affirmait Mario Sironi, devait donner surtout «un visage, une sensation visible et claire de cette foi, de sa force, de sa mesure, de sa puissance[86]». La principale fonction de l'architecture était de matérialiser le mythe. Dans le choix du style architectural appelé à représenter la civilisation fasciste, assurait un idéologue officiel du PNF, la préférence allait à une «architecture de la "durée" dominée par la pierre et le recours à la fonction monumentale», parce que, dans l'«architecture monumentale, qui dure à travers les siècles, se trouve le symbole de la permanence de l'État[87]». Le paysage architectural et monumental du régime devait donc avoir un haut sens symbolique et contribuer par sa présence, comme le faisait la liturgie, à imprégner la conscience des Italiens de mythologie fasciste. La plus grandiose matérialisation architecturale de la mythologie fasciste devait être l'Exposition universelle (EUR), prévue à Rome pour 1942. L'EUR fut le projet architectural et urbain le plus vaste et ambitieux du fascisme, le monument par lequel le *duce* et le fascisme pensaient pérenniser dans les siècles futurs le «temps de Mussolini[88]». Tout le plan de l'ouvrage fut conçu comme une matérialisation du mythe de la «nouvelle civilisation». L'exposition, destinée à devenir une ville permanente, était conçue comme une grandiose mise en scène de monuments symbo-

liques célébrant la gloire de la «civilisation italienne»: un «théâtre d'architectures fabuleuses, nées
d'une évocation [...], de l'expression effective de
dimensions jamais vues, d'un réalisme magique[89]».
Le monument symboliquement dominant était le
Palais de la civilisation italienne, parce que l'évocation de la grandeur du peuple italien aurait conféré à
l'édifice un «attribut sacré: quasiment un *Tempio
della stirpe*, un Temple de la race[90]». Parmi les monuments symboliques qui devaient constituer la *Mostra*
du PNF, dédiée à la «glorification et à la célébration
de l'ordre nouveau né du fascisme», était aussi prévue une imposante *Ara*, un grand autel dont les bas-
reliefs consacreraient la victoire et le «commencement
de l'Ère nouvelle», sur le modèle de l'*Ara pacis* d'Au-
guste. De l'intérieur de l'autel, placé sous un gigan-
tesque arc métallique illuminé, une puissante source
de lumière aurait projeté «dans le ciel de Rome un
immense faisceau de lumière[91]». La lumière et la couleur étaient une autre composante de l'architecture
symbolique de l'EUR. La lumière était le symbole
solaire de la «nouvelle civilisation fasciste», une victoire sur les ténèbres et l'annonce d'une ère nouvelle
pour l'humanité. La monumentalité de l'EUR, dans
sa blancheur, symbole du triomphe de la solidarité
méditerranéenne, devait peut-être représenter, dans
les siècles futurs, la victoire du fascisme sur le destin,
pérennisée dans le style monumental de la «nouvelle
civilisation».

Le «destin» est une image importante dans l'univers symbolique parce que, dans le contexte de l'«histoire sacrée» de la religion fasciste, il évoquait une
obscure divinité qui domine les vicissitudes de l'his-

toire en mettant à l'épreuve, par des défis cycliques, la capacité des peuples à laisser dans l'histoire une empreinte durable en donnant vie à une civilisation. L'histoire, pour le fascisme, était une lutte perpétuelle entre le destin et la volonté, une lutte qui marquait l'essor et le déclin cycliques des civilisations. Le destin était une divinité imprévisible et capricieuse, mais, dans des circonstances extraordinaires, la volonté pouvait le soumettre et vaincre la puissance corrosive du temps. Le *duce*, peut-être intimement persuadé de posséder le don de «deviner son siècle», était convaincu de vivre dans une de ces phases de retour cyclique décisif, où le destin offrait au peuple italien l'occasion de défier le temps. Après une éclipse de longs siècles de décadence, le peuple italien avait encore l'occasion de créer une nouvelle civilisation. Mais seules la soumission totale à la houlette du *duce* et la foi dans la religion fasciste pouvaient donner la force morale de triompher. Les fascistes, les «nouveaux Italiens», eussent été *les Romains de la modernité*.

La construction d'une religion fasciste, centrée sur la sacralisation de l'État, peut s'interpréter comme un effort pour invoquer, afin de légitimer le régime fasciste, la sacralité de l'archétype romain en tant qu'«expression d'une conception éthico-religieuse dans laquelle ont été au rang de symboles de foi les raisons essentielles de l'existence et de la force de l'État[92]». La socialisation de la religion fasciste à travers des mythes, des rites et des symboles visait précisément à accélérer le processus de nationalisation et d'intégration des masses à travers la sacralisation de l'État afin de transformer leur participation politique en un dévouement actif et total à l'État fasciste :

> Dans l'État, l'homme réalise les plus hautes valeurs morales de sa vie et dépasse ainsi tout ce qu'il y a en lui de particulier : convenances personnelles, intérêts, la vie même, si besoin est. Dans l'État, nous voyons l'actualisation des plus grandes valeurs spirituelles : continuité par-delà le temps, grandeur morale, mission éducative de soi et des autres[93].

Tout l'univers symbolique du fascisme, comme idéologie institutionnelle visant à socialiser son propre « cosmos sacré[94] », rivalisant avec les religions traditionnelles pour revendiquer la prérogative de définir le sens ultime de la vie, avait pour but d'insuffler aux masses un « sentiment religieux de l'État[95] ». Le fascisme enseignait aux enfants que le « vrai paradis est là où s'accomplit la volonté de Dieu, laquelle est aussi perçue à travers la volonté de l'État[96] ». Dès l'enfance, l'idée de l'État devait agir chez les Italiens « par la suggestion du mythe qui, avec l'âge, se réalise sous la forme de la discipline civile et de la milice agissante[97] ». Ainsi le *duce* croyait-il pouvoir façonner le caractère des Italiens et créer la race des « Romains modernes » capable de relever le défi du destin :

> L'heure suprême ne bat pas à toutes les heures ni à toutes les horloges. La roue du destin passe. Est sage celui qui, par sa vigilance, s'en saisit à l'instant où elle passe devant lui [...]. Si moi je réussis, et si le fascisme réussit à façonner comme je le veux le caractère des Italiens, soyez tranquilles, sûrs et certains que, quand la roue du destin passera à portée de nos mains, nous serons prêts à la saisir et à la plier à notre volonté[98].

Dans la vision de cette expérience absurde, on peut résumer le sens et la fonction que le fascisme attribuait à la dimension religieuse dans sa politique. La religion fasciste, comme d'autres idéologies institutionnelles de notre siècle, a elle aussi manqué son but ; le sens historique de sa tentative n'en demeure pas moins pertinent pour l'analyse du processus de «sacralisation de la politique» dans la société moderne. Après tout, le fascisme a été le premier mouvement nationaliste du xxᵉ siècle à se servir du pouvoir d'un État moderne pour institutionnaliser une religion politique et élever des millions d'hommes et de femmes dans le culte de la nation et de l'État comme valeurs suprêmes et absolues.

CHAPITRE 10

L'« *homme nouveau* » *du fascisme.*
Réflexions
sur une expérience totalitaire
de révolution anthropologique

LE MYTHE FASCISTE
DE L'« HOMME NOUVEAU »
DANS L'HISTORIOGRAPHIE

Mussolini et les fascistes se considéraient comme l'avant-garde des nouveaux Italiens, avec l'ambition d'accomplir une *révolution anthropologique* pour forger une nouvelle race italienne de dominateurs, de conquérants et de civilisateurs. Juste après son accession au pouvoir, dans un discours du 19 juin 1923, Mussolini déclara vouloir réaliser la régénérescence de la race italienne, «que nous voulons prendre, façonner, forger pour toutes les batailles nécessaires dans la discipline, le travail et la foi[1]». Et l'année suivante, dans un entretien au *Chicago Daily News*, le *duce* définit le fascisme comme la «plus grande expérience de notre histoire pour faire les Italiens[2]».

Le mythe de l'«Italien nouveau» occupa une place centrale dans la culture, la politique et les objectifs du régime. Les façons d'interpréter le mythe de l'«homme nouveau» et les moyens d'accomplir la révolution anthropologique furent divers, mais tous étaient liés par une cohérence de fond et par une conscience claire des objectifs qu'ils voulaient suivre. Du succès de la révolution anthropologique, dépendait, pour les fascistes, la réussite de toute leur expérience totalitaire de construction d'un «homme nouveau» et d'une nouvelle civilisation[3].

Comme tous les projets les plus ambitieux du fascisme, l'expérience de la révolution anthropologique fut aussi un échec pour être finalement emportée par la catastrophe de la guerre sous les ruines de l'État totalitaire. Depuis lors, le mythe de l'«homme nouveau» fasciste est resté un sujet aux marges de l'historiographie. Il nous manque encore une analyse spécifique et approfondie de ce thème[4]. Certes, les historiens qui se sont occupé du fascisme ont fait des allusions plus ou moins développées à cette question, indiquant le sens que le mythe de l'«homme nouveau» avait dans le fascisme[5]. Renzo De Felice a été l'un des premiers à attirer l'attention sur le projet mussolinien, qu'il qualifia de «moralement répugnant[6]», pour «transformer le peuple italien et surtout créer de nouvelles générations, plus nombreuses, plus fortes physiquement, et moralement fascistes, vraiment capables d'"oser" et de passer à l'*action*[7]», pour affronter un temps de guerre et de conquête. Pierre Milza a observé dernièrement que, du mythe de l'«homme nouveau», «résultent pour l'essentiel les options totalitaires des dernières années du fascisme» visant à «briser l'hégémonie des anciennes élites», comme la campagne antibourgeoise, qui voulait substituer à l'individu décadent produit par la culture bourgeoise l'«"homme nouveau", dynamique, viril, décidé, efficace, héroïque, prêt à tous les sacrifices, durci par une éducation spartiate et par les effets sublimés de la rigueur autarcique[8]». D'autres chercheurs se sont intéressés au mythe de l'«homme nouveau» en étudiant les croyances et les rites de la religion fasciste[9], le style et les mœurs[10], et surtout le sport et l'éducation physique, identifiant au fond le mythe de l'«homme nouveau» au culte du corps et de la virilité, et à la conception raciste[11]. C'est dans cet esprit que G. L. Mosse a analysé le mythe de l'homme fasciste à travers une comparaison entre fascisme et nazisme qui a mis en lumière les affinités et les différences, en s'appesantissant surtout sur les aspects corporels et esthétiques de la masculinité[12].

Les chercheurs ont essentiellement insisté sur les contradictions, les velléités et l'échec de ce mythe. Le fascisme lui-même — telle est l'opinion dominante — n'eut pas d'idées claires sur l'«homme nouveau» et le représenta de façon vague et contradictoire. Suivant un autre point de vue, l'*homme fasciste* n'avait rien de vraiment nouveau, sinon la chemise noire, parce qu'il n'était qu'une exhumation artificielle, rhétorique et anachronique, de l'ancien légionnaire romain ou la restauration de modèles on ne peut plus traditionnels comme le «bon paysan», frugal, laborieux, tenace, et le «vertueux bourgeois», distillé par la morale du *Cuore* d'Edmondo De Amicis, qui cultivait avec un sens actif du devoir les idéaux de la patrie et de la monarchie. Quant à la nouvelle *femme fasciste*, l'opinion encore dominante est que le fascisme se contenta de répéter le modèle traditionnel de la mère et de l'épouse, maîtresse de maison et gardienne de la famille.

Il est clair que, si ces jugements étaient de nature à

constituer une solution convaincante et épuisaient la question de l'«homme nouveau» dans le fascisme, il n'y aurait aucune raison de s'en occuper encore. Il ne vaudrait pas la peine d'étudier un problème qui, en réalité, n'en est plus un, parce que nous avons déjà une solution définitive, ou parce que c'est un problème minime et marginal, qui n'a aucune importance pour comprendre la nature et le sens du fascisme dans son ensemble. Et ce serait vraiment gaspiller ses énergies intellectuelles que d'étudier le thème de l'homme fasciste pour finalement répéter des conclusions déjà connues. Quant au jugement sur le fiasco de la révolution anthropologique fasciste, je pense que même une recherche plus approfondie et plus exempte de préjugés ne saurait le remettre en cause, parce qu'il s'agit d'un «verdict de l'histoire», qui a la force persuasive de l'évidence des faits accomplis et irrévocables.

Tout en partageant pleinement ce verdict, je crois néanmoins opportun de procéder à une vérification historique ultérieure des jugements actuels avant de classer le problème de l'«homme nouveau» fasciste. Il est déjà arrivé, spécialement dans les dernières années, que la recherche historique contribue à changer, parfois de manière substantielle, des jugements qui ont longtemps dominé l'interprétation du fascisme. Ainsi pour ce qui est de problèmes fondamentaux tels que l'existence ou non d'une idéologie fasciste, les rapports entre le *duce* et le parti fasciste, le rôle du parti dans le régime, l'attitude du fascisme à l'égard de la modernité et — ce n'est pas le moins important — la nature totalitaire de l'expérience politique fasciste. Des résultats de cette historiographie est sortie une nouvelle vision du fascisme, qui invite désormais à reconsidérer le problème de l'«homme nouveau» dans une perspective inédite, qui en mette en lumière des aspects jusque-là négligés ou ignorés.

Tel est mon propos dans ce chapitre. Je prétends non pas exposer une analyse qui épuise le sujet, mais uniquement attirer l'attention sur certains aspects du mythe de l'«homme nouveau», qui jusque-là n'ont pas été pris en considération ou ont été interprétés de manière partiale, voire erronée. Je me limite à évoquer les questions qui me paraissent les plus importantes

UNE QUESTION EN SUSPENS

Par exemple, il me paraît essentiel de comprendre l'origine et les raisons de l'importance que le fascisme attribuait à ce mythe et à la réalisation de la révolution anthropologique, puisqu'il s'engagea dans cette entreprise avec une obsession maniaque et n'y renonça pas même quand il apparut clairement, à de nombreux signes fiables, que la majorité des Italiens rechignait à se laisser modeler suivant le modèle fasciste. Je crois donc aussi indispensable de vérifier si, derrière les contradictions, les velléités et les vacuités, qui n'ont assurément pas manqué, il n'y eut pas, dans la révolution anthropologique fasciste, une cohérence de fond, une logique propre, qu'il pourrait être profitable de connaître afin de comprendre des aspects essentiels de l'expérience totalitaire fasciste qui demeureraient autrement incompréhensibles, sommairement liquidés comme absurdes et ridicules, alors qu'ils firent partie de l'expérience vécue de millions d'hommes et de femmes.

Si on adopte ce point de vue, les questions en suspens deviennent plus nombreuses encore. Nous pouvons par exemple nous demander s'il est vrai que le fascisme identifiait exclusivement l'« Italien nouveau » au légionnaire romain antique, au « bon paysan » ou au « bourgeois vertueux ». La question importe parce qu'il s'agit de vérifier si le mythe de l'homme fasciste était la restauration d'un modèle idéal du passé, prétendument parfait, tel que pouvait être précisément le Romain de l'Antiquité, ou s'il s'agissait de construire un nouveau modèle, un nouveau type d'*homme moderne*, conçu suivant une vision « positive » de la modernité propre au fascisme. Un problème particulier découle de la définition de l'homme fasciste comme type idéal de l'homme bourgeois, proposée par Mosse dans ses études, avec sa thèse suivant laquelle le fascisme représentait la révolution bourgeoise idéale parce qu'il fondait sa morale sur les valeurs de l'honnêteté, de la probité, de l'assiduité au travail et de la respectabilité, qui étaient le produit de la morale bourgeoise. Or, définir le fascisme comme une « révolution bourgeoise antibourgeoise », comme le fait Mosse, et affirmer, dans le même temps, que la révolution fasciste était la révolution bourgeoise idéale, c'est enlever toute pertinence à l'attribut « antibourgeois » de cette définition et amputer le fascisme lui-même d'une composante essentielle qui touchait à sa nature militariste et collectiviste et le rendait en fin de compte incompatible, nonobstant les équivoques des compromis contingents, avec la respectabilité bourgeoise du libéralisme et du conservatisme, mais aussi avec les idéaux et les valeurs de la morale qui prévalaient dans la civilisation bourgeoise occidentale, démocratique et libérale. L'identification du fascisme à la respectabilité bourgeoise sous-évalue le rôle que joua l'esprit antibourgeois dans le fascisme, non pas tant par certaines attitudes anticapitalistes, à mon sens peu déterminantes, que par l'essence collectiviste — au sens de la communauté idéologique et organique — du totalitarisme fasciste, par la conception fasciste de la politique comme combat permanent et par sa vocation belliqueuse. Si le fascisme partageait avec la bourgeoisie certaines idées de morale et de respectabilité, il ne faut pas perdre de vue qu'il y eut toujours une différence substantielle entre la *respectabilité bourgeoise* et la *respectabilité en uniforme*. L'«homme nouveau» du fascisme n'était pas l'incarnation de la traditionnelle «respectabilité bourgeoise», qui était l'idéal de la bourgeoisie individualiste et libérale, mais celle de la nouvelle «respectabilité en uniforme» de l'homme organisé collectivement éduqué suivant les principes d'une morale militariste et belliqueuse qui était l'antithèse de tout ce qui était typique de la respectabilité en habits civils de la bourgeoisie. La culture bourgeoise n'identifiait pas son sens de l'appartenance et de la «respectabilité» au style militaire, tandis que la «respectabilité en uniforme» représentait pour le fascisme un idéal de vie communautaire explicitement et agressivement antibourgeois, parce qu'il entendait ainsi combattre et anéantir la prétention de la civilisation bourgeoise à réclamer une dimension privée de l'existence familiale et sociale, séparée et autonome de la politique.

Cette observation implique un aspect du fascisme, la *militarisation de la politique*, qui a été un élément caractéristique de tous les fascismes. Par cette expression, je ne me réfère pas seulement à un mouvement politique qui adopte un modèle d'organisation militaire, mais à un mouvement pour qui la politique est fondamentalement et intégralement militaire dans ses valeurs comme dans ses objectifs, et qui trouve sa réalisation dans le « parti-milice ». Telle que l'entendaient les fascistes, la militarisation de la politique était, malgré des ressemblances superficielles, tout autre chose que le militarisme traditionnel qui présupposait de toute façon une différenciation entre la dimension politique et la dimension militaire, entre le citadin bourgeois et le citoyen en uniforme. La militarisation fasciste de la politique abolissait cette distinction dès lors qu'elle affirmait l'identité du citoyen et du soldat dans l'idéal proprement fasciste du « citoyen soldat », par quoi il entendait que toute la vie individuelle et collective devait être militairement organisée suivant les principes et valeurs de sa conception intégriste de la politique. La militarisation devenait ainsi, dans le fascisme, une redéfinition de l'identité du citadin dans une antithèse tranchée avec le modèle de la civilisation bourgeoise, qui s'était développée en insistant sur la différenciation entre la dimension civile et la dimension militaire, voyant même dans le militaire l'antithèse du bourgeois. Dans le fascisme, la coexistence de la « respectabilité bourgeoise » et de la « respectabilité en uniforme », si contradictoires fussent-elles, était jugée transitoire et vouée à être dépassée.

En même temps, pour ce qui est du jugement sur

le caractère contradictoire des diverses représentations de l'«homme nouveau» ou de la «femme nouvelle», oscillant entre traditionalisme et modernisme,
il est permis de se demander s'il s'agit seulement
d'incohérence et d'inconsistance du mythe même, ou
s'il ne s'agit pas plutôt de la *coexistence* de modèles
intentionnellement différents parce qu'ils répondaient
à différentes catégories d'hommes et de femmes envi-
sagées par l'organisation hiérarchique de l'État totalitaire.

Pour ce qui est de la femme, des études récentes
montrent que le fascisme ne se contenta pas de cultiver le modèle traditionaliste de la femme comme
épouse et mère, maîtresse de maison, éloignée et
étrangère à tout engagement politique actif. Dans le
cadre du mythe de l'«Italien nouveau», il produisit
aussi celui d'une «femme nouvelle[13]», qui visait surtout les jeunes fascistes:

> Durant les vingt années du régime, écrit Maria Fraddo-
> sio[14], un nouveau modèle de *femme fasciste,* qui présentait
> des caractères réellement originaux, émergea avec l'idéal
> de la *citoyenne militante,* activement engagée dans la vie
> du régime — et un idéal qui était lui-même le produit de la
> culture vitaliste et «révolutionnaire» qui avait imprégné le
> mouvement fasciste des origines. Cette nouvelle figure de
> femme servit de modèle à de nombreuses jeunes fascistes
> dès le début des années 1930, quand le parti s'efforça de
> donner vie au projet de nation «guerrière». Dans ces
> années, précisément, s'était développé dans le champ et
> hors de l'organisation féminine un débat sur l'importance
> de la présence sociale de la femme dans une nation qui se
> préparait à l'éventualité d'une guerre. Ce nouveau type de
> *femme fasciste,* comme *citoyenne militante,* sortait résolu-
> ment du cadre restreint du foyer domestique pour parti-
> ciper aux activités du parti: mais les conséquences de

l'acquisition de fonctions et de responsabilités sociales nouvelles, par des femmes qui choisirent cet engagement, allèrent au-delà des intentions mêmes du régime. En fait, l'apprentissage d'une mentalité plus « sociale », sensible aux problèmes de la collectivité, ne pouvait pas ne pas comporter, pour ces jeunes, une forme d'émancipation, peut-être pas du tout consciente, des schémas de conduite traditionnels — même si, précisons-le, le modèle fasciste de la citoyenne militante ne fut jamais un substitut de celui d'« épouse et mère exemplaire ».

La diversification du rôle de la « nouvelle féminité », qui émancipait les « citoyennes militantes » de la condition traditionnelle de la femme, mais sans rien concéder aux théories de l'émancipation du féminisme, toujours réprouvées et combattues par le fascisme, ne fut pas une conséquence involontaire, déterminée par des facteurs extérieurs et étrangers au fascisme, ainsi qu'on a pu l'affirmer[15]. Bien au contraire, ce fut la conséquence de choix politiques conscients, inspirés d'une vision des tâches de la « nouvelle femme » qui étaient étrangères au modèle traditionaliste, mais en parfait accord avec la conception totalitaire de l'« Italien nouveau ».

Une autre question concerne l'évolution de ce mythe durant le régime, pour vérifier dans quelle mesure la diversité des modèles était la conséquence d'une transformation du mythe de l'« homme nouveau » due au développement des nouvelles conceptions et des nouvelles perspectives du fascisme, nées des circonstances nouvelles, internes et internationales, de la société, de la politique, de la culture comme, par exemple, l'intensification du débat sur la crise de la civilisation occidentale et du système capitaliste après 1929, les répercussions de la conquête de l'Éthiopie sur la conception raciste et sur le mythe impérial, l'accélération totalitaire dans le processus de construction de l'État totalitaire, le rapprochement et enfin l'alliance avec l'Allemagne nazie. Il y a, en somme, une histoire du mythe fasciste de l'«homme nouveau», marquée par des moments et des étapes successives, auxquels correspondent des versions et des représentations différentes du même mythe, lequel n'en conserve pas moins certains traits fondamentaux.

Loin d'être marginal et accessoire dans l'expérience totalitaire fasciste, le projet de révolution anthropologique fut donc un des moteurs de maintes initiatives fondamentales du fascisme comme le monopole de l'éducation, l'organisation capillaire des masses, la persécution des antifascistes, la campagne démographique, la campagne antibourgeoise, le racisme et l'antisémitisme, tel qu'il fut présent jusque dans les orientations et les choix de la politique extérieure et dans l'élaboration de grandioses plans d'expansion territoriale et de construction d'une nouvelle civilisation impériale. Dans chacune de ces initiatives, correspondant à autant de phases de l'expérience totalitaire, le mythe de l'«homme nouveau» semble configuré de manière différente en ce sens qu'il acquit de nouveaux traits. En conclusion, on peut parler d'une évolution du type idéal de l'homme et de la femme fasciste, dans le cadre d'une évolution plus générale de l'expérience totalitaire en relation avec des changements internes autant que du champ international.

Enfin, d'un point de vue plus large, se pose une

question centrale concernant la spécificité du *mythe fasciste* de l'«homme nouveau», examiné dans une perspective historique plus longue, dans le cadre d'une période qui, à partir de la Révolution française, a toujours vu le mythe de l'«homme nouveau» accompagner les mouvements révolutionnaires, lesquels ont été des protagonistes de l'histoire contemporaine en se présentant comme des mouvements palingénésiques de transformation de l'être humain[16].

L'«ITALIEN NOUVEAU» ET LA RÉGÉNÉRESCENCE DE LA NATION

Le mythe de l'«Italien nouveau», comme aspect proprement national du mythe palingénésique de l'«homme nouveau», ne fut pas un expédient de la propagande fasciste, mais était fermement enraciné dans la culture de Mussolini et du fascisme et avait en outre une longue et solide tradition dans l'histoire de l'Italie contemporaine. On ne saurait comprendre l'engagement d'hommes aussi différents que Giovanni Gentile et Achille Starace, Giuseppe Bottai et Roberto Farinacci dans la réalisation de la révolution anthropologique si l'on perd de vue l'importance qu'avait eue le mythe de l'«Italien nouveau» dans la culture et la politique italienne dès les origines du Risorgimento. Quand bien même il se réclamait de la romanité, ce mythe n'avait rien de traditionaliste, mais était au contraire purement moderniste. Le mythe de l'«Italien nouveau» était en fait associé à ce que j'ai appelé le mythe de la «conquête de la modernité», entendu comme aspiration de la nation

italienne à rejoindre et à dépasser les pays plus développés et avancés[17]. Le but des patriotes du Risorgimento n'était pas seulement de réaliser l'unité et
l'indépendance de l'Italie, mais aussi de créer les
conditions pour accélérer la modernisation de la
société, de la mentalité et des mœurs. Quant à la création même de l'État unitaire, ils la conçurent dans
l'idée d'émanciper les Italiens des habitudes mentales et des mœurs produites par des siècles d'arrié-
ration et d'asservissement afin de les transformer en
citoyens modernes d'un État libre et souverain. Tel
était le vrai sens de la formule bien connue : « L'Italie
faite, il faut faire les Italiens[18]. »

L'idée de régénérescence du caractère national
occupait une place importante dans ce projet. Ce n'est
pas l'esprit, mais le caractère qui sauve les nations,
avait affirmé Francesco De Sanctis, le grand éducateur civil de la nouvelle Italie libérale, hanté par le
problème de la décadence morale et civile des Italiens. Pour lui, celle-ci remontait à la Renaissance,
quand, « sous les formes de la santé la plus floris-
sante, le pays était cependant dans un tel état de dissolution et de corruption qu'au premier choc avec
les barbares il perdit tout, même l'honneur, et pendant plusieurs siècles disparut de l'histoire : la chute
fut si profonde qu'aujourd'hui encore on doute qu'elle
en soit vraiment sortie[19] ». De Sanctis était convaincu
d'avoir découvert la cause de la corruption italienne
dans l'« homme de Guichardin », ainsi qu'il le bap-
tisa, c'est-à-dire dans le caractère de l'Italien de la
Renaissance qui ne vivait et travaillait que pour cultiver « son jardin » *(suo « particulare »)*, auquel il était
prêt à sacrifier la patrie, la religion, la liberté, l'hon-

neur, la gloire — bref, «tout ce qui pousse les hommes à des actes magnanimes et fait les grandes nations». Dès lors, les Italiens avaient sombré dans un état de «somnolence», parce que manquaient à leur tempérament la «sincérité et l'énergie des convictions» — ce qui avait rendu «leur décadence irrémédiable». Le Risorgimento avait engagé la régénérescence des Italiens, mais l'entreprise était ardue parce que la «race italienne n'était pas encore guérie de cette faiblesse morale et que n'a pas encore disparu de son front cette marque que nous a imprimée une histoire de duplicité et de simulation»; le vieil «homme de Guichardin», affirmait De Sanctis, est encore vivant dans le caractère italien, et cet «homme fatal nous barre le chemin si nous n'avons pas la force de le tuer dans notre conscience[20]».

Au début du xxᵉ siècle, le mythe de la régénération nationale fut repris par des mouvements qui rêvaient d'une plus grande Italie, à même d'avoir une place de premier plan dans la construction de la civilisation moderne et, pour cette raison, se rebellaient contre la «petite Italie», l'*Italietta* de Giolitti, méprisée comme une réincarnation du vieil «homme de Guichardin». Le mouvement nationaliste impérialiste, le groupe des intellectuels de *La Voce*, le futurisme, les divers courants du radicalisme national — tous partagèrent le mythe de la régénérescence et le transformèrent en un projet de révolution totale, spirituelle, culturelle et politique afin d'abattre le régime libéral considéré comme une pauvre chose au regard des idéaux de grandeur et de modernité envisagés par les patriotes du Risorgimento. Ces mouvements développèrent en outre le mythe de l'«Italien nouveau» en l'insérant dans celui, plus ample, de l'«homme nouveau», qui avait connu un notable développement au cours du xixe et à l'aube du xxe siècle, en se nourrissant des idéaux d'une humanité future répandus par les nouvelles religions laïques, les prophéties séculières de Marx et de Nietzsche ainsi que par les mouvements artistiques et culturels de l'avant-garde moderniste.

Il est nécessaire d'insister sur ces mouvements parce qu'en eux se formèrent les principaux artisans de la révolution anthropologique fasciste, y compris Mussolini, et que de ces mouvements le fascisme tira d'importants matériaux pour construire son mythe de l'«homme nouveau [21]».

Le mouvement nationaliste impérialiste voulait régénérer les Italiens afin de cimenter l'unité physique et morale de la nation, conçue comme un organisme de lutte et de conquête, engagée dans la compétition mondiale pour la guerre et l'expansion, disciplinée par un État fort et autoritaire. Son idéal d'«Italien nouveau» était le mâle viril et guerrier, élevé dans le culte des gloires passées, mais prêt à relever les défis de la modernité, vue comme une époque belliqueuse et impérialiste. Les futuristes aussi voulaient créer un Italien viril, agressif, violent, exempt de préjugé, aimant la lutte et la conquête, mais totalement libéré de la tradition et du culte du passé, tout entier projeté vers l'avenir, citoyen libre d'un État réduit à des fonctions minimes. Les jeunes intellectuels de la revue *La Voce* se voulaient les apôtres d'une réforme intellectuelle et morale des Italiens fondée sur la conciliation entre tradition et modernité, sur le primat de la conscience humaine par rapport à la conscience nationale, sur le sens de l'État, non pas sur le culte de la force et de la conquête. Ces jeunes, écrivait en 1910 Giovanni Amendola, voulaient «changer le caractère national» parce que, «en Italie, il y a peu de dignité nationale. On est boutiquiers [...], aubergistes et serviteurs[22]». Sur un versant idéologiquement opposé à ces mouvements, mais avec de fortes sympathies réciproques et avec une perception identique de la modernité, les syndicalistes révolutionnaires luttaient pour réaliser une palingénésie sociale passant par la formation d'un «homme nouveau», identifié au *producteur*, à travers la pratique de la violence et le mythe de la grève générale. Ils partageaient avec les autres mouvements radicaux l'exaltation de la vie moderne, l'orgueil de l'*italianisme*, le culte de l'héroïque, la valorisation du mythe comme instrument de mobilisation, l'apologie de la violence, de la révolution mais aussi de la guerre, comme moyens nécessaires pour réaliser avec célérité l'avènement de l'«Italien nouveau». Le syndicalisme, écrivait Angelo Oliviero Olivetti en 1911, «implique un effort, un désir de domination, une volonté de puissance, il déteste la pâle égalité conventuelle dont rêve stérilement le collectivisme et annonce la formation d'élites batailleuses et conquérantes, lancées à l'assaut de la richesse et de la vie[23]».

Le mythe de la régénération devint, pour beaucoup de jeunes, un mythe révolutionnaire contre l'ordre établi afin de «changer radicalement *toute* l'âme de nombreux hommes» et de préparer «en Italie l'avènement de cet "homme nouveau"[24]», ainsi que l'affirmait Giovanni Papini en 1913. Aux yeux de maints interventionnistes, l'entrée dans la Première Guerre mondiale était aussi une étape décisive pour la régénérescence des Italiens à travers l'épreuve de la guerre. L'interventionnisme agit comme un facteur de fusion entre le mythe de la révolution et le mythe de la nation, produisant de la sorte la conversion au nationalisme de nombreux révolutionnaires de la gauche syndicaliste ou socialiste comme Mussolini. Telle fut l'origine d'un nouveau nationalisme révolutionnaire, concevant la guerre et la révolution comme une *palingénésie nationale* qui devait radicalement rénover non seulement l'aspect politique, économique et social, mais aussi la culture, la mentalité et le caractère des Italiens. Interventionniste, Mussolini était convaincu que la guerre régénérerait le pays et forgerait l'Italien nouveau pour une plus grande Italie :

> C'est la première guerre de l'Italie. De l'Italie en tant que nation, de l'Italie en tant que peuple, désormais unie en une solide équipe des Alpes à la Sicile. [...] Ce sera une grande épreuve. La guerre est l'examen des peuples. [...] La guerre doit révéler l'Italie aux Italiens. Elle doit avant tout détruire l'ignoble légende suivant laquelle les Italiens ne se battent pas, effacer la honte de Lissa [Vis] et de Custoza, démontrer au monde que l'Italie est capable de faire une guerre, une grande guerre [...]. La guerre nous révélera — peut-être — à nous-mêmes l'Italie que nous ignorions [...]. Elle seule peut donner aux Italiens la notion et l'orgueil de leur italianité ; la guerre seule peut faire les «Italiens» dont parlait d'Azeglio. Ou la Révolution[25] !

Si le choix de la neutralité devait l'emporter, répéta Mussolini en février 1915, «l'Italie de demain sera la nation abjecte et maudite, une nation condamnée, sans autonomie et sans avenir ; les chanteurs ambulants, les entremetteurs, les logeurs, les cireurs de chaussures et les musiciens qui font la manche continueront à représenter l'italianité à travers le monde[26] ».

LES RÉGÉNÉRÉS RÉGÉNÉRATEURS

Le mythe de la régénération nationale sortit renforcé du conflit, rénové et enrichi par de nouveaux mythes nés directement de l'expérience de la guerre, comme la camaraderie des tranchées, la sacralisation des morts pour la patrie, la vision apocalyptique de la guerre elle-même comme catastrophe palingénésique. Pour les interventionnistes italiens, la participation de l'Italie au conflit mondial marquait le conflit définitif entre le vieil « homme de Guichardin » et l'« Italien nouveau » né dans les tranchées. La guerre, affirmait le philosophe Giovanni Gentile en 1919, avait été livrée pour le « renouvellement de la vie intérieure de l'Italie » et avait amorcé la « rédemption de cette vieille Italie entrée dans les proverbes parmi les populations européennes, en raison de son naturel pusillanime, de son individualisme, de son piètre sens de l'État et de sa tendance à s'enfermer dans le cercle de l'égoïsme privé ou de l'abstraction infinie de l'art et de la spéculation intellectuelle ». De la guerre était sortie une Italie nouvelle, qui n'en devait pas moins continuer le combat parce que la régénération de la nation n'était pas encore terminée : « Le vieil homme n'est pas mort, il nous tend des pièges, nous appâte et se met en travers de notre vie. Nous devons le combattre et l'anéantir ; et la lutte est rude, tant cet homme fait partie de nous[27]. »

Tous les mouvements d'anciens combattants qui surgirent de l'expérience de la guerre comme le *combattentismo*, l'*arditismo*, le *fiumanesimo* et le fascisme lui-même, avaient en commun la conviction d'être l'expression de la nouvelle Italie née des tranchées avec l'obligation de renouveler la classe dirigeante et de régénérer la nation : « Nous avons traversé un monde paradoxal, un chaos de forces énormes, notre petite âme étant elle-même une force considérable, anormale, écrivait Giuseppe Bottai à la fin de 1918. Chacun de nous a été ou chef ou simple soldat, façonneur de vie, rassembleur d'énergies pleines et mûres[28]. » Bottai compta parmi les premiers militants du fascisme, qui s'autoproclama l'avant-garde des nouveaux Italiens forgés par la guerre. Les fascistes se considéraient comme l'aristocratie des combattants, les régénérés régénérateurs qui avaient pour devoir de combattre les « ennemis de l'intérieur » de la nation et de prendre le pouvoir pour guider l'Italie à la grandeur et à la puissance :

Précipités dans la fournaise, dira en 1926 le secrétaire du parti fasciste Augusto Turati en évoquant la guerre[29], nous avons tous été reforgés à de toutes autres mesures qu'autrefois [...]. Nous avons dû vite nous rendre compte que le vieil habit bourgeois était devenu trop étriqué pour notre poitrine plus large et que l'ancienne vie de paresse et d'égoïsme ne pouvait plus être l'idéal d'un homme habitué à se dépasser. Beaucoup souffrent mais ne comprennent pas leur malaise passé ni leur tourment futur.

Quelques-uns, guidés par Un, comprirent que le combattant façonné au creuset de la guerre devait à son tour refaçonner la vie. Et ils jetèrent les vieux habits moisis pour passer encore la tenue déchirée du combattant.

La base première de l'«homme nouveau» fut donc le combattant de la Grande Guerre, revenu marqué par l'expérience de la bataille en ayant conscience que son engagement au service de la nation n'était pas terminé, mais devait se poursuivre par la lutte contre les «ennemis de l'intérieur», avant d'engager l'œuvre de régénérescence des Italiens. Autrement dit, le combattant, devenu fasciste et squadriste, était le prototype de la nouvelle élite qui devait conquérir le pouvoir en évinçant l'ancienne classe dirigeante. Le squadriste fut la première version du mythe fasciste de l'«Italien nouveau»: un croyant et un combattant pour la religion de la patrie, tout dévoué au fascisme, champion des vertus viriles, civiles et militaires, jeune, audacieux, courageux, débordant de vie et d'enthousiasme, sain dans ses instincts comme dans ses sentiments, prêt à la violence parce qu'il ne s'est pas laissé affaiblir par le sentimentalisme, l'humanitarisme et la tolérance. Le squadriste incarnait le mythe de la jeunesse et de la vitalité du fascisme opposé à la sénilité et à la vie de l'homme bourgeois, libéral et démocratique, méprisé parce que réputé sceptique, lâche, tolérant, hypocrite, sans foi, sans vitalité ni volonté de lutte et d'action. Les fascistes vécurent la réaction armée contre le socialisme et les organisations prolétariennes comme une croisade de libération et de régénération de la nation contre les «ennemis de l'intérieur». En fait, le fascisme voyait ses adversaires comme des types humains anthropologiquement incompatibles avec l'Italie nouvelle issue de la guerre. Les antifascistes étaient des êtres humainement méprisables violents par lâcheté, uniquement avides de biens matériels; ils reniaient leur patrie:

de ce fait même, ils n'étaient plus des Italiens, mais au contraire des anti-Italiens qu'il fallait traquer et éliminer[30].

Cette conception de l'adversaire politique, née de la période squadriste, resta toujours une composante fondamentale du mythe fasciste de la régénérescence des Italiens. Elle en constitua, pour ainsi dire, le stéréotype négatif, prenant résolument un caractère non seulement idéologique, mais aussi anthropologique et racial. Dans l'opposition entre fasciste et antifasciste, affirmait en 1928 l'écrivain futuriste Mario Carli, il s'agit clairement de «deux races, de deux mentalités opposées et irréductibles»:

> Ce sont des Italiens nouveaux face à des Italiens anciens, et même, si on consent à aller au fond des choses, des Italiens face à des non-Italiens. De fait, la question est bien celle d'une constitution physiologique et mentale opposée. [...] Voilà pourquoi nous sommes intransigeants. Nous voyons clairement qu'entre ces deux générations d'Italiens de naissance, il n'y a pas d'accord possible. On ne parle pas la même langue, nous sommes d'une autre race, avec un cerveau, un cœur et un foi sortis d'une autre forge: comment voulez-vous que nous fassions pour nous fondre et collaborer? Aucune collaboration ne peut exister entre hommes de trempes aussi différentes; et si nous ne sommes pas décidés à les supprimer d'un seul coup, il faudra attendre patiemment que le Créateur les reprenne parce que ce n'est qu'avec leur disparition physique que la vie nationale pourra être rénovée et transformée suivant nos rêves[31].

L'identification entre le fascisme et l'italianité, qui devint le fondement de la conception fasciste de la nation, affirmait la différence et la supériorité anthropologique du fasciste par rapport à l'antifasciste: elle demeura la base essentielle du mythe de l'«homme nouveau» dans toutes ses versions successives. En 1942, les jeunes fascistes affirmaient qu'existait désormais une «race fasciste», qui était l'«expression raciale la plus profonde, la plus historique et la plus traditionnelle du principe spirituel italique, de l'idée-force romaine, de l'italianité», tandis que l'antifascisme représentait l'«antirace», laquelle pouvait même se nicher, insidieuse et dangereuse, dans le caractère des Italiens qui se disaient fascistes mais n'étaient pas entièrement régénérés[32].

LE REMODELAGE DES ITALIENS

Quand le fascisme arriva au pouvoir, le mythe de l'«homme nouveau» occupait déjà une place centrale dans sa culture et dans sa politique[33].

La régénérescence des Italiens fut pour Mussolini un des principaux objectifs de sa politique, la condition fondamentale de la réussite du fascisme et de ses ambitions personnelles de grandeur et de puissance :

> Je veux corriger les Italiens, déclara-t-il le 28 mars 1926[34], de quelques-uns de leurs défauts traditionnels. Et je les corrigerai. Je veux les corriger d'un optimisme trop facile, de la négligence qui suit parfois une diligence par trop rapide et excessive, de cette façon de se laisser duper après la première preuve, de cette manière de croire que tout est fini quand rien n'a encore vraiment commencé.

Nous autres, répéta le *duce* quelques mois plus tard en célébrant la «marche sur Rome», le 28 octobre 1926, nous «allons créer l'"Italien nouveau", un Italien qui ne ressemblera pas à celui d'hier. Alors nous verrons les générations de ceux que nous éduquons aujourd'hui et créons à notre image et ressemblance : les légions des Balilla et des avant-gardistes [35] ».

L'obsession personnelle qu'avait Mussolini de la «santé physique et de celle de la race», de l'eugénisme et de la croissance démographique contribua de façon décisive au développement du mythe de l'«Italien nouveau» : «Il faut donc veiller sérieusement au destin de la race, il faut soigner la race, à commencer par la maternité et la petite enfance», déclara-t-il le 26 mai 1927 lors de son fameux «discours de l'Ascension». Pour Mussolini, la puissance de la nation et le destin même de la nouvelle civilisation que le fascisme voulait créer dépendaient de la force numérique et de la santé physique des Italiens : «Une nation, avait écrit Mussolini en 1927 dans la préface au livre de Riccardo Korherr, n'existe pas seulement comme histoire ou comme territoire, mais comme masses humaines qui se reproduisent de génération en génération. Dans le cas contraire, c'est la servitude ou la fin [36].» La même année fut lancé un concours pour un livre sur l'«Italien nouveau», qui donna lieu à la publication d'œuvres diverses comme le manuel d'hygiène intitulé *L'Italiano di Mussolini. Vuoi vivere meglio? Vademecum degli assennati e... assennanti* (L'Italien de Mussolini. Veux-tu vivre mieux? Vade-mecum des instruits et... des instructeurs, 1928), l'essai pédagogique *Ressurezione eroica. L'"italiano nuovo"* (1929) et le roman *L'Italiano di Mussolini* (1930) de Mario Carli.

Chez Gustave Le Bon, qu'il lisait et admirait beaucoup, Mussolini avait trouvé l'idée de la race comme *caractère* d'un peuple, qui se forme au fil de l'histoire autour d'un solide noyau de principes, d'idées et de valeurs, qui sont les fondements d'une civilisation[37]. Il croyait en la possibilité de modifier et d'améliorer la race italienne à travers la politique :

> Seuls une révolution et un chef décidé, déclara-t-il en 1932, peuvent améliorer une race, même si cette dernière est plus un sentiment qu'une réalité. Mais je répète qu'une race peut se changer et s'affiner. Je dis qu'on peut changer non seulement les traits physiques et la taille, mais aussi le caractère. L'influence ou la pression morale est détermi- nante même au sens biologique[38].

Si le fascisme ne fit du racisme une composante fondamentale de son idéologie qu'après la conquête de l'Éthiopie, il n'en est pas moins clair, à mes yeux, que dans le mythe de l'« Italien nouveau » le facteur racial eut dès le début un rôle important tant au sens idéologique, pour affirmer la supériorité anthropolo- gique de l'*homme fasciste* sur l'*homme antifasciste* et la masse générique des Italiens non fascisés, qu'en un sens proprement physique, pour affirmer la néces- sité d'une politique eugénique et démographique afin d'améliorer et de renforcer la race *(stirpe)* italienne. Pour mener ce projet à bien, le *duce* jugeait avant tout nécessaire de libérer les Italiens de tous les défauts qui s'étaient incrustés dans leur caractère collectif au cours de siècles d'asservissement politique et de décadence morale :

> Dans le caractère et la mentalité des Italiens, déclara-t-il le 27 octobre 1930, nous devons extirper et réduire en poussière les sédiments déposés par ces terribles siècles de décadence politique, militaire et morale, qui vont de 1600

à l'arrivée de Napoléon. C'est une œuvre grandiose. Le
Risorgimento n'en a été que le début, parce qu'il fut l'œuvre
de minorité trop exiguës ; la guerre mondiale fut au
contraire profondément éducative. Il s'agit de continuer
jour après jour dans cette œuvre de remodelage du caractère des Italiens[39].

L'«Italien nouveau» que le fascisme voulait créer,
écrivait Carlo Scorza à cette même époque, qui com-
manda les jeunes Faisceaux de combat et fut le dernier secrétaire du PNF, ne devait «rien avoir de
commun avec l'Italien du passé. Toute communauté
de traditions glorieuses, de mœurs et de langue mise
à part, le fasciste — l'Italien de demain — doit représenter l'antithèse la plus parfaite du citoyen démo-
libéral, rendu malade par tous les scepticismes,
affaibli par toutes les démagogies. Il faut le rendre
aussi physiquement différent[40]». À cette fin, il repre-
nait le cri d'alarme du *duce* contre le déclin démographique, jusqu'à proclamer une croisade «sans pitié»
contre les célibataires pour la défense de la race :

> Il faut durcir les lois contre les déserteurs de la bonne
> bataille de la race : impitoyablement, jusqu'à les rendre,
> serais-je tenté de dire, insupportables ; jusqu'à contraindre
> à se marier et à avoir des enfants, je dirais presque, par
> désespoir. [...] Il faut en arriver au point où les célibataires
> ou les déserteurs du lit conjugal doivent avoir honte et
> cacher leur état, comme les impotents, comme une véri-
> table minorité physique [...]. Mettre au pied du mur, sans
> miséricorde, jusqu'à leur en faire supporter toutes les
> conséquences extrêmes, ceux qui refusent d'apporter leur
> sang à la cause de la race[41].

C'est sur la base de ces présupposés que le régime
fasciste accomplit son expérience de révolution anthro-

pologique pour forger, à travers les organisations du
régime, une nouvelle nation italienne entièrement
modelée, au physique comme dans son caractère, suivant les principes, les valeurs, les mythes et les buts
du fascisme.

LE « CITOYEN SOLDAT »
DE L'ÉTAT TOTALITAIRE

Le parti, l'État, la culture et toutes les organisations du régime, des syndicats à l'Œuvre nationale
des Loisirs, se trouvèrent impliqués dans ce «remodelage du caractère des Italiens». Le régime, lit-on
dans un texte officiel pour les cours de préparation
politique du Parti fasciste, «entre dans le vif de la vie
nationale», organise et éduque de façon permanente
tous les citoyens «en les suivant tout au long de leur
développement, et avant même qu'ils ne voient le jour
et qu'ils ne se forment, sans jamais les abandonner,
leur donnant à tous une discipline, une conscience et
une volonté non pas uniformes, comme on l'a dit, mais
unitaires et profondément concentrées [42] ». La révolution anthropologique investit effectivement tous les
aspects fondamentaux de la vie individuelle et collective, publique et privée, se réalisant dans une
expérience continue et incessante qui, nonobstant
les contradictions et les velléités, semble s'inspirer
d'un projet clair et conscient d'action méthodique et
intense visant à une transformation profonde et radicale des croyances, des mentalités et des comportements, bref du *caractère* et des *mœurs* des Italiens.
Les nouveaux Italiens, expliquait en 1927 la revue *Cri-*

tica fascista, devaient avoir les mœurs d'un «homme noble, fort, courageux, actif, désintéressé et respectueux de tout un ordre moral d'honnêteté et de sévérité qui soit illuminé par le mythe de la grandeur, de la puissance et de la mission de l'Italie dans le monde»; et ils doivent agir concrètement en accomplissant leur devoir quotidien dans la discipline et l'obéissance à l'autorité hiérarchique. Le régime subordonnait son avenir même au succès de la révolution anthropologique:

> Ce n'est que lorsque les usages italiens et fascistes auront imprégné la majorité des Italiens nouveaux ou rénovés, et lorsque toute la vie nationale, politique et administrative, syndicale et productive sera encadrée par une classe dirigeante qui en possédera toutes les vertus, et alors seulement, que nous aurons assuré durablement la consolidation de la victoire politique fasciste, la continuité toujours plus parfaite de son régime, bref la fondation historique d'une civilisation fasciste dans une Italie extrêmement solide dans son unité et qui puisse en tout réalisme s'en remettre à sa puissance croissante[43]

Dès la seconde moitié des années 1920, le problème de l'«Italien nouveau» inspira un intense débat destiné à durer et à s'amplifier jusqu'à la veille de l'effondrement du régime, pour devenir le motif dominant de la pédagogie et de la politique de masse du fascisme, définie suivant des principes, des valeurs et des objectifs cohérents avec sa conception totalitaire de la politique. Dans sa formulation plus essentielle, le projet de révolution anthropologique, selon la conception fasciste, se condensait dans l'affirmation du principe «l'État crée la nation».

La conception de l'homme que le fascisme mit à la

base de son projet de remodelage du caractère italien est clairement exprimée dans la *Doctrine du fascisme*, que Mussolini compila en 1932 avec la collaboration de Giovanni Gentile :

> L'homme du fascisme est l'individu qui ne fait qu'un avec la nation et la patrie, les lois morales, qui rattache les individus et les générations dans une tradition et une mission, qui supprime l'instinct de la vie enfermée dans le bref cycle du plaisir pour instaurer dans le devoir une vie supérieure libérée des limites du temps et de l'espace : une vie dans laquelle l'individu, à travers l'abnégation, le sacrifice de ses intérêts particuliers, la mort même, réalise cette existence toute spirituelle dans laquelle réside sa valeur d'homme [...]. Le fascisme veut l'homme actif et engagé dans l'action de toutes ses énergies : il veut virilement conscient des difficultés qui existent, et prêt à les affronter. Il conçoit la vie comme une lutte, estimant qu'il appartient à l'homme de conquérir ce qui est vraiment digne de lui, en créant avant tout en lui-même l'instrument (physique, moral, intellectuel) pour y parvenir. [...] Pour le fasciste, tout est dans l'État. Rien d'humain ou de spirituel, encore moins n'a de valeur, en dehors de l'État. En ce sens, le fascisme est totalitaire, et l'État fasciste, synthèse et unité de toute valeur, interprète, développe et fortifie toute la vie du peuple[44].

Dans un langage plus simple et plus politique, le modèle de l'« Italien nouveau » était représenté par la figure idéale du *citoyen soldat*, élevé conformément au commandement unique et intangible de la religion fasciste « croire, obéir, combattre ». Dans la conception fasciste de l'« Italien nouveau », « "citoyen" et "soldat" se confondent et se fondent indissolublement dès les premières années dans la conscience et, pour ainsi dire, dans le sang des jeunes » afin de créer « un

peuple tout entier organisé en une "société guerrière" façonnée et agissant avec des méthodes et des
directives de marche uniques» : «Par l'éducation intégrale du citoyen dès les premières années se forme
naturellement le soldat conscient de sa mission pour
la défense et la gloire de la Patrie et du Régime[45].»

Le rôle du Grand Pédagogue fut surtout joué par le
parti fasciste et par les organisations de jeunesse.
L'Opera nazionale Balilla, qui encadrait les nouvelles
générations dès l'enfance, fut défini par le fascisme
lui-même comme le «plus vaste champ d'expérience
humaine qui ait jamais existé de tous temps dans tous
les pays[46]», un nouveau laboratoire où les Italiens
étaient élevés dans le culte de l'État fasciste : «Dès
ses plus tendres années, l'idée de l'État doit opérer
sur les jeunes âmes avec la discipline d'un mythe qui,
les années passant, se réalise sous la forme d'une discipline civile et d'un engagement actif[47].»

On peut dire que toute la politique de masse du
régime fasciste, dans tous ses aspects, de l'instruction
à l'organisation, du travail au temps libre, fut conçue
et mise en œuvre comme une activité constante de
pédagogie totalitaire appliquée aux Italiens dès la naissance. En accord avec cette conception, le fascisme
imposa l'endoctrinement des masses et des nouvelles
générations. L'importance de l'expérimentation, l'intensité des moyens employés pour la réaliser et les
effets produits sur les Italiens intéressèrent aussi des
observateurs étrangers peu enclins à subir la fascination de la propagande fasciste, comme, par exemple,
l'ambassadeur anglais à Rome, qui, le 31 mars 1933,
commentait en ces termes les premiers résultats de
la pédagogie totalitaire :

Toute la vie nationale italienne est aujourd'hui et a été dans la dernière décennie organisée dans toutes les directions : le peuple a été discipliné à un degré qui a peu d'équivalents dans le monde moderne, et dans l'ensemble cette discipline a été volontiers acceptée : à partir de huit ans, un nombre considérable d'Italiens des deux sexes est assujetti à une pédagogie intensive qui a déjà réussi à façonner et, par certains aspects, à modifier le caractère national ; des sacrifices ont été demandés et obtenus de toutes les classes. Le résultat est que les Italiens sont aujourd'hui fiers d'être Italiens, ce qu'on aurait difficilement pu dire dix ans auparavant. Le travail de régénération progresse à un rythme qui s'accélère chaque année et dans dix, quinze ou vingt ans, qui peut le dire ?, les gouvernants du pays peuvent bien considérer que le travail de régénération sera achevé[48].

L'élaboration du modèle de l'«Italien nouveau», sous le régime fasciste, fut pour l'essentiel une conséquence de la conception totalitaire de la politique, qui fournit l'idée fondamentale et les traits essentiels communs aux diverses versions du mythe fasciste de l'«homme nouveau». La version la plus connue de l'«Italien nouveau», calquée sur le prototype du légionnaire romain, était elle-même entendue non pas comme une restauration, mais comme la création d'un «Italien nouveau» modelé suivant une conception moderniste et non traditionaliste[49]. Le fascisme utilisait l'archétype du Romain de l'Antiquité comme un mythe d'émulation et de propagande, qui fut surtout en vigueur après la conquête de l'empire, mais ni Mussolini ni les autres artisans de la révolution anthropologique ne pensaient restaurer dans l'«Italien nouveau» le Romain antique. Ils voulaient plutôt créer, pour ainsi dire, les *Romains de la modernité*, une race d'hommes nouveaux capables de réaliser dans le monde moderne, comme les Romains l'avaient fait dans le monde antique, une civilisation impériale fondée sur l'organisation totalitaire de l'État.

L'HOMME COLLECTIF ORGANISÉ

En 1925, s'exprimant devant le dernier congrès du parti fasciste, le *duce* avait esquissé son projet de révolution anthropologique :

> Portant dans la vie tout ce qu'il serait une grave erreur de confiner à la politique, nous créerons, à travers une œuvre de sélection obstinée et tenace, la nouvelle génération, et dans cette nouvelle génération chacun aura une tâche définie. Parfois me sourit l'idée de générations de laboratoire : autrement dit, l'idée de créer la classe des guerriers, qui est toujours prête à mourir ; la classe des inventeurs, qui traque le secret du mystère ; la classe des juges, la classe des grands capitaines d'industrie, des grands explorateurs, des grands dirigeants. Et c'est à travers cette sélection méthodique que se créent les grandes catégories, qui à leur tour créeront l'Empire. Assurément, ce rêve est superbe, mais je le vois qui peu à peu devient réalité[50].

Sur la base d'une conception de l'homme exprimée dans le modèle du « citoyen soldat », la révolution anthropologique fasciste aurait dû produire une nouvelle diversification sociale et hiérarchique de types humains. D'un côté, les nouveaux Italiens élus pour faire partie de la *nouvelle aristocratie du commandement* ; de l'autre, la masse des nouveaux Italiens, élevés pour être de dociles instruments entre les mains du *duce* et du parti afin de mettre en œuvre la politique de grandeur et de puissance de l'État totalitaire et de la nation fasciste : un facteur égalitaire unique d'union pour tous les Italiens nouveaux eût été la foi commune dans la religion fasciste et l'obligation commune d'un dévouement total à l'État fasciste. De là devaient dériver la différenciation et la coexistence de différents modèles d'«homme nouveau», chacun correspondant aux diverses fonctions que le «citoyen soldat» devait jouer, suivant ses capacités et sa place dans la hiérarchie fonctionnelle, et pas simplement politique, de l'État totalitaire.

Ce type de différenciation et de coexistence de types humains différents valait évidemment aussi pour la différence entre l'«homme nouveau» et la «femme nouvelle», déjà nettement séparés suivant un principe qui affirmait sans équivoque la supériorité anthropologique de la masculinité. Néanmoins, dans la conception fasciste de l'«Italien nouveau», tel qu'il devait s'actualiser concrètement dans l'organisation et la vie du régime, le modèle d'épouse et de mère subit lui-même une transformation par rapport à la tradition parce qu'il devint alors partie intégrante de l'expérience totalitaire, surtout pour la formation de la «nation guerrière» : la femme en tant qu'épouse et mère était exaltée uniquement si elle produisait et éduquait une nombreuse progéniture afin de fournir à l'État de nouvelles générations de croyants et de combattants.

L'ambition fasciste de créer un «homme nouveau» ne se limitait pas aux seuls Italiens mais avait des horizons humains plus vastes. En fait, si, dans une première phase de la construction du mythe de l'«Italien nouveau», prévalut le problème de la régénérescence des Italiens, dans les étapes suivantes, et surtout après la crise de 1929, le fascisme se présenta comme une solution à la crise de la civilisation occidentale, en l'interprétant comme une crise de l'homme moderne. L'«Italien nouveau» du fascisme devint ainsi le prototype de l'«homme nouveau» qui sauverait les populations civiles de l'Occident du danger de la dégénérescence, à cause des effets pervers d'une modernité «mauvaise», identifiée au matérialisme communiste et à l'hédonisme individualiste des démocraties occidentales.

Le fascisme acceptait le défi de la modernité en se projetant vers l'avenir avec l'enthousiasme d'une volonté de puissance qui voulait s'affirmer en participant au devenir de la vie moderne. Les fascistes n'entendaient pas être les gardiens d'une tradition héritée, si glorieuse fût-elle. Ils se voulaient au contraire les créateurs d'une tradition propre, expression d'une *nouvelle civilisation*, qui se perpétuerait en défiant le temps par sa capacité de perpétuel renouvellement. L'époque du fascisme «commencera vraiment le jour où il aura modelé le peuple tout entier», affirmait en 1928 un jeune intellectuel qui deviendra vice-secrétaire national du PNF :

> Il faut recréer, avec la religion politique et dans la religion politique que nous pratiquons chaque jour, le monde tel que nous le sentons et que nous le vivons, il faut plier la réalité du temps passé à la réalité de notre temps. Nous ne pouvons ni ne devons abâtardir notre âme et notre croyance par une fausse adoration du passé et un respect injustifié des grandes œuvres qui furent : une foi, comme celle du fascisme, peut se permettre de revoir, d'abattre et de détruire

parce qu'affleurent en elles des possibilités infinies et inégalées de reconstruction et de création.

Il y eut, dans le fascisme, des intellectuels réactionnaires et traditionalistes qui idéalisaient le bon vieux temps à l'ombre du trône et du clocher, de même que, dans l'idéologie et dans l'iconographie fascistes, le modèle du «bon paysan» et du «vertueux bourgeois» furent présentés comme les types idéaux d'une existence frugale, laborieuse, silencieuse, tenace et liée aux valeurs traditionnelles «Dieu, famille, patrie». Ces modèles s'adaptaient à la hiérarchie sociale et fonctionnelle que le fascisme tenait pour la structure fondamentale de l'État et de sa nouvelle civilisation politique, mais ils ne représentaient pas entièrement ni n'épuisaient en soi le mythe fasciste de l'«homme nouveau», qui tirait son principal élan de la volonté de forger un nouveau caractère italien animé du sentiment dynamique de l'existence moderne, projeté vers la conquête du futur. Les fascistes se voulaient «constructeurs de l'avenir». L'«Italien nouveau» de Mussolini, lit-on dans un roman fasciste de 1930, est un «barbare moderne [...], c'est-à-dire un homme moderne tout entier tendu vers l'avenir[51]».

Dans cette perspective, le mythe fasciste de l'«homme nouveau», entièrement projeté vers l'avenir, était entendu comme *création* d'un type humain, qui ne s'inspirait pas de modèles antérieurs à la naissance de l'homme moderne et de la société moderne de masse, mais présupposait l'avènement de la modernité et se proposait comme solution à la crise de l'homme moderne, à travers la création d'un nouveau sens unitaire et organique de la vie humaine — un sens moderne qui pour le fascisme s'identifiait à sa conception totalitaire de la politique. Quant au mythe de la romanité, il était lui-même conçu et interprété par le fascisme comme un mythe d'action pour le futur, comme archétype de l'organisation totalitaire dans laquelle l'homme s'identifiait à l'État et recevait de celui-ci le sens de sa vie individuelle :

> Suivant le fascisme, affirmait Giuseppe Bottai [52], l'homme n'est entier que dans la famille, dans le groupe profession-nel, dans la corporation économique, dans la nation, dans l'État ; il est homme intégral dans la règle qui supprime l'arbitre, dans la suggestion qui donne un sens concret à la liberté, dans la hiérarchie qui reconnaît et exalte la fonction classificatrice de l'esprit. L'homme libéral est tout entier tourné vers l'individualité et s'enferme en elle. L'homme fasciste est tourné vers la totalité, il remonte du particulier à l'unité de l'État ; et dans cette ascension, non content d'abandonner des pans de liberté pour les degrés inter-médiaires, il acquiert une conscience de soi et de sa per-sonnalité.

La nouvelle campagne bourgeoise, engagée par le régime dans la seconde moitié des années 1930, ajouta au mythe de l'«homme nouveau» une forte connota-tion populiste et anticapitaliste ; avec l'introduction du racisme et de l'antisémitisme comme nouveaux axes d'intensification de la révolution anthropolo-gique, les jeunes et, surtout, les syndicalistes fascistes devaient l'interpréter comme une accélération de l'expérience totalitaire vers la révolution sociale pour la pleine réalisation, au sens collectiviste, du corpo-ratisme et de la création de l'«Italien nouveau» comme travailleur, dans la fonction triple mais unitaire de l'homme fasciste comme citoyen, soldat et producteur[53]. Le racisme lui-même était conçu comme la phase décisive pour la régénération de la nation, avec l'adoption d'une intransigeance plus rigoureuse et inflexible contre ces Italiens encore habités par le vieil homme, et qui étaient donc encore intrinsèquement ou potentiellement antifascistes, même s'ils adhéraient au fascisme : « En un laps de temps plus ou moins long, écrivait en 1941 Luigi Fontanelli, un des principaux représentants du syndicalisme fasciste, le climat fasciste doit rendre l'air irrespirable à ce type d'Italien, substantiellement et dangereusement antifasciste[54] », parce qu'il ne percevait pas une « exigence fondamentale (politique, militaire, sportive, nationale, économique, etc., etc.) de notre temps : le sens de la collectivité sans lequel il ne sera jamais assez clair qu'il n'y a pas de sentiment de l'État, pas d'ordre ni ancien ni nouveau, pas de solidarité nationale, pas de force, pas plus pratique que spirituelle[55] ». Le problème de la race et de l'antisémitisme était présenté comme partie intégrante non seulement de la révolution anthropologique, mais aussi de la révolution sociale par la réalisation du corporatisme : qui n'était pas sensible au problème de la race ou montrait de la sympathie pour les Juifs, affirmait Fontanelli, appartenait à ceux « qui ne sentent pas l'esprit collectif qu'impose une civilisation supérieure, qui ne croient pas au corporatisme[56] ».

En conclusion, pour résumer d'une formule synthétique les caractères essentiels et unitaires, et par-delà les divers modèles sous lesquels le mythe devait être représenté, on peut définir ainsi le type idéal de l'homme fasciste ; un *homme collectif organisé* qui, à

travers la pédagogie totalitaire, était éduqué à identifier normalement et spontanément sa personne avec
la communauté de masse intégrée à l'État.

Le fascisme des origines avait affiché son mépris
des masses, mais le fascisme totalitaire exaltait la
masse organisée en tant que protagoniste de la vie
moderne et force fondamentale de l'État totalitaire.
Après la période de la «civilisation nettement individualiste qu'a été l'époque du capitalisme et de la
lutte des classes», écrivait en 1940 un idéologue
influent du fascisme dans un essai intitulé *Civiltà di
masse*, «survint une ère pénétrée et guidée par un
grand sens collectif, une civilisation de masse. Voilà
le caractère historique et voilà l'esprit qui anime le
XXe siècle[57]». En ce sens, l'«homme nouveau» du fascisme eût été le dépassement de l'homme moderne
libéré de la conception individualiste de la vie et
animé du sens collectif de sa propre personnalité. La
société moderne produisait un «type nouveau d'individu non plus en compétition avec tous les autres
dans la lutte acharnée pour la vie, mais conscient
et prenant part à la solidarité du groupe et de la
nation[58]». La société et la politique de masse constituaient cependant pour le fascisme une réalité de la
vie moderne qui devait être intégrée à l'État totalitaire à travers le succès de la Révolution anthropologique. L'«homme nouveau» de la modernité totalitaire
aurait dépassé l'individualisme de l'intérêt privé et
l'antagonisme entre individu et masse, il aurait été
un *homme total*, ayant retrouvé un sens unitaire et
organique de la vie à travers l'intégration pleine et
entière dans la masse organisée de l'État totalitaire,

transformée en une collectivité unie par une foi et par un destin commun.

En 1942, méditant les résultats de la révolution anthropologique, Bottai affirma dans un discours aux jeunes que l'« homme nouveau » s'identifie au jeune, et que le type idéal de l'homme moderne était l'« organisé » animé du sens collectif, mais il ajouta :

> Le mythe de la jeunesse a cependant un autre sens : le primat de l'homme sur l'institution. L'institution, quand elle est en décadence, devient le masque de vieux idéaux. Le masque subsiste alors même que l'idéal est mort. [...] Quand on cherche la solidarité des jeunes, on met dans leurs mains une torche, qui, tôt ou tard, enflammera et réduira en cendres les institutions. Dans cet acte, précisément, s'exprime la foi dans le primat des hommes sur les institutions, de l'idée d'être soi-même, d'interpréter de plus près la volonté de l'esprit, avec davantage de fidélité, dans un monde qui fut d'abord incandescent, puis se refroidit et, pour finir, se congela[59].

Cette allusion transparente à la crise du régime fasciste, après vingt ans d'une expérience totalitaire à laquelle Bottai avait participé comme artisan actif et enthousiaste, révélait la conscience de l'échec de la révolution anthropologique fasciste. L'« homme nouveau » ne vit jamais le jour ou, s'il était en formation, avait expiré dans la congélation des institutions totalitaires, avant d'être enfoui sous les ruines du régime fasciste. Le constat d'échec fut dressé par l'initiateur même et principal artisan de l'expérience totalitaire : Mussolini, comme il était dans son caractère, rejetait sur les Italiens la responsabilité de n'avoir pas voulu être régénérés pour devenir les *Romains de la moder-*

nité — une nouvelle race de conquistadors, de dominateurs et de constructeurs d'une civilisation nouvelle.

L'ARTISAN ET LA MATIÈRE

La régénération des Italiens fut pour Mussolini une véritable obsession, qui l'accompagna jusqu'à l'écroulement du régime. La révolution anthropologique était comme un défi personnel entre lui et les Italiens en chair et en os pour lesquels, en général, il n'avait aucune estime. «Son antagoniste, observait Bottai, est ce peuple, dont il voudrait revoir l'histoire, pour la refaire à sa façon», parce que l'Église «l'a ramolli, émasculé, lui a enlevé le goût de la domination effective, l'a désarmé[60]». À l'égard des Italiens, le *duce* se sentait comme l'artiste qui forge la matière brute pour en tirer des chefs-d'œuvre, en parfait accord avec sa conception de la politique comme art de façonner les masses[61]. Une bonne partie de la politique de masse du régime, sa pédagogie totalitaire, la propagande, le monopole éducatif des nouvelles générations, la manie de l'organisation capillaire pour encadrer les Italiens, mais aussi les rites, les parades, les symboles, le style de comportement, ainsi que le racisme, l'antisémitisme, la réforme des mœurs, la campagne antibourgeoise — tout fut conçu et mis en œuvre par le *duce* pour mener à bien la régénération des Italiens: «C'est un bien pour le peuple italien que d'être contraint à prouver qu'il s'arrache à sa séculaire paresse mentale», en le maintenant «encadré et en uniforme du matin au soir. Et il faut des coups de bâton, des coups de bâton et encore des coups de bâton », déclarait le *duce* à Ciano le 17 janvier 1940[62]. De même accusait-il les Italiens de refuser de « penser et voir "grand"[63] ». Au cours des années de guerre, cet antagonisme se durcit en un sentiment délirant d'ambition personnelle frustrée, confondu ou mêlé avec un sentiment de passion nationale, face à la déception de n'avoir encore réussi dans ses efforts pour créer l'« Italien nouveau » qu'il imaginait. La participation au deuxième conflit mondial devint elle-même un élément de la révolution anthropologique pour forger un peuple de guerriers et de dominateurs. Mussolini « vit cette guerre dans un état d'exaltation métaphysique, comme s'il avait voulu endurcir les Italiens par le labeur et le sacrifice », observait Ciano peu après l'entrée de l'Italie dans le conflit[64]. Et tandis que la guerre se prolongeait, ses collaborateurs virent « affleurer en lui un tourment intérieur, la désillusion devant le "caractère" des Italiens [...]. "On ne s'arrache pas d'un coup, fût-ce par une révolution, à des siècles de servage politique"[65] ». « Un peuple qui seize siècles durant a été une enclume ne saurait devenir marteau[66]. » Et plus le régime accumula les déroutes militaires, plus Mussolini durcit ses accusations contre les Italiens, avec la rage d'un artiste qui se croyait grand et génial et attribuait cependant l'échec de l'œuvre au matériau qu'il travaillait : « C'est la matière qui me manque. Michel-Ange lui-même avait besoin de marbre pour faire ses statues. S'il n'avait eu que de l'argile, il n'eût été qu'un céramiste[67]. » Au début de 1943, alors que se profilait désormais la défaite totale de l'Italie fasciste, Bottai notait de nouveau la « rengaine polémique » de Mussolini « contre les Italiens, contre leurs lacunes, leurs vices : "Ici — c'est son idée fixe — se révèlent les tares de la race, qui en l'espace de vingt ans n'étaient pas remédiables"[68]». Bref, la révolution anthropologique avait échoué, et avec elle le fascisme, mais son artisan en rejetait toute la responsabilité sur la piètre qualité du matériau qu'il avait eu à sa disposition pour forger l'«homme nouveau» du XXe siècle.

> Personne, je l'espère, ne niera ou ne tentera de diminuer, déclarait le *duce* quelques jours avant le 25 juillet à Ottavio Dinale[69], la passion de cette Italie que j'ai forgée, beaucoup en imagination, mais bien plus encore dans la réalité. Je commence à ressentir en moi quelque chose qui me trouble ; ce qu'il y a de plus vrai en moi, de douloureusement vrai, et qui explique toute ma tristesse intérieure, c'est que je suis porté à établir une distinction nette entre l'Italie et les Italiens. Les Italiens démontrent qu'ils sont peu dignes de l'Italie ou, en tout cas, de mon Italie.

Au terme de ce rapide examen apparaîtra plus clairement la complexité des problèmes qui, je l'ai dit au commencement, conduisent à considérer que le mythe de l'«homme nouveau» dans le fascisme reste une question ouverte. À mon sens, il est désormais un fait acquis par les historiens, à savoir que le fascisme ne fut pas monolithique ni homogène, qu'il y eut en lui des oppositions et des contradictions, mais qu'il n'en fut pas pour autant privé de cohérence et de consistance dans sa nature fondamentale et dans son développement historique. Cela me paraît clair, même dans le cas du mythe de l'«homme nouveau». Dans le fascisme, il n'y eut pas de modèle unique et définitif, tel que put l'être, par exemple, l'«homme nouveau» du national-socialisme, défini une fois pour toutes par le modèle éternel de l'Aryen, qui devait être préservé dans son intégrité de sang, de tout danger de contamination et de dégénérescence. Dans le fascisme, au contraire, on l'a vu, le mythe de l'«homme nouveau» évolua et eut diverses représentations, correspondant à diverses façons de concevoir le mythe aussi bien que les méthodes et les moments pour mettre en œuvre la révolution anthropologique. Cette diversité n'était pas due à l'incohérence du projet de révolution anthropologique, mais aussi à la diversité des situations dans lesquelles le mythe fut élaboré et à la pluralité des versions qu'en donnèrent ceux qui s'impliquèrent le plus, du fait de leur position idéologique et institutionnelle, dans l'accomplissement de la révolution anthropologique. Il peut être utile d'enquêter plus à fond sur les divers «visages» de l'«homme nouveau» fasciste pour comprendre la mentalité et la culture des fascistes eux-mêmes, y compris quand elle s'exprimait dans des manifestations apparemment absurdes, ridicules et contre-productives pour la vitalité même du régime. La révolution anthropologique fut un échec, mais l'expérience fut effectivement engagée, impliquant deux décennies durant des millions d'Italiens des deux sexes et de toutes les générations. Reste à étudier quels furent réellement les effets durables de l'expérience totalitaire sur la grande masse des Italiens.

CHAPITRE 11

La modernité totalitaire

Le progrès de l'historiographie du fascisme au cours des trois dernières décennies s'est soldé par une ample révision de l'image qu'avaient donné du phénomène les interprétations dominantes jusqu'au début des années 1960. On a assisté, au cours de cette période, à un enrichissement continu des connaissances, à un renouvellement profond des perspectives d'analyse, à une notable amplification des thèmes et des domaines de recherche. Mais le progrès essentiel réside dans la différence de sensibilité culturelle, dans la vision plus historique et plus réaliste, toujours moins conditionnée par les schémas idéologiques et les préjugés politiques, avec lesquelles on s'est mis à observer et analyser le phénomène fasciste dans toute la complexité de ses aspects pour acquérir une conscience critique toujours plus grande de ce qu'il a été dans l'histoire contemporaine[1].

Le renouvellement le plus significatif est peut-être celui qui a touché l'étude de l'idéologie du fascisme et, au sens large, de sa culture. Les nouvelles recherches sur l'univers idéologique et mythologique fasciste, toujours plus orientées vers l'analyse concrète de la réalité historique, se sont accompagnées d'un débat, pas toujours exempt d'abstractions et de verbosités, auquel ont participé des historiens et des spécialistes des sciences sociales. Et la discussion porta, entre autres choses, sur le rôle que l'idéologie a eu dans la formation et le succès du fascisme, sur ses matrices, ses contenus et sur le rôle assigné à l'idéologie dans l'élaboration d'une définition théorique du phénomène fasciste.

Quand, dans les années 1960, commença à se développer en Italie une nouvelle historiographie du fascisme — notamment grâce aux recherches menées par Renzo De Felice avec une indépendance intellectuelle peu commune et une authentique curiosité scientifique —, la conviction prévalait, incontestée, parmi les chercheurs que le fascisme n'avait pas eu d'idéologie propre, autrement dit qu'il avait été un mouvement dépourvu d'une vision propre de la vie et de la politique, sans projet d'organisation de la société et de l'État. Si l'on accordait une idéologie au fascisme, ce n'était qu'une idéologie de rebut ou de seconde main, empruntée au mouvement nationaliste, à moins qu'on ne la jugeât exclusivement «négative» (antidémocratie, antilibéralisme, antimarxisme, antiparlementarisme, etc.) sans aucune formulation «positive[2]». Bref, l'idéologie fasciste n'était qu'un amas d'improvisations démagogiques, d'aspirations et de propositions velléitaires ou mystificatrices, et ne présentait donc guère d'intérêt, sinon aucun, pour la connaissance et la compréhension de la réalité historique du fascisme.

L'indifférence, voire l'aversion, pour l'étude des aspects idéologiques du fascisme était telle que presque personne, dans l'historiographie italienne, ne fit alors écho aux études d'Ernst Nolte, d'Eugen Weber, de George L. Mosse ou de James A. Gregor : des études très différentes par leur problématique, leur méthode et leur interprétation, et cependant d'accord pour reconnaître l'existence d'une idéologie fasciste et considérer qu'elle était un aspect non négligeable de la réalité historique du fascisme. En Italie, tout au moins, très rares étaient encore au début des années 1970 les historiens qui jugeaient utile et nécessaire, pour comprendre historiquement le fascisme, d'examiner non seulement les faits, les actions et les résultats — exclusivement considérés dans le champ des jeux politiques et des intérêts de classe —, mais aussi d'étudier pareillement les attitudes mentales, les croyances, les valeurs, les mythes, les visions du passé, les interprétations du présent, les aspirations pour le futur. Le fascisme — telle était alors l'opinion de la majorité des historiens — ne méritait pas d'être étudié comme on étudie d'autres mouvements politiques comme le libéralisme, le socialisme, le communisme, autrement dit ne méritait pas qu'on le prît au sérieux en tant que mouvement d'idées. L'historien du fascisme devait s'occuper uniquement des « faits », des « actions » et des « résultats », mais pas des « idées », des « intentions » et des « projets ». À l'appui de cette position, on invoquait la discordance entre l'idéologie et la pratique politique, l'incohérence programmatique, les changements de cap, les adaptations et les compromis après la conquête du pouvoir, le contraste entre les objectifs déclarés et les résultats effectivement obtenus, la disproportion entre les ambitions et la faillite de l'expérience fasciste.

Cette attitude paraît en réalité tenir du préjugé, de la sous-évaluation de l'aspect idéologique du fascisme plus que de la singularité de l'expérience ou de la validité scientifique d'un critère de discrimination *a priori* entre «idées» et «faits». Si, comme le voudrait la cohérence scientifique, on appliquait un tel critère d'interprétation à tous les mouvements politiques, des bibliothèques entières consacrées aux idées du libéralisme, du socialisme, du communisme, de l'anarchisme et ainsi de suite pourraient faire figure de pathétiques monuments élevés à l'inutilité, parmi lesquels il faudrait ranger, en toute impartialité, les œuvres de Giovanni Gentile et celles d'Antonio Gramsci. Dans tous les mouvements politiques, on peut observer une discordance entre idéologie et action, des incohérences programmatiques, des changements de cap, des compromis et des adaptations aux contingences après la conquête du pouvoir ou au gré de la situation du mouvement par rapport au pouvoir. Mais dans tout mouvement politique on trouve aussi un ensemble de principes politiques qui en définissent l'identité, fût-ce à travers les inévitables changements déterminés par son évolution propre, et en indiquent les valeurs et les buts, qui restent permanents nonobstant les adaptations et les compromis, avant et après la conquête du pouvoir, et en fixent de façon définitive le noyau idéologique : le mythe de l'État totalitaire pour le fascisme, et le racisme antisémite pour le national-socialisme. Et un degré plus ou moins grand de dyscrasie entre idéologie et praxis politique est toujours inévitablement présent dans les mouvements révolutionnaires, avant et après la conquête du pouvoir. Assurément, il y eut dans le fascisme une dose de pragmatisme et de relativisme peut-être plus grande que dans d'autres mouvements, mais il ne s'agissait peut-être pas seulement d'opportunisme et de carence idéologique ; pragmatisme et relativisme étaient les aspects d'une attitude mentale et idéologique qui opposait l'*expérience* à la *théorie*, le caractère expérimental de l'action à la cohérence doctrinaire, la foi dans le mythe à la persuasion rationnelle. L'adaptation contingente, la variabilité des programmes, la discordance entre les projets et les résultats ne préjugent pas, de toute façon, de l'utilité d'étudier l'idéologie pour connaître et définir l'identité et la nature d'un mouvement politique, pas même quand ce mouvement, comme c'est le cas du fascisme, est né avec une attitude activiste antithéorique et anti-idéologique.

« Le préjugé, au fond d'origine idéaliste et crocienne, suivant lequel le fascisme, parce qu'il n'eut pas de haute culture, n'eut en fait aucune culture, a la vie dure », observait en 1979 Alberto Asor Rosa. Mais ce préjugé, il faut le préciser, était largement partagé, y compris par les historiens marxistes et radicaux, non moins que les libéraux héritiers du crocisme, et donc prêts à souscrire à l'idée que, « attribuer au fascisme la capacité de contrôler de larges masses d'intellectuels ne signifie pas lui décerner un brevet de noblesse face à l'histoire, mais uniquement comprendre mieux et plus à fond les véritables modalités opératoires d'une expérience totalitaire[3] ». À la base de ce préjugé, se trouvait une sorte de réticence à admettre que le fascisme, en tant que mouvement et régime, avait eu une idéologie propre, et cette réticence, a observé Pier Giorgio Zunino, était le fruit

«de l'idée, plus ou moins consciente mais certainement pas fallacieuse, que concéder au fascisme un
peu de terrain idéologique équivalait à se placer sur
un plan incliné le long duquel on serait contraint de
compter avec une idée du fascisme sensiblement différente de celle à laquelle on était encore attaché»
parce que, «à travers la spirale de l'idéologie, se
seraient inévitablement insinués des germes qui eussent tôt ou tard conduit à entamer, sinon à désagréger, une image consolidée du fascisme et de
l'antifascisme[4]».

En fait, le principal obstacle à une enquête scientifique dans l'univers culturel fasciste a été le fait
des préjugés idéologiques d'orientations historiographiques qui prétendaient fonder la validité scientifique de leur interprétation du fascisme moins sur la
recherche concrète et systématique que sur la fidélité
à une tradition antifasciste particulière, dont ils se
considéraient seuls interprètes et gardiens des orientations. Suivant cette interprétation, le fascisme avait
été un mouvement politique totalement instrumental,
au service du grand capital, le bras armé de l'idéologie nationaliste, et donc un mouvement sans individualité historique propre, sans aucune autonomie
«objective» ni «subjective»; un épiphénomène, plutôt qu'un phénomène, une manifestation contingente,
sous une forme extrême et dégénérée, de phénomènes
préexistants au fascisme, tels que la réaction bourgeoise, le caractère des Italiens, l'autoritarisme conservateur, etc. Le fascisme, selon cette image, n'avait été
qu'un ramassis de brutes ignares et de pseudo-intel-
lectuels opportunistes, d'aventuriers, de délinquants
et de ratés sans idées ni idéaux, une main-d'œuvre

armée et violente à la solde des forces réactionnaires qui voulaient arrêter le progrès de la modernité pour faire marche arrière sur le chemin de l'histoire.

Le présupposé idéologique de cette interprétation était une vision dichotomique et téléologique des vicissitudes du monde moderne représentées sous la forme d'un antagonisme entre « révolution » et « réaction », « progrès » et « régression », « modernité » et « antimodernité », « histoire » et « antihistoire ». Dans le cadre de cette vision, le fascisme était une simple négativité historique, une aberration régressive, antimoderne et antihistorique dans l'évolution de la civilisation moderne vers la réalisation du monde de la raison et de la liberté, monde diversement préfiguré, suivant les idéaux contradictoires de la liberté et de la civilisation, par les idéologies des divers mouvements antifascistes. De ce point de vue, pour expliquer le succès du fascisme pendant une longue période, attirant à lui l'adhésion de masse et impliquant des hommes de culture autonomes et prestigieux, y compris des esprits novateurs, modernes et d'avant-garde, les seuls raisons jugées recevables étaient la violence, la ruse, la démagogie, la corruption et l'opportunisme. Tous les aspects idéologiques et institutionnels propres au fascisme — la militarisation de la politique, la mobilisation des masses, le culte du *duce*, la conception de l'État totalitaire, l'éducation de l'« Italien nouveau », les mythes de la « nouvelle civilisation », les rites et les symboles d'une nouvelle religion politique — passaient pour un simple camouflage de la dictature d'un démagogue et d'une classe sociale qui avait pour unique projet d'arrêter l'horloge de l'histoire.

Cette interprétation laissait irrésolue la quasi-totalité des problèmes qui naissaient d'une observation de l'expérience fasciste sans l'écran de schémas préétablis. Par exemple, pour ce qui concernait la démagogie et la ruse — principales raisons habituellement invoquées pour expliquer le succès du fascisme — on ne peut assurément accuser le fascisme, en tant que parti et État, d'avoir masqué ses idées et ses fins, en agitant l'étendard de la liberté, en appâtant les intellectuels avec la défense de la culture indépendante, en courtisant les masses par des promesses de bien-être matériel et de vie pacifique et heureuse, en les préservant des tempêtes de la guerre et des convulsions du monde moderne, à une époque encore dominée par la rivalité entre nationalismes et idéologies révolutionnaires. Le paradoxe de l'attrait exercé par le fascisme tient précisément à la «sincérité» de son idéologie. Par le fascisme, nous nous trouvons devant une franche et brutale déclaration d'aversion pour la liberté, l'égalité, le bonheur et la paix en tant qu'idéaux de vie ; nous nous trouvons face à une idéologie qui exalte l'irrationalité, la volonté de puissance des minorités élues, l'obéissance des masses, le sacrifice de l'individu à la collectivité entendue comme État et nation. Les fascistes ne prétendirent jamais vouloir propager la liberté et la rationalité dans le monde. Ils proclamaient que la raison compte peu dans la politique, où prédominent la force, la volonté de puissance et le consensus suscité par le mythe et par la foi. Jamais le fascisme ne promit l'émancipation et la libération de l'homme. Avant et après la conquête du pouvoir, le fascisme afficha son aversion pour le mythe de l'autogouvernement des masses et déclara toujours ouvertement considérer les masses comme un matériau à façonner pour atteindre les objectifs de sa politique de domination et de puissance. Son éthique individuelle et collective prédisait le sacrifice, l'austérité, le mépris de l'hédonisme et de la recherche de la félicité, le dévouement de tous les instants à l'État, la discipline, la fidélité inconditionnelle et la force de caractère nécessaires pour faire front au défi de guerres nouvelles au nom de la grandeur et de la puissance. Et tout cela était proclamé sur la place publique, officialisé dans les traités doctrinaux, prêché dans les écoles, inculqué dans les consciences, inscrit sur les façades des maisons et sur le bord des routes. Des millions de gens, cultivés ou incultes, virent dans le fascisme une solution enthousiasmante aux conflits de la société moderne et crurent à l'aurore d'une nouvelle ère de grandeur nationale, à la naissance d'une «nouvelle civilisation» destinée à durer des siècles.

Comprendre les raisons de la fascination que cette vision de la vie et de la politique avait exercée, en Italie et en Europe, sur des millions de personnes est l'une des raisons qui m'ont amené à étudier le mouvement qui avait suscité une telle adhésion. Réduire tout le problème de l'idéologie fasciste, et plus généralement le thème des rapports entre fascisme et culture, à une affaire de ruse, d'opportunisme et de manipulation m'apparaissait comme une façon d'éluder la confrontation avec la réalité historique du fascisme à travers un rite posthume d'exorcisme consolateur. L'acceptation de cette confrontation est la principale raison qui m'a conduit à étudier, avant tout, l'idéologie du fascisme — sans, de toute évidence, imaginer trouver dans l'idéologie, et exclusivement en elle, la clé d'interprétation du fascisme. Mon intention était de gagner au champ de la compréhension rationnelle une manifestation de la dimension mythique de la politique de masse moderne, à travers l'analyse d'un phénomène, comme le fascisme, qui avait obtenu l'adhésion d'intellectuels prestigieux et de masses immenses, non pas *via* des arguments rationnels, mais par un appel explicite à l'irrationnel, l'exaltation de la pensée mythique et la sacralisation de la politique.

Cette enquête a contribué à mettre en lumière, avant tout, l'importance fondamentale que la pensée mythique et une attitude atavique envers la vie ont eue dans l'idéologie fasciste et, avant tout, dans la fixation de ses caractères originaires et originaux d'*idéologie anti-idéologique* — des caractères qui en font quelque chose de différent (mais non moins idéologique) des idéologies du xixe siècle comme le libéralisme et le marxisme, fondés sur des présupposés rationalistes et des élaborations théoriques systématiques.

Ma façon à moi d'aborder le problème historique du fascisme se fonde sur une idée de la politique moderne de masse, qui considère les mythes, les croyances, les passions, les idéaux et les formes de comportement, les aspirations et les projets comme une partie intégrante et importante de la réalité historique des mouvements politiques, au même titre que les calculs rationnels, la force des intérêts, les formes d'organisation, les constructions institutionnelles et les succès effectifs. Cela veut dire reconnaître, sans préjugés rationalistes, le rôle et l'importance que la pensée mythique a eus au xxe siècle ainsi que sa contribution au processus de sacralisation de la politique en faisant prendre à la politique un caractère religieux intégriste, avec une volonté de puissance et de primauté, qui s'est concrétisée essentiellement dans les expériences totalitaires du XXᵉ siècle. George L. Mosse, l'historien qui a le plus contribué, à compter des années 1960, à renouveler l'étude du phénomène fasciste comme idéologie et culture a clairement défini la tâche de l'historien des mythologies politiques modernes :

> La tâche principale que tout historien doit affronter consiste à saisir l'irrationnel à travers l'exercice de sa rationalité propre. Cette tâche est plus facile quand l'irrationnel est rendu concret, à travers des actes rationnels, accomplis dans les limites de sa structure idéologique[5].

Tout en s'inspirant des principes du rationalisme critique, cette orientation historiographique évite toutefois de confondre l'activité de rationalisation, qui est le propre de l'enquête historique, avec l'intellectualisme abstrait plus ou moins pétri de moralisme historico-politique — sans nul doute «le plus repoussant des moralismes», ainsi que le définit Delio Cantimori, et peut-être plus répugnant encore quand il se présente dans les habits d'un moralisme pseudo-scientifique[6].

Le fascisme en tant qu'idéologie et phénomène politique — tel est le fond de mon interprétation — fut non pas une création de Mussolini, mais l'expression des croyances, des idées, des mythes et des programmes d'un mouvement de masse issu de l'expérience de la Grande Guerre et de la réaction antiso-

cialiste des classes moyennes. Et ce mouvement acquit
une autonomie propre en tant que nouvelle force politique organisée et se proposa non seulement d'assurer la défense d'un ordre économique et social fondé
sur la propriété privée, mais aussi de réaliser une
révolution politique et culturelle à travers la destruction du régime libéral et la construction d'un État
nouveau conçu suivant la forme inédite d'organisation totalitaire de la société civile et du système politique[7]. L'idéologie du fascisme fut la rationalisation
la plus complète de l'État totalitaire, fondé sur l'affirmation du primat de la politique et sur la résolution
du *privé* dans le *public*. Une conséquence de cette
conception fut la subordination de la vie individuelle
et collective à la suprématie absolue de l'État, réalisée
au moyen d'une organisation totale, et la mobilisation
permanente de la population. Tels furent les principaux instruments d'une politique de masse fondée sur
l'*usage rationnel de l'irrationnel*, à travers une mythologie et une liturgie politique qui avaient pour fonction
de façonner la conscience individuelle et collective
suivant un modèle d'*homme nouveau* privant les êtres
humains de leur individualité afin de les transformer
en éléments cellulaires d'une collectivité nationale
encadrée par l'organisation capillaire de l'État totalitaire. En tant que phénomène de masse révolutionnaire
et totalitaire, le fascisme apparaît dans mon interprétation comme un phénomène moderne : autrement
dit, comme un nouveau mouvement politique qui
appartient au milieu historique et social créé par
la modernisation, qui participe aux tensions et aux
conflits de la société moderne en l'acceptant comme
une réalité irréversible, quoique modifiable, et pré-

tend donner aux tensions et aux conflits une solution
non pas pour revenir au passé ni pour arrêter le cours
de l'histoire, mais avec l'ambition de relever les défis
de la modernité en se projetant vers la construction
du futur, vers la création d'une nouvelle civilisation
préfigurée suivant les mythes et les projets de son
idéologie totalitaire.

Élaborée au début des années 1970 dans le volume
Le origini dell'ideologia fascista publié par la maison
d'édition Laterza en 1975, cette interprétation du
fascisme s'écartait nettement des interprétations de
l'historiographie traditionnelle alors dominante, non
seulement parce qu'elle remettait en cause la thèse de
l'inexistence d'une idéologie fasciste, et la vision du
fascisme comme *négativité historique*, mais parce
qu'elle donnait du fascisme et de son idéologie une
caractérisation en termes substantiellement nouveaux,
même à l'égard des orientations de l'historiographie
la plus récente, qui persistaient à nier l'essence totalitaire du fascisme[8]. Si d'aucuns lui donnèrent leur
approbation, mon interprétation suscita aussi des
réactions hostiles qui allaient bien au-delà du désaccord critique légitime. Certains n'hésitèrent pas à
m'accuser d'être le porte-parole d'une historiographie révisionniste visant à la réhabilitation du fascisme[9]. Leurs principaux chefs d'accusation étaient
les suivants : la définition de l'idéologie fasciste
comme idéologie « positive » en tant qu'expression
d'un mouvement politique des classes moyennes ; la
réfutation de la thèse d'une capture idéologique du
fascisme par le nationalisme ; la caractérisation du
fascisme comme phénomène révolutionnaire moderne.
L'accusation était en soi ridicule : il faut partager

une conception de la politique totalitaire comme valeur positive et idéal à réaliser, fût-il du signe opposé au fascisme, pour attribuer des intentions apologétiques à une interprétation qui identifie dans le totalitarisme l'essence de l'idéologie fasciste. Or, curieusement, les accusateurs ont fait précisément silence sur cette thèse fondamentale de mon interprétation.

Depuis lors, bien des choses ont changé dans l'étude du fascisme. Dans le dernier quart de siècle, maints préjugés semblent être tombés. Les travaux d'autres chercheurs ont confirmé les résultats de mes recherches et mes propres thèses. Naturellement, je ne fais pas allusion aux seuls chercheurs qui se sont prévalus des résultats de mon travail dans leurs propres enquêtes sur l'idéologie fasciste, mais surtout à ceux qui, suivant des voies indépendantes, sont arrivés, tout au moins sur le plan de l'évaluation générale, à des conclusions analogues aux miennes. De fait, parmi les chercheurs, domine aujourd'hui la conviction que non seulement le fascisme eut une idéologie propre, mais que celle-ci est loin d'avoir joué un rôle secondaire dans son succès ; que l'étude de cette idéologie est nécessaire à la connaissance du fascisme parce qu'elle n'est pas un élément marginal ni scientifiquement négligeable ; et qu'il s'agit bel et bien d'*idéologie*, c'est-à-dire d'idées, de croyances, de mythes, de visions, d'aspirations et de projets — et pas seulement de moyens de propagande, de techniques de manipulation, d'organisation du consensus ou d'institutions culturelles : autant de thèmes qui présentent certainement un intérêt pour l'histoire de l'idéologie, mais uniquement en tant que moyens et instruments de sa diffusion.

L'étude de l'idéologie a désormais acquis droit de
cité dans l'historiographie du fascisme et l'on a de
bonnes raisons de considérer que cette reconnaissance
est irrévocable. Pour qui s'est engagé sur cette voie
de longue date, il ne peut être que réconfortant d'entendre aujourd'hui des chercheurs d'orientation différente affirmer, fût-ce dans une autre perspective,
que pour comprendre historiquement le fascisme il
est «important de s'assurer que il n'a pas réussi à
atteindre ses objectifs, mais il l'est tout autant d'identifier les composantes et les projets»; qu'il faut en
«comprendre l'histoire au regard de ses aspirations
et de ses réalisations»; que la représentation que le
régime a donnée de lui est «très importante pour
comprendre les objectifs du régime aussi bien que la
tactique adoptée pour les atteindre»; que la construction du régime correspondait «à un dessein unique
et unitaire fondamentalement totalitaire, c'est-à-dire
prétendant imposer d'en haut une organisation totale
de la société afin que la volonté des masses finisse
par s'identifier à la volonté du pouvoir politique
dominant[10]». Le territoire de l'idéologie et de la culture fasciste, jadis considéré d'un œil soupçonneux,
voire dédaigneux, risque même de devenir l'un des
champs les plus fréquentés par les nouveaux explo-
rateurs du fascisme. Les voici qui s'aventurent dans
son univers mythologique — ou dans son «imaginaire», comme on préfère l'appeler — en suivant
simplement des voies tracées par d'autres ou en se
limitant à une excursion dans les pages des *Opera
omnia* de Mussolini, convaincus que l'idéologie fasciste était au fond sa création, et éliminent les autres
idéologues du fascisme, Gentile par exemple, comme

de simples figures décoratives parce que, au nom d'une sorte de positivisme simpliste, ils ignorent la complexité des rapports entre culture et politique propres au fascisme [11].

Les thèmes d'une étude historique sérieuse de l'idéologie fasciste vont bien au-delà de la biographie intellectuelle du *duce*. Ils comprennent aussi la question de la fonction de l'idéologie dans l'affirmation du fascisme en tant que mouvement de masse, dans la politique du parti et du régime. Le succès ou l'échec d'un mouvement fasciste, a observé Juan Linz, dépend largement de l'idéologie, non seulement du fait de sa formulation comme idéologie «négative», c'est-à-dire simple opposition aux idéologies préexistantes, mais aussi, précisément, à cause de la fascination qu'exercèrent sur les intellectuels, sur les jeunes et sur les masses ses formulations «positives», c'est-à-dire sa vision de la vie et de la politique, ses projets d'organisation de la société et de l'État, avec le style et l'organisation typiques du fascisme. L'incohérence que l'on constate entre la politique concrète du fascisme au pouvoir et l'idéologie fasciste, précise Linz, ne diminue aucunement l'importance de celle-ci [12]. En outre, la question de l'idéologie est nécessairement liée à la gestion du pouvoir fasciste et au thème du «consensus». En composant une sorte de «carte de ce qui fut le terrain idéologique commun aux grandes composantes de la société fasciste» dans la période de stabilisation du régime, Zunino a voulu mettre tout particulièrement en relief la fonction de l'idéologie :

> Les idées-force du fascisme, unifiées et harmonisées dans une idéologie moins fortuite et inconsistante qu'on ne l'a

longtemps cru, eurent la triple fonction de légitimer le bloc social dominant, de fournir un sentiment d'identité nationale et de cohésion sociale à de larges couches de la population et, en dernier lieu, de faire en sorte que la communauté nationale soit porteuse de valeurs et d'émotions positives[13].

Sans pour autant exagérer le rôle de ces fonctions, Zunino considère, avec de solides arguments, que l'idéologie a largement contribué à faire pénétrer le fascisme dans la collectivité italienne, estimant «impossible de nier que ces "idées" pénétrèrent dans les fibres de la société et, d'une certaine façon, réussirent à toucher les masses populaires[14]».

Il n'est d'étude récente du fascisme, en tant que phénomène italien ou supranational, c'est-à-dire englobant une variété plus ou moins ample de «fascismes», qui ne consacre l'attention qu'elle mérite à l'idéologie, tout en cherchant à en définir les matrices, les contenus et les caractères généraux. En revanche, ne cesse de perdre du terrain parmi les chercheurs l'image du fascisme comme épiphénomène instrumental, simple forme d'organisation, technique de domination abusive et de manipulation, mélange contingent de promesses opportunistes et démagogiques ou de négations stériles. Même la thèse du fascisme comme simple bras armé de l'idéologie nationaliste, formulée au début des années 1920 et reprise par divers historiens après la Seconde Guerre mondiale, ne jouit plus d'un crédit inconditionnel parmi les chercheurs:

Idéologiquement, nous en convenons, écrit Asor Rosa, le nationalisme contribua à étayer et à endurcir le fascisme à l'arracher à la confusion de ses origines ; cependant, pour ce qui concerne le fascisme, parler d'«instrument matériel» pur et simple nous semble très réducteur, si l'on considère que sa première agrégation fut éminemment politico-idéologique [15].

Fût-ce avec des méthodes et des évaluations différentes, l'idéologie fasciste est de nos jours étudiée comme une conception de la vie et de la politique qui, tout en puisant ses éléments à des sources diverses et préexistantes, les rassemble en une synthèse nouvelle et originale, proposant un projet d'organisation de la société et de l'État, qui eut une fonction importante dans la formation du consensus et dans la mobilisation des masses. Quant à l'identification des caractères généraux de l'idéologie fasciste, la définition du fascisme comme idéologie révolutionnaire et totalitaire, avancée dans mon interprétation, est aujourd'hui partagée par la plupart des spécialistes de la question, si diverses que soient leurs argumentations et leurs opinions sur les origines et les éléments caractéristiques. Définir le fascisme comme un mouvement révolutionnaire ne suscite plus de scandale, si ce n'est parmi les chercheurs qui continuent de vouer un culte fétichiste aux mots monopolisés et sacralisés par leur idéologie ou qui persistent à ne voir dans le fascisme qu'une *réaction* au marxisme et au libéralisme [16]. Dans un essai de 1976, Zeev Sternhell, un des grands spécialistes de la «droite révolutionnaire» en France de la fin du XIXe siècle jusqu'à l'époque fasciste, a affirmé que l'idéologie fasciste fut un système de pensée dont l'autonomie et la cohérence ne le cèdent en rien à celles du libéralisme et du marxisme. Produit de la symbiose entre le nationalisme organique et le socialisme anti-marxiste, le fascisme serait une idéologie révolution-naire parce qu'il s'opposait radicalement à l'ordre des choses existant et à la civilisation libérale, et son essence fut le totalitarisme:

> Le totalitarisme est l'essence même du fascisme, et le fascisme est, sans doute, l'exemple le plus authentique d'idéologie totalitaire. S'engageant à créer une nouvelle civilisation, un nouveau type d'être humain et une façon de vivre entièrement nouvelle, le fascisme ne pouvait conce-voir qu'une sphère quelconque de l'activité humaine pût se soustraire à l'intervention de l'État[17].

Même si des historiens ou des politologues émet-tent des doutes quant à la nature totalitaire du *régime* fasciste, aucun des spécialistes les plus sérieux du fascisme ne nie le caractère totalitaire de sa concep-tion de la politique et de l'État:

> Le fascisme, écrit Philippe Burrin, a pour ambition de former une communauté nationale unifiée et mobilisée en permanence sur des valeurs de foi, de force et de combat; une communauté inégalitaire, comprimée dans une unité totalitaire excluant toute autre allégeance que la fidélité exclusive à un chef qui personnifie le destin collectif et en décide absolument; une communauté militarisée enfin, soudée en vue d'une entreprise de domination qui est à elle-même son principe et son but[18].

S'agissant du problème des origines, la diversité des points de vue est au contraire de rigueur parmi les historiens de l'idéologie fasciste. Cette diversité tient largement aux différences de méthodes adoptées pour aborder le thème de l'idéologie dans le fascisme, entendu soit comme un mouvement italien, soit comme un phénomène supranational. Certains chercheurs, par exemple, comme Sternhell lui-même, ont attribué à l'idéologie fasciste une vraie dimension théorique, un caractère réellement systématique et une cohérence doctrinaire, jusqu'à privilégier l'idéologie comme dimension principale où chercher les éléments fondamentaux pour définir le type idéal, l'essence du fascisme «au sens platonicien du terme[19]». S'engageant sur cette voie, il en est arrivé à remettre aussi en cause le lieu et la date de naissance de l'idéologie fasciste. Partant de l'affirmation que l'essence idéal-typique du fascisme est la synthèse entre nationalisme organique et socialisme antimatérialiste, il a soutenu que l'idéologie fasciste est née en France longtemps avant le fascisme italien, et qu'il constituait un système théorique accompli dès avant la transformation de l'idéologie en mouvement politique. D'autres chercheurs ont fait remonter les origines de l'idéologie fasciste à De Maistre[20].

Cette façon d'aborder le problème des origines idéologiques du fascisme, c'est-à-dire en faisant abstraction de l'histoire du mouvement et en postulant théoriquement une «idée platonicienne» du fascisme, qu'on ne saurait saisir que dans une phase idéologique originaire, réputée, pour ainsi dire, plus pure et authentique, et dissociée de la phase de la politique comme action et réalisation, en laisse plus d'un perplexe. Beaucoup lui reprochent surtout son utilisation très élastique du mot «fascisme», dont le caractère générique est tellement dilaté qu'il finit par perdre toute *historicité*.

Assurément, rien n'empêche de définir comme «fasciste» toute idéologie, apparue avant ou après la naissance du mouvement fasciste en Italie, qui essaie de faire la synthèse entre le nationalisme et le socialisme; mais, en ce cas, peut-être serait-il historiquement et philologiquement plus correct d'employer le mot «national-socialisme» qui, d'un point de vue historique, semble avoir un droit de primogéniture par rapport au mot «fascisme». De fait, il est apparu en France, en Allemagne et même en Italie, dans l'expression de «socialisme national», des années avant la naissance du fascisme. La recherche d'une synthèse entre nationalisme et socialisme fut un courant de pensée politique européen — et pas seulement français — bien avant la Grande Guerre et la naissance du fascisme; et ce fut certainement l'une des voies par lesquelles les intellectuels et hommes politiques de l'extrême gauche révolutionnaire, dans l'entre-deux-guerres, en arrivèrent au fascisme. Il faut cependant préciser que la recherche d'une synthèse entre socialisme et nationalisme, comme «idéologie de la troisième voie» entre capitalisme libéral et collectivisme communiste, n'accoucha pas toujours ni partout d'une idéologie totalitaire de type fasciste. Si le totalitarisme fut l'essence du fascisme, on ne saurait en aucune façon qualifier de fasciste ni même de «protofasciste» la synthèse syndicale et nationaliste tentée par certains intellectuels en France au début du XXᵉ siècle, pas plus qu'on ne peut qualifier de fasciste le syndicalisme national italien[21]. En fait, si on veut rester sur le plan des idées, on doit alors préciser que le syndicalisme national révolutionnaire croyait au mythe de l'émancipation des tra-

vailleurs par les travailleurs eux-mêmes, organisés
en libres syndicats de producteurs, et n'aspirait pas à
un régime de travailleurs encadrés et subordonnés à
une organisation de parti unique au nom du primat de la politique. L'État nouveau du syndicalisme
national révolutionnaire n'était pas ni ne préfigurait en aucune façon un État totalitaire; il était au
contraire conçu comme une société de libres producteurs, citoyens d'un État national républicain et
organisé sur la base d'un fédéralisme d'autonomies
locales. La nouvelle Italie à laquelle aspirait le syndicalisme national révolutionnaire était une nation
«économiquement libérale, socialement industrielle
et ouvrière, politiquement républicaine et fédéraliste,
et fondamentalement libertaire et syndicaliste»; son
nationalisme «ne pouvait être que syndicaliste, com-
munal et fédératif[22]».

On ne saurait assurément sous-évaluer la contribution des intellectuels du syndicalisme révolutionnaire à l'élaboration de l'idéologie fasciste comme
idéologie de la «troisième voie». Mais il faut préciser
que cette contribution se fit non pas à travers une
révision plus ou moins hérétique du marxisme originaire, même dans une clé idéaliste, mais *via* le rejet
des principes fondamentaux du socialisme marxiste
— de la notion de lutte des classes à l'avènement
d'une société sans classes, de l'internationalisme au
dépérissement de l'État — et à travers l'abjuration de
la foi anti-étatiste et hostile au parti, fédéraliste et
libertaire, qui avait été fondamentale dans la synthèse entre nationalisme et socialisme opérée par le
syndicalisme révolutionnaire interventionniste. Les
syndicalistes révolutionnaires qui se convertirent au

fascisme étaient certainement porteurs d'un bagage idéologique influent, mais celui-ci s'était délesté de son noyau dur : le mythe de la grève générale, le primat de la société des producteurs par rapport à l'État, l'idéal de la révolution comme combat d'émancipation du prolétariat et de libération de l'homme. Soutenir, comme le fait Sternhell, qu'au moment de l'armistice de 1918 le «fascisme mussolinien a déjà presque tous ses contours. Il a en tout cas déjà intégré les idées du syndicalisme révolutionnaire[23]» revient à affirmer que l'idéologie fasciste n'a pas subi de mutations substantielles après la phase originaire du «fascisme sansépolcriste», époque où elle était en effet plus proche du syndicalisme national. Mais cela équivaut à dire que, dans son essence, l'idéologie fasciste était libertaire, individualiste, anti-étatiste, comme l'était, précisément, l'idéologie du syndicalisme révolutionnaire!

En toute cohérence avec cette interprétation, il faudrait alors affirmer également que la militarisation et la sacralisation de la politique, l'État totalitaire et la subordination intégrale de l'individu et des masses à la communauté nationale organisée dans l'État totalitaire — en somme, les principaux piliers du fascisme-parti et du fascisme-régime — furent des éléments *non essentiels* de l'idéologie fasciste. Autrement dit, ce seraient des éléments contingents dérivés non pas de son essence théorique, mais de la corruption de l'«idée platonicienne» du fascisme-idéologie au contact avec la réalité de la politique concrète du fascisme-parti et du fascisme-régime.

En adoptant, dans la reconstruction des origines idéologiques du fascisme, un concept de «fascisme idéal-typique» détaché du «fascisme historique», et en reconstruisant la généalogie avec des méthodes exclusivement théorico-intellectualistes, on pourrait distinguer d'autres pays et d'autres époques pour situer la naissance de son idéologie. Avec la même méthode, par exemple, on pourrait légitimement affirmer que l'essence du fascisme fut le racisme et l'antisémitisme : en ce cas, la France et l'Allemagne se disputeraient la paternité du fascisme, tandis qu'il faudrait conclure qu'avant 1938 le fascisme italien n'était pas «fasciste» ou n'était qu'un «fascisme incomplet» parce que, jusqu'à cette date, le racisme et l'antisémitisme n'étaient pas des fondements essentiels de l'idéologie fasciste. Avec cette méthode, il serait également légitime de voir dans le fascisme un lointain rejeton non pas de Joseph de Maistre, mais de Marx, ou un frère du léninisme, et donc de définir l'idéologie fasciste comme une «variante du communisme[24]» ; ou même, en renversant le rapport de descendance, on peut arriver à voir dans le castrisme et le maoïsme des variantes du fascisme[25].

Tout est possible quand on élabore le concept de fascisme en le détachant de l'histoire, à travers la combinaison de certains éléments jugés, dans l'abstrait, *essentiels* pour en définir la nature, et qu'on prend exclusivement en considération des affinités idéologiques et généalogiques présumées, indépendamment de leur correspondance effective avec ce que fut réellement l'idéologie du fascisme en tant qu'expression d'un mouvement social et politique apparu en Italie au lendemain de la Première Guerre mondiale. Nul ne peut prévoir à quels autres résultats pourrait mener cette manière d'étudier les origines de l'idéologie fasciste sur un plan exclusivement théorico-intellectualiste, en privilégiant l'un ou l'autre des éléments — ou en les dosant différemment — que l'on juge essentiels pour définir l'essence d'un «fascisme idéal-typique».

Les constructions idéal-typiques peuvent être des instruments utiles pour orienter la recherche et en ordonner conceptuellement les résultats, mais uniquement si on ne perd pas de vue leur caractère instrumental et artificiel, si on ne confond pas le concept et la réalité, si on ne confère pas à l'«idéal-type», en tant que cadre conceptuel, l'existence et la consistance d'un phénomène historique. Il est bon de rappeler à ce propos la mise en garde de Max Weber, qui prévenait :

> En tout état de cause, il n'est rien de plus dangereux qu'un mélange de théorie et d'histoire, dérivant de préjugés naturalistes, soit que l'on croie avoir fixé dans ces cadres conceptuels à caractère théorique le contenu «propre», l'«essence» de la réalité historique, soit que l'on s'en serve au contraire comme d'un lit de Procuste, dans lequel faire entrer de force l'histoire, soit encore qu'on hypostasie enfin les «idées» comme une réalité «vraie et autonome», qui subsiste derrière le flux des phénomènes, c'est-à-dire comme des «forces» réelles qui se manifestent dans l'histoire[26].

Émettre des doutes sur la validité de théories générales du «fascisme idéal-typique» ne signifie pas réduire le problème du fascisme à la seule réalité italienne, ni circonscrire l'étude des matrices de l'idéologie fasciste à la période de naissance du mouvement fasciste. Il faut toutefois rappeler que l'étude analytique des matrices culturelles des divers «fascismes» accomplie par Mosse pour l'Allemagne, Sternhell pour la France et moi-même pour l'Italie montre, à mon sens, combien il est difficile de rattacher la spécificité de ces différentes traditions nationales à un phénomène unique et unitaire.

Une histoire du fascisme-idéologie faisant abstraction de l'histoire du fascisme-parti et du fascisme-régime serait une histoire tronquée, parce qu'elle exclurait de la définition même de l'idéologie fasciste tout ce qui fut élaboration idéologique de l'expérience vécue du fascisme dans son évolution, avant et après la conquête du pouvoir. Pour comprendre le fascisme dans sa complexité, il est nécessaire de rattacher l'idéologie à l'histoire du mouvement dont elle est l'expression, de relier les aspects idéologiques du mouvement aux forces sociales qui le composent, à l'action politique concrète qu'il déploie, aux organisations et aux institutions auxquelles il donne vie et qui sont elles aussi, en un sens, l'expression de son idéologie, de sa vision de l'homme et de la politique. La tâche de l'historien est précisément de faire la part du permanent et du contingent dans l'idéologie d'un mouvement, de discerner ce qui correspond à des convictions constantes, à des valeurs culturelles fondamentales de l'identité collective, ou au contraire, pour parler comme Vilfredo Pareto, ce qui n'est que «dérivations» d'attitudes contingentes ou de groupes marginaux. De la même façon, il appartient à l'historien, quand il considère la diversité et la complexité des courants qui concoururent à engendrer et à former l'idéologie fasciste, de distinguer ceux dont sont issues ses matrices culturelles et les éléments qui contribuent à former son idéologie à travers une synthèse dans laquelle ces éléments perdent leurs caractéristiques originaires pour se fondre dans une nouvelle idéologie — celle de l'État totalitaire.

Pour comprendre le caractère et le contenu de l'idéologie fasciste, il faut prendre en considération le fascisme dans la totalité de ses manifestations : celles qui sont formellement idéologiques, mais aussi celles qui touchent aux organisations, aux comportements et aux institutions. L'expérience du squadrisme, la conception et l'organisation du parti-milice, les symboles et les rites de la sacralisation de la politique, le mythe et les institutions de l'État totalitaire sont des éléments constitutifs essentiels de l'idéologie fasciste, de manière autrement plus importante et décisive que ne l'est l'héritage, plus ou moins apocryphe, de la révision antimatérialiste du marxisme et du nationalisme syndicaliste révolutionnaire. Selon moi, c'est seulement en partant de la corrélation de ces divers aspects du fascisme qu'on peut entreprendre de définir l'idéologie fasciste, en distinguant les moments et les étapes de formation et de développement du mouvement, auxquels correspondent des idées et des attitudes mentales qui constituent, sous une forme constante ou contingente, les motifs de l'idéologie du fascisme. Encore une fois, celle-ci ne fut pas seulement l'expression d'un groupe d'intellectuels, ni du seul Mussolini, mais celle d'un mouvement social hétérogène et d'un parti de masse d'un nouveau type, embryon de l'État totalitaire.

Sur le problème des matrices culturelles et idéologiques du fascisme, une autre précision est cependant nécessaire. La naissance du fascisme — et de l'idéologie fasciste — en Italie des suites de la Première Guerre mondiale est un fait indiscutable et avéré, de même qu'il est avéré et incontestable que le jacobinisme est né en France des suites de la Révolution française. La Première guerre mondiale fut bien la mère du fascisme comme idéologie et comme mouvement. L'identité fondamentale du fascisme trouva ses origines dans l'expérience et le mythe de la Grande Guerre et, par la suite, dans l'expérience et le mythe du squadrisme[27]. Toutefois, le fascisme ne surgit pas du néant et ne se développa pas uniquement de son propre mouvement, comme s'il ne devait son idéologie qu'à lui. On retrouve des éléments importants de l'idéologie, de la culture et du style politique fascistes dans des traditions politiques préexistantes, de droite aussi bien que de gauche : dans l'héritage du nationalisme jacobin, dans les mythes et dans les liturgies laïques des mouvements de masse du XIXᵉ siècle, dans le néoromantisme, l'irrationalisme, le spiritualisme et le volontarisme des diverses « philosophies de la vie » et « philosophies de l'action », dans l'activisme et dans l'antiparlementarisme des mouvements radicaux antilibéraux d'une nouvelle droite et d'une nouvelle gauche révolutionnaire, qui opéraient en Italie et en Europe avant la Grande Guerre. Dans l'idéologie fasciste confluèrent les idées et les mythes de mouvements culturels et politiques antérieurs, tels que l'avant-garde florentine de *La Voce*, le futurisme, le mouvement nationaliste et le syndicalisme révolutionnaire. Le fascisme hérita en outre de cet ensemble d'idées, de mythes et d'états d'âme que nous avons appelé *radicalisme national* et qui était commun à la culture des mouvements intellectuels et politiques d'avant-garde, apparus en Italie au cours de la période de Giolitti[28]. Héritage plus ou moins factice du mythe mazzinien du Risorgimento comme révolution spirituelle inachevée, le radicalisme national affirmait le primat de la nation en tant que réalité idéale pérenne et valeur suprême de la vie collective, méprisait le rationalisme positiviste et le matérialisme, exaltait les forces spirituelles comme les seules capables de former la conscience moderne de l'Italie pour la conduire vers de grandes entreprises. Dans ce but, le radicalisme national voulait construire un État nouveau, conçu comme une communauté nationale soudée par une foi commune et guidée par une nouvelle aristocratie de jeunes, capables d'accomplir la révolution spirituelle amorcée avec le Risorgimento, à travers la régénération des Italiens, afin de porter l'Italie à l'avant-garde de la civilisation moderne.

Les liens entre l'idéologie fasciste et les mouvements intellectuels et politiques de la période précédant la Grande Guerre ne justifient pas pour autant qu'on définisse ces mouvements — leur idéologie et leur culture — comme les manifestations d'un «protofascisme», voire d'un «fascisme avant le fascisme», parce que les idées et les mythes de ces mêmes mouvements débouchèrent aussi sur des mouvements culturels et politiques qui ne furent pas fascistes ou furent résolument antifascistes. Autrement dit, à mon sens, on ne saurait interpréter historiquement le lien idéologique entre ces mouvements et le fascisme en tant que processus de combinaison *nécessaire*, en considérant le fascisme comme l'issue *inévitable* de la culture et de l'idéologie de ces mouvements. Réfléchissant aux matrices culturelles de l'idéologie fasciste et, plus largement, aux rapports entre culture et idéologie, Niccolò Zapponi a opportunément avancé cette hypothèse interprétative : «l'absence de correspondance entre tendances culturelles et orientations idéologiques» ne constitue pas un «état de fait exceptionnel, mais la règle». Et il en a tiré des indications convaincantes pour l'analyse de l'idéologie fasciste :

> Appliquée au problème des origines culturelles de l'idéologie fasciste, cette hypothèse interprétative conduit à nier qu'on puisse identifier une tendance culturelle qui doive *déboucher* nécessairement sur le fascisme (ou sur quelque autre idéologie politique) : elle implique, au contraire, que la recherche historique doit vérifier si — et dans quelle mesure — le fascisme a été précédé par des manifestations culturelles orientées de *fait*, sur le plan idéologique, dans sa direction[29].

Le concept de «protofascisme» se prévaut en fait d'une lecture à rebours de l'histoire — une lecture conditionnée par un préjugé téléologique (ou de la plus banale «sagesse d'après-coup»), qui préfigure, à travers une projection rétrospective — une sorte de *prévision du passé* —, l'issue politique inévitable de courants culturels déterminés. Mais une chose est d'étudier le contexte idéologique et culturel de l'Italie avant la Grande Guerre et de la naissance du fascisme afin d'identifier les facteurs qui préparèrent un climat favorable à la naissance de l'idéologie fasciste ; autre chose est de qualifier de «fasciste» ce même contexte, et de soutenir que le fascisme lui-même en est une conséquence inévitable.

Ces précisions sur les matrices culturelles et les origines idéologiques du fascisme sont une prémisse indispensable pour introduire la dernière partie de ces considérations sur la définition du fascisme — une partie qui concerne le problème des relations entre le fascisme et les mouvements de l'avant-garde moderniste ainsi que le problème plus général et plus controversé des liens entre fascisme et modernité.

Dans l'étude des origines culturelles du fascisme, la nouvelle historiographie a essentiellement tourné son attention vers les liens entre le fascisme et les mouvements de l'avant-garde culturelle du début du XXe — thème déjà étudié par le passé mais qui, dans des études plus récentes, a été abordé en donnant davantage de relief à l'analyse de l'attitude du fascisme envers la modernité. Sur ce plan, également, l'orientation des chercheurs a notablement changé dans les dernières années. Comme je l'ai dit au début, le véritable progrès de la nouvelle historiographie trouve une illustration dans la sensibilité culturelle différente avec laquelle on étudie le fascisme dans toutes ses manifestations, avec des perspectives nouvelles, et surtout avec une nouvelle conscience de la réalité tragiquement contradictoire de la modernité dans l'histoire contemporaine, observée avec une rationalité critique et sans la prétention ni l'illusion d'identifier la modernité et le sens de l'histoire contemporaine avec ses préférences idéologiques. Une conséquence importante de cette sensibilité culturelle différente est la nouvelle manière d'aborder aujourd'hui le problème de la « modernité » du fascisme, sans vouloir en aucune façon conférer à celui-ci un brevet de noblesse. Si, voici vingt ans, définir le fascisme comme un phénomène moderne passait, tout au moins dans le cadre de l'historiographie italienne, pour une affirmation blasphématoire, parler aujourd'hui de « fascisme moderniste », de « modernisme fasciste » ou de « modernité fasciste » ne fait plus scandale. « Le fascisme, si l'on en croit Howard Williams, réunit les principales caractéristiques d'une idéologie politique moderne [30]. »

> En bien comme en mal, affirme Jeffrey Schnapp, il fut l'une des formes dominantes que la modernisation a prise en Italie et ailleurs. Le fait est incontestable. Au-delà des vicissitudes historiques des politiques culturelles changeantes du régime, le fascisme italien, depuis ses origines dans les émeutes urbaines de 1914 et de 1915 jusqu'à la République de Salò, fut nettement sur le versant de la modernité [31].

Dans l'un des plus récents essais de construction d'un type idéal du « fascisme générique » comme mythe palingénésique, ultranationaliste et populiste, l'idéologie fasciste est qualifiée d'anticonservatrice, de révolutionnaire et de moderne : le fascisme, affirme Roger Griffin, fut un « modernisme alternatif » plutôt qu'un refus de la modernité [32].

Cette façon d'aborder la question du fascisme comme modernisme appelle toutefois certaines observations pour corriger une orientation qui s'est révélée, à mon sens, peu utile, sinon fallacieuse, pour l'analyse de l'idéologie fasciste. Jusqu'ici, en effet, ce sont surtout les critiques littéraires et les historiens d'art qui se sont occupé du « modernisme fasciste » en reprenant l'interprétation du fascisme comme « esthétisation de la politique » proposée par Walter Benjamin, mais la méthode d'analyse et les évaluations interprétatives de ces études ne paraissent pas toujours convaincantes [33]. Si suggestif soit-il, le concept d'« esthétisa-

tion de la politique » peut induire en erreur si l'on perd
de vue l'autre aspect plus important qui fut typique
du fascisme, c'est-à-dire la *politisation de l'esthétique*,
qui non seulement inspira l'attitude du fascisme
envers la culture, mais fut à l'origine même de la rencontre entre l'avant-garde moderniste et le fascisme,
et fut le motif de la participation de beaucoup d'intellectuels modernistes au fascisme. Si cette considération peut paraître évidente, il n'en est pas moins
nécessaire d'attirer l'attention sur cet aspect du fascisme pour éviter que l'insistance sur l'« esthétisation
de la politique » ne conduise à une sorte d'« esthétisation » du fascisme lui-même, en reléguant au second
plan son *caractère politique*. En ce cas, on assisterait
bel et bien à une banalisation de la nature fondamentalement politique du fascisme, de sa culture, de son
idéologie et de son univers symbolique. On ne devrait
jamais perdre de vue la dimension essentiellement
politique totalitaire de la culture fasciste, même quand
on étudie les manifestations esthétiques du fascisme,
parmi lesquelles il faut considérer non seulement les
arts figuratifs, mais aussi le style politique, la liturgie
de masse et la production symbolique, qui, outre l'expression de son idéologie, furent des éléments certainement essentiels et caractéristiques de la façon
fasciste de faire de la politique. Il ne s'agit pas pour
autant de sous-évaluer l'aspect « esthétisation de la
politique » : l'auteur de ces lignes a été parmi les premiers à soutenir, voici de longues années, que la
« politique spectacle », mise en scène par le fascisme,
fut la manifestation d'une nouvelle « conception esthétique de la vie politique [34] ». Je crois cependant devoir
affirmer tout aussi clairement que la dimension esthé-

tique du fascisme ne saurait être analysée indépendamment de la conception totalitaire de la politique, parce qu'elle en fut une conséquence. La production symbolique fasciste ne fut pas l'effet d'un manque de cohérence idéologique [35], mais au contraire l'expression cohérente et conséquente de l'idéologie totalitaire, d'une vision de la vie et de la politique typique d'un mouvement qui était aussi une nouvelle religion laïque [36].

L'adhésion des intellectuels et des artistes de l'avant-garde moderniste au fascisme se fit sur la base de valeurs idéologiques et politiques communes. L'étude des liens idéologico-politiques entre fascisme et modernisme est importante pour comprendre les raisons de la participation de la culture italienne à la formation de l'idéologie fasciste. Suivant le paradigme de la « négativité historique », l'engagement fasciste des intellectuels des mouvements d'avant-garde comme les « vociens » et les futuristes, et des grands protagonistes du renouveau philosophique, comme Giovanni Gentile, s'expliquait par l'opportunisme ou par l'évaluation naïve ou fautive de ce qu'était effectivement le fascisme. Suivant les évaluations plus indulgentes, leur adhésion au fascisme s'expliquait par de prétendues bonnes intentions trahies ou perverties par la pratique corruptrice du fascisme, à moins qu'on ne la justifiât, au prix d'arguties casuistiques posthumes, par la nécessité de simuler un accord extérieur pour sauvegarder une aversion intérieure afin de pouvoir agir de l'intérieur contre le fascisme. Parmi les mobiles de la participation des intellectuels au fascisme et à l'élaboration de son idéologie, on ne saurait assurément exclure l'intérêt personnel ni l'erreur d'évaluation. Mais les recherches récentes confirment que leur participation se fit en pleine conscience de ce qu'était le fascisme, dc la façon dont il était apparu, s'était développé et affirmé, et que leur engagement fasciste ne fut pas le fruit d'une évaluation fautive ou de bonnes intentions naïves, mais la conséquence de leur façon d'entendre la vie, le monde moderne et, face à la politique, la tâche incombant aux intellectuels qui croyaient au mythe national dans ce moment bien particulier de l'histoire italienne. Le fascisme, observe N. Zapponi, offrit «à des nombreux intellectuels une réalité visible dans laquelle placer leurs espérances en une régénération culturelle par le truchement de la politique. En revanche, il ne suscita pas *ex nihilo* la conviction qu'on pouvait atteindre un semblable résultat» parce que cette «conviction collective tirait son origine de la certitude, déjà présente dans la culture et répandue au point de forcer la logique des oppositions politiques, suivant laquelle, au terme d'une évolution pluriséculaire, la philosophie, les arts et les sciences étaient sur le point de se fondre avec la politique, et la "théorie" de ne faire plus qu'un avec la "praxis", avec des avantages incommensurables de part et d'autre[37]».

En fait, tout en désapprouvant divers choix et orientations du parti et du régime, les intellectuels qui adhérèrent au fascisme ne considéraient pas que la politique totalitaire, déjà patente dans les orientations du parti-milice avant la conquête du pouvoir, fût en opposition avec leur conception de la culture, leur idée de la modernité et leur vision du destin de la nation. Non que leur pensée esthétique ou philosophique, élaborée avant la naissance du fascisme, puisse être qualifiée de «fasciste» ou de «protofasciste». Dans le cas de Giovanni Gentile, par exemple, on peut certainement contester la thèse qui définit l'actualisme comme une philosophie «fasciste» ou destinée à le devenir : mais il nous semble difficile de nier que l'adhésion de Gentile au fascisme et sa participation à la définition de l'idéologie totalitaire s'accordaient parfaitement à sa conception actualiste de la vie, de la politique et du destin de l'Italie dans le monde moderne [38]. Il en va de même pour le futurisme. L'identification du futurisme et du fascisme est assurément irrecevable, parce qu'elle est incompatible avec la diversité contradictoire de l'idéologie politique des futuristes, qui ne préfigurait pas l'État totalitaire, et passe aussi sous silence les positions des futuristes qui ne furent pas fascistes ou furent antifascistes. Cependant, on ne saurait davantage plaider la thèse d'une étrangeté foncière de la culture futuriste par rapport aux valeurs et aux mythes de la culture politique fasciste. Si l'identification sans réserve du futurisme avec le fascisme est excessive, tout aussi infondée est la thèse qui réduit la participation futuriste à un aspect secondaire ou à des vicissitudes personnelles pour en rechercher les mobiles dans l'opportunisme ou l'ingénuité. Les futuristes qui donnèrent leur adhésion au régime furent des fascistes turbulents et critiques, qui protestèrent vivement contre certaines décisions politiques et culturelles du régime, mais aucun d'eux ne mit jamais en cause les motifs fondamentaux de l'idéologie totalitaire : le primat de la pensée mythique, l'atavisme vitaliste, l'exaltation mystique de la communauté nationale, la suprématie de l'État, la pédagogie héroïque et guerrière, l'ambition impériale. Loin d'être trompés par le fascisme, les futuristes furent fascinés par l'appel à la mobilisation de la culture pour la régénération des Italiens dans le culte de la religion de la nation et pour la construction d'une nouvelle civilisation qui imprimerait au futur le style d'une *modernité italienne* [39].

Le thème des rapports entre fascisme et modernité requiert une attention particulière, car il s'agit là d'un thème sur lequel la réflexion et la recherche ont conduit l'auteur de ces pages à une interprétation plus complexe de la nature du fascisme, surtout pour ce qui est des liens entre le fascisme et les avant-gardes culturelles.

Le fascisme, explique justement Walter Adamson, représenta la politisation du modernisme italien [40]. En réalité, la politisation du modernisme italien commença bien avant le fascisme et contribua certainement à préparer le terrain à sa naissance. Longtemps avant celle-ci, le futurisme avait plaidé la nécessité d'abattre la barrière entre culture et politique à travers la symbiose entre la culture et la vie. Il s'agissait pour lui de réveiller les énergies intellectuelles et morales des Italiens en leur donnant un sentiment nouveau et plus dynamique de l'italianité, avec l'ambition de décrocher de nouveaux records au nom de la grandeur de la nation, en rénovant et en développant le pays par un travail accéléré de modernisation. Longtemps avant la naissance du fascisme, l'avant-garde moderniste, principalement constituée par le groupe de *La Voce* et par le mouvement futuriste, avait soutenu que la culture devait exercer son influence sur le renouvellement de la politique afin d'accomplir la

régénération de la nation de manière à la rendre
capable d'affronter ce que j'ai appelé la *conquête de
la modernité*. Les mouvements de l'avant-garde culturelle apparus en Italie au début du xxᵉ siècle partageaient, de façon plus ou moins accentuée, une même
intonation politique nationaliste, qui se manifestait
par le mythe de l'*italianisme* — c'est-à-dire la conviction que l'Italie était destinée à avoir un rôle de protagoniste de premier plan et une mission civilisatrice
dans la vie moderne. À cette fin, les militants de
la nouvelle culture nationale estimaient nécessaire
un processus radical de régénération nationale dont
devait naître un «Italien nouveau». Avant la Grande
Guerre, ces mouvements avaient donné vie à une
révolte de génération, menée au nom du rôle créatif
de la jeunesse, qui se manifesta politiquement dans
la contestation radicale du régime parlementaire —
une contestation surtout culturelle, dans laquelle se
rencontraient des visions et des idéaux de la modernité différents, alignés sur un même front contre la
modernité bourgeoise, libérale et rationaliste.

Le mythe de la «conquête de la modernité» fut un
élément essentiel de la jonction culturelle et idéologique entre les mouvements d'avant-garde et le fascisme. Présent dans la culture nationale italienne
depuis le Risorgimento, ce mythe devint prédominant
dans la nouvelle culture qui, au début du xxᵉ siècle,
en vint à s'interroger sur le destin de la nation en des
temps de bouleversement produits par la modernisation. Le sentiment qui prédomine dans la culture
moderniste italienne, au début du siècle, c'est l'acceptation des formes de vie de la civilisation moderne,
représentées par les découvertes scientifiques, le déve-

loppement technique, l'accélération du temps et le nouveau sentiment dynamique de l'existence. On a attribué au seul futurisme ce sentiment de participation enthousiaste à la modernité, alors qu'en réalité il est aussi commun aux intellectuels et aux artistes d'avant-garde qui se déclaraient antifuturistes, comme de nombreux vociens. «Être modernes! Comprendre en soi les formes vitales propres à notre temps[41]», proclamait Scipio Slataper dans *La Voce*. Dans la nouvelle culture moderniste et nationaliste, au début du siècle, existait un véritable chœur pour exalter la modernité, avec un cri unanime d'incitation afin que l'Italie fût prête à se jeter dans le «vibrant tourbillon» du «grandiose mécanisme de la vie moderne[42]». Même les nationalistes de formation classique, comme Enrico Corradini, débordaient d'enthousiasme pour le dynamisme de la vie moderne et célébraient l'«esprit de la vie nouvelle [...] grande et puissante comme jamais elle ne le fut [...], initiatrice d'un avenir plus grand et puissant encore [...]. Le rythme de la vie est extraordinairement violent et foudroyant [...]. L'esprit qui, en tant que tempête mondiale, déplace les multitudes inconscientes, et l'esprit de la vie nouvelle», qui «semble tout emporter parce que ne sont pas encore apparus les hommes nouveaux conscients qui aient une âme à la hauteur de la vie nouvelle du monde et qui soient plus forts que les forces nouvelles. Telle est l'immense tragédie du temps présent, et l'épopée de l'avenir sera dans la victoire de l'homme sur les instruments et les forces de la vie, plus formidables que jamais[43]». L'enthousiasme pour la modernité était contagieux au point d'emporter aussi un jeune socialiste révolutionnaire, Benito Mussolini:

«Nous nous sentons portés vers une vie multiple, harmonieuse, vertigineuse et mondiale[44].» Pour lui, comme pour les futuristes, l'essence de la modernité était symbolisée par un nouveau rythme du temps et du changement: «Le mot qui résume et qui donne son caractère reconnaissable entre tous à notre siècle mondial, affirmait Mussolini en 1909, c'est "mouvement" [...]. Le mouvement donc, et l'accélération du rythme de notre vie[45].»

Au début du siècle, le mythe de la «conquête de la modernité», spécialement à travers la culture des avant-gardes, donna vie à un nouveau type de nationalisme, que j'ai qualifié de *nationalisme moderniste*[46], en raison du rôle fondamental que joua dans sa formation la perception de la modernité, c'est-à-dire la vision de la nouvelle société produite par la modernisation, accompagnée de l'aspiration à réaliser une nouvelle synthèse entre nationalisme et modernité pour former la conscience de la nouvelle Italie. Le concept de nationalisme moderniste ne renvoie pas à un mouvement culturel ou politique spécifique: il définit une sensibilité et une attitude mentale centrée sur le mythe de la nation et sur l'acceptation de la modernisation que l'on peut retrouver, sous des formes diverses, à des degrés d'intensité plus ou moins élevés et avec des choix politiques concrets différents, dans tous les mouvements intellectuels d'avant-garde, de même que, sous des formes plus ou moins explicites, dans le radicalisme politique de droite et de gauche de l'époque Giolitti. Ce nouveau nationalisme se distingue essentiellement par son attitude envers la vie moderne telle qu'elle apparaissait au début du siècle: une nouvelle dimension de l'histoire humaine dans laquelle la nation pouvait accroître et développer sa puissance. Aussi le nationalisme moderniste n'était-il pas conservateur, pas plus qu'il n'avait la nostalgie du monde préindustriel ou ne rêvait de faire revenir en arrière l'horloge de l'histoire. Sa principale caractéristique était l'acceptation de la vie moderne en tant qu'époque de transformations irréversibles, qui investissent la société, la conscience, la sensibilité, et préparent les conditions pour le surgissement de nouvelles formes de vie collective, d'une nouvelle civilisation. Il était animé d'un véritable *enthousiasme pour la modernité*, entendu comme expansion d'énergies humaines et intensification de la vie sans précédent dans l'histoire et d'un *sentiment tragique et activiste de l'existence*, qui répudiait toute attitude nihiliste et toute complaisance décadentiste, auxquelles il opposait le sentiment exaltant d'une nouvelle plénitude de vie et d'affirmation de vitalité pour les individus et les nations, attirés dans le tourbillon de la vie moderne. La modernité, pour ce nationalisme, était synonyme d'accélération du rythme du temps, invention et multiplication des moyens techniques de contrôle et d'exploitation de la nature sous la domination de l'homme, accomplissement de la volonté de puissance individuelle et collective à travers la lutte. Dans le domaine politique, la modernité était synonyme de crise des aristocraties traditionnelles, ère des masses, ascension de nouvelles élites et de nouvelles personnalités dominatrices, prédominance des collectivités organisées sur l'individu isolé, expansionnisme économique et politique.

Le nationalisme moderniste ne s'opposait pas à la modernisation et à l'industrialisation, mais entendait promouvoir ces processus, tout en les subordonnant afin de renforcer la nation et d'en faire un acteur de la politique mondiale. De même, moderniser la nation voulait dire non seulement la doter de nouveaux instruments de développement économique et social, mais aussi régénérer les Italiens en les libérant de mœurs assimilées au cours de siècles d'asservissement, leur donner une nouvelle culture et une conscience moderne. Le principal caractère moderniste de ce nationalisme était le projet de concilier le spiritualisme — entendu génériquement comme primat de la culture, des idées et des sentiments — avec la société industrielle de masse, pour contrecarrer et éviter les effets négatifs que comportait la modernisation, c'est-à-dire le matérialisme, le scepticisme, l'égoïsme hédoniste, le conformisme, etc. : bref, tout ce que le nationalisme moderniste identifiait à la tradition rationaliste et individualiste des Lumières et de la modernité bourgeoise et libérale. Il plaidait au contraire la nécessité d'accompagner la révolution industrielle et la modernisation d'une «révolution de l'esprit» pour former la sensibilité, le caractère et la conscience d'un «Italien nouveau», d'un *homme nouveau* en mesure de comprendre et d'affronter les problèmes et les défis de la vie moderne, en défendant fermement, face à l'essor des formes matérielles et techniques, la supériorité des forces spirituelles qui assuraient à la nation son unité et son identité collective. Les promoteurs et les guides de cette révolution spirituelle devaient être de jeunes et nouvelles aristocraties non pas fondées sur les privilèges de la naissance et de la tradition ni liées au culte fétichiste du passé, mais capables de rénover et de guider la nation dans la mer tumul-

tueuse de la vie moderne. Pour accomplir cette révolution spirituelle, le nationalisme moderniste faisait
appel, plus qu'à la raison, à l'énergie des sentiments
et des émotions; il voulait réactiver la faculté mytho-
poïétique, créer de nouveaux mythes modernes de la
nation — une religion laïque de la nation — afin de
contrecarrer les conséquences négatives et les effets
désagrégateurs de la crise de la société traditionnelle. Même s'il faisait un usage mythique de l'histoire pour construire de nouveaux univers mythiques
et symboliques pour étayer la religion de la nation, le
nationalisme moderniste n'avait pas le culte fétichiste de la tradition, il ne regardait pas avec nostalgie un ordre imaginaire du passé à préserver et à
restaurer, mais voulait participer aux transformations
de la vie moderne en projetant la nation vers le futur,
avec une volonté de puissance qui voulait s'affirmer
à travers la lutte et la conquête. L'invocation instrumentale des mythes de grandeur passée pour exalter
le réveil de l'orgueil national allait de pair, dans le
nationalisme moderniste, avec de nouveaux mythes
de grandeur future à conquérir; l'exaltation du primat de la nation coexistait avec l'ambition de créer
les valeurs et les principes d'une civilisation moderne
universelle; la foi dans le primat de l'esprit faisait
bon ménage avec l'exaltation du réalisme de la
force: guerre et révolution pouvaient être des instruments nécessaires à la régénérescence de la nation, à
la conquête de la modernité et à la construction d'une
nouvelle civilisation italienne, qui devait imprimer son
style à la modernité du xxᵉ siècle.

L'idée d'une fonction militante de la culture, en
tant qu'activité spirituelle formatrice de la conscience

moderne d'un «Italien nouveau», était commune aux divers mouvements de l'avant-garde moderniste. Tout aussi commune était la conviction qu'«être modernes» signifiait avant tout, pour le dire avec Croce, posséder une «culture de l'homme entier[47]», qui, dans la conscience de l'Italien moderne, devait combler le vide laissé par la crise de la religion traditionnelle. La modernité, de ce point de vue, était interprétée comme une époque de crise et de transition d'un système de valeurs, propres au monde préindustriel, vers la formation d'une civilisation nouvelle, pour la construction de laquelle on s'en remettait à la capacité de l'homme moderne de dominer son destin et de façonner l'avenir. L'idée qu'on était en pleine crise de civilisation était fondamentale dans l'expérience de la modernité des jeunes générations, même pour les jeunes qui ne militaient pas aux avant-gardes. «L'âme collective, écrivait Mussolini en 1903, n'est pas encore entièrement formée et se débat entre l'ancien et le nouveau, parmi les idéaux modernes et les croyances anciennes[48].» Mêlant Marx et Nietzsche, le jeune révolutionnaire interprétait surtout la modernité comme une époque de transmutation des valeurs, qui aurait conduit, à travers le socialisme, au dépassement de la civilisation chrétienne et à l'avènement d'une nouvelle civilisation païenne, sous l'élan d'une volonté de puissance «qui se déploie dans la création de nouvelles valeurs morales, artistiques ou sociales» et «donne un but à la vie».

> Le surhomme est un symbole, il est le représentant de cette période angoissée et tragique de crise que traverse la conscience européenne à la recherche de nouvelles sources

de plaisir, de beauté et d'idéal. Il est le constat de notre faiblesse, mais, en même temps, l'espoir de notre rédemption. Il est le crépuscule — et l'aurore. Il est surtout un
hymne à la vie, à la vie vécue avec toutes les énergies dans
une tension continue vers quelque chose de plus haut, de
plus fin et de plus tentateur[49].

Ainsi que nous l'avons vu dans le chapitre 9, le problème de la régénérescence des Italiens et de l'éducation d'un homme nouveau se retrouva au centre du
projet de modernisation culturelle des avant-gardes.
C'est lui qui inspira leur recherche d'un nouvel idéal
de vie totale, qui se manifesta dans l'exigence d'une
nouvelle religion laïque, considérée comme un élément fondamental pour permettre à la nation de se
préparer à affronter les défis de la modernité. Le nouvel idéalisme, les diverses «philosophies de la vie», le
pragmatisme redonnaient du prestige à l'expérience
de la foi dans la vie de la collectivité. L'exigence d'une
religion laïque nationale était non pas une forme
résiduelle de millénarismes archaïques ou de visions
eschatologiques typiques de l'époque prémoderne,
mais un phénomène essentiellement moderne. Le
problème de la modernité était avant tout un problème religieux, observait Croce en 1908 : «Tout le
monde contemporain est de nouveau à la recherche
d'une religion», poussé par le «besoin de s'orienter
dans la réalité et dans la vie, le besoin d'un concept de
vie et de réalité[50]». En ce sens, on peut dire que tous
les mouvements d'avant-garde, apparus en Italie avant
le fascisme, aspiraient à être des mouvements «religieux», à élaborer un nouveau sens de la vie et
du monde et à le propager, à travers des mythes
modernes, par l'éducation des masses et par leur

intégration à l'État national, en leur inculquant la conscience collective de la nation comme communauté de valeurs et de destin.

En poursuivant son projet de régénération nationale, l'avant-garde moderniste, en accord avec sa conception militante de la culture, entrait inévitablement dans le champ de la politique, où la rencontre d'idéaux antagonistes de la «modernité italienne» se concrétisa en un antagonisme d'idéologies politiques. Croce voulait former une conscience italienne «non socialiste et non impérialiste ou décadentiste, qui reproduise sous une forme nouvelle celle du Risorgimento italien[51]». Le philosophe proposait un modèle rationnel, libéral et bourgeois de modernité, qu'il jugeait encore pleinement valide pour permettre à l'Italie de relever les défis de la vie moderne, sous la direction de la démocratie parlementaire. Dès le début du siècle, il s'engagea à combattre ce nouvel état d'esprit fait de mysticisme, d'activisme, d'irrationalisme et d'impérialisme, qu'il tenait pour une forme morbide et pathologique de la modernité, et qu'il identifia au décadentisme, puis au fascisme. Mais, aux yeux d'une bonne partie des nouvelles générations, l'idéal libéral et bourgeois de modernité, transmis par les pères fondateurs de l'État national, était un modèle dépassé et inadéquat pour façonner l'Italie nouvelle et la guider dans le tourbillon de la vie moderne. Dans la culture des avant-gardes, les thèmes de la critique de la tradition des Lumières, du rationalisme et de l'individualisme étaient largement répandus. Toutefois, loin de pousser à une réaction antimoderne, cette critique proposait d'autres paradigmes de modernité qui, idéologiquement, se traduisirent en projets politiques de transformation de l'État national, qui n'étaient pourtant pas voués à déboucher inévitablement sur l'État totalitaire. L'unique paradigme autoritaire de la modernité fut l'œuvre du mouvement nationaliste impérialiste, qui jugeait la démocratie «en contradiction avec le mouvement de la vie moderne[52]», parce que le même processus de développement de la société de classe, du socialisme et de l'économie capitaliste conduisait à affirmer «le primat de la force et la nécessité d'une domination toujours plus large et profonde, renouvelant certaines conditions caractéristiques des anciennes civilisations dominatrices[53]». Les nationalistes impérialistes étaient convaincus que, par la nature même de la modernité à l'époque de l'impérialisme, la modernisation requérait de nouvelles formes d'autoritarisme pour la société de masse: «Ainsi resurgissent les tendances oligarchiques, les dominations militaires et les systèmes exaltant des aristocraties fortes et directives, un gouvernement absolu et énergique[54].»

Ces nationalistes voyaient dans l'Allemagne et le Japon des modèles de modernisation autoritaire à proposer pour la conquête italienne de la modernité. Pour eux, celle-ci était le commencement d'une ère nouvelle de despotisme, celle de la «civilisation impériale» vers laquelle s'acheminaient tous les grands États nationaux, même ceux dirigés par des régimes démocratiques comme l'Angleterre et les États-Unis. Les avant-gardes culturelles, telles que *La Voce* et le futurisme, cherchaient d'autres voies pour intégrer les masses à l'État national et pour assurer à la nation un système de gouvernement propre à le guider sur son chemin à travers la vie moderne. Même le mythe de l'italianisme, qui conditionnait la vision avant-gardiste de la modernité, ne conduisait pas nécessairement à des formes de nationalisme autoritaire. Typique est le cas du futurisme, qui exprima dès les origines une aversion politique pour la démocratie parlementaire, transformée en véritable ligne d'action avec l'interventionnisme et, à la fin de la Grande Guerre, la fondation d'un parti politique futuriste. Tout en exaltant le nationalisme et l'impérialisme, le futurisme se voulait libertaire et cosmopolite, prêt à favoriser les réformes sociales les plus radicales dans le cadre de la reconnaissance du primat de la nation comme valeur collective.

Dans le groupe de *La Voce*, l'exigence dominante était de concilier nationalisme et cosmopolitisme, liberté de l'individu et État national. Les «vociens» proposaient une nouvelle démocratie nationale de masse, même si leur concept de démocratie restait plutôt vague dans les diverses interprétations proposées dans les pages de la revue, si ce n'est que celle-ci réclamait certaines réformes concrètes, telles que le suffrage universel, la décentralisation administrative et le libéralisme. En réalité, au sein de *La Voce* coexistaient une tendance empirique réformatrice et une tendance idéaliste qui assignait à la nouvelle politique des missions de régénérescence du caractère des Italiens, afin de les préserver des maux d'une habituation pluriséculaire à la soumission, au conformisme et à la rhétorique, de leur apprendre à vivre dans la liberté et avec la dignité de citoyens conscients et responsables d'une nation moderne. Le groupe «vocien» choisit de se dissoudre avant la Grande

Guerre et ne donna vie à aucun mouvement politique, mais beaucoup de «vociens» descendirent dans l'arène politique pour soutenir, avec des raisons différentes, l'intervention de l'Italie, considérant la guerre comme un véritable test de modernité pour la nation, une mise à l'épreuve de son ascension au rôle de grande puissance.

Outre l'aversion au giolittisme, en qui tous voyaient une forme de dictature parlementaire corruptrice, les nationalistes autoritaires et les nationalistes démocrates et libertaires étaient politiquement unis, d'une certaine façon, par leur aspiration à la construction d'un État nouveau. Celle-ci passerait par une *révolution* spirituelle qui devait produire aussi une *révolution* politique, afin de porter au pouvoir une classe dirigeante jeune et nouvelle, une nouvelle aristocratie de l'intelligence et du caractère. La contestation antigiolittienne fut menée à l'enseigne du mythe de la jeunesse comme force en soi révolutionnaire et régénératrice mobilisée contre la société bourgeoise libérale, que les jeunes jugeaient décadente et corrompue, matérialiste et conformiste, sans idéaux ni grandes visions de l'avenir. Le «mythe de la jeunesse» postulait l'existence dans les nouvelles générations de qualités régénératrices particulières, attribuant aux jeunes des prérogatives et des attitudes propres à faire d'eux une nouvelle classe dirigeante capable de guider le pays dans l'océan tumultueux de la vie moderne. La vieille classe dirigeante était la gardienne du passé; la nouvelle aristocratie, l'avant-garde des nouveaux Italiens «constructeurs de l'avenir[55]». Les mouvements de contestation contre Giolitti partageaient tous ce «mythe de la jeunesse», interprétant la lutte des jeunes, sains et pleins de vie, contre les vieux, sénescents et corrompus, comme une phase nécessaire à la conquête de la modernité, à travers une révolution spirituelle considérée comme prémisse et condition d'une révolution politique, afin de «changer radicalement l'âme entière de nombreux hommes[56]», ainsi que le proclamait en 1913 un G. Papini engagé dans la campagne futuriste pour préparer «en Italie l'avènement de cet homme nouveau[57]». Les futuristes, affirmait dans le même temps Boccioni, voulaient donner à l'Italie

> une conscience qui la pousse toujours plus au travail acharné, à une conquête féroce. Que les Italiens aient finalement la joie grisante de se sentir seuls, armés, extrêmement modernes, en lutte avec tous, non pas les lointains héritiers assoupis d'une grandeur qui n'est plus la nôtre [...]. Il faut prendre parti, enflammer les passions, exaspérer la foi dans notre grandeur future que tout Italien digne de ce nom sent au fond de lui, mais qu'il désire avec trop de nonchalance! Il faut du sang, il faut des morts... Il faudrait pendre ou fusiller quiconque dévie de l'idée d'une grande Italie futuriste[58].

Le *mythe de la violence régénératrice* — à travers la guerre ou la révolution — appartient au patrimoine de la culture de l'avant-garde moderniste. À l'origine de l'interventionnisme de maints jeunes intellectuels, il y avait la conviction que, pour atteindre le statut de grande nation moderne, l'Italie devait en passer par l'expérience de la guerre. La participation à la Grande Guerre représentait pour le pays son entrée «dans la grande histoire du monde[59]», trancha Giovanni Gentile à la fin du conflit. Dans la conception futuriste, la guerre était la «loi grande et sacrée de la vie », une périodique « mise à l'épreuve sanguinaire et nécessaire de la force du peuple[60] ». L'exaltation de la « guerre régénératrice » n'était pas l'apanage des futuristes. Quoique pour d'autres raisons, la conception positive de la guerre dans la vie de la nation était prédominante dans la nouvelle culture nationale. La guerre était partie intégrante de la vision nationaliste de la modernité. Corradini, par exemple, faisait l'apologie de la « modernité de la guerre[61] ». Dès 1905, avec un tragique esprit prophétique, Morasso avait annoncé : « Le XIXe fut le siècle de l'utopie démocratique et humanitaire, le XXe sera celui de la force et de la conquête [...]. C'est dans ce nouveau siècle que la force exercera son empire le plus vaste, et dans ce nouveau siècle que nous verrons les armées les plus redoutables et les guerres les plus sanguinaires[62]. »

L'idée de la *moralité de la guerre*, dans le champ de l'avant-garde moderniste, dérivait du mythe de la *palingénésie nationale*, en tant que processus nécessaire à la formation d'une conscience italienne moderne[63]. Amendola attribuait à la guerre un sens moral, en tant que test collectif de la discipline et du sacrifice dans lequel était mis à l'épreuve et trempé le caractère de l'individu et de la nation[64]. Giovanni Boine idéalisait la discipline militaire, pour son sens de la hiérarchie et de l'ordre, y voyant un modèle exemplaire d'éducation collective pour former le caractère des Italiens et les éduquer dans le culte de la « religion de la patrie[65] ». La conscience de l'Italie moderne devait être façonnée à travers une *pédagogie héroïque*, faite d'esprit de sacrifice, d'exercice de la discipline et de disponibilité au combat, de sublimation de l'individu dans le dévouement à la collectivité. Tous ces éléments constituaient le noyau d'une *éthique nationale* moderniste, empreinte du «culte du héros[66]», dans une «atmosphère de mythe et d'épopée», ainsi que l'écrivait le syndicaliste révolutionnaire Angelo Oliviero Olivetti, qui relevait, à juste titre, des affinités spirituelles entre le syndicalisme révolutionnaire et le futurisme dans la volonté de puissance et l'idéal d'une «palingénésie à travers le creuset ardent de la lutte[67]».

En un sens, les avant-gardes modernistes, le mouvement nationaliste et le syndicalisme révolutionnaire avaient prévu et souhaité l'explosion de la guerre en Europe. À la veille de la Grande Guerre, existait en Italie l'attente messianique d'une catastrophe palingénésique imminente, que ces mouvements invoquaient pour réaliser la révolution spirituelle qui devait régénérer la nation et la porter définitivement à la «conquête de la modernité». L'interventionnisme national-révolutionnaire voulut la participation de l'Italie à la Grande Guerre comme un nécessaire *rite d'initiation collective* des Italiens à la modernité. Et la guerre fut effectivement, pour des millions d'Italiens, une tragique «expérience de modernité[68]».

Le nationalisme moderniste et l'expérience de la guerre réunirent les conditions de la rencontre entre l'avant-garde et le fascisme. À travers l'expérience de la guerre, beaucoup d'idées et de mythes de l'avant-garde moderniste se répandirent dans le fascisme naissant et contribuèrent à en former l'idéologie, se mêlant aux idées et aux mythes de l'expérience squadriste, aux idées et aux mythes de la nouvelle culture idéaliste, à l'héritage, plus ou moins modifié, des traditions idéologiques de la droite et de la gauche du Risorgimento, ainsi qu'aux idées et aux mythes de mouvements radicaux plus récents, de droite comme de gauche.

Née de l'expérience de la Grande Guerre et héritière du nationalisme moderniste, l'idéologie fasciste peut être considérée comme une manifestation de *modernisme politique*, si l'on entend par ce mot une idéologie qui accepte la modernisation et croit posséder la formule capable de donner aux êtres humains, entraînés dans le tourbillon de la modernité, le «pouvoir de changer le monde qui les change, de tracer sa route à l'intérieur de ce tourbillon et de le faire sien[69]». Dans le cas du fascisme, en fait, je ne crois pas qu'on puisse parler de «modernisme réactionnaire[70]», au sens d'idéologie antimoderne entendant se servir de la technologie pour défendre ou affirmer l'idéal d'une société traditionnelle placée à l'abri du mouvement de la civilisation moderne. En ce sens, le fascisme ne fut pas antimoderne, même si se trouvent dans son idéologie des éléments de «révolte contre le monde moderne», identifié à la civilisation protestante et libérale, de traditionalisme monarchique réactionnaire ou de culte mythique du provincialisme exacerbé[71] *(strapaesano)*. Le fascisme eut de la modernité une vision propre qui s'opposait à la culture, à l'idéologie, au style de la modernité libérale, socialiste et communiste, et il prétendit imposer au xxᵉ siècle sa propre formule de la modernité. En ce sens, on peut parler de *modernisme fasciste*.

Ce que le fascisme avait de typiquement moderniste, c'était avant tout sa conception activiste de la vie — ce qui voulait dire, ainsi que l'expliquait l'organe des Faisceaux de combat, «savoir comprendre le temps présent, savoir s'adapter à la nouvelle atmosphère, aux événements qui se succèdent et se chevauchent dans le tourbillon de la vie moderne[72]». L'activisme s'accompagnait d'une conception irrationaliste de la politique, qui affirmait la priorité de l'expérience vécue sur la théorie, le primat de la *foi* par rapport à la *raison* dans la formation d'une culture politique[73]. Le relativisme antithéorique du fascisme et l'expérimentalisme institutionnel formaient un autre trait moderniste du fascisme, en accord avec une intuition existentialiste de la politique, entendue avant tout, dans sa source vitaliste immédiate, comme «audace, essai, entreprise, insatisfaction à l'égard de la réalité, aventure et célébration du rite de l'action[74]».

Typiquement moderniste était, dans le fascisme, l'affirmation de la pensée mythique — en un sens sorélien — dans la politique de masse, tout comme était moderniste l'utilisation mythique de l'histoire et de la tradition pour la mobilisation des masses et la fondation d'une religion politique. La tradition historique, pour le fascisme, n'était pas un temple où contempler et vénérer nostalgiquement la grandeur des gloires passées, en en cultivant la mémoire consacrée par des vestiges archéologiques: l'histoire était un arsenal où puiser des mythes de mobilisation et de légitimation de l'action politique. Les gloires passées étaient évoquées afin de pousser à une action tournée vers la création du futur. Le mythe de la romanité appartenait à cette exigence de construction d'un univers symbolique propre. Le culte de la romanité était célébré, de manière moderniste, tel un mythe d'action pour le futur, visant à créer une nouvelle civilisation pour l'époque moderne, solide et universelle comme la civilisation romaine[75]. Les fascistes tenaient la romanité pour une source d'inspiration de vertus civiques, de sens de l'État, de valeurs organisationnelles où puiser afin d'élaborer un modèle moderne de civilisation nouvelle. Avec l'institutionnalisation du *culto del littorio*, le fascisme réalisait, dans ses formes propres, une autre aspiration du nationalisme moderniste, la construction d'une religion laïque de la nation. Les artistes de l'avant-garde moderniste apportèrent avec passion et foi leur écot à la construction de l'univers symbolique de la religion fasciste pour présenter aux masses, et perpétuer dans le temps, ses idéaux et ses mythes. Synthèse de politique, de religion et d'esthétique, la «modernité italienne», pour le fascisme, devait non seulement se concrétiser dans de nouvelles institutions politiques, dans une nouvelle religion laïque, dans une modernisation au service de la puissance nationale, mais surtout s'exprimer comme façon de vivre et style de vie. C'est le style qui définissait l'essence originelle et universelle d'une civilisation et en transmettait la grandeur dans les époques futures. Dans le mythe de la «civilisation nouvelle», le culte de la romanité se conciliait sans contradiction criante avec d'autres aspects proprement futuristes du fascisme, avec l'enthousiasme pour l'action, l'activisme, le culte de la jeunesse et du sport, l'idéal héroïque de l'aventure, le pragmatisme et surtout la volonté d'expérimenter continuellement le nouveau à travers l'action créatrice, projetée vers le futur, sans nostalgies réactionnaires pour un passé à restaurer et un présent à préserver du rythme du mouvement moderne. Le fascisme n'avait aucunement la nostalgie d'un royaume passé à reconstruire; il n'instaura pas non plus le culte de la tradition comme sublimation du passé dans la vision métaphysique d'un ordre intangible, dont il fallait préserver l'intégrité en l'isolant de l'accélération de la vie moderne. Et il reconnaissait que la tradition était «une des plus grandes forces spirituelles des peuples» — non pas quelque chose de «sacré, d'immuable et d'intangible», mais une «création successive et constante de leur âme[76]». Le passé devait être un «tremplin de combat pour aller à la rencontre de l'avenir[77]».

Moderniste était enfin le mythe fasciste de la «révolution continue», qui poussait le fascisme à ne pas se contenter des acquis successifs et à assurer sa permanence au pouvoir par une prudente politique conservatrice, mais au contraire à se sentir obligé, presque condamné par l'élan de son essence originelle à se projeter dans le futur, telle une nouvelle réalité à construire en imprimant à la civilisation du futur le style d'une nouvelle «modernité italienne», tout à la fois nationale et universelle. Le modernisme fasciste visait à réaliser une synthèse inédite entre tradition et modernité, sans renoncer à la modernisation pour assurer la puissance de la nation. Même s'il exaltait l'idéal du «bon paysan» attaché à la terre et aux traditions, le fascisme n'était pas anti-industrialiste et ne rejetait pas le progrès technique. La technologie était un instrument de la civilisation moderne auquel il ne pouvait renoncer sans abandonner par là même ses ambitions de puissance. Le fascisme avait envers la modernité une attitude ambivalente qui atténuait en partie l'enthousiasme moderniste du nationalisme à l'aube du xxᵉ siècle : sa vision de la modernité opposait en effet une modernité « saine », à construire, et une modernité « perverse » à combattre, représentée par le matérialisme bourgeois, l'individualisme libéral et le collectivisme communiste. Renversant la vision crocienne de la modernité, les fascistes prétendaient être les artisans d'une modernité « saine », face à la modernité « perverse » issue des Lumières et du rationalisme. Ils pensaient avoir découvert une nouvelle « formule de la civilisation moderne [78] », capable de sauver la civilisation occidentale des dégénérescences de l'industrialisme, du machinisme et de l'urbanisme.

Le fascisme eut pour ambition d'achever la conquête italienne de la modernité à travers la révolution totalitaire qui, comme la révolution spirituelle des avant-gardes, voulait être une révolution totale, c'est-à-dire investir tous les aspects de la vie individuelle et collective, des mœurs et du caractère, pour régénérer la nation, forger l'« Italien nouveau », construire une nouvelle civilisation. L'État totalitaire et la « sacralisation de la politique », avec l'intégration des masses dans la nation à travers la foi, les rites et les symboles de la religion fasciste étaient les fondements de la « modernité fasciste », les structures capables de canaliser et d'utiliser toutes les énergies de la modernisation à l'avantage de la puissance nationale, en maintenant à bonne distance les maux de la modernité « perverse ». La « modernité fasciste » imposait aux individus et aux masses le renoncement à la liberté et à la recherche du bonheur au nom du primat absolu de la collectivité nationale organisée dans l'État totalitaire à des fins de grandeur et de puissance.

L'analyse du rapport entre fascisme et modernité

est certainement un des thèmes fondamentaux que l'historiographie doit encore approfondir, pour comprendre non seulement le fascisme, mais aussi la nature même de la modernité au xxᵉ siècle. Précisons cependant que considérer le fascisme comme une expression politique de la modernité, ce n'est ni faire son éloge ni dénigrer la modernité. Certes, si l'on identifie la modernité à la tradition des Lumières et à la civilisation libérale, l'exclusion du fascisme — et de toute autre forme de totalitarisme — de la modernité est automatique. Mais, tout en partageant l'idéal d'une modernité rationaliste et libérale, il ne me semble pas cohérent avec une véritable attitude scientifique de transformer cet idéal en une catégorie d'interprétation historiographique, confirmant ainsi une vision dichotomique de l'histoire contemporaine rigidifiée dans l'antagonisme «progrès ou réaction», «modernité ou antimodernité» et «histoire ou antihistoire». La crise du modèle rationaliste et progressiste de la modernité, comme critère d'évaluation des phénomènes historiques contemporains, a conduit à reconnaître que l'irrationalité et la modernité, l'autoritarisme et la modernité, ne sont pas incompatibles et peuvent même coexister[79]. Il existe de nouvelles formes d'autoritarisme et d'irrationalisme qui ne sont en aucune façon des résidus de la société prémoderne, mais naissent des processus mêmes de la modernisation, engendrant des modèles et des idéaux de modernité de substitution ou contraires au modèle rationaliste libéral. Après les expériences tragiques du xxᵉ siècle, il faut constater que la société moderne a été aussi la matrice de nouvelles formes d'autoritarisme, comme le totalitarisme dans ses diverses versions et gradations, fondées sur la mobilisation des masses, sur le culte des divinités séculières modernes (nation, race et classe), sur l'éthique du dévouement de l'individu à la collectivité et sur le mythe de la productivité en guise d'idéologie. Non seulement la modernisation n'a pas amorcé un processus irréversible de «désenchantement du monde», ni n'a conduit, à travers la sécularisation, à la disparition du mythe et du sacré, mais elle a produit diverses «métamorphoses du sacré» et de nouvelles mythologies. La sacralisation de la politique est un phénomène essentiellement moderne et présuppose la modernisation et la sécularisation. La modernité a été une grande génératrice de mythes et de croyances politiques projetés vers la construction du futur, à commencer par le mythe dominant de ces deux derniers siècles — le mythe de la révolution —, qui a été peut-être la principale source des religions politiques engendrées par la modernité[80].

Le mythe de la révolution, la *foi révolutionnaire* dans la puissance régénératrice de la politique, est la manifestation universelle d'une sacralité proprement moderne qui a animé des mouvements opposés et ennemis, partageant une même volonté de conquérir la modernité afin de façonner l'avenir suivant le modèle de leur idéologie. Le communisme et le fascisme, expériences antagonistes de la modernité totalitaire, ont été les deux principaux mouvements dans lesquels a pris corps la *foi révolutionnaire* au xxe siècle. La tâche de l'historien est de comprendre pourquoi des millions de personnes, pour des raisons opposées, ont été fascinées et ont cru aux idéologies de ces mouvements qui promettaient la régénéres-

cence de la nation ou de l'humanité, la fin de l'aliénation et des conflits produits par la modernité
démocratique bourgeoise, et enfin la construction
d'une nouvelle civilisation. Le fascisme promettait de
construire une nouvelle civilisation sur l'enthousiasme
et la puissance collective des individus et des masses
unies par la foi dans leur entreprise commune :
défier le temps pour dominer l'histoire et façonner le
futur. Au passage, et pour le succès de l'opération, il
exigea le sacrifice de leur liberté et une soumission
inconditionnelle au culte totalitaire de la politique.

EN GUISE DE CONCLUSION

Pourquoi étudier le fascisme ?

Comme tous les problèmes du passé qui impliquent davantage la conscience de l'historien, son sentiment de l'histoire et le sens même de la vie, la question du fascisme continuera encore longtemps de solliciter l'attention des chercheurs et d'entretenir le conflit des orientations et des interprétations. Disant cela, je pense non pas aux controverses idéologiques ou politiques, qui souvent se déclenchent autour du fascisme pour des raisons conjoncturelles, mais à un aspect plus grave, qui transcende la politique contingente en ce qui concerne la fonction même du travail historiographique.

On peut étudier l'histoire du fascisme d'en bas ou d'en haut, de gauche ou de droite ; on peut se focaliser sur l'aspect politique, institutionnel, social, économique ou anthropologique ; on peut donner du relief aux individus, aux groupes ou aux masses ; on peut choisir pour perspective une période plus ou moins longue ; on peut préférer l'analyse individualisante ou la synthèse comparative ; on peut enquêter sur les « intentions » ou sur les « fonctions » des acteurs politiques. Ce qui compte, finalement, c'est la capacité de l'historiographie à nous conduire vers une connaissance toujours plus réaliste et complexe de la nature du fascisme dans ses multiples aspects, comme phénomène situé dans le temps et dans l'espace, non pas comme la simple dénomination verbale d'une entité métahistorique qui transcende le temps et l'espace.

Mais étudier le fascisme ne signifie pas seulement retracer son histoire à travers les documents et l'évaluation critique des événements, qui reste de toute façon la base fondamentale de toute véritable tentative d'interprétation : étudier le fascisme, c'est aussi réfléchir sur la nature de la politique à l'époque de la modernisation et de la société de masse, sur le rôle de l'individu et de la collectivité, sur le sens de la modernité, sur la fragilité de la liberté et de la dignité humaine, et sur l'agressivité de la volonté de puissance. Aussi, face au problème du fascisme, le métier de l'historien est-il plus ardu que face au problème, par exemple, du féodalisme. De l'historien du fascisme, on exige des responsabilités culturelles, politiques et morales, que l'on n'impute pas à celui du féodalisme. L'établissement de cette responsabilité est souvent la source de polémiques acerbes, et d'aucuns nient même que l'on puisse étudier le fascisme comme on étudie le féodalisme. Le fait même que cela se produise pour l'étude du fascisme et non pour celle du féodalisme montre combien est plus ardue la tâche de l'historien qui veut étudier le fascisme en respectant la plus élémentaire exigence d'objectivité scientifique, c'est-à-dire la connaissance des expériences humaines du passé à travers la recherche documentaire la plus ample et rigoureuse, sans projeter sur le passé ses idéaux de vie.

La question du fascisme, comme celle du communisme et du totalitarisme, n'est pas uniquement un débat historiographique, comme peut l'être le féodalisme, parce qu'elle recoupe une très large diversité de problèmes qui investissent l'époque entière de la modernité et le sens des vicissitudes humaines dans le monde contemporain. Et comme d'habitude, quand l'interprétation d'un phénomène historique implique une réflexion sur le sens de l'histoire et de la vie, les problèmes suscités par l'interprétation du fascisme sont plus nombreux et complexes que les réponses des historiens. Ces réponses apparaissent et changent au gré des vicissitudes humaines, dans une confrontation permanente et inépuisable entre la connaissance du passé et la conscience actuelle de l'historien. Des événements et des documents nouveaux modifieront inévitablement notre perception du passé et conduiront inéluctablement à la révision critique des connaissances acquises. Voici plus de trois siècles, un philosophe affirma que l'histoire est l'essence de l'homme. Et qui dit histoire, dit devenir et changement. L'historiographie aussi appartient à l'histoire ; elle a son histoire et, inévitablement, se transforme donc elle aussi. L'être humain est le seul animal qui ait développé la mémoire de son passé avec la curiosité de le connaître et de le raconter, mais c'est seulement depuis un siècle et demi que l'historiographie, à travers la révolution spirituelle de l'historicisme humaniste, est devenue dans la conscience moderne la forme de connaissance critique et rationnelle des expériences humaines, situées dans une perspective temporelle et contextuelle. Rien ne garantit toutefois qu'une historiographie ainsi conçue continuera à se développer dans cette direction. Le temps est révolu des philosophies de l'histoire qui prétendaient expliquer d'une formule unique et définitive tout le cheminement des êtres humains dans le temps et dans l'espace, de même qu'est révolu le temps des sciences de l'histoire qui prétendaient définir les lois objectives de son développement. On ne saurait même exclure que l'historiographie humaniste et historiciste, entendue comme effort de connaissance documentée, critique et rationnelle du passé humain dans la réalité qui fut la sienne, cesse un jour d'exister dans la forme qu'elle a prise dans les cent cinquante dernières années.

En tant qu'historien de formation historiciste, je ne souhaite naturellement pas voir se confirmer cette hypothèse et j'ai confiance dans le progrès futur de l'historiographie, pariant sur toute la rationalité critique que les êtres humains peuvent exercer sur eux-mêmes afin de connaître et de comprendre les expériences des autres pour réussir à se placer, dans l'étude du passé, au-dessus de leurs passions et de leur image de la vie, pour observer, dans un esprit réaliste et dénué de préjugés, d'autres passions et d'autres images de la vie. Et ce, surtout quand il s'agit de phénomènes qui appartiennent à notre proche passé et qui, dans leur essence même, peuvent nous heurter et répugner profondément à notre conscience. Dans cette perspective, on peut chercher à connaître et à interpréter n'importe quel phénomène du passé dans son individualité historique, dans les caractères qui lui étaient propres, en évoquant le drame de son actualité à travers la perception, la conscience et l'expérience de ceux qui y participèrent, de quelque façon et dans quelque position que ce soit : individus et masses, protagonistes et témoignages, gouvernants et gouvernés, victimes et bourreaux. Une historiographie ainsi conçue est loin d'être neutre sur le plan des valeurs et des principes, mais elle n'est pas non plus la continuation par d'autres moyens d'une guerre idéologique, politique, académique ou carrément personnelle. Si l'historien ne peut assurément éliminer son esprit et sa personnalité de l'étude du passé, il peut s'efforcer de ne pas reconstruire celui-ci à son image et ressemblance, évitant d'étudier l'histoire, comme la reine de «Blanche-Neige» interrogeant son miroir magique, pour y trouver confirmation de ses préjugés, de ses désirs, de ses vanités et de ses ambitions. Dieu lui-même ne saurait modifier le passé, mais les historiens le peuvent, a affirmé un écrivain anglais ; et peut-être Dieu tolère-t-il leur existence parce qu'ils peuvent lui être utiles.

À mon sens, l'historien, et surtout le spécialiste de l'histoire contemporaine, ne devrait pas chercher dans l'histoire l'écho de ses préjugés, l'approbation de ses idéaux, le moyen de satisfaire ses propres fantaisies, ni même l'occasion de remodeler l'humanité à son image ou de prononcer des verdicts sans appel tel un nouveau dieu au commencement de la création ou au Jugement dernier.

Lors d'un débat sur l'histoire contemporaine, il y a quelques années, j'ai eu l'occasion de dire que l'historien de notre temps a une responsabilité considérable. Il ne saurait l'assumer qu'avec un fort sens de l'humilité devant sa tâche, qui n'est pas celle d'un pédagogue, d'un prophète, d'un moraliste ou d'un justicier. Son devoir est au contraire de parvenir à une connaissance rationnelle du passé humain jusque dans ses manifestations les plus irrationnelles. De la capacité d'assumer cette responsabilité dépendra, à mon sens, la vitalité et la dignité mêmes du métier d'historien dans un proche avenir.

Tels sont, succinctement, les critères qui ont inspiré le travail historiographique qui a débouché sur l'interprétation du fascisme exposée dans ces pages — une interprétation toujours susceptible d'être remise en question, y compris par l'auteur. Dans l'état présent, cependant, sa validité paraît confortée par l'assentiment toujours plus large qu'elle a recueilli au fil des ans parmi les spécialistes du fascisme, en Italie et à l'étranger, trouvant sans cesse des confirmations dans les résultats de nouvelles recherches historiographiques. Des notions comme le «mythe de l'État nouveau», le «maximalisme des classes moyennes», le «parti-milice», la «sacralisation de la politique», le «culte du licteur», la «révolution anthropologique», le «césarisme totalitaire» et d'autres encore sont entrées dans le langage historiographique courant, de même que les idées qu'elles condensent. Il leur arrive aussi de circuler anonymement, c'est-à-dire sans que soit reconnue leur paternité, par distraction ou par une sorte d'expropriation intellectuelle, commise avec la désinvolture des plagiaires, aux dépens de leur auteur : mais c'est aussi la preuve, la plus évidente peut-être, de l'utilité de ces concepts pour la connaissance et la compréhension historique du fascisme.

L'interprétation proposée dans ce livre ne relègue pas le problème du fascisme dans un passé lointain et révolu, au même titre que le féodalisme. Elle impose, au contraire, d'étudier le fascisme comme l'aspect essentiel d'un problème tout aussi dramatique et potentiellement tragique, et actuel, à savoir la vulnérabilité de la démocratie libérale face au défi de mouvements qui réussissent à mobiliser les passions collectives au nom d'idéologies intégristes et intolérantes, brutales et agressives. Les études sur le fascisme réunies dans ce livre entendent fournir matière à réfléchir également sur la fragilité de la démocratie libérale, dans une époque de la modernité qui n'a pas cessé de cultiver le fanatisme de la haine comme une vertu humaine noble.

APPENDICES

SOURCES

La plus grande partie des essais recueillis dans ce volume ont été écrits et publiés entre 1973 et 1996, tandis que les chapitres 3 et 10 et les considérations conclusives sont inédits. Tous appartiennent cependant à l'unité d'une recherche en mouvement, visant à définir les caractéristiques essentielles du fascisme; s'ils sont ici réunis, pour ainsi dire spontanément, ils le doivent à leur exigence même de former un ensemble organique.

1. «Il fascismo in Italia», in *Piccola Treccani. Dizionario enciclopedico*, vol. IV, Istituto della Enciclopedia Italiana, Rome, 1995.
2. «Fascismo», in *Enciclopedia Italiana di scienze, lettere ed arti. 1979-1992*, V Appendice, Istituto della Enciclopedia Italiana, Rome, 1992.
4. «Alcune considerazioni sull'ideologia fascista», *Storia contemporanea*, 1, 1974, p. 115-125.
5. «Il fascismo fu una rivoluzione?», *Prospettive Settanta*, octobre-décembre 1979, p. 580-596.
6. «Il mito di Mussolini», *Monde operaio*, juillet-août 1983, p. 113-128.
7. «Partito, Stato e Duce nella mitologia e nella organizzazione del Fascismo», in K. D. Bracher et L. Valiani, éd., *Fascismo e nazionalsocialismo*, Actes de la semaine d'études de l'Istituto storico italo-germanico de Trente, 10-14 septembre 1984, Bologne, Il Mulino, 1986, p. 265-294; repris in E. Gentile, *La via italiana al totalitarismo. Il partito e lo Stato nel*

regime fascista, Rome, Nis, 1995, 2ᵉ éd., Rome, Carocci, 2001.

8. « Le rôle du parti dans le laboratoire totalitaire », *Annales. Économies, Sociétés, Civilisations*, 3, 1988, p. 567-591, repris in E. Gentile, *La via italiana al totalitarismo. Il partito e lo Stato nel regime fascista*. Ici donné dans une nouvelle traduction.

9. « Fascism as Political Religion », *Journal of Contemporary History*, mai-juin 1990, p. 229-251.

11. « La modernità totalitaria », nouvelle introduction à la réédition du volume *Le origini dell'ideologia fascista*, Bologne, Il Mulino, 1996, p. 3-49 (ont été éliminées du texte les parties qui se rapportaient directement au propos et au contenu de ce volume ou qui portaient sur des thèmes et des problèmes plus amplement traités dans d'autres chapitres de ce livre-ci).

Les deux premiers chapitres ont été notablement augmentés par rapport à la version originale. Les chapitres de la seconde partie, 4 à 9, ont été repris sans aucune modification, si ce n'est pour apporter à l'occasion une précision ou corriger une étourderie. Chaque fois que nécessaire, les répétitions ont été supprimées. En revanche, on a préféré conserver telles quelles celles qui ne pouvaient être supprimées sans modifier le sens du texte ou laisser une lacune dans le développement du thème. Conservant largement en l'état le contenu original (y compris les références bibliographiques), ces chapitres entendent être un document fidèle — comme les tableaux d'une exposition rétrospective — des diverses étapes de la recherche poursuivie par l'auteur, explorant souvent des territoires ignorés, peu fréquentés ou carrément déconseillés, aussi bien que des résultats progressivement obtenus dans l'élaboration de son interprétation du fascisme. En outre, la conservation du texte d'origine, accompagné de sa date de publication presque toujours postérieure de quelques années à la rédaction, permettra au lecteur d'apprécier quelle a été la contribution originale de l'auteur, trente années durant, au progrès de l'historiographie et de l'interprétation du fascisme, en étudiant des thèmes et en avançant des idées qui, au début, furent les uns et les autres accueillis avec méfiance, voire hostilité, à seule fin de devenir ensuite, plus près de nous, autant d'éléments d'un patrimoine historiographique commun largement utilisé par les spécialistes, mais aussi par certains détracteurs d'autrefois. Il n'y a dans cette considération aucune once de vanité : il s'agit simplement pour l'auteur de constater qu'il a accompli un travail utile et profitable, qui mettra peut-être du temps à disparaître dans les oubliettes de l'histoire.

Au fil des recherches qui ont débouché sur ces articles, et sur les volumes où l'essentiel en a été ensuite développé, l'auteur a bénéficié de financements officiels, qui ont été une aide précieuse ; il serait trop long de citer ici les archives, les bibliothèques, les collaborations et les amitiés sur lesquelles il a pu compter, même si toutes, personnes et institutions, ont droit à son souvenir reconnaissant. Sa gratitude s'adresse aussi, naturellement, aux premiers éditeurs de ces essais, qui les ont accueillis autrefois et qui ont aujourd'hui permis leur publication dans ce volume.

NOTES

Introduction

1. S. G. Payne, *A History of Fascism 1914-1945*, Madison, Wisconsin, 1995; en italien, *Il fascismo 1914-1945*, Rome, 1999, p. 9.

I
À LA RECHERCHE
D'UNE INDIVIDUALITÉ HISTORIQUE

1. *Le fascisme : profil historique*

1. Traduction littérale consacrée de *diciannovista*, faisant référence au fascisme dans son idéologie de 1919. *(N.d.T.)*
2. Confederazione Generale del Lavoro, Confédération générale du Travail. *(N.d.T.)*
3. Ainsi nommé par référence à la sécession de la plèbe sur cette colline, en 494 avant J.-C. *(N.d.T.)*
4. Organisation de vigilance et de répression de l'antifascisme. *(N.d.T.)*

2. *Le phénomène fasciste :*
le conflit des interprétations

1. Cf. G. E. Rusconi, éd., *Germania : un passato che non passa*, Turin, 1987. Les références bibliographiques des notes suivantes indiquent uniquement les ouvrages cités directement ou

indirectement dans le corps du texte. Sans prétendre à l'exhaustivité, elles entendent uniquement signaler les ouvrages les plus significatifs dans le cadre des diverses orientations interprétatives.

2. L. Salvatorelli, *Nazionalfascismo*, Turin, 1923.

3. P. Gobetti, *La rivoluzione liberale*, Turin, 1924.

4. P. M. Baran, P. A. Sweezy, *Monopoly Capital. An Essay on the American Economic and Social Order*, New York, 1966 (*Le capitalisme monopoliste. Un essai sur la société industrielle américaine*, traduction française de Christos Passadéos, Paris, Maspero, 1968).

5. R. Kühnl, *Formen bürgerlicher Herrschaft*, Reinbek bei Hamburg, 1971 (en italien, *Due forme di dominio borghese: liberalismo e fascismo*, Milan, 1973).

6. T. Mason, «The Primacy of Politics», in S. J. Woolf, *The Nature of Fascism*, New York, 1968.

7. J. Huizinga, *In de schaduwen van morgen*, Haarlem, 1935(*Incertitudes, essai de diagnostic du mal dont souffre notre temps*, préface de Gabriel Marcel, trad. franç. de J. Roebroek, Paris, Librairie de Médicis, 1946).

8. G. Ritter, *Die Dämonie der Macht*, Stuttgart, 1947 (en italien, *Il volto demoniaco del potere*, Bologne, 1958).

9. E. Cassirer, *The Myth of State*, New Haven, 1946 (*Le mythe de l'État*, trad. franç. de B. Vergely, Paris, Gallimard, 1993).

10. B. Croce, *Scritti e discorsi politici (1943-1947)*, Bari, 1963.

11. P. Viereck, *Metapolitics: From the Romantics to Hitler*, New York, 1941 (en italien, *Dai romantici a Hitler*, Turin, 1948).

12. W. M. McGovern, *From Luther to Hitler. The History of Fascist-nazi Political Philosophy*, Boston, New York, 1941; D. Mack Smith, *Italy, a Modern History*, Londres, 1959 (en italien, *Storia d'Italia dal 1861 al 1958*, Bari, 1959).

13. T. W. Adorno, in coll., *The Authoritarian Personality*, New York, 1950.

14. W. Reich, *The Mass Psychology of Fascism*, New York, 1946[3] (*La psychologie de masse du fascisme*, trad. franç. de P. Kamnitzer, Paris, Payot, rééd. 2001).

15. E. Fromm, *Escape from Freedom*, New York, 1941 (*La*

peur de la liberté, trad. franç. de Ch. Janssens, Paris, Buchet-Chastel, 1963).

16. J. Ortega y Gasset, *La rebellión de la masas*, Madrid, 1929 (*La révolte des masses*, trad. franç. de Louis Parrot, Paris, Gallimard, 1967); E. Lederer, *The State of Masses*, New York, 1940; W. Kornhauser, *The Politics of Mass Society*, New York, 1959.

17. S. L. Lipset, *Political Man. The Social Basis of Politics*, Garden City, N. Y., 1960 (*L'homme et la politique*, trad. franç. de G. et G. Durand, Paris, Seuil, 1962); K. Mannheim, *Ideologie und Utopie*, Bonn, 1929 (*Idéologie et utopie*, trad. franç. de P. Raullet, Paris, M. Rivière & Cie, 1956); T. Parsons, *Politics and Social Structure*, New York, 1969 (en italien, *Sistema politico e struttura sociale*, Milan, 1975).

18. H. Arendt, *The Origins of Totalitarianism*, New York, 1951 (*Les origines du totalitarisme*, sous la dir. de P. Bouretz, traduit de l'anglais par M. Prouteau, M. Leiris, J.-L. Bourget *et al.*, Paris, Gallimard, Quarto, 2002); R. Aron, *Démocratie et totalitarisme*, Paris, 1965; C. J. Friedrich, Z. K. Brzezinski, *Totalitarian Dictatorship and Autocracy*, New York, 1956; S. Neumann, *The Permanent Revolution*, New York, 1942; L. Schapiro, *Totalitarianism*, Londres, 1972.

19. L. Garruccio, *L'Industrializzazione tra nazionalismo e rivoluzione*, Bologne, 1969; G. Germani, *Autoritarismo, fascismo e classi sociali*, Bologne, 1975; A. J. Gregor, *Interpretations of Fascism*, Morristown, N. J., 1974 (en italien, *Le interpretazioni del fascismo*, Rome, 1976); id., *Italian Fascism and Developmental Dictatorship*, Princeton, 1979; B. Moore, Jr., *The Social Origins of Dictatorship and Democracy*, Boston, 1966 (*Les origines sociales de la dictature et de la démocratie*, trad. franç. de P. Clinquart, Paris, Maspero, 1983); A. F. K. Organski, *The Stages of Political Development*, New York, 1967 (en italien, *Le forme dello sviluppo politico*, Bari, 1970); M. Vajda, *Fascism as Mass Movement*, New York, 1976.

20. J. J. Linz, «Some Notes toward a Comparative Study of Fascism in Sociological Historical Perspective», in W. Laqueur, éd., *Fascism. A Reader's Guide*, Londres, 1976.

21. A. Tasca, *Nascita e avvento del fascismo. L'Italia dal 1918 al 1922*, Florence, 1950; nouvelle éd., Bari, 1965, p. 553-554 (*Naissance du fascisme. L'Italie de l'Armistice à la marche sur Rome*, préface d'Ignazio Silone, Paris, Gallimard, 1938;

rééd., 1967, premier épilogue, II, p. 346-347 [rééd. Gallimard, coll. «Tel», 2003]).

22. Parmi les ouvrages les plus importants parus dans cette période, je me contenterai de signaler, outre les références déjà données dans les autres notes : E. Nolte, *Der Faschismus in seiner Epoche*, Munich, 1963 (*Le fascisme dans son époque*, trad. franç. de P. Stéphano, Paris, Julliard, 1970); Eugen Weber, *Varieties of Fascism. Doctrines of Revolution in the Twentieth Century*, Princeton, 1964; G. L. Mosse, *The Crisis of German Ideology. Intellectuals Origins of the Third Reich*, New York, 1964 (en italien, *Le origini culturali del Terzo Reich*, Milan, 1968); *International Fascism*, numéro spécial de la revue *Journal of Contemporary History*, 1, 1966 (en italien, *Fascismo internazionale 1920-1945*, in «Dialoghi del xx secolo», I, 1967); coll., *European Fascism*, Londres, 1968 (en italien, *Il fascismo in Europa*, éd. S. J. Woolf, Bari, 1968); E. Nolte, *Die Krise des liberalen Systems und die faschistische Bewegungen*, Munich, 1968 (en italien, *La Crisi dei regimi liberali e i movimenti fascisti*, Bologne, 1970); Renzo De Felice, *Le interpretazioni del fascismo*, Bari, 1969 (*Les interprétations du fascisme*, trad. franç. de X. Tabet, préface d'E. Gentile, Paris, Syrtes, 2000); G. A. Allardyce, *The Place of Fascism in European History*, Englewood Cliffs, 1971.

23. M. de Lucena, *A evolução do sistema corporativo português*, Lisbonne, 1976.

24. K. D. Bracher, *Zeitgeschichtliche Kontroversen um Fsachismus, Totalitarismus, Demokratie*, Munich, 1984.

25. Cf. J. J. Linz, «Totalitarian and Authoritarian Regimes», in F. I. Greenstein, N. W. Polsby, éd., *Handbook of Political Science*, vol. III, Addison-Wesley, 1975, p. 175-411.

26. A. Aquarone, *L'Organizzazione dello Stato totalitario*, Turin, 1965.

27. E. Collotti, *Fascismo, fascismi*, Florence, 1989; M. Kitchen, *Fascism*, Londres, 1976.

28. N. Valeri, *Da Giolitti a Mussolini*, Milan, 1976.

29. P. Alatri, *Le origini del fascismo*, Rome, 1956.

30. R. de Felice, *Mussolini*, Turin, 1965-1997.

31. Id., *Intervista sul fascismo*, éd., M. Ledeen, Rome-Bari, 1975.

32. G. Quazza, «Storia del fascismo e storia d'Italia», in

Quazza, éd., *Fascismo e società italiana*, Turin, 1973 ; N. Tranfaglia, *Fascismo e capitalismo*, Milan, 1976.

33. P. Togliatti, *Lezioni sul fascismo*, Milan, 1981.

34. E. Santarelli, *Storia del movimento e del regime fascista*, Rome, 1967 ; G. Carocci, *Storia del fascismo*, Milan, 1972 ; G. Candolero, *Storia dell'Italia moderna*, vol. IX, *Il fascismo e le sue guerre*, Milan, 1989.

35. M. Abrate, *La lotta sindacale nella industrializzazione in Italia 1906-1926*, Milan, 1966 ; P. Melograni, *Gli industriali e Mussolini*, Milan, 1972 ; R. Sarti, *Fascism and the Industrial Leadership in Italy 1919-1940*, Berkeley, 1971 (en italien, *Fascismo e grande industria, 1919-1940*, Milan, 1977).

36. C. Rosselli, *Gli scritti dell'esilio*, vol. 1, *1929-1934*, Turin, 1988.

37. G. Salvemini, *Scritti sul fascismo*, Milan, 1961-1974.

38. E. Gentile, « Partito, Stato e Duce nella mitologia e nella organizzazione del Fascismo », in K. D. Bracher et L. Valiani, éd., *Fascismo e nazionalsocialismo*, Actes de la semaine d'études de l'Istituto storico italo-germanico de Trente, 10-14 septembre 1984, Bologne, Il Mulino, 1986, p. 265-294 ; cf. *infra*, chap. 7.

39. Dans cette bibliographie, qui se borne à des orientations essentielles sur le phénomène fasciste, je me contente de signaler les ouvrages publiés dans les dernières décennies qui me paraissent les plus significatifs par l'originalité, par l'influence qu'ils ont eue dans l'historiographie et le débat sur le fascisme, ou encore les plus représentatifs des principaux courants historiographiques : G. L. Mosse, *The Nationalization of the Masses*, New York, 1975 (en italien, *La nazionalizzazione della masse. Simbolismo politico e movimenti di massa in Germania*, Bologne, 1975) ; G. L. Mosse, *Masses and Man. Nationalist and Fascist Perceptions of Reality*, New York, 1980 (en italien, *L'uomo e le masse nelle ideologie nazionaliste*, Rome-Bari, 1982) ; S. G. Payne, *Fascism. Comparison and Definition*, Madison, 1980 ; S. U. Larsen, B. Hagtvet, J.-P. Myklebust, éd., *Who Were the Fascists. Social Roots of European Fascism*, Bergen, 1980 (en italien, *I fascisti*, Florence, 1996) ; coll., *Storiofrafia e fascismo*, Milan, 1985 ; P. Milza, *Les fascismes*, Paris, Imprimerie nationale, 1985, rééd. Points-Seuil, 1991 ; Z. Sternhell, M. Sznajder, M. Asheri, *Naissance de l'idéologie fasciste*, Paris, 1989, rééd., Gallimard, Folio, 1994 ; R. Griffin, *The*

Nature of Fascism, Londres, 1991 ; E. Gentile, *Il culto del littorio. La saccralizzazione della politica nell'Italia fascista*, Rome-Bari, 1993 (*La religion fasciste. La sacralisation de la politique dans l'Italie fasciste*, trad. franç. de J. Gayrard, Paris, Perrin, 2002) ; id., *La via italiana al totalitarismo. Il partito e lo Stato nel regime fascista*, Rome, 1995 ; A. Costa Pinto, *Salazar's Dictatorship and European Fascism*, New York, 1995 ; A. Del Boca, M. Legnani, M. G. Rossi, *Il regime fascista. Storia e storiografia*, Rome-Bari, 1995 ; S. G. Payne, *A History of Fascism 1914-1945*, Madison, WI, 1995 (en italien, *Il fascismo 1914-1945*, Rome, 1999) ; W. Laqueur, *Fascism. Past, Present, Future*, New York-Oxford, 1996 ; M. Neocleous, *Fascism*, Buckingham, 1997 ; D. Rendon, *Fascism. Theory and Practice*, Londres, 1999 ; E. Gentile, *Fascismo e antifascismo. I partiti italiani fra le due guerre*, Florence, 2000 ; G. L. Mosse, *The Fascist Revolution. Toward a General Theory of Fascism*, New York, 2000 (*La révolution fasciste. Vers une théorie générale du fascisme*, trad. franç. de J.-F. Sené, Paris, Seuil, 2003) ; A. de Bernardi, *Una dittatura moderna*, Milan, 2001 ; S. U. Larsen, éd., *Fascism Outside Europe*, New York, 2001.

40. G. L. Mosse, *L'uomo e le masse nelle ideologie nazionaliste*, p. 8.

41. Id., « Towards a General Theory of Fascism » (1979), in *ibid.*, traduction italienne, p. 191 (*La révolution fasciste. Vers une théorie générale du fascisme, op. cit.*, p. 71 — traduction légèrement modifiée).

42. R. Griffin, *The Nature of Fascism*, p. 26. Du même auteur, cf. aussi les deux recueils anthologiques publiés sous sa direction, avec d'amples introductions, qui constituent la meilleure initiation au débat actuel sur les interprétations du fascisme, dans une perspective exempte de préjugés et particulièrement attentive et sensible aux résultats de la nouvelle historiographie : *Fascism*, Oxford, 1995 ; *International Fascism. Theories, Causes and the New Consensus*, Londres, 1998.

43. R Eatwell, « Towards a New Model of Generic Fascism », *Journal of Theoretical Politics*, 4, 1992, p. 1-68 ; id., « On Defining the "Fascist Minimum" : The Centrality of Ideology », *ibid.*, 1, 1996, p. 303-319 (en italien, in id., *Fascismo. Verso un modello generale*, Rome, 1999, p. 124). Eatwell a appliqué son concept dans un essai d'histoire comparative qui prend en

considération les manifestations du fascisme et du néofascisme en Italie, en Allemagne, en France et en Angleterre : *Fascism. A History*, Londres, 1995.

44. À propos du style fasciste, le politologue Noël O'Sullivan soutient que l'idéologie fasciste n'a introduit aucune idée ou aucun principe nouveau dans l'expérience politique occidentale, mais que son sens consiste uniquement à « avoir rendu explicite les implications d'un nouveau style activiste que d'autres formes d'activisme (telles que le communisme) avaient tenté de masquer. La plus importante de ces implications est la tendance naturelle du nouveau style activiste de la politique dans trois directions : un état de révolution permanente ; un culte du chef despotique masqué sous des formes démocratiques ; et une forme hautement théâtrale du culte de l'État culminant dans un idéal d'autosuffisance, qui fait d'un programme de conquête et d'expansion une partie intégrante de la philosophie fasciste ». N. O'Sullivan, *Fascism*, Londres, 1983, p. 5.

45. J. J. Linz, « Some Notes Toward a Comparative Study of Fascism in Sociological Historical Perspective », art. cit., p. 25.

46. S. G. Payne, *Il fascismo 1914-1945, op. cit.*, p. 21.

3. *Le fascisme : éléments d'une définition*

1. M. Weber, *L'etica protestante e lo spirito del capitalismo*, Milan, 1991, p. 71 (*L'éthique protestante et l'esprit capitaliste*, trad. franç. de J.-P. Grossein, Paris, Gallimard, 2003, p. 417-418).

2. Dans l'immense bibliographie du totalitarisme, je me contenterai de signaler quelques-unes des études les plus récentes : A. Gleason, *Totalitarianism. The Inner History of the Cold War*, New York, 1995 ; A. Söllner, R. Walkenhaus, K. Wieland, éd., *Totalitarismus. Eine Ideengeschichte des 20. Jahrunderts*, Berlin, 1997 ; A. Siegel, éd., *The Totalitarian Paradigm after the End of Communism. Towards a Theoretical Reassessment*, Amsterdam-Atlanta, 1998 ; A. Bruneteau, *Les totalitarismes*, Paris, Armand Colin, 1999 ; J. J. Linz, « Further Reflections on Totalitarian and Authoritarian Regimes », in Linz, *Totalitarian and Authoritarian Regimes*, Londres, 2000, p. 1-48.

3. H. Arendt, *The Origins of Totalitarism*, New York, 1951, p. 256 (*Les origines du totalitarisme*, éd. P. Bouretz, Paris, Quarto/Gallimard, 2002, p. 546-547).

4. «Il Governo e la Destra», *La Stampa*, 18 juillet 1922.

5. «Secondo tempo», *La Stampa*, 25 avril 1923.

6. *Il Mondo*, 1er avril 1923.

7. G. Amendola, «Un anno dopo», *Il Mondo*, 2 novembre 1923, in id., *La democrazia italiana contro il fascismo, 1922-1924*, Milan-Naples, 1960, p. 193.

8. Prometeo Filodemo [L. Basso], «L'antistato», *Rivoluzione Liberale*, 2 janvier 1925.

9. L. Sturzo, *Italia e fascismo* (1926), Bologne, 1965, p. 204.

10. Cité in P. Beltrame Quattrocchi, *Al di sopra dei gagliardetti*, Casale Monferrato, 1985, p. 260-262.

11. Comme on peut le lire in D. Fisichella, *Totalitarismo. Un regime del nostro tempo*, Rome, 2002, p. 170.

12. P. Puntoni, *Parla Vittorio Emmanuele III*, Bologne, 1993, p. 291-298 et p. 321.

13. J'ai présenté cette définition pour la première fois dans l'article «Fascismo» de l'*Enciclopedia Italiana di scienze, lettere ed arti. 1979-1992*, V Appendice, Istituto della Enciclopedia Italiana, Rome, 1992, p. 198, puis je l'ai développée in id., «El fascismo y la vía italiana al totalitarismo», in M. Pérez Ledesma, éd., *Los riesgos para la democratia. Fascismo y neofascismo*, Madrid, 1997.

II
CADRES D'INTERPRÉTATION

4. *Quelques considérations sur l'idéologie du fascisme*

1. V. Stella, «Pensiero politico e storia nell'interpretazione del fascismo», *Il Mulino*, XIII, 1964, n. 144, p. 1050.

2. C. Bo, «L'ideologia del regime», Milan, 1962, p. 305.

3. Cf. N. Bobbio, «La cultura e il fascismo», in G. Quazza, éd., *Fascismo e società italiana*, Turin, 1973, p. 232 *sq*.

4. Cf. A. Lancelot, *Les attitudes politiques*, Paris, PUF, 1969, p. 99-102.

5. Sur le rapport entre groupe social et idéologie, cf. D. Krech, R. S. Crutchfield, E. L. Ballachey, *Individuo e società*, Florence, 1970, p. 473-476.

6. Jean Baechler, « De l'idéologie », *Annales*, 27ᵉ année, 3, 1972, p. 642.

7. E. Nolte, *I tre volti del fascismo*, Milan, 1966, p. 61 (*Le fascisme dans son époque*, trad. franç. de P. Stéphano, Paris, Julliard, 1970).

8. M. Ledeen, *L'internazionale fascista*, Bari, 1973, p. 4-6.

9. A. Bertelè, *Aspetti ideologici del fascismo*, Turin, 1930, p. 9.

10. P. Togliatti, « A proposito del fascismo », in R. De Felice, *Il fascismo*, Bari, 1970, p. 120.

11. Cf. L. Castelnuovo, « Fascismo ideologia di transizione », *Il Mulino*, XIII, 1964, n. 141-142 ; A. J. Gregor, *The Ideology of Fascism*, New York, Londres, 1969 ; L. Garruccio, *L'Industrializzazione tra nazionalismo o rivoluzione*, Bologne, 1969 ; N. Poulantzas, *Fascisme et dictature*, Paris, Maspero, 1970 ; rééd. Maspero/Seuil, 1974 ; L. Garruccio, « Le tre età del fascismo », *Il Mulino*, XX, 1971, n. 213. Le volume d'U. Silva, *Ideologia ed arte del fascismo*, Milan, 1973, est d'une maigre utilité historiographique.

12. Cf. A. Hamilton, *L'illusione fascista*, Milan, 1972.

13. *Chronique politique, 1934-1942*, 1943, cité in T. Kunnas, *Drieu la Rochelle, Céline, Brasillach et la tentation fasciste*, Paris, 1972, p. 69. Sur le fascisme comme « révolution spirituelle », cf. les observations intéressantes de G. L. Mosse, « La genesi del fascismo », *Dialoghi del XX secolo*, I, 1967, n. 1.

14. R. Brasillach, *Les sept couleurs*, Paris, Éditions Godefroy de Bouillon, 1995, p. 157-158.

15. Cf. J. Mabire, éd., *P. Drieu la Rochelle. Socialismo, fascismo, Europa*, Rome, 1964, p. 139.

16. *Ibid.*, p. 138.

17. Cf. B. Mussolini, « Stato, antiStato e fascismo », *Gerarchia*, 1922.

18. Cf. C. Pellizzi, *Fascismo e aristocrazia*, Milan, 1925.

19. *Ibid.*, p. 197.

20. Id., « Idealismo e fascismo », *Gerarchia*, octobre 1922.

21. Cf. H. Lemaître, *Les fascismes dans l'histoire*, Paris, Cerf, 1959, p. 25 *sq.*

22. B. Mussolini, « Nel solco delle grandi filosofie — Relativismo e fascismo », *Il Popolo d'Italia*, 22 novembre 1921.

23. P. Drieu la Rochelle, *Socialisme fasciste*, 1934.

24. Cf. P. Sérant, *Le romantisme fasciste*, Paris, Fasquelle, 1960.

25. Lettre à un soldat de la classe 60, *ibid.*, p. 254.

26. Cf. P. de Boisdeffre, « Drieu la Rochelle », *Revue des deux mondes*, septembre 1973, p. 598.

27. G. Pintor, « Profeti senza fede », *Primato*, 1943, n° 3, repris in id., *Sangue d'Europa*, Turin, 1965, p. 141.

28. T. Kunnas, *Drieu La Rochelle, Céline, Brasillach...*, *op. cit.*, p. 246.

5. *Le fascisme fut-il une révolution ?*

1. R. Palmer, *L'era delle rivoluzioni democratiche*, trad. it., Milan, 1971, p. 210.

2. R. Medvedev, *La révolution d'Octobre était-elle inéluctable ?*, trad. franç. de J. Chantal, Paris, Albin Michel, 1976, p. 19. Sur le thème de la révolution, la bibliographie est immense. Limitons-nous à signaler, pour leur caractère de synthèse générale de divers problèmes : J. Ellul, *Autopsie de la révolution*, Paris, Calmann-Lévy, 1969 ; J. Baechler, *Les phénomènes révolutionnaires*, Paris, PUF, 1970 ; A. Decouflé, *Sociologie des révolutions*, Paris, PUF, 1970 ; P. Calvert, *A Study of Revolution*, Oxford, 1970 ; L. Pellicani, *Dinamica delle rivoluzioni*, Milan, 1974. Sur le problème de la « révolution fasciste », cf. E. Weber, « Revolution ? Counterrevolution ? What Revolution ? », *Journal of Contemporary History*, avril-juin, 1974.

3. Cf. Baechler, *Les phénomènes révolutionnaires*, *op. cit.*, p. 6.

4. E. J. Hobsbawm, « La rivoluzione », *Studi storici*, janvier-mars, 1976, p. 2.

5. K. Popper, *Scienza e filosofia*, Turin, 1971, p. 117.

6. G. Leopardi, *Tutte le opere*, éd. W. Binni, Florence, 1969, vol. II, p. 645.

7. Cf. Pellicani, *Dinamica delle rivoluzioni*, *op. cit.*, p. 19.

8. G. Dorso, *La rivoluzione meridonale*, Rome, 1945 (1re éd. 1925), p. 80-110.

9. L'essai de Löwenthal (1935) est reproduit in R. De Felice, *Il fascismo*, Bari, 1970, p. 325-329.

10. T. Parsons, « Alcuni aspetti sociologici dei movementi fascisti » (1942), in Parsons, *Sistema politico e struttura sociale*, trad. it., Milan, 1975, p. 114.

11. R. Aron, «Structure sociale et structure de l'élite», in R. Aron, *Études sociologiques*, Paris, PUF, 1988, p. 111-141, ici p. 136.

12. R. Rémond, *Introduction à l'histoire de notre temps. Le xxᵉ siècle*, Paris, Seuil, 1974, p. 129.

13. Cf. J. L. Talmon, *Les origines de la démocratie totalitaire*, trad. franç. de P. Fara, Paris, Calmann-Lévy, 1966. Comme l'a observé P. Alatri (in *Belfagor*, mai 1968), il s'agit d'un ouvrage «solidement fondé sur une excellente connaissance de la littérature du xviiiᵉ siècle», dont la «thèse, rendue plus que respectable par le solide fondement scientifique et érudit de sa recherche, est que, loin de constituer un phénomène récent et étranger à la tradition occidentale, la démocratie totalitaire trouve ses origines dans le socle commun des idées du xviiiᵉ siècle».

14. G. L. Mosse, *Intervista sul nazismo*, éd. M. Ledeen, Rome-Bari, 1977, p. 89. Les deux principaux ouvrages de Mosse sur le nazisme sont fondamentaux pour les références historiques de notre propos: *Le origini culturali del Terzo Reich*, trad. it., Milan, 1968; et *La nazionalizzazione delle masse. Simbolismo politico e movimenti di massa in Germania*, trad. it., Bologne, 1975. Sur la valeur du travail de Mosse pour l'historiographie du fascisme, cf. les importantes observations de N. Zapponi, «G. L. Mosse e il problema delle origini culturali del fascismo: significato du una svolta», *Storia contemporanea*, nᵒ 3, 1976 — observations auxquelles nous souscrivons.

15. R. De Felice, *Intervista sul nazismo*, éd. M. Ledeen, Rome-Bari, 1975, p. 31.

16. *Ibid.*, p. 40-41.

17. Cf. G. Quazza, «Antifascismo e fascismo nel nodo delle origini», in N. Tranfaglia, éd., *Fascismo e capitalismo*, Milan, 1976.

18. M. L. Salvadori, «Kautsky e Lenin nella crisi del primo dopoguerra», in coll., *Rivoluzione e reazione in Europa*, vol. II, Rome, 1978, p. 185-186.

19. A. Gramsci, *La costituzione del Partito comunista*, Turin, 1971, p. 309.

20. G. Amendola, *Intervista sull'antifascismo*, éd. P. Melograni, Rome-Bari, 1976, p. 182-183, et id., la préface à L. Salvatorelli, *Nazionalfascismo*, Turin, 1971, p. 310.

21. R. Kühnl, *Due forme du dominio borghese. Liberalismo e fascismo*, trad. it., Milan, 1973, p. 158.

22. *Ibid.*, p. 160.

23. *Ibid.*, p. 197.

24. *Ibid.*, p. 202.

25. N. Poulantzas, *Fascisme et dictature*, Paris, Seuil/Maspero, 1974, p. 277-278.

26. *La seconda conferenza del partito comunista d'Italia. Resoconto stenografico*, Paris, 1928, p. 5 (reprint).

27. P. Togliatti, *Opere*, Rome, 1973, vol. III, t. 2, p. 539. Le même Togliatti a souligné la nécessité d'approfondir, en rapport avec le fascisme, les problèmes relatifs aux classes moyennes, notamment pour «comprendre où jouait la contrainte et où il y avait, au contraire, une adhésion active, voire cette forme d'adhésion passive que certaines couches de la population donnent à un régime quelconque dès lors qu'il respecte certaines exigences assez élémentaires de vie tranquille. Et où il y avait une adhésion volontaire, quels en étaient l'origine et le contenu?» Togliatti, *Momenti della storia d'Italia*, Rome, 1973, p. 301.

28. Intervention de Luigi Perona, in *Partito radicale Italiano. Atti del III congresso nazionale*, Rome, 1908.

29. J. Petersen, «Elettorato e base sociale del fascismo negli anni Venti», *Studi storici*, juillet-septembre 1975. Sur le problème des classes moyennes et des partis politiques dans l'immédiat après-guerre, voir S. Colarizi, *I democratici all'opposizione. Giovanni Amendola e l'Unione nazionale (1922-1926)*, Bologne, 1973, p. 167-210.

30. G. Galasso, *Potere e istituzioni in Italia*, Turin, 1974, p. 259.

31. Cité in Talmon, *Les origines de la démocratie totalitaire*, *op. cit.*, p. 261.

32. Lénine, «Discours à la séance plénière du soviet de Moscou», 21 novembre 1922, in *Œuvres choisies*, Moscou, 1971.

33. Lénine, «Le gauchisme, maladie infantile du communisme», 1920.

34. Alexis de Tocqueville, *L'Ancien Régime et la Révolution*, Paris, Gallimard, 1967, p. 43 (avant-propos).

35. *Ibid.*, III, 8, p. 309-310.

36. Lénine, «Les bolcheviks conserveront-ils le pouvoir de l'État?», sept.-oct. 1917, in *Œuvres choisies*, *op. cit.*

37. Lénine, « Les tâches immédiates du pouvoir soviétique », avril 1918, in *Œuvres choisies, op. cit.*

38. E. Ludwig, *Colloqui con Mussolini*, Milan, 1932, p. 124-125.

39. G. Bottai, « Stato corporativo e democrazia », *Lo Stato*, avril 1930.

40. Cf. G. Galli, « Fascismo e Società », in *xx secolo. Storia del mondo contemporaneo*, Milan, 1971, vol. III.

41. Cité in Aquarone, *L'Organizzazione dello Stato totalitario*, Turin, 1965, p. 310.

42. H. Arendt, *Les origines du totalitarisme, op. cit.*, p. 615.

43. K. D. Bracher, *Hitler et la dictature allemande*, trad. F. Straschitz, préface d'A. Grosser, Toulouse, Privat, 1986, p. 288.

44. R. Medvedev, *La democrazia socialista*, trad. it., Florence, 1977, p. 23 (*De la démocratie socialiste*, trad. franç. de S. Geoffroy, Paris, Grasset, 1972).

45. *Ibid.*, p. 214.

46. L. Paladin, « Fascismo (diritto costituzionale) », in *Enciclopedia del diritto*, vol. XVI, Milan, 1966.

47. G. Galasso, *Potere e istituzioni in Italia, op. cit.*, p. 260.

48. Cf. E. Jäckel, *Hitler idéologue*, trad. franç. de J. Chavy, Paris, Calmann-Lévy, 1973 ; rééd. Gallimard, 1995, p. 91-120.

49. G. De Falco, « Il fascismo milizia di classe », in R. De Felice, *Il fascismo e i partiti politici*, Bologne, 1966, p. 96.

6. *Mussolini : visages d'un mythe*

1. Cité in R. De Felice, éd., *Il fascismo e i partiti politici*, Bologne, 1966, p. 438.

2. Thomas Carlyle, *Les héros*, trad. franç. de Fr. Rosso, Paris, Maisonneuve et Larose, 1998, p. 259.

3. J. Burckhardt, « L'individu et l'universel (La grandeur historique) », in *Considérations sur l'histoire universelle*, trad. franç. de Sven Stelling-Michaud, Genève, Droz, 1965, p. 190.

4. Fr. Nietzsche, *Par-delà bien et mal*, § 242, trad. franç. de C. Heim, in *Œuvres philosophiques complètes*, vol. VII, Paris, Gallimard, 1971, p. 162.

5. Gustave Le Bon, *Psychologie des foules*, Paris, Alcan, 1895 ; rééd., Paris, PUF, Quadrige, 1996, II, 3, 1.

6. Max Weber, *Économie et société*, trad. franç. partielle,

Paris, Plon, 1971, p. 249-261. Cf. L. Cavalli, *Il capo carismatico*, Bologne, 1981.

7. M. Weber, *Économie et société, op. cit.*

8. Agathon (Henri Massis et Alfred de Tarde), *Les jeunes gens d'aujourd'hui*, Paris, 1913, p. 44-45 : réed. MSH, 1995.

9. Cf. W. Drabovitch, *Fragilité de la liberté et séduction des dictatures. Essai de psychologie sociale*, préface de Pierre Janet, Paris, Mercure de France,1934.

10. E. Cassirer, *Simbolo Mito e Cultura*, trad. it., Rome et Bari, 1981, p. 241-242.

11. On manque d'études systématiques sur le mythe de Mussolini. Pour un aperçu de quelques aspects de ce mythe, cf. D. Biondi, *La fabbrica del Duce*, Florence, 1967 ; P. Melograni, «The Cult of the Duce in Mussolini's Italy», *The Journal of Contemporary History*, 11, 1976, p. 221-237 ; A. B. Hasler, «Das Duce — Bild in der Faschistischen Literatur», *Quellen und Forschungen*, 60, 1980, p. 421-506 ; J. Petersen, «Mussolini : Wirklichkeit und Mythos eines Diktators», in *Mythos und Moderne*, Francfort, 1983, p. 242-260. R. De Felice et L. Goglia, *Mussolini. Il mito*, Rome-Bari, 1983 est la meilleure introduction critique au problème du mythe de Mussolini, accompagnée d'un riche appareil de textes contemporains et de photographies qui reproduisent, sous une forme immédiate, la projection du mythe à travers la propagande du régime ainsi que les «poses» habituelles du *duce*. À l'opposé, il existe une énorme littérature apologétique utile pour suivre la représentation du mythe mussolinien au temps du régime et de la publicité fasciste.

12. Cité in G. Megaro, *Mussolini dal mito alla realtà*, trad. it., Milan, 1947, p. 365.

13. *Ibid.*, p. 366.

14. Cité in De Felice et Goglia, *Mussolini. Il mito, op. cit.*, p. 93.

15. Cité in R. De Felice, *Mussolini il rivoluzionario*, Turin, 1965, p. 110.

16. *Ibid.*, p. 190.

17. G. Zibordi, «Continuando a discutere di cose interne di famiglia», *Critica sociale*, 1-15 août 1914.

18. Id., «La logica d'una crisi», *Critica sociale*, 16-30 novembre 1914.

19. Cité in P. Spriano, *Torino operaia nella grande guerra*

(1914-1918), Turin, 1960, p. 43. L'ouvrier en question s'appelait Mario Montagnana.

20. Cité in R. De Felice, *Mussolini il rivoluzionario, op. cit.*, p. 281.

21. *L'Unità*, 26 septembre 1912.

22. *Ibid.*, 24 octobre 1912.

23. *Ibid.*, 19 juin 1914.

24. Cité in E. Gentile, *Il mito della Stato nuovo dall'antigiolittismo al fascismo*, Rome-Bari, 1982, p. 122.

25. A. Di Staso à G. Prezzolini, 26 février 1917, in G. Prezzolini, *Il tempo della Voce*, Milan-Florence, 1960, p. 719.

26. M. Viana, *Sciopero generale e guerra vittoriosa*, Turin, 1910, p. 17.

27. Cité in E. Gentile, *Il mito della Stato nuovo...*, *op. cit.*, p. 128.

28. La biographie fut publiée par la Librairie de *La Voce*, Florence, 1915, désormais in E. Gentile, *éd. Mussolini e La «Voce»*, Florence, 1976, p. 163-175.

29. *Il Popolo d'Italia*, 29 novembre 1914.

30. C. Rosselli, *Socialismo liberale*, Turin, 1979, p. 49.

31. C. Carrà, *La mia vita*, Milan, 1945, p. 263-264.

32. De Felice et Goglia, *Mussolini. Il mito, op. cit.*, p. 11.

33. G. Fortunato, «Dopo la guerra sovvertitrice», Bari, 1922, in id., *Il Mezzogiorno e lo Stato italiano*, Florence, 1973, vol. 2, p. 702.

34. *Il Caffè*, 1er juillet 1924.

35. Archivio centrale dello Stato (ACS), Parti national fasciste (PNF), Situation politique en province, b. 9, Naples.

36. ACS, ministère de l'Intérieur, Direction générale de la Sécurité publique, Division de la Police politique (1927-1944), n. 220.

37. *Ibid.*, b. 223 (de même que la citation précédente).

38. Cahiers de *Justice et Liberté*, no 6, mars 1933, p. 103.

39. Cité in R. De Felice, *Mussolini il fascista*, vol. I, Turin, 1966, p. 778.

40. Cité in T. M. Mazzatosta, C. Volpi, *L'Italietta fascista (1936-1943)*, Bologne, 1980, p. 55-56.

41. *Ibid.*, p. 39.

42. *Gioventù fascista*, 15 janvier 1934.

43. Pour une première analyse du mythe du *duce* dans la

jeunesse fasciste, voir M. Ostenc, « La mystique du Chef et la jeunesse fasciste de 1919 à 1926 », *Mélanges de l'École française de Rome*, 1, 1978, p. 275-280.

44. Cité in De Felice et Goglia, *Mussolini. Il mito, op. cit.*, p. 225.

45. « Mussolinismo », *Polemica fascista*, 24 mai 1923.

46. C. Pellizzi, *Fascismo aristocrazia*, Milan, 1925, p. 9-11.

47. C. Suckert, « Tutti debbono obbedire, anche Mussolini, al monito del fascismo integrale », *La conquista dello Stato*, 28 décembre 1924.

48. M. Rivoire, *Vita e morte del fascismo*, Milan, 1947, p. 107.

49. *Il primo libro del fascista*, Rome, 1939, p. 17-20.

50. Cf. Gentile, *Il mito dello Stato nuovo..., op. cit.*, p. 245-249.

51. Discours inaugural à l'Institut national fasciste de culture, 19 décembre 1925, in G. Gentile, *Fascismo e cultura*, Milan, 1928, p. 47.

52. A. Turati, *Ragioni ideali di vita fascista*, Rome, sans date, p. 79.

53. Id., *Una rivoluzione e un capo*, Rome-Milan, sans date, p. 141.

54. Id., *Ragioni ideali...*, p. 58.

55. Id., *Il partito e suoi compiti*, Rome, 1928, p. xxv.

56. *Il brevario dell'Avanguardista*, Rome, 1928, p. 631.

57. Cité in D. Marchesini, *La scuola dei gerarchi*, Milan, 1976, p. 121.

58. ACS, PNF, Directoire, b. 202, *Scuola di Mistica Fascista*.

59. R. Cantalupo, *La classe dirigente*, Milan, 1926, p. 74-75.

60. F. Ercole, préface à Ciarlantini, *Il Capo e la folla*, Milan, 1935, p. 8-9.

61. O. Dinale, cité in Biondi, *La fabbrica del Duce, op. cit.*, p. 223.

62. O. Dinale, « La Mostra della Rivoluzione. Lui : Mussolini », *Gioventù fascista*, 10 mars 1934.

63. On trouvera des aperçus intéressants in T. Cianetti, *Memorie*, Milan, 1983, *passim* et surtout p. 174-177.

64. Cité in E. Gentile, introduction à G. Giuriati, *La parabola di Mussolini*, Rome-Bari, 1981, p. xxviii.

65. ACS, Secrétariat particulier du Duce, Carteggio riservato, b. 65.

66. G. Giuriati, *La parabola di Mussolini, op. cit.*, p. 39.

67. G. Bottai, *Diario 1935-1944*, éd., G. B. Guerri, Milan, 1982, p. 256.

68. *Ibid.*, p. 246-247.

69. Cianetti, *Memorie, op. cit.*, p. 373.

70. G. Bastianini, *Uomini, cose, fatti*, Milan, 1959, p. 39.

71. *Ibid.*, p. 38-39.

72. G. Ciano, *Diario 1937-1943*, Milan, 1980, p. 444-445.

73. Cf. M. Sarfatti, *Dux*, 1926, Milan, 1982, p. 99.

74. *Ibid.*, p. 309.

75. Pour l'imbrication complexe du mythe de soi-même et du mythe de la «nouvelle civilisation», voir la reconstitution et l'analyse exemplaire de R. De Felice, *Mussolini il duce*, vol. II, Turin, 1981, chap. 3

76. Sarfatti, *Dux, op. cit.*, p. 302.

77. Ainsi s'exprima Mussolini en juillet 1939, cité in N. D'Aroma, *Mussolini segreto*, Bologne, 1958, p. 194.

7. *Parti, État et* duce
dans la mythologie et l'organisation du fascisme

1. Cf. E. Gentile, *Le origini dell'ideologia fascista*, Rome-Bari, 1975; id., *Il mito dello Stato nuovo dall'antigiolittismo al fascismo*, Rome-Bari, 1982; id., «Il mito di Mussolini», *Mondo Operaio*, juillet-août 1983; id., «Il problema del partito nel fascismo italiano», *Storia contemporanea*, XV, 1984, p. 347-370; id., «La natura e la storia del partito nazionale fascista nella interpretazione dei contemporanei e degli storici», *ibid.*, XVI, 1985, p. 521-607. L'interprétation du parti fasciste comme «parti-milice», dès sa naissance, est amplement développée in id., *Storia del partito fascista. 1919-1922. Movimento e Milizia*, Rome-Bari, 1989, chap. VII.

2. F. di Pretoro, «Il nostro "mito". La Patria e l'impero», *Il Popolo d'Italia*, 5 juillet 1922.

3. *La dottrina del fascismo*, Rome, 1936, p. 67.

4. U. Indrio, «Sull'educazione politica degli italiani», *Costruire*, juin 1942.

5. Cité in Gentile, *Il mito dello Stato nuovo.. , op. cit.*, p. 266.

6. C. Pellizzi, *Problemi e realtà del fascismo*, Florence, 1924, p. 66.

7. G. Gamberini, « Il Popolo e lo Stato », *Il Popolo d'Italia*, 25 novembre 1926.

8. Id., « Sistematizzare la fede », *ibid.*, 4 avril 1928.

9. A. Starace à Mussolini, cité in Gentile, « Il problema del partito nel fascismo italiano », art. cit., p. 365.

10. R. De Felice, *Mussolini il duce*, vol. II, Turin, 1981.

11. *Nuova civiltà per la nuova Europa*, Rome, 1942, p. 256-257.

12. M. Barberito, « Il Partito e la Scuola », *Costruire*, mars 1940.

13. *Venti Anni*, Rome, 1942, vol. 1, p. 256-257.

14. Pellizzi, *Problemi e realtà del fascismo*, op. cit., p. 164-165.

15. Cité in Gentile, « Il problema del partito nel fascismo italiano », art. cit., p. 369.

16. « Problema politico », *Il Popolo d'Italia*, 15 décembre 1929.

17. N. D'Aroma, *Il popolo nel fascismo*, Rome, 1932, p. 88.

18. E. Ludwig, *Colloqui con Mussolini*, Milan, 1932, p. 121-122.

19. *Lo Stato e la dottrina corporativa*, Bologne, 1930, p. 35.

20. P. De Francisci, *Civiltà romana*, Rome, 1939, p. 42.

21. PNF, *Il cittadino soldato*, Rome, 1936, p. 13.

22. G. Bottai, *Incontri*, Vérone, 1943, p. 124 (discours du 4 mai 1930).

23. Cité in Gentile, « Il mito di Mussolini », art. cit., p. 123.

24. PNF, *Il primo libro del fascista*, Rome, 1939.

25. Cité in Gentile, « Il mito di Mussolini », art. cit., p. 125.

26. C. Costamagna, *Storia e dottrina del fascismo*, Turin, 1938, p. 419.

27. G. Bottai, *Diario 1935-1944*, éd., G. B. Guerri, Milan, 1982, p. 123 (c'est moi qui souligne).

28. Id., « I miti moderni », *Critica fascista*, 15 février 1942.

8. *Le parti dans le laboratoire totalitaire fasciste*

1. L'expression est tirée du volume édité par le PNF, *Il cittadino soldato*, Rome, 1936, p. 31.

2. Pour les références bibliographiques et un panorama cri-

tique des études sur le PNF qui ne sont pas directement citées dans le texte, je renvoie à E. Gentile, « La natura e la storia del partito nazionale fascista nelle interpretazioni dei contemporanei e degli storici », *Storia contemporanea*, n° 3, juin 1985, repris in id., *La via italiana al totalitarismo. Il partito e lo Stato nel regime fascista*, Rome, 2001², p. 15 *sq.*

3. Cf. E. Gentile, « Il problema del partito nel fascismo italiano », *Storia contemporanea*, juin 1984, p. 347-370.

4. M. Prélot, *L'empire fasciste*, Paris, Sirey, 1936, p. 220.

5. G. Salemi, « L'organizzazione nazionale del partito fascista e i suoi rapporti con lo Stato », *Rivista di diritto pubblico*, I, 1936, p. 325.

6. Cf. A. Aquarone, *L'organizzazione dello Stato totalitario*, Turin, 1965 ; R. De Felice, *Mussolini il fascista*, I, Turin, 1966 ; id., *Mussolini il fascista*, II, Turin, 1968.

7. *Il Gran Consiglio nei primi dieci anni dell'era fascista*, Rome, 1933, p. 24.

8. *Ibid.*, p. 217.

9. Les statuts du PNF de 1921 à 1938, avec diverses autres modifications, le règlement du PNF de 1938 et les lois concernant le Grand Conseil et le PNF, auxquelles nous ferons référence au cours de ce chapitre, sont désormais réunis dans le volume de M. Missori, *Gerarchie e statuti del PNF*, Rome, 1987.

10. Pour ma définition du PNF comme parti d'orientation totalitaire, cf., outre les articles déjà mentionnés, E. Gentile, « Fascism in Italian Historiography : in Search of an Individual Historical Identity », *Journal of Contemporary History*, 1986, p. 179-208.

11. Cf. B. Mussolini, *Opera omnia*, éd. E. et D. Susmel, 35 vol., Florence, 1951-1963, vol. XVI, p. 276-277.

12. Cité in G. A. Chiurco, *Storia della rivoluzione fascista*, Florence, 1929, IV, 1ʳᵉ partie, p. 489-495. Voir également, pour la même évaluation, les directives pour l'organisation des escouades fascistes, émanant de la direction du PNF au début de 1922, *ibid.*, p. 485-489.

13. B. Mussolini, *Opera omnia*, *op. cit.*, XXIV, p. 141-142.

14. Texte in Missori, *op. cit.*, p. 367-369.

15. Cf. P. Chimienti, « Il segretario del partito », *Bibliografia fascista*, octobre 1932, p. 595-599.

16. O. Ranelletti, « Il Partito Nazionale Fascista nello Stato italiano », *Rivista di diritto pubblico*, 1939, p. 37-38.

17. Pour ce problème, cf. L. Schapiro et J. W. Lewis, « The Roles of the Monolithic Party under the Totalitarian Leader », dans J. W. Lewis, *Party Leadership and Revolutionary Power in China*, Cambridge, 1970, p. 114-145, et L. Shapiro, *The Communist Party of the Soviet Union*, New York, 1971, p. 619-629.

18. Données tirées d'une note du secrétaire administratif du PNF, en septembre 1930, Archives Giuriati.

19. *Il Gran Consiglio nei primi dieci anni dell'era fascista*, p. 257.

20. Pour ces éléments, cf. *« Foglio d'ordini »* du PNF, n° 5, 3 septembre 1926 ; A. Tamaro, *Venti anni di storia 1922-1943*, Rome, 1953, vol. II, p. 223 ; De Felice, *Mussolini il fascista*, vol. II, p. 187-188. Sur Turati, cf. P. Morgan, « Augusto Turati », in F. Cordova, éd., *Uomini e volti del fascismo*, Rome, 1980, p. 475-519.

21. Cf. G. Giuriati, *La parabola di Mussolini nelle memorie di un gerarca*, éd. E. Gentile, Rome-Bari, 1981, p. 131-157.

22. Pour une analyse sociologique de la classe politique fasciste, cf. E. Gentile, *Fascismo e antifascismo. I partiti italiani fra le due guerre*, Florence, 2000, p. 236-238.

23. Chiffres tirés d'un calcul général sur les données biographiques des hiérarques du PNF, reconstituées par Missori, *op. cit.*, p. 158-292.

24. Cf. Tamaro, *Venti anni di storia...*, *op. cit.*, p. 299.

25. Pour la définition du « césarisme totalitaire », cf. *supra*, p. 264.

26. PNF, *Il partito nazionale fascista*, Rome, 1936, p. 49-51.

27. Cf. V. Zangara, *Il partito e lo Stato*, Catane, 1935, p. 197-204.

28. Cf. A. Lyttelton, *La conquista del potere*, Rome-Bari, 1974, p. 265-269.

29. Cf. L. Salvatorelli et G. Mira, *Storia dell'Italia nel periodo fascista*, Turin, 1964, p. 390.

30. Aquarone, *L'organizzazione dello Stato totalitario*, *op. cit.*, p. 74-75.

31. R. C. Fried, *The Italian Prefects. A Study in Administrative Politics*, New Haven et Londres, 1963, p. 178 *sq.*

32. Archives Serena, note au *duce*, sans date, mais fin 1940 ou début 1941.

33. Archives centrales de l'État (ACS), ministère de l'Intérieur, direction générale de la Sécurité publique, division Police politique, b 102.

34. Cf. R. De Felice, *Mussolini il Duce*, vol. I, *Gli anni del consenso 1929-1936*, Turin, 1974, p. 202.

35. Cf. Giuriati, *La parabola di Mussolini...*, *op. cit.*, p. 299-300.

36. Archives Giuriati, note de Giuriati, sans date.

37. Cf. T. Cianetti, *Memorie dal carcere di Verona*, Milan, 1983, p. 212.

38. G. Bottai, *Diario 1935-1944*, éd. C. B. Guerri, Milan, 1982, p. 128.

39. Archives Serena, note pour le *duce*, Rome, 20 novembre 1940.

40. Cf. G. Neppi Modona, « La magistratura e il fascismo », in G. Quazza, éd., *Fascismo e società italiana*, Turin, 1973, p. 148-149.

41. Cf. C. Toesca di Castelazzo et G. Binello, *Il partito nella vità economica italiana*, Turin, 1938.

42. Luigi Goglia a été le premier à attirer l'attention sur cet aspect dans L. Goglia et F. Grassi, *Il colonialismo italiano da Adua all'Impero*, Rome-Bari, 1981, p. 221-222 et 234.

43. Cf. C. Giglio, *Partito e impero*, Rome, 1939.

44. *Foglio di disposizioni*, 2 juillet 1937, n° 834.

45. Cf. V. de Grazia, *Consenso e cultura di massa nell'Italia fascista*, Rome-Bari, 1981.

46. Cf., par exemple, G. Bottai, *Venti anni e un giorno*, Milan, 1949.

47. Cf. Dino Grandi, *Il mio paese*, Bologne, 1985, p. 554-556. Selon Grandi, l'ingérence du parti se fit plus discrète durant le secrétariat Muti, puis les méthodes de Starace reprirent de plus belle sous le secrétariat Serena, *ibid.*, p. 481.

48. Cf. R. De Felice, *Mussolini il Duce*, vol. II, *Lo Stato totalitario*, Turin, 1981, p. 3-155.

49. Cité in P. Pombeni, *Demagogia e tirannide*, Bologne, 1984, p. 295.

50. Cf. F. Stramacci, « Sulla riforma della rappresentanza politica nel ventennio fascista : i lavori della Commissione Solmi (1936-1938) », *Clio*, n° 1, 1986, p. 137-156.

51. Archives Serena, rapport du Bureau d'études et de législation du PNF, 20 décembre 1941.

52. Grandi, *Il mio paese, op. cit.*, p. 481.

53. ACS, ministère de la Culture populaire, b 79, circulaire de l'inspecteur du PNF, chef du Bureau d'études et de législation, sans date.

54. PNF, *Venti anni*, Rome, 1942, I, p. 147-148.

55. E. Gentile, *Il mito dello Stato nuovo dall'antigiolittismo al fascismo*, Rome-Bari, 1982, p. 231-252.

56. Id., *Le origine dell'ideologia fascista*, Bari, 1975, p. 422-424.

57. U. Bernasconi, «Vita di masse», *Gioventù fascista*, 1er mars 1934.

58. N. Chiappetti, *Il fascio di combattimento e il gruppo rionale fascista*, Rome, 1937.

59. Cité in M. Palla, *Firenze nel regime fascista 1929-1934*, Florence, 1978, p. 200.

60. D. Detragiache, «Il fascismo femminile da San Sepolcro all'affare Matteotti, 1919-1925», *Storia contemporanea*, no 2, avril 1983, p. 211-250.

61. Cf. M. Fraddosio, «Le donne e il fascismo. Ricerche e problemi di interpretazione», *Storia contemporanea*, no 1, février 1986, p. 95-135; E. Mondello, *La nuova italiana*, Rome, 1987.

62. PNF, *Dizionario di politica*, Rome, 1940, article «Gioventù italiana del littorio», p. 304.

63. Fondazione Gramsci, *Archives du parti communiste*, 1181/1, Informations sur la situation italienne et le travail du PCI, 25 septembre 1934.

64. ACS, PNF, Situation politique par province, b 10, Nuoro, rapport du secrétaire fédéral, 25 juin 1935 et 23 janvier 1936.

65. Cf. P. Nello, *L'avanguardismo giovanile alle origine del fascismo*, Rome-Bari, 1978; C. Betti, *L'Opera nazionale Balilla e l'educazione fascista*, Florence, 1984.

66. N. Zapponi, «Il partito della gioventù. Le organizzazioni giovanili del fascismo 1926-1943», *Storia contemporanea*, no 4-5, octobre 1982, p. 569-633; T. H. Koon, *Believe Obey Fight*, Chapel Hill-Londres, 1985; sur les rapports entre le parti et le ministère de l'Éducation nationale, cf. M. Ostenc, *La scuola italiana durante il fascismo*, Rome-Bari, 1981.

67. Archives Serena, Rapport sur l'activité de la GIL en l'an XIX.

68. Cf. Zapponi, « Il partito della gioventù », art. cit., p. 572.

69. A. Turati, *Una rivoluzione e un capo*, Rome-Milan, s.d., p. 130-131.

70. Cf. *Atti del PNF, 28 octobre-29 octobre XII, E. F.*, Rome, s. d., III, p. 80-81.

71. Cf. PNF, *Dizionario di politica*, article « Gruppi universitari fascisti », p. 400 ; M. Giuntella, « I gruppi universitari fascisti nel primo decennio del regime », *Il movimento di liberazione in Italia*, avril-juin 1972, p. 3-38 ; P. Nello, « *II Campano* », *autobiografia politica del fascismo universitario pisano (1926-1944)*, Pise, 1983.

72. Marcucci, « La conquista dei giovani », *Stato operaio*, août 1934, p. 585-588.

73. ACS, secrétariat particulier du *duce*, Carteggio riservato, b 41.

74. ACS, Polizia politica, 1927-1944, b 220. Rapport de Florence, 5 janvier 1939.

75. S. Minocchi « Mistica del partito », *Rivoluzione*, 20 janvier 1940.

76. U. Indrio, « Idee sul partito unico », *Nuova civiltà per la nuova Europa*, Rome, 1941, p. 258.

77. R. Farinacci « Precisazioni », *La vita italiana*, décembre 1941, cité in Renzo De Felice, *Autobiografia del fascismo*, Rome, 1978, p. 281.

78. Discours de Mussolini du 27 janvier 1942 en réponse au rapport des secrétaires fédéraux, in G. B. Guerri, *Rapporto al Duce*, Milan, 1978, p. 194.

79. PNF, « Foglio d'ordini », 25 juin 1943

9. *Le fascisme comme religion politique*

1. Pour une étude d'ensemble et systématique de ces problèmes, cf. J.-P. Sironneau, *Sécularisation et religions politiques*, Mouton, 1982 ; sur le rapport entre « métamorphoses du sacré » et modernité, cf. G. Filoramo, *I nuovi movimenti religiosi*, Rome-Bari, 1986, p. 3-29.

2. G. Mosca, *Elementi di scienza politica*, vol. I, Barı, 1953 (1re éd. 1895), p. 240-290. Sur la « grande interchangeabilité du modèle religieux et du modèle politique », voir les observations

de P. Pombeni, «Il problema del partito politico come soggetto storico: sull'origine del "Partito moderno". Premesse a une ricerca», in F. Piro et P. Pombeni, *Movimento operaio e società industriale in Europa. 1870-1970*, Venise, 1981, notamment p. 65-67.

3. Cf. Gustave Le Bon, *Psychologie du socialisme*, Paris, 1898; V. Pareto, *I sistemi socialisti*, Turin, 1974 [1re éd., 1902-1903]; (*Les systèmes socialistes*, éd. G. Busino, in Pareto, *Œuvres complètes*, Paris, Droz, 1965).

4. Dans l'abondante littérature sur ces questions, cf. notamment, pour les besoins de notre analyse, J. Monnerot, *Sociologie du communisme*, Paris, 1949; rééd., Paris, Hallier, 1979; R. Aron, *L'opium des intellectuels*, Paris, Calmann-Lévy, 1955; rééd. Gallimard, 1968; E. B. Koenker, *Secular Salvations*, Philadelphie, 1964; D. E. Apter, «Political Religion in the New Nations», in Cl. Geertz, *Old Societies and New States*, Londres, 1963, p. 57-104; R. E. Richey et D. G. Jones, éd., *American Civil Religion*, New York, 1974; L. Pellicani, *I rivoluzionari di professione*, Florence, 1975; C. Lane, *The Rites of Rulers*, Cambridge, 1981, p. 35-44; C. S. Liebman et E. Don-Yehiya, *Civil Religion in Israel*, Berkeley, 1983, p. 125-127; N. Tumarkin, *Lenin Lives!*, Cambridge, 1983. (Pour une analyse plus fouillée du phénomène de la sacralisation de la politique, je me permets de renvoyer à E. Gentile, *La religion fasciste. La sacralisation de la politique dans l'Italie fasciste*, trad. franç. de J. Gayrard, Paris, Perrin, 2002.)

5. G. Germani, «Democrazia e autoritarismo nella società moderna», *Storia contemporanea*, avril 1980, p. 177-216.

6. R. Pettazzoni, *Italia religiosa*, Bari, 1952, p. 7-28.

7. *Ibid.*, p. 67-81.

8. Pour un exemple du premier cas, voir G. Prezzolini, *Le fascisme*, Paris, 1925, p. 72-73; et pour un exemple du second, cf. H. W. Schneider, *Making the Fascist State*, New York, 1928, p. 215 *sq.*

9. H. W. Schneider et S. B. Clough, *Making Fascists*, Chicago, 1929, p. 73.

10. A. Carlini, *Filosofia e religione nel pensiero di Mussolini*, Rome, 1934, p. 9.

11. Archivio centrale dello Stato (ACS), Mostra della Rivoluzione Fascista, b. 9.

12. Mussolini, *Le Figaro*, 18 décembre 1934, repris in *Opera omnia*, vol. XXVI, Florence, 1958, p. 399-400. [Cf. E. Gentile, *La religion fasciste*, trad. franç. de J. Gayrard, Paris, Perrin, 2002, p. 140, version française ici légèrement modifiée. *(N.d.T.)*]

13. Sur cette vision mussolinienne, cf. notamment son discours d'Udine du 20 septembre 1922, *ibid.*, vol. XVIII, Florence, 1956, p. 412.

14. B. Mussolini, «La dottrina del fascismo», in *Enciclopedia Italiana*, vol. XIV, Rome, 1932.

15. H. Finer, *Mussolini's Italy*, New York-Londres, 1935, p. 186-187.

16. I. Giordani, «Motivi di religione fascista», *Il Popolo*, 10 mai 1924, repris in L. Bedeschi, éd., *La terza pagina de "Il Popolo"*, Rome, 1973, p. 207-211.

17. L. Sturzo, *Pensiero antifascista*, Turin, 1925, p. 7-16.

18. Sur le concept de «nouvelle politique», cf. G. L. Mosse, *La nazionalizzazione delle masse. Simbolismo politico e movimenti di massa in Germania*, trad. it., Bologne, 1975. Sur la notion de «radicalisme national», cf. E. Gentile, *Il mito dello Stato nuovo dell'antigiolittismo al fascismo*, Rome-Bari, 1982, p. 3-29.

19. W. L. Adamson, «Fascism and Culture: Avant-Gardes and Secular Religion in the Italian Case», *Journal of Contemporary History*, 3, 1989, p. 411-435, et id., «Modernism and Fascism: The Politics of Culture in Italy, 1903-1922», *The American Historical Review*, avril 1990, p. 359-390, où le problème des rapports entre culture et politique dans le «modernisme» italien est examiné dans une nouvelle perspective d'une importance notable pour le thème discuté dans ce chapitre.

20. E. Corradini, *Scritti e discorsi 1901-1914*, Turin, 1980, p. 140-141; id., «Una nazione», *Il Regno*, 19 juin 1904; id., «Che cos'è una nazione», *ibid.*, 3 juillet 1904.

21. À titre d'exemple, seulement, de l'attitude du philosophe napolitain, qui mériterait une étude à part, voir B. Croce, *Cultura e vita morale*, Bari, 1955, p. 35.

22. B. Mussolini, «Da Guicciardini... a Sorel», *Avanti!*, 18 juillet 1912. Pour le jugement de Mussolini sur le rituel, cf. B. Mussolini, «Giovanni Hus il veridico», Rome, 1913, in *Opera omnia*, vol. XXXIII, Florence, 1961, p. 280. Sur la définition de sa conception «religieuse» du socialisme, cf. sa lettre du

20 juillet 1912 à Giuseppe Prezzolini, in E. Gentile, éd., *Mussolini e «La Voce»*, Florence, 1976, p. 56.

23. C. Rosselli, *Socialismo liberale*, Turin, 1979, p. 47.

24. Sur le concept d'«état d'effervescence», voir É. Durkheim, *Les formes élémentaires de la vie religieuse*, Paris, PUF, 1985, p. 312-313. Pour une analyse de ces problèmes liés à la Première Guerre mondiale, en relation avec notre thème, cf. R. Wohl, *1914. Storia di una generazione*, trad. it., Milan, 1983 ; M. A. Ledeen, *D'Annonzio a Fiume*, trad. it., Rome-Bari, 1976, et surtout G. L. Mosse, *L'uomo e le masse nelle ideologie nazionaliste*, trad. it., Rome-Bari, 1982, et *id.*, *Le guerre mondiali dalla tragedia al mito dei caduti*, trad. it., Rome-Bari, 1990 (*De la Grande Guerre au totalitarisme. La brutalisation des sociétés européennes*, trad. franç. de E. Magyra, Paris, Hachette, 1999).

25. A. Lanzillo, *Le rivoluzioni del dopoguerra*, Città di Castello, 1922, p. xviii.

26. F. T. Marinetti, *Taccuini 1915-1921*, Bologne, 1987, p. 488.

27. S. Panunzio, «La gravità della crisi attuale», *Polemica*, août 1922.

28. Cf. E. Gentile, *Storia del partito fascista. 1919-1922. Movimento e milizia*, Rome-Bari, 1989.

29. B. Mussolini, «Vincolo di sangue», *Il Popolo d'Italia*, 19 janvier 1922.

30. G. Leonardi, «Siamo i superatori», *Il fascio*, 2 avril 1921.

31. R. Forti, G. Ghedini, *L'avvento del fascismo. Cronache ferraresi*, Ferrare, 1923, p. 90.

32. G. Gentile, *Fascismo e cultura*, Milan, 1928, p. 58 ; id., *Che cos'è il fascismo*, Florence, p. 145.

33. S. Gatto, *1925. Polemiche del pensiero e dell'azione fascista*, Rome, 1934, p. 61.

34. G. Bottai, *Incontri*, Milan, 1943, p. 124.

35. M. P. Bardi, «Mostra della Rivoluzione Fascista», *Gioventù fascista*, 10 juillet 1932.

36. Mussolini, «La dottrina del fascismo», art. cit.

37. PNF, *Il primo libro del fascista*, Rome, 1938, p. 7.

38. M. Giampaoli, *1919*, Rome, 1928, p. 346.

39. Cf. Gentile, *Storia del partito fascista*, *op. cit.*, p. 461 *sq.*

40. Les textes des statuts ont été recueillis in M. Missori, *Gerarchie e statuti del PNF*, Rome, 1986.

41. A. Caprino, introduction à B. Mussolini, *I discorsi agli italiani*, sans date. Sur le mythe et le culte de Mussolini, cf. P. Melograni, «The Cult of the Duce in Mussolini's Italy», *Journal of Contemporary History*, 11, 1976, p. 221-237; M. Ostenc, «La mystique du chef et la jeunesse fasciste de 1919 à 1926», *Mélanges de l'École française de Rome*, 1, 1978, p. 275-290; R. De Felice et L. Goglia, *Mussolini. Il mito*, Rome-Bari, 1982; E. Gentile, «Il mito di Mussolini», *Mondo operaio*, juillet-août 1983, p. 113-128.

42. P. Orano, *Mussolini, da vicino*, Rome, 1928, p. 21-24.

43. O. Dinale, *La rivoluzione che vince*, Foligno-Rome, 1934.

44. Cf. D. Marchesini, *La scuola dei gerarchi*, Milan, 1976.

45. *La Gazzetta di Puglia*, 2 avril 1925.

46. «Un appassionato discorso dell'on. Turati», *Il Popolo d'Italia*, 29 octobre 1926.

47. «S. E. Turati frai i fascisti bolognesi», *Il Popolo d'Italia*, 16 juillet 1929.

48. *La dottrina fascista*, Rome, 1930, p. 3 et 13.

49. Cf. E. Gentile, introduction à G. Giuriati, *La parabola di Mussolini nelle memorie di un gerarca*, Rome-Bari, 1981, p. xxxv.

50. ACS, secrétariat particulier du *duce*, Carteggio riservato, b. 31.

51. *Il Popolo d'Italia*, 3 octobre 1922.

52. In Missori, *op. cit.*, p. 355.

53. G. Gamberini, «Fede e competenza», *Critica Fascista*, 1er août 1930.

54. PNF, *La dottrina del fascismo*, Rome, 1936, p. 15.

55. *Critica Fascista*, 15 juillet 1931.

56. *Foglio d'ordini*, nᵒ 45, 17 mars 1928.

57. «Adunate del Fascismo», *L'Ordine fascista*, mars 1928.

58. *Foglio d'ordini*, nᵒ 27, 27 mars 1927.

59. «La cerimonia di Brescia», *Il Popolo d'Italia*, 22 mars 1928.

60. PNF, *Il partito nazionale fascista*, Rome, 1936, p. 53, et *Il cittadino soldato*, Rome, 1936, p. 19.

61. *Il Popolo d'Italia*, 9 et 30 octobre 1923.

62. C. De Leva, «La Torre Littoria», *Gioventù fascista*, 30 décembre 1932.

63. «Professori e studenti per la Casa del Littorio sulla Via dell'Impero», *Gioventù fascista*, 15 mars 1934.

64. F. Guerrieri, «Domus Lictoria», *Gioventù fascista*, 15 novembre 1935.

65. «La "Casa Littoria" a Roma», *Annali dei Lavori Pubblici*, 1937, fasc. 11.

66. Statuts du PNF, 1938, in Missori, *op. cit.*, p. 402.

67. G. Bortolotto, *Lo Stato e la dottrina corporativa*, Bologne, 1930, p. 35.

68. G. Le Bon, *Aphorismes du temps présent*, Paris, 1919, II, XI, p. 96.

69. G. Lumbroso, «La genesi ed i fini del fascismo», *Gerarchia*, octobre 1922.

70. *Il Popolo d'Italia*, 19 mars 1927.

71. E. Ludwig, *Colloqui con Mussolini*, Milan, 1932, p. 122.

72. H. Schneider, S. B. Clough, *Making Fascists, op. cit.*, p. 222.

73. Cf. Gentile, *Storia del partito fascista, op. cit.*, p. 526-534.

74. *Il Fascio*, 16 avril 1921.

75. F. Meriano, «Rimini, in un tripudio di sole, commemora Luigi Platania», *Il Popolo d'Italia*, 4 juin 1922.

76. *Ibid.*

77. [*Balilla*, enfant membre des jeunesses fascistes. *(N.d.T.)*] A. Marpicati, *Il Partito fascista*, Milan, 1935, p. 129-130.

78. A. Tailetti, *Martiri dell'Idea fascista*, Turin, 1941, p. 7.

79. «Superba dimostrazione a Milano», *Il Popolo d'Italia*, 4 octobre 1921.

80. B. Mussolini, «Passato e avvenire», *ibid.*, 21 avril 1922.

81. Ludwig, *Colloqui con Mussolini, op. cit.*, p. 192-193.

82. *Ibid.*, p. 106.

83. M. Scaligero, «Natale di Roma», *Gioventù fascista*, 21 avril 1933.

84. PNF, *Mostra della Rivoluzione fascista*, Rome, 1933, p. 227.

85. Dinale, *La rivoluzione che vince, op. cit.*, p. 5 et 10.

86. M. Sironi, «Monumentalità», *Rivista Illustrata del Popolo d'Italia*, n° 11, 1934.

87. A. Pagliaro, «Architettura», in PNF, *Dizionario di Politica*, Rome, 1940.

88. Cf. *E42. Utopia e scenario del regime*, 2 vol., Venise, 1987.

89. G. Ponti, «Olimpiade della civiltà. L'E42 Città Favo-

losa», *Corriere della Serra*, 4 mai 1938, cité in *E42. Utopia e scenario del regime*, vol. 2, p. 62.

90. Projet de Belgiojoso, Ciocca, Peressutti, Rogers, cité in *ibid.*, p. 91.

91. Projet Cini, approuvé par Mussolini le 4 janvier 1941, cité in *ibid.*, p. 91.

92. P. De Francisci, *Civiltà romana*, Rome, 1939, p. 48.

93. G. Bottai, «Stato corporativo e democrazia», *Lo Stato*, mars-avril 1930.

94. Cf. T. Luckmann, *La religione invisibile*, trad. it., Bologne, 1963, p. 78-92.

95. C. Pellizzi, «Religiosità dello Stato», *Il Popolo d'Italia*, 20 août 1927.

96. *Il libro della Terza classe elementare*, Rome, 1936, p. 65.

97. PNF, *Il cittadino soldato*, p. 13.

98. Discours du 7e anniversaire des Faisceaux, 28 mars 1926, in Mussolini, *Opera omnia*, vol. XXII, *op. cit.*, p. 100.

10. L'«*homme nouveau*» du fascisme.
Réflexions sur une expérience totalitaire de révolution anthropologique

1. B. Mussolini, *Opera omnia*, éd. E. et D. Susmel, 35 vol., Florence, 1951-1963, vol. XIX, p. 26. Qu'il soit bien clair que les expressions «Italien nouveau» et «homme nouveau», sauf différenciation explicite, sont ici utilisées, suivant l'usage courant, pour désigner l'être humain sans distinction de sexe.

2. *Ibid.*, vol. XX, p. 284.

3. Pour un exposé documenté et analytique de mon interprétation du fascisme comme totalitarisme, je me permets de renvoyer à E. Gentile *La via italiana al totalitarismo. Il partito e lo Stato nel regime fascista* (1995), Rome, 2001².

4. L'unique étude d'ensemble reste celle de G. L. Mosse, *L'image de l'homme. L'invention de la virilité moderne*, trad. franç. de M. Hechter, Paris, Abbeville, 1997, p. 157-180, qui insiste cependant surtout sur les aspects corporels et esthétiques de l'«homme nouveau» dans le fascisme et le nazisme.

5. À titre d'exemple, je renvoie aux observations sur l'«homme nouveau» du fascisme italien in M. Ledeen, *L'internazionale fascista*, Rome-Bari, 1973; R. De Felice, *Mussolini il Duce*, vol. I, *Gli anni del consenso 1929-1936*, Turin, 1974, chap. 1;

E. Gentile, «Alcuni considerazioni sull'ideologia fascista», *Storia contemporanea*, 1, 1974, p. 115-125 (cf. *supra*, chap. 4); P. V. Cannistraro, *La fabbrica del consenso. Fascismo e mass media*, Rome-Bari, 1975; R. de Felice, *Intervista sul fascismo*, éd. M. Ledeen, Rome-Bari, 1975. Les notes bibliographiques qui suivent n'ont pas la prétention d'être exhaustives, mais entendent seulement fournir des indications essentielles sur les études récentes les plus significatives.

6. R. De Felice, *Mussolini il Duce*, vol. II, *Lo Stato totalitario 1936-1940*, Turin, 1981, p. 88-89.

7. R. De Felice, *Mussolini il Duce*, vol. I, *Gli anni del consenso 1929-1936*, Turin, 1974, p. 339.

8. P. Milza, *Mussolini*, Paris, Fayard, 1999, p. 723-724.

9. Cf. E. Gentile, *Il culto del littorio*, Rome-Bari, 2001[8] et en français, *La religion fasciste. La sacralisation de la politique dans l'Italie fasciste*, trad. de J. Gayrard, Paris, Perrin, 2002; C. Galeotti, *Mussolini ha sempre ragione. I decaloghi del fascismo*, Milan, 2000.

10. Cf. M.-A. Matard, «L'anti-lei: utopie linguistique ou projet totalitaire?», *Mélange de l'École française de Rome*, 2, 1998, p. 971-1010.

11. Cf. coll., *Atleti in camicia nera. La sport nell'Italia di Mussolini*, Rome, 1983, p. 17-64; P. Ferrara, *L'Italia in palestra*, Rome, 1992, p. 213-260; L. Motti et M. Rossi Camponeri, éd., *Accademiste a Orvieto. Donne e educazione fisica nell'Italia Fascista 1932-1943*, Pérouse, 1996.

12. Mosse, *L'image de l'homme, op. cit.*, p. 157-180.

13. Sur ces aspects de la «nouvelle féminité» dans la conception fasciste de la femme, cf., outre l'essai pionnier de D. Detragiache, «Il fascismo femminile da San Sepolcro all'affare Matteotti (1919-1925)», *Storia contemporanea*, n° 2, 1983, p. 211-251, mes propres observations in E. Gentile, *Storia del partito fascista. 1919-1922. Movimento e milizia*, Rome-Bari, 1989, p. 415-418; E. Mondello, *La nuova italiana*, Rome, 1987; et surtout les contributions novatrices de M. Fraddosio, «Le donne e il fascismo. Ricerche e problemi d'interpretazione», *Storia contemporanea*, n° 1, 1986, p. 95-135; id., «La donna e la guerra. Aspetti della militanza femminile nel fascismo: dalla mobilitazione civile alle origini del SAF nella Repubblica sociale», *Storia contemporanea*, n° 6, 1989, p. 1105-

1181; id., «"Per l'onore della Patria". Le origini ideologiche della militanza femminile nella RSI», *Storia contemporanea*, n° 6, 1993, p. 1151-1193.

14. Fraddosio, «La militanza femminile nella Repubblica sociale italiana. Miti e organizzazione», *Storia e problemi contemporanei*, n° 24, décembre 1999, p. 75-88.

15. Voir, par exemple, V. de Grazia, *How Fascism Ruled Women*, Berkeley, 1992 (en italien, *Le donne nel regime fascista*, Venise, 1993) et les observations critiques sur cette thèse dans la recension de M. Fraddosio in *Storia contemporanea*, avril 1995.

16. Cf. A. Reszler, *Mythes politiques modernes*, Paris, PUF, 1981, p. 141 *sq.*

17. E. Gentile, *La grande Italia. Ascesa e declino del mito della nazione nel ventesimo secolo*, Milan, 1997, p. 23 *sq.*

18. *Ibid.*, p. 40.

19. F. De Sanctis, *Saggi critici*, éd. L. Russo, vol. III, Bari, 1957, p. 7.

20. *Ibid.*, p. 21-23.

21. Cf. E. Gentile, «The Conquest of Modernity: From Modernist Nationalism to Facism», *Modernism/Modernity*, n° 3, 1994, p. 55-87.

22. G. Amendola, lettre à G. Prezzolini, 9 octobre 1910, in G. Prezzolini, *Amendola e La Voce*, Florence, 1973, p. 138.

23. Cité in A. O. Olivetti, *Dal sindacalismo rivoluzionario al corporativismo*, Rome, 1984, p. 40-41.

24. G. Papini, «La necessità della rivoluzione», *Lacerba*, 1er mars 1913.

25. Mussolini, *Opera omnia, op. cit.*, vol. VII, p. 61-62.

26. *Ibid.*, p. 147.

27. G. Gentile, *Dopo la vittoria*, Florence, 1920, p. 61-62.

28. Cité in G. Bottai, *La politica delle arti. Scritti 1918-1943*, éd. A. Masi, Rome, 1992, p. 59.

29. A. Turati, *Ragioni ideali di vita fascista*, Rome, 1926, p. 180-181.

30. Cf. Gentile, *Storia del partito fascista, op. cit.*, p. 522-526.

31. M. Carli, *Colloqui con vivi*, Rome, Istituto editoriale del Littorio, Rome, 1928, p. 37-38.

32. *Nuova civiltà per la nuova Europa*, Rome, 1942, p. 142-144.

33. Cf. Gentile, *La grande Italia, op. cit.*, p. 149 *sq.*

34. Mussolini, *Opera omnia, op. cit.*, vol. XXII, p. 100.

35. *Ibid.*, p. 246.

36. *Ibid.*, vol. XXIII, p. 216.

37. Sur l'influence de Le Bon sur Mussolini, cf. E. Gentile, *Le origini dell'ideologia fascista*, nouvelle éd., Bologne, 2001, p. 476-478 ; id., *Il culto del littorio, op. cit.*, p. 146 ; trad. franç, p. 167.

38. Cité in D'Aroma, *Mussolini segreto*, Bologne, 1958, p. 48.

39. Mussolini, *Opera omnia, op. cit.*, vol. XXIV, p. 283.

40. C. Scorza, *Brevi note sul fascismo, sui capi, sui gregari*, Florence, 1930, p. XIX.

41. *Ibid.*, p. 239-240.

42. PNF, *Il cittadino soldato*, Rome, 1936, p. 23.

43. G. Secreti, «Lineamenti e fattori del costume fascista», *Critica fascista*, 1ᵉʳ août 1927.

44. Mussolini, *Opera omnia, op. cit.*, vol. XXXIV, p. 117-119.

45. PNF, *Il cittadino soldato*, p. 12-14.

46. *Ibid.*, p. 31.

47. *Ibid.*, p. 14.

48. Public Record Office, FO 371/16799.

49. Cf. Gentile, *Il culto del littorio, op. cit.*, p. 129 *sq.* ; trad. franç., p. 149 *sq.*

50. Mussolini, *Opera omnia, op. cit.*, vol. XXI, p. 363.

51. M. Carli, *L'Italiano di Mussolini*, Milan, 1930, p. 41-43.

52. G. Bottai, «Appelli all'uomo», *Critica Fascista*, 1ᵉʳ janvier 1934.

53. Sur ces aspects du mythe de l'«homme nouveau» comme travailleur, cf. G. Parlato, *La sinistra fascista. Storia di un progetto mancato*, Bologne, 2000.

54. L. Fontanelli, *Sentimento della rivoluzione*, Rome, 1941, p. 41.

55. *Ibid.*, p. 49.

56. *Ibid.*, p. 81-83.

57. A. de Marsanich, *Civiltà di masse*, Florence, 1940, p. 12.

58. *Ibid.*, p. 37-38

59. PNF, *Gioventù italiana del littorio, Testo del discorso pronunziato dall'Ecc. Giuseppe Bottai*, Florence, 1942, p. 9.

60. G. Bottai, *Diario 1935-1944*, éd. G. B. Guerri, Milan, 1982, p. 187.

61. Sur la conception mussolinienne de l'homme politique comme artiste, cf. Gentile, *Le origini dell'ideologia fascista, op. cit.*, p. 63, 202-203 ; S. Falasca-Zamponi, *Fascist Spectacle. The Aesthetics of Power in Mussolini's Italy*, Berkeley, 1997, p. 15 *sq.*

62. G. Ciano, *Diario 1937-1943*, éd. R. De Felice, Milan, 1980, p. 394.

63. *Ibid.*, p. 111.

64. Bottai, *Diario 1935-1944, op. cit.*, p. 210.

65. *Ibid.*, p. 242.

66. Ciano, *Diario 1937-1943, op. cit.*, p. 445.

67. *Ibid.*

68. Bottai, *Diario 1935-1944, op. cit.*, p. 357.

69. O. Dinale, *Quarant'anni di colloqui con lui*, Milan, 1953, p. 181.

11. *La modernité totalitaire*

1. Les tendances plus récentes de l'historiographie du fascisme, spécialement dans le champ de l'histoire culturelle, ont été étudiées, avec la finesse de jugement dont il est coutumier, par Niccolò Zapponi, «Fascism in Italian Historiography, 1986-1993 : A Fading National Identity», *Journal of Contemporary History*, octobre 1994, p. 547-568. Pour une évaluation des progrès de l'historiographie du fascisme après les années soixante par l'auteur de ces pages, voir E. Gentile, «Fascism in Italian Historiography : In search of an Individual Historical Identity», *Journal of Contemporary History*, avril 1986, p. 179-208.

2. G. Quazza, «Antifascismo e fascismo nel nodo delle origini», in N. Tranfaglia, éd., *Fascismo e capitalismo*, Milan, 1976, p. 38 *sq.*

3. A. Asor Rosa, «Gli Intellettuali dalla Grande guerra a oggi», in N. Tranfaglia, *L'Italia unita nella storiografia del secondo dopoguerra*, Milan,1980, p. 218-219.

4. P. G. Zunino, *L'ideologia del fascismo*, Bologne, 1985, p. 145.

5. G. L. Mosse, *Masses and Man*, Detroit, 1987, p. 15.

6. D. Cantimori, *Conversando di storia*, Bari, 1967, p. 134. À propos de cette orientation historiographique, d'aucuns n'ont pas caché leur crainte : la reconnaissance de la présence de l'irrationnel «hors des instruments analytiques adéquats risque

de "suggestionner" l'historien» en mettant «en vogue une vision inévitablement irrationnelle des vicissitudes humaines, niant l'existence de liens significatifs entre les faits et les sentiments, entre les réalités institutionnelles et les états du cœur et de l'esprit» (D. Cofrancesco, «La nazionalizzazione delle masse: società e politica nel '900», *Economia & Lavoro*, XVII, 3, p. 133-150). Cette crainte est cependant dénuée de fondement, sans rapport aucun avec l'orientation historiographique décrite plus haut, et typique des spécialistes qui, sans grande compétence ni grande expérience du travail historiographique concret, prétendent en évaluer les méthodes et les résultats, en confondant souvent le jugement historique avec le conceptualisme tautologique et la prédication politico-moraliste.

7. Pour une définition raisonnée du fascisme comme phénomène révolutionnaire dans la perspective de l'auteur, cf. E. Gentile, «Il fascismo fu una rivoluzione?», *Prospettive Settanta*, octobre-décembre 1979, p. 580-596 (cf. *supra*, chap. v).

8. Cf. E. Gentile, *La via italiana al totalitarismo. Partito e Stato nel regime fascista*, Rome, 1995, p. 75 *sq.*

9. Un accusateur concluait sa recension par un appel à peine voilé à la censure concernant l'éditeur du livre en se demandant «pourquoi certaines maisons d'édition permettaient à cette historiographie de jeter des ombres qui sont loin d'être légères sur leur blason antifasciste» (G. Santomassimo, «L'ideologia del fascismo», *L'Unità*, 16 octobre 1975), tandis qu'un autre accusait le livre d'être le fruit d'une «historiographie qui, à travers la philologie intéressée et l'empirisme objectiviste, aboutit finalement à réhabiliter le fascisme» (G. Quazza, «Antifascismo e fascismo nel nodo delle origini», art. cit., p. 63-66). [Avec vingt ans de retard, on retrouve le même genre d'accusations dans le volume de R. Bosworth, *Italian Dictatorship. Problems and Perspectives in the Interpretation of Mussolini and Fascism*, Londres, 1998. L'incohérence des réfutations proposées dans ce livre ressort clairement du fait qu'elles s'appuient sur une présentation caricaturale, jusqu'à la falsification, des idées que j'ai exposées et qui sont ici présentées déformées, un peu comme cela se produit avec les miroirs déformants de Luna Park. On ne compte pas les omissions, les extrapolations arbitraires de citations, les contrefaçons d'arguments, le tout accompagné d'insinuations visant à dénigrer la

personne même du chercheur, en le présentant, avec des inventions dictées par la pure médisance, comme un historien dont le travail, si influent fût-il en Italie et à l'étranger, ne serait pas digne de foi parce qu'il prend le fascisme au sérieux, étant «quasi automatiquement anti-antifasciste» (p. 22), inspirateur d'une «orthodoxie anti-antifasciste» (p. 29), et qui met l'histoire au service de douteux intérêts politiques conservateurs (p. 237). Pour montrer ce qu'il en est de la probité intellectuelle, du sérieux et de la compétence de cet accusateur attardé, il suffira d'indiquer quelques exemples tirés de ce livre. Entre autres choses, on y trouve mon nom parmi les membres d'un introuvable comité de rédaction de la revue *Storia contemporanea* (p. 21); l'ouvrage date de 1995 une définition que j'ai développée dans un essai publié en 1986 (p. 21-22); il affirme que de hauts représentants de l'Église catholique acceptèrent d'entrer dans le gouvernement de Mussolini (p. 41); il situe Rieti dans le sud de l'Italie (p. 134); il qualifie d'«anonyme» une préface signée Livia De Felice (p. 200). Un dernier exemple, significatif pour évaluer le sérieux et la fiabilité de ce livre sur les interprétations du fascisme italien : l'auteur cité ne mentionne nulle part la production des plus sérieux représentants de l'historiographie marxiste italienne sur le fascisme, de Carocci à Candeloro, Santarelli et Ragionieri. Cela étant, il va de soi que, par leur indigence intellectuelle, de telles accusations ne méritent ni rectifications ni démentis.]

10. E. Collotti, *Fascismo, fascismi*, Florence, 1989, p. 165, 17, 54 et 50.

11. Typique, à cet égard, est l'article de MacGregor Knox, «Conquest, Foreign and Domestic, in Fascist Italy and Nazi Germany», *Journal of Modern History*, mars 1984, p. 1-57. On trouvera une thèse analogue sous la plume d'A. J. Joes, *Fascism in the Contemporary World : Ideology, Evolution, Resurgence*, Boulder, 1978.

12. J. J. Linz, «Some Notes Toward a Comparative Study of Facism in Sociological Perspective», in W. Laqueur, éd., *Fascism. A Reader's Guide*, New York, 1979, p. 26-27.

13. Zunino, *L'ideologia del fascismo, op. cit.*, p. 50.

14. *Ibid.*, p. 11.

15. A. Asor Rosa, «La cultura», in *Storia d'Italia, IV, Dall'Unità ad oggi*, Turin, 1975, p. 1235-1236. La thèse d'une

«capture» idéologique du fascisme par le mouvement nationaliste se retrouve, par exemple, chez F. Gaeta, *Nazionalismo italiano*, Rome-Bari, 1981, afin de contester mon interprétation, qui met au contraire en relief les différences entre les deux idéologies et, sans sous-évaluer l'apport de l'idéologie nationaliste à l'élaboration de l'idéologie fasciste, reconnaît à cette dernière une autonomie propre. Selon Gaeta, mon jugement était lié à l'adoption de la distinction entre «fascisme-mouvement» et «fascisme-régime» proposée par De Felice dans son *Intervista sul fascimo*, Rome-Bari, 1975 : en tirant parti de cette distinction, affirmait Gaeta, j'aurais «privilégié des aspects et des groupes particuliers» du «fascisme-mouvement» sur la «base d'un refus délibéré de prendre en considération l'État autoritaire de masse et d'un intérêt excessif pour les "intellectuels" dissidents ou semi-dissidents du régime» (p. 82). Dans mon interprétation, en réalité, la distinction de Renzo De Felice n'avait ni ne pouvait avoir aucune place, parce que l'*Intervista sul fascismo* fut publiée après la publication de mon livre sur l'idéologie fasciste. Quant à l'autre observation — avoir privilégié dans mon enquête les intellectuels «dissidents ou semi-dissidents» —, il ne me semble pas qu'on puisse définir ainsi les intellectuels auxquels j'ai consacré la majeure partie de mon analyse : Marinetti, Bottai, Pellizzi, Malaparte, Gentile, Panunzio, Rocco. Enfin, pour ce qui est du problème de la «réalité de l'État autoritaire de masse», cette «réalité» n'entrait pas dans le cadre chronologique de ma recherche, qui s'arrêtait en 1925 ; dans le champ de mon analyse, en revanche, elle était de toute façon largement prise en considération dans le chapitre sur le mythe de l'État, l'idéologie nationaliste et l'«État autoritaire de masse». Je me suis efforcé par la suite de préciser les rapports entre les idéologies du mouvement nationaliste et du fascisme in E. Gentile, «La nazione del fascismo. Alle origini della crisi dello Stato nazionale in Italia», *Storia contemporanea*, nº 6, 1993, p. 833-887.

16. Cf. Gentile, *supra*, chap. 5.

17. Z. Sternhell, «Fascist Ideology», in Laqueur, éd., *Fascism. A Reader's Guide*, *op. cit.*, p. 379.

18. Ph. Burrin, «Autorité», in P. Ory, *Nouvelle histoire des idées politiques*, Paris, Hachette, 1987 ; éd. augmentée, Pluriel,

1989, p. 527; voir aussi P. Milza, *Les fascismes*, Paris, Points-Seuil, 1991, p. 317.

19. Z. Sternhell, *Ni droite ni gauche. L'idéologie fasciste en France*, Paris, 1983; rééd. augmentée, Paris, Fayard, 2000.

20. Cf. I. Berlin, «Joseph de Maistre et les origines du totalitarisme», in Berlin, *Le bois tordu de l'humanité. Romantisme, nationalisme et totalitarisme*, trad. franç. de M. Thymbres, Paris, Albin Michel, 1992, p. 100-174.

21. Z. Sternhell, M. Sznajder, M. Asheri, *Naissance de l'idéologie fasciste*, Paris, 1989, rééd., Gallimard, Folio, 1994. Outre cette étude, et sur le syndicalisme révolutionnaire et ses rapports avec le fascisme du point de vue idéologique, cf. A. J. Gregor, *Sergio Panunzio. Il sindacalismo e il fondamento razionale del fascismo*, Rome, 1978; D. D. Roberts, *The Syndicalist Tradition and Italian Fascism*, Manchester, 1979; F. Perfetti, *Fiumanesimo, sindacalismo e fascismo*, Rome, 1988; id., *Il sindacalismo fascista*, vol. I, *Dalle origini alla vigilia dello Stato corporativo (1919-1930)*, Rome, 1988.

22. A. O. Olivetti, *Dal sindacalismo rivoluzionario al corporativismo*, Rome, 1984, p. 45.

23. Z. Sternhell, M. Sznajder, M. Asheri, *Naissance de l'idéologie fasciste*, *op. cit.*, p. 69. Mon désaccord avec la méthode d'analyse et une pareille thèse sur les origines et le caractère de l'idéologie fasciste ne m'empêchent pas de reconnaître l'importance de la contribution des études de Sternhell à notre connaissance de la «droite révolutionnaire» en France, à la réflexion sur la crise idéologique et culturelle européenne dans les années précédant la naissance du fascisme et dans l'entre-deux-guerres, ainsi qu'à l'approfondissement du débat historiographique sur le fascisme.

24. Cf. D. Settembrini, *Fascismo controrivoluzione imperfetta*, Florence, 1978.

25. Cf. A. J. Gregor, *The Ideology of Fascism*, New York, 1969.

26. M. Weber, *Il metodo delle scienze storico-sociali*, Milan, 1974, p. 113-114.

27. Cf. E. Gentile, *Storia del partito fascista. 1919-1922. Movimento e milizia*, Rome-Bari, 1989.

28. Cf. E. Gentile, *Il mito dello Stato nuovo dall'antigiolittismo al fascismo*, Rome-Bari, 1982, p. 3-28.

29. N. Zapponi, « G. L. Mosse e il problema delle origini culturali del fascismo : il significato di una svolta », *Storia contemporanea*, septembre 1976, p. 478.

30. H. Williams, *Concepts of Ideology*, New York, 1988, p. 99.

31. J. T. Schnapp, « Forwarding address », in « Fascism and Culture », *Stanford Review*, n° 1-2, 1990, p. 54.

32. R. Griffin, *The Nature of Fascism*, Londres, 1991, p. 47-48 ; Griffin, éd., *Fascism*, Oxford, 1995.

33. Sur les liens entre fascisme et avant-garde moderniste : R. Grimm et J. Hermand, éd., *Faschismus und Avantgarde*, Francfort, 1980 ; E. Gentile, « From the Cultural Revolt of the Giolittian Era to the Ideology of Fascism », in F. J. Coppa, éd., *Studies in Modern Italian History*, New York, Francfort, 1986, p. 103-119 ; *Fascist Aesthetics*, n° spécial de la *South Central Review*, été 1989 ; W. L. Adamson, « Fascism and Culture : Avant-Gardes and Secular Religion in the Italian Case », *Journal of Contemporary History*, juillet 1989, p. 411-435 ; id., « Modernism and fascism : The Politics of Culture in Italy, 1903-1922 », *American Historical Review*, avril 1990, p. 359-390 ; *Fascism and Culture*, n° spécial de la *Stanford Italian Review*, vol. 8, n° 2, 1990 ; W. L. Adamson, « The Language of Opposition in Early Twentieth-Century Italy : Rhetorical Continuities between Prewar Florentine Avant-gardism and Mussolini's Fascism », *Journal of Modern History*, mars 1992, p. 22-51 ; R. J. Golsan, éd., *Fascism, Aesthetics, and Culture*, Hanovre, NH, 1992 ; W. L. Adamson, *Avant-Garde Florence. From Modernism to Fascism*, Harvard, 1993 ; A. Hewitt, *Fascist Modernism : Asthetics, Politics, and the Avant-Garde*, Stanford, 1993 ; E. Gentile, « The Conquest of Modernity : From Modernist Nationalism to Facism », *Modernism/Modernity*, n° 3, 1994, p. 55-87.

34. E. Gentile, « Alcune considerazioni sull'ideologia fascista », *Storia contemporanea*, I, 1974, p. 123-124 (cf. *supra*, chap. IV).

35. Cf. J. T. Schnapp, « Epic Demonstrations : Fascist Modernity and the 1932 Exhibition of the Fascist Revolution », in Golsan, éd., *Fascism, Aesthetics, and Culture, op. cit.*, p. 3.

36. Gentile, « The Conquest of Modernity », art. cit.

37. N. Zapponi, « I miti e le ideologie », in R. De Felice, éd., *Storia dell'Italia contemporanea*, vol. VII, Naples, 1983, p. 203-204.

38. Sur Giovanni Gentile et le fascisme, le conflit des interprétations a pris plus d'intensité au cours de la dernière décennie : cf. S. Romano, *Giovanni Gentile. La filosofia al potere*, Milan, 1984 ; D. Veneruso, *Gentile e il primato della tradizione culturale italiana. Il dibattito politico all'interno del fascismo*, Rome, 1984 ; G. Calandra, *Gentile e il fascismo*, Rome-Bari, 1987 ; S. Natoli, *Giovanni Gentile filosofo europeo*, Turin, 1989 ; A. Del Noce, *Giovanni Gentile. Per una interpretazione filosofica della storia contemporanea*, Bologne, 1990 ; cf. aussi l'ouvrage essentiellement informatif de G. Turi, *Giovanni Gentile. Una biografia*, Florence, 1995.

39. Sur les rapports idéologico-politiques entre le futurisme et le fascisme, et outre les ouvrages cités dans la note 33, voir notamment R. De Felice *Futurismo, cultura e politica*, Turin, 1988 ; E. Mondello, *Roma futurista. I periodici e i luoghi dell'avanguardia nella Roma degli anni Venti*, Milan, 1990 ; C. Salaris, *Artecrazia. L'avanguardia futurista negli anni del fascismo*, Florence, 1992 ; sur le plan documentaire, on signalera surtout F. T. Marinetti, *Taccuini 1915-1921*, éd. A. Bertoni, Bologne, 1987 (à compléter par les «Selections from the Unpublished Diaries of F. T. Marinetti», éd. L. Rainey et L. Wittman, *Modernism/Modernity*, septembre 1994, p. 1-44.

40. Adamson, «Modernism and Fascism : The Politics of Culture in Italy, 1903-1922», art. cit., p. 3-60.

41. S. Slataper, «Ai giovani intelligenti d'Italia», *La Voce*, 26 août 1909.

42. M. Morasso, *L'imperialismo nel secolo XX*, Milan, 1905, p. 327.

43. E. Corradini, «La vita estetica», *Novissima*, 1903, repris in id., *Scritti e discorsi 1901-1914*, éd. L. Strappini, Turin, 1980, p. 64-65.

44. B. Mussolini, «Blériot», *Il Popolo*, 28 juillet 1909, in *Opera omnia*, 35 vol., éd. E. et D. Susmel, Florence, 1951-1963, vol. II, p. 194-195.

45. B. Mussolini, «Latham», *Il Popolo*, 22 juillet 1909, *ibid.*, p. 187. Sur la formation idéologique de Mussolini dans sa jeunesse, cf. A. J. Gregor, *Young Mussolini and the Intellectual Origins of Fascism*, Berkeley, 1979.

46. E. Gentile, «Il futurismo e la politica», in R. De Felice, *Futurismo, cultura e politica, op. cit.*, p. 107-108.

47. B. Croce, « Il risveglio filosofico e la cultura italiana » (1908), in B. Croce, *Cultura e vita morale*, Bari, 1955, p. 20.

48. B. Mussolini, « La malattia del secolo », *Il Proletario*, 6 juin 1903, in *Opera omnia, op. cit.*, vol. I, p. 28-30.

49. Id., « La filosofia della forza », *Il pensiero romagnolo*, 29 novembre, 6 et 13 décembre 1908, in *Opera omnia, op. cit.*, vol. I, p. 183-184.

50. B. Croce, « Per la rinascita dell'idealismo » (1908), in Croce, *Cultura e vita morale, op. cit.*, p. 36.

51. Id., *Memorie de la mia vita*, Naples, 1966, p. 39 (précisément de janvier 1912).

52. Morasso, *L'imperialismo nel secolo xx, op. cit.*, p. 10.

53. *Ibid.*, p. 11.

54. Id., *Imperialismo artistico*, Turin, 1903, p. 60.

55. L'expression est tirée du manifeste futuriste *Contro Venezia passatista*, publié le 27 avril 1910, et reproduit in F. T. Marinetti, *Teoria e invenzione futurista*, éd. L. De Maria, Milan, 1968, p. 32.

56. G. Papini, « La necessità della rivoluzione », *Lacerba*, 15 avril 1913.

57. Id., « Il discorso di Roma », *Lacerba*, 1er mars 1913.

58. U. Boccioni, « Contro la vigliaccheria artistica italiana », *Lacerba*, 1er septembre 1913.

59. G. Gentile, « 24 maggio 1915 », *Il Resto del Carlino*, 24 mai 1918, in Gentile, *Guerra e fede*, Naples, 1919, p. 119.

60. F. T. Marinetti, « Distruzione della sintassi », 11 mai 1913, in Marinetti, *Teoria et intervenzione futurista, op. cit.*, p. 59.

61. E. Corradini, « La guerra », *Il Regno*, 28 février 1904.

62. Morasso, *L'imperialismo nel secolo xx, op. cit.*, p. 32 et 39.

63. Sur l'importance du mythe de la palingénésie dans la culture préfasciste, cf. Griffin, *The Nature of Fascism, op. cit.*, p. 38-40, qui y voit un élément fondamental de l'idéologie du « fascisme générique ».

64. G. Amendola, « La grande illusione », *La Voce*, 2 mars 1911.

65. G. Boine, *Discorsi militari*, Florence, 1914.

66. L'expression est d'A. O. Olivetti, « Sindacalismo e nazionalismo », *Pagine libere*, 15 février 1911, in F. Perfetti, introduction à Olivetti, *op. cit.*, p. 36.

67. Olivetti, «L'altra campana», *Pagine libere*, 15 novembre 1911, p. 42.

68. Sur la Grande Guerre comme «expérience de modernité», cf. P. Fussell, *La Grande Guerra e la memoria moderna*, Bologne, 1984; E. J. Leed, *Terra di nessuno*, Bologne, 1985; A. Gibelli, *L'officina della guerra*, Turin, 1991; E. Gentile, «Una apocalisse nella modernità. La Grande Guerra e il Mito della politica», *Storia contemporanea*, octobre 1995, p. 733-787.

69. M. Berman, *L'esperienza della modernità*, Bologne, 1985, p. 26.

70. Cf. J. Herf, *Il modernismo reazionario*, Bologne, 1988.

71. Cf. E. Gentile, «Impending Modernity: Fascism and the Ambivalent Image of the United States», *Journal of Contemporary History*, 1993, p. 7-20.

72. D. Bianchi, «… i fascisti picchiano», *Il Fascio*, 23 octobre 1920.

73. Gentile, *Storia del partito fascista*, op. cit., p. xxx.

74. S. Panunzio, *Italo Balbo*, Milan, 1923, p. 9.

75. Cf. E. Gentile, *Il culto del littorio*, Rome-Bari, 1993, p. 145-152 (*La religion fasciste. La sacralisation de la politique dans l'Italie fasciste*, trad. franç. de J. Gayrard, Paris, Perrin, 2002, p. 149-156); R. Vesser, «Fascist Doctrine and the Cult of the Romanità», *Journal of Contemporary History*, 1992, n° 1, p. 5-21.

76. B. Mussolini, «Breve preludio», *Gerarchia*, 25 janvier 1922.

77. Id., discours du 4 juin 1924, in *Opera omnia*, op. cit., vol. XX, p. 306.

78. *Critica fascista*, 15 janvier 1939.

79. Cf. S. N. Eisenstadt, *Civiltà comparate*, trad. it., Naples, 1990.

80. Gentile, *Il culto del littorio*, p. 301-313; trad. franç., p. 288-303.

INDEX

DU MÊME AUTEUR

LA RELIGION FASCISTE. LA SACRALISATION DE LA POLITIQUE DANS L'ITALIE FASCISTE, trad. J. Gayrard, Paris, Perrin, 2002.

LA VOIE ITALIENNE DU TOTALITARISME, trad. Ph. Baillet, Paris, Le Rocher, 2004.

Composition Interligne.
Impression Société Nouvelle Firmin-Didot
à Mesnil-sur-l'Estrée, le 9 février 2004.
Dépôt légal : février 2004.
Numéro d'imprimeur : 67136.

ISBN 2-07-030387-X/Imprimé en France.

124737